U0835866

中国电化教育的理论与实践

——南国农先生与中国电化教育发展

主编　李运林　陈庆贵

北京大学出版社
PEKING UNIVERSITY PRESS

图书在版编目(CIP)数据

中国电化教育的理论与实践：南国农先生与中国电化教育发展/李运林，陈庆贵主编.
—北京：北京大学出版社，2010.7
ISBN 978-7-301-17536-1

Ⅰ.中… Ⅱ.①李…②陈… Ⅲ.电化教育—研究—中国 Ⅳ.G43

中国版本图书馆 CIP 数据核字（2010）第 134350 号

书　　名：中国电化教育的理论与实践——南国农先生与中国电化教育发展
著作责任者：李运林　陈庆贵　主编
责 任 编 辑：李淑方　唐知涵
标 准 书 号：ISBN 978-7-301-17536-1/G·2908
出 版 发 行：北京大学出版社
地　　址：北京市海淀区成府路 205 号　100871
网　　址：http://www.jycb.org　http://www.pup.cn
电 子 信 箱：zyl@pup.pku.edu.cn
电　　话：邮购部 62752015　发行部 62750672　编辑部 62767346
出版部 62754962
印　刷　者：三河市北燕印装有限公司
经　销　者：新华书店
787 毫米×1092 毫米　16 开本　23.75 印张　550 千字
2010 年 7 月第 1 版　2010 年 7 月第 1 次印刷
定　　价：56.00 元

序

《中国电化教育的理论与实践——南国农先生与中国电化教育发展》一书，是我国业界专家学者共同努力的智慧结晶。此书总结了一位90岁的矍铄老人在中国特色电化教育理论建设、学科建设方面的成就，不仅是对南先生个人的成就的展示，也是对中国业界的理论与实践发展的凝练。

我是20世纪90年代中期才到电教系统工作的，在这一行业中，我接触到了诸位佼佼者，他们的思想和业绩引领或影响着我国技术应用于教育的发展和变革的进程，南国农先生就是这些人物中的杰出代表。2000年，中国电化教育协会(现为中国教育技术协会)、西北师范大学、华南师范大学联合举办了“南国农电化教育学术思想研讨会”，会上总结了作为我国电化教育开拓者和奠基人的南先生的理论和实践成果。在学术界内外我们都能够更深入地体会南先生的人格魅力、学者风范以及他对电化教育事业发展所作出的贡献及其影响。

2000年到现在，又经过了10年，这10年是我国教育信息化发展最快的10年，我们经历了许多教育信息化发展进程中的感动和记忆！10年中我们发现，南先生仍然与时代的发展同呼吸、共命运，他对建设中国特色电化教育的理论与实践的探索一刻也没有停息过，特别是在信息化时代电化教育的学科和理论建设方面，还经常看到和读到他经过深思熟虑后发表的论文或论著。耄耋之年，南先生仍然坚持学习，不断探索和思考，并且笔耕不辍。是什么力量在支撑和激励着他的这种忘我的精神和工作热情？人们说，是南先生思想深处的民族魂、电教情和报国志。

南先生的青年时代是在中国社会的大变化、大分化、大动荡中度过的，他在心灵深处渴望民族解放、祖国强盛、人民幸福。他1943年毕业于中山大学教育系，1948年赴美国哥伦比亚大学攻读，聆听过世界著名教育家杜威先生的教导，获比较教育和视听教育硕士学位。1950年，他和许多留美的有志青年响应祖国号召，放弃了在国外工作和生活的优厚待遇，毅然回到祖国，积极投身大西北建设，并在西北师范学院任教。他的这种行动充分表现了青年时代南先生炽热的爱国情怀和希望民族复兴的满腔热情。这就是埋藏在他心灵深处的民族魂。

南先生在20世纪50年代初，就提倡并利用电化教育手段进行教学。南先生的电教情节，与他的成才经历和知识背景关系密切。我国电化教育萌芽于20世纪20年代，定名于1936年。早期的电化教育主要是运用音影等技术媒体为民众教育服务，当时，蔡元培、陶行知等一批有影响的思想家、教育家提倡的科技救国、教育救国的思想对社会产生了广泛的影响，对南先生电化教育思想的形成也产生了深刻的影响。南先生受教于名校，师出名门，有着渊博的学科知识和深厚的学术功底，对教育和电化教育有着深刻的认识和理解，并且坚信：先进的科技手段用于教育，一定会促进教育改革，提高教育效果，扩大教育规模，起到事半功倍的效果。1978年，我国电化教育重新起步以后，南先生有了施展抱负的机会，年近花甲的他，全身心投入到中国电化教育的探索与实践之中。他几十年如一日，不断探索、勤于思考、善于归纳，形成了自己的电化教育理论体系。他对电化教育的执著追求和他的“电教情”贯穿在我国电化教育的发展过程中，集中体现在中国特色电化教育建设中。

南先生追求的是建设中国特色的电化教育。我们要善于学习借鉴国外先进的教育思想和理念，更要让中国走向世界。中国走向世界必须要有自己的创造，要有自己的特色。强国必先强教，强教需要教育现代化。电化教育是教育现代化在不同时期的表现形式。南先生曾说：20世纪90年代中期以前的电化教育是工业时代的电化教育；90年代中期以后，社会进入信息化时代，信息化教育成为信息化时代的电化教育。中国特色电化教育的内涵是十分丰富的，也是在实践中不断发展的。中国特色电化教育建设是南先生终身报国志的具体体现，只有具有中国特色的电化教育才能更好地走向世界。

本书较为详细地梳理了南先生的电化教育学术思想和理论，以及他的学术思想、理论对中国特色电化教育理论建设、学科建设、事业和产业发展等方面所产生的影响。我们从中可以了解到一个成功者的人生轨迹，可以学习他热爱祖国、无私奉献的高尚品格，执著追求、勤于实践的敬业精神，不断发展、兼容并包的科学态度，坚持特色、勇于创新的学术风范。希望本书能够作为研究电化教育发展史和建设中国特色电化教育的参考教材，也能够成为学习本专业的年青同志们思想教育的参考教材。

本书的出版，恰逢中央颁发《国家中长期教育改革和发展规划纲要》，教育信息化将作为我国教育改革和发展的重要支撑平台，今后10年，我国教育信息化将要进入一个新的更加辉煌的发展阶段。我们会以南先生为榜样，为推进教育信息化和建设教育现代化作出贡献。

王珠珠

2010年7月2日

前 言

南国农先生在中国电化教育这块沃土上辛勤耕耘了六十载，留下了坚实的脚印和许多动人的事迹；他在电化教育的理论和实践方面的探索是我国电化教育发展的历史缩影；他在长期的实践探索过程中所形成的建设中国特色电化教育的思想和理论是推进我国电化教育持续发展的宝贵财富。今年 1 月在广州，中国教育技术协会、西北师范大学、华南师范大学为纪念南国农先生九十寿辰，联合成立“南国农先生与中国电化教育发展学术研讨会”筹备小组，商议今年 8 月举办研讨会的有关事项。会议形成了若干共识，其中，委托李运林、陈庆贵从学术层面上，策划编写《中国电化教育的理论与实践——南国农先生与中国电化教育发展》一书。我们感到编写这本书意义重大，责任重大。

近年来，国内已有不少学者开始研究或者开始关注南国农先生的电化教育学术思想。但是，真正系统的研究才刚刚开始，本书的编写从某种意义上，可以助推这方面的研究工作，也可以弥补这方面研究资料和研究成果的不足。我们试图从历史发展和领域影响这两个维度，梳理和阐述南先生电化教育学术思想的形成和发展以及他的学术思想对电化教育学科理论、学科专业、事业和产业发展等方面所产生的影响和南先生在这些方面的主要成就和重大贡献。本书的框架结构分为总论和四篇，第一篇：南国农先生与中国电化教育理论体系的建立与发展；第二篇：南国农先生与中国电化教育学科专业及人才培养；第三篇：南国农先生与中国电化教育事业与产业发展；第四篇：中国电化教育发展的展望。每篇二章：第一章概论，由主编撰写；第二章分论，由有关专家、学者根据总体设计，选定专题撰写。

为顺利完成本书的编写，成立了编写小组，进行了总体设计和策划，李运林负责本书的第一、二篇的概论撰稿和分论的设计与组稿工作，陈庆贵负责本书第三、四篇的概论撰稿和分论设计与组稿工作。需要说明的是，本书撰稿作者，大都是本领域知名的专家、学者，对南先生怀有深厚的感情，他们都是从百忙中挤出时间，围绕选定的专题进行回忆、研究和认真的思考与梳理，其作者撰写文章的水平和认真的态度及严谨的作风，令人赞叹不已！许多作品编著都没有做任何改动，也不能够做任何改动！有些撰稿作品，尽管与主编意图有些偏颇，但是也没有做任何割舍。钟志贤教授的来稿《亲历历史，中国道路——南国农先生电化教育学术思想研究》，原来的约稿内容是《南国农先生中国特色电化教育理论体系剖析》，钟志贤满怀对导师的深情，系统地梳理和总结了南先生的电化教育学术思想，撰写了 6 万多字的文稿，其文字之优美、语言之流畅、结构之合理、思想之深刻、评说之准确，令我们动容！带着真情实感的人，似乎有神来之笔，写出的文章才能够如此感人。由于文章涵盖了学科理论、学科专业、电教事业及产业以及电教发展的展望，我们不能将它分列到原有的四篇中，只能在全书的结构上做了调整，将其独立下为总论。为此，我们对全书内容的布局，甚至对概论与分论的撰写也做了调整，成了现在的总论加四篇。

本书的出版得到北京大学出版社的大力支持，周雁翎主任带病指导本书编校工作，李淑方同志加班加点，才保证了书稿质量和按期供书。中央电化教育馆刘洋同志、华南师大穆肃、刘繁华同志承担了本书的书稿收集、联络工作。本书出版得到广州市协同教育科学技术研究院的赞助和大力支持。在此一并表示衷心谢忱！

由于本书撰稿作者较多，组稿工作量较大，加之时间仓促和水平有限，在设计和编写中存在不少疏漏，敬请读者谅解并不吝赐教。

李运林　陈庆贵

2010 年 7 月 1 日

目　录

总论　亲历历史，中国道路

钟志贤

第一篇　南国农先生与中国电化教育理论体系的建立与发展

第二篇　南国农先生与中国电化教育学科专业建设及人才培养

第三篇 南国农先生与中国电化教育事业及产业发展

第四篇 南国农先生电化教育的理论与实践对未来教育发展的影响

总　论

亲历历史，中国道路

——南国农先生电化教育学术思想研究

钟志贤

引　言　走近大师

民国时期著名教育家、清华大学校长梅贻琦教授曾说："所谓大学者，非谓有大楼之谓也，有大师之谓也。"大学是如此，学科的发展也是如此。一所没有大师的高校难以称其为大学，一门缺乏大师的学科也很难成为真正意义上的学科。

弗洛伊德说，没有天才就没有历史。同理，没有大师也就没有学科的发展历史和未来。大师和学科领域有天然的密切联系。说起中国的先秦诸子百家文化，离不开老子、孔子和孟子；说到古希腊哲学，离不开苏格拉底、柏拉图和亚里士多德；讨论现代物理学，离不开爱因斯坦、玻尔和海森堡。同样，如果要讨论建构主义的哲学和心理学渊源，离不开维柯、康德和杜威，离不开皮亚杰、维果茨基和布鲁纳。研究大师的学术思想是学科建设的重要组成部分，也是关注学科文化建设的重要表现。

从人生经历、学术贡献和学术人格等角度考察，我国著名教育家南国农先生堪为中国电化教育学科领域的一位大师。可以说，中国电化教育的发展与先生这批大师们息息相关。先生的人生历程可以说是一部鲜活的中国电化教育学科发展史。回顾我国电化教育学科的发展历程，从萌芽起步阶段到初期发展阶段、停滞阶段到迅速发展阶段和深入发展阶段，先生几乎亲历了我国电化教育发展的各个阶段。先生最为重要的电化教育学术经典几乎都是产生于1978年以来的视听教育阶段(20世纪70年代后期—90年代初期)和信息化教育阶段(20世纪90年代中期至今)。研究先生的学术思想，对于回眸和展望中国电化教育的历史与未来，对于理解学科发展的动力源泉，传承和发展学术思想以及启迪后学的学术进取，都具有深刻的现实意义。

第一节　人生屐痕：八千里路云和月

打开先生的人生履历，中国近现代的社会风云变幻和电化教育学科的发展历史，如在眼前，令人仿佛穿越时光隧道，置身其境，感慨万千。

1920年9月16日，先生出生于江西省清江县(今樟树市)一个殷实的木材商和药材商家庭。先生自小跟随父母，因家族生意经营的地理走势，先后曾在郴州、常州、南京、上海、南昌等地居住和读书，得以接触各种文化环境和人士。可以说，这种“频繁的迁徙”对个人适应力的挑战是超强的。如果我们从“智力是适应新环境的能力”这一定义来推演，那么，可以说在这种频繁变换的环境里，先生自小的智力就得到极大的磨砺。

1937 年抗日战争开始时，先生回到南昌心远中学读书(现南昌二中的前身，民国年间江西省最著名的中学)。1939 年高中毕业，先生担任同乡会副会长，积极联系清江县在上海、南昌读书的同学组织了一个“抗日巡回话剧团”，东至上饶，南下赣州宣传抗日。

1939 年，先生入读中山大学教育系学习教育哲学。大学期间，先生深受我国著名教育家陶行知先生的影响，信奉“在教育界，有胆量创造的人，即是创造的教育家，有胆量开辟的人，即是开辟的教育家，都是第一流的人物”。

1943 年，先生毕业于中山大学，以其出色的才华，得到当时著名教育家、中山大学校长，时任国民党中央教育部部长朱家骅先生的赏识，到重庆国民党中央组织部和教育部部长办公室担任秘书工作。期间，与许多政要和科学家、教育家如陶孟和、傅斯年等常有交流，给先生带来一笔宝贵的思想财富。

1945 年，抗日战争胜利，中华河山光复，先生随国民党中央总部迁回南京工作。出任国民党中央教育部直属中学青木关中学校长，时年 25 岁。可谓年少得志，前程似锦。据先生回忆，先生于 1945—1947 年在这所中学担任校长，时间大概是两年多不到三年。这所学校的总部设在南京(现为南京第六中学)，在丹阳设有分校(现为江苏省丹阳高中)，在常熟设有师范部(现常熟师范)。先生的工作主要在总部，但每个月去丹阳、常熟住一段时间。

1948 年，先生参与接待英国教育代表团，不久获得去英国回访的良机，期间，得到国民党中央教育部朱家骅部长的批准，进入美国哥伦比亚大学教育研究院深造，修习比较教育和视听教育。先生曾拜访陶行知先生的老师、美国著名教育家杜威先生并获得他的指导。

1950 年 7 月，先生和朱启贤、何基一道带头积极响应新中国政府周恩来总理的号召，在美国留美学生同学会的组织下，和 230 余名优秀留学生，历经一个多月奔波回到祖国。

1953 年，国立西北师范学院院长徐劲先生到北京，邀请南国农先生与萧树滋先生到西北支援国家建设。先生被聘为国立西北师范学院教授，兼任学校

“教育实习指导委员会”秘书之职，负责全院教育实习工作，从此扎根于祖国的大西北，致力于高等教育事业。

1957 年全国“反右”运动后，各种政治运动接连不断，先生受到各种不公平的遭遇，被打成大右派，送往农场强制劳动……历经坎坷，事业搁浅。此后 20 多年的人生黄金岁月，在先生的学术履历中是一段苍凉的静默和莫名的空白。不由地想起《东邪西毒》里的一句台词：在我最美丽的时候，我最爱的人都不在我身边。于先生来说，在他人生最美好的时间，最心爱的事业离他是那么的亲近而又遥远，熟悉而又陌生。

1978 年，先生已近花甲，柳暗花明，枯木逢春，历史给了先生蓬勃学术生命的机遇。先生的热情不再无用，生命不再空载，思想不再尘封，事业不再悬置，驶入了学术人生的快车道。内外条件的兼备，给先生带来了不竭的人生动力和勃发的学术生命。

1979，先生在河南开封召开的五所师范院校《教育学》教材编写会议上首次提出，新编《教育学》教材中必须增加“电化教育”一章，获得与会者的赞同，会议决定由先生撰写新版《教育学》教材的“电化教育”章节。这是我国电化教育首次纳入“教育学”教科书范畴之中，也是对我国电化教育理论研究和学科发展所做出的第一个贡献。

1979 年，1980 年和 1981 年，为应对全国各级各类教育对电化教育人才的急缺，教育部电化教育局委托西北师范学院举办了三期电化教育培训班。先生领衔主持承办了三期全国电化教育培训班，为中国电化教育的重新起步培养了一批骨干和领头人，受训者后来大多数成了很有影响的电化教育教学、研究和管理人才。由于这几次培训班的历史意义，学界称西北师范学院为电化教育界的“黄埔军校”。

1980 年，先生创办主编的电化教育专业学术刊物《电化教育研究》正式出版，如今已成为享誉中外的核心学术期刊(第 1 期于 1980 年 11 月正式出版)。

1981 年，成立于 1978 年的西北师范学院电化教育馆更名为电化教育中心，先生担任中心主任。同年，和萧树滋先生一道起草了师范类电化教育课程教学大纲。同年 9 月，教育部电化教育局在杭州召开电化教育课教学大纲座谈会，初步确定了高等师范院校和中等师范学校使用的“电化教育概论”课程教学大纲。其内容主要包括电化教育理论、电化教育媒体、电化教育教材编制、电化教学法、电化教育管理等，为电化教育学的建立搭起了框架。

1983年，在先生的倡导下，西北师范学院与甘肃省电化教育馆联合举办了大型电化教育展览（11月15日开展），展现了甘肃电化教育的现状和中国电化教育发展的史实以及世界电化教育动态。来自全国20多个省市代表参观展览会。

1984年，教育部电化教育局在黄山召开电化教育工作会议，成立了“全国电化教育课教材编审组”，先生为编审组组长，组织编写出版了一系列的电化教育教材，积极推动了中国电化教育事业的发展。同年秋，先生领衔在电化教育中心创办电化教育专修科，学制两年。

1985年5月，先生领衔创办西北师范学院电化教育系，并任系主任。同年，经教育部审批同意，创办学制为四年的电化教育专业本科。

1985年5月，先生主编出版了中国第一部电化教育专著、高校教材《电化教育学》，标志着“电化教育学科理论体系的建立”，中国的电化教育实现了由事业向学科的飞跃。该书随后被台湾购买版权，以《视听教育》为书名，出版繁体字版。

1991年7月，由先生倡导，《电化教育研究》杂志社与全国几十家企业联合举办了“全国首届电化教育知识大奖赛”，数万名电化教育工作者参加了此次大奖赛。

1992年5月23日至7月11日，先生倡导和主持了“全国电化教育考察万里行”（下以简称“万里行”），对调研、宣传电化教育事业的发展起到了积极的作用。

1993年10月，先生领衔组织团队，获教育技术学专业硕士学位授予点。

1995年5月，先生主编出版高校教材《教育传播学》。

1998年8月，先生主编《电化教育学》（修订版）出版。

2000年10月，西北师范大学组建教育技术与传播学院，先生任名誉院长，后又兼任网络教育学院名誉院长。

2003年9月，先生领衔组织团队，西北师范大学获教育技术学专业博士学位授予点。

2004年6月，先生主编《电化教育学》的第三次修订，并且顺应时代和学科发展的需要，更名为《信息化教育概论》。

2007年，先生领衔在西北师范大学与中教科技合作建立教育技术学博士后科研活动站。同年，主持全国教育科学“十一五”规划课题“中国电化教育

（教育技术）发展史研究”。

2008 年 1 月，先生主编出版高校教材《教育传播学》（第二版）。

2010 年，先生主编《信息化教育概论》再次修订出版。

……

英国谚语说，人生六十才开始。至今，先生已有三个三十年，前三十年年少得志，意气风发，中间三十年，人生低谷，静默无声，花甲后的三十年，雨后红日，老树新花，构成了一个“U”字形的人生曲线。我们惊叹，先生一生最重要的学术事功，基本上都在花甲之年后做的，创造了罕见的学术奇迹。谁说年龄是个问题？如同今天的天才投资大师罗杰斯所说，你任何时候都可以开始做自己想做的事，年龄与你想做什么事并不相干。这在先生的身上得到了最好的诠释。直到今天，虽然先生已届 90，却依然活跃在学术领域。先生是一个“功、言、德、寿”神奇的结合。有人说，先生是史上最牛的博导，是身心和见识永葆常青的学者，其治学时间的跨度和深度，给我们带来巨大的心灵震撼，让我们知道这世上真的有一种风采叫奇迹。

都说“人过中年万事休”，“人生七十古来稀”，可为什么先生竟有如此强盛的生命和学术活力去证实“老当益壮，宁移白首之心”？都好感慨“夕阳无限好，只是近黄昏”，可为什么先生竟能充满希望去体验“难得几度夕阳红”？奇迹的后面究竟蕴藏着怎样的秘密？

从 20 世纪上半叶至今，中国的电化教育事业发展已有半个多世纪的历史。先生几乎亲历了中国电化教育的全部时期，堪称一部中国电化教育发展的鲜活宝库，把毕生的精力献给了中国的电化教育事业。先生是中国电化教育的启蒙先驱和开拓者，是中国电化教育学科的奠基人，是信息化教育的引领者和推动者。他提出的“七论”，奠定了我国电化教育学科理论体系的基础。先生博学多才，治学严谨，宽以待人，被学界尊称为具有“学者之风、长者之风、仁者之风”的大师。[1] 研究先生的学术思想，不仅可以领略先生恢弘博大的学术思想和创新精神，而且可以体悟中国电化教育事业发展的筚路蓝缕。

① 周君达．关于先生的“三风”[J]．电化教育研究，2000（10）：88.

第二节　应运而生：中国电化教育的兴起

综观先生的学术思想和实践，我们可以深深地领略其显著的特点：中国特色。20 世纪 80 年代初，先生就鲜明地提出我国办电化教育的基本思想应该是：走自己的道路，逐步建设有中国特色的电化教育。沿着这一指导思想，数十年来，先生凝聚全国的学术力量，一直在电化教育领域孜孜以求，默默耕耘。

先生坚持走中国道路或中国特色的电化教育研究，既是立足国情的需要，也是我国电化教育历史传承的结果。先生说，我国电化教育的发展，是先有电化教育这个事，后有电化教育这个名，再有电化教育这个学。电化教育源于美国的视听教育，但又与视听教育不同，电化教育的诞生，与当时中国的社会、思想和文化变革浪潮密切相关，在其发展历程中，本土化的实践更是最大的推动力量。从我国电化教育历史发展的脉络中，我们似可管窥电化教育走中国道路的滥觞。

一、世纪之变：20 世纪初教育改革对电化教育的启蒙

19 世纪末 20 世纪初，中国被历史的潮流推到了一个前所未有的动荡和变革时期，辛亥革命结束了中国两千多年的封建王朝历史，但中国苦难的历程并未就此结束，军阀割据，"城头变幻大王旗"，百姓水深火热；列强肆意瓜分中国，中华民族处于最危急的境况。内忧外患，风雨飘摇，浸泡着苦难的中国。中国的出路在哪里？许多仁人志士都在苦苦追寻。其中，在探索救国之道上，中国首先觉醒的一代知识分子看到教育对国势和国运的重要性。

梁启超先生指出，"世界之运，由乱而进于平，胜败之原，由力而趋于智，故言自强于今日，以开民智为第一义"[①]，洞悉近代以来，国力之争由力而趋于智的新变化的事实。国家若要强盛，首要条件就是以教育来启迪大众。民众之权与民众之智是相生相长的关系。"有一分之智，即有一分之权；有六七分之智，即有六七分之权"，"权与智相倚者也，昔之欲抑民权，必以塞民智为第一义。今之欲伸民权，必以广民智为第一义。"[②]教育对于开启民智的作用，无疑是第一位的，但中国的封建教育，长期依附于集权之下，积弊甚多。孙中山认为，封

① 孙培青. 中国教育史[M]. 上海：华东师范大学出版社，2000：335.

② 同上：335.

建教育下的士人，“终生所诵习者，不外四书、五经及其笺注文字”，封建教育的目的就在于“养成其盲从之性”。①

期望通过教育来改造社会，古今中外不乏其人，但在当时的中国，这种愿望和要求显得比任何时候都更加迫切。在这样的背景下，中国掀起了20世纪初的教育改革。新文化运动时期，教育思想和教育改革进入了一个异常活跃的阶段，并且教育和救国紧密联系在一起的特点更为明显。20世纪20年代前后，中国的知识分子深受西方教育思想的影响，在短短的十数年间内，各种思想相互激荡，各种教育思潮纷纷涌现，各种教育改革试验也相继涌现。其中，以实用主义教育和平民教育两种思潮影响最大。

杜威(J. Dewey)的实用主义思想在当时的中国产生了广泛的影响。一方面，如胡适这样的著名学者，作为他的门生，极为推崇杜威的思想。另一方面，当时著名的教育家，如陶行知、陈鹤琴等，也多曾受到杜威的影响。陶行知早先亦把杜威的教育思想全盘照搬，但当时中国的社会现状毕竟与美国相去甚远，加之物质条件匮乏，缺少文化等条件的支撑，杜威的教育思想在实践中难免遭到挫折。最终，陶行知结合中国的国情，把杜威的“教育即生活”、“学校即社会”、“从做中学”的教育思想翻了半个跟斗，提出“生活即教育”、“社会即学校”、“教学做合一”。在教育理论方面，陶行知是教育家中将外来理论中国化的先行者之一，也是最早进行电化教育实践的教育家之一。自1917年从美国留学回来后，陶行知在嘉兴进行千字课教学试验时就利用到幻灯进行放映。②陶行知先生的开拓创造精神，对先生影响极深，在陶行知先生身上，我们可以看到电化教育走中国之道的印记。

平民教育在当时也产生了广泛的影响。中国是一个传统的农业大国，当时的大部分人口生存在农村。中国教育的最大问题在农村，除陶行知外，另一位平民教育的代表人物晏阳初先生，也是一个教育救国论者，他将农村问题概括为“愚、弱、穷、私”。愚，指的是80%以上的中国人是不识字的文盲，缺乏基本的智识。穷，指的是大多数中国人的生活困苦，在生存线上挣扎。弱，指的是中国最大多数人民是毋庸讳辨的病夫。私，是指中国最大多数人民是不能团

① 孙培青．中国教育史[M]．上海：华东师范大学出版社，2000：351.

② 孙宽宁．我国电化教育研究的回顾与反思[J]．电化教育研究，2007(9)：77-83.

结，不能合作，缺乏道理陶冶，以及公民的训练。[①]

晏阳初先生一针见血地揭示了中国国民性的弱点，揭示了中国最大的现实问题。无论是救国，还是强国，如果没有较高素质的国民的参与，几乎不可能获得成功。欲达成救国之目的，首先要做的，就是通过教育来改善最广大中国的国民素质，为国家将来的复兴造就新鲜健康的血液。基于这一认识，许多教育家们开始将教育问题的研究从城市下移到农村，并且做了大量的工作。如何以一种最便捷、有效、经济的教育方式在较短时间内改变中国民众素质的现状，成为他们思考最多的问题。这一切对以后中国电化教育的产生和发展都有着重要的影响，也为先生的“大电化教育”观思想的形成播下了种子。

二、救亡图存：视听技术与教育的迅速结合

20 世纪 20 年代，电影和无线广播技术相继传入中国。1918 年，商务印书馆开始拍摄包括教育类的各种影片，这可以说是中国电化教育的最早萌芽。新兴的视听技术，为什么在很短的时间内就能与教育结合起来？这并非历史的偶然，实为时势使然。因为它与当时中国的救亡图存的需要有着密切的关系。著名教育家蔡元培先生针对当时的形势，发出这样的感叹：“欲唤起民众救亡，你写了书，你办了报纸刊物，可 90％的同胞是文盲，何来效果？”[②]显然，不需要认识文字就能看懂的电影和照片有着独特的传播优势，这一点也得到了当时学界和政府的认可与支持，对催生中国的电化教育有重要的影响。

1930 年，南京金陵大学理学院院长魏学仁在校长陈裕光的支持下，成立了“电影教育委员会”。1931 年，时任教育部专员的中共地下党员郭有守受蔡元培先生在“电影与教育”的学术演讲的影响，发起成立“中国教育电影协会”，次年 7 月 8 日，由蔡元培任主席，正式成立“中国教育电影协会”。随后郭有守又在教育部社会教育司下设置“电影教育委员会”和“播音教育委员会”。社会教育司司长陈礼江主管行政，业务由陈、郭二人共管。1936 年，陈礼江以教育部名义向全国省市教育厅局发文时，把“电影教育与播音教育人员训练班”简称为“电化教育人员训练班”，在开学训话时，陈礼江说到“今后电影教育与播音

---

① 孙培青. 中国教育史[M]. 上海：华东师范大学出版社，2000：450.

② 穿行在“七七事变”的阴云下——记录抗战珍贵历史影像[EB/OL]，http：//discovery. cctv. com/.

教育全称为电化教育"，学习结束之后，"电化教育"一词遂在全国广为传播。[①] 1936 年 3 月 25 日，当时的行政院以中国政府的名义核定并发布《国难时期教育方案》，从此推广播音教育、促进电影教育成为国策。[②]

可见，视听技术传入我国后，在很短的时间内就引起了像蔡元培、陶行知等教育家和政府教育部门的注意。在当时国民政府的大力推动下，上升到国策的高度。有了这些支持，视听技术得以与中国教育迅速结合起来。救亡图存，帮助改变中国的命运，成为当时视听技术与教育结合的催化剂。这段历史证明了电化教育的生命力，在于顺应中国国情，在大教育观的视野下，实现其实践价值和社会价值的统一。

三、中国元素：传统文化对电化教育的影响

虽然目前普遍认为我国的电化教育源于美国的视听教育，但这并不意味着我国的电化教育没有包含中国传统文化的元素。先生认为，在电化教育的思想理论上，除了向国外学习之外，我们也要注意吸取中国传统文化中的优秀成分。他曾说起，20 世纪 40 年代初，我国著名电影人孙明经先生在美国游学期间，美国学者就认为，他们的视听教育是来自中国。当时，在美国的视听教育杂志上，常常可以看到用毛笔书写的这样一句话："百闻不如一见，一画能当万言。"他们认为，美国的视听教育，是在接受了中国的这个思想下兴起的。[③]

日本的电化教育名为教育工学。先生曾谈起，2005 年 11 月在广州参加"中日教育技术研究与发展论坛"期间，在与日本专家坂元昂（Takashi Sakamoto）等学者的一次交谈中，西之园晴夫（Nishinosono，Haruo）教授说，日本的"教育工学"这个名称，是在读过《天工开物》这本中国名著后受到启发而提出来的。并且说，日本教育工学界的许多学者都把《天工开物》，还有《梦溪笔谈》作为必读的经典文献。[④] 可见，中国优秀传统文化思想，对电化教育具有丰富的价值。先生认为，要搞好中国的电化教育，就要吸收古今中外一切好的东西，

---

① 孙健三. 关于电化教育名称的由来及学术内涵[J]. 电化教育研究，2007 (1)：76-78.

② 孙健三. 1936 年电化教育在中国诞生的经过与相关文献史料[J]. 电化教育研究，2010 (2)：112-120.

③ 南国农. 我们对电化教育知道多少[C]//教育现代化的必由之路——南国农电化教育论文集. 北京：高等教育出版社，2000：102-111.

④ 南国农. 参与历史研究 共创美好明天——在"第四届全国教育技术学博士生论坛"上的讲话[J]. 电化教育研究，2008 (11)：9-12.

在继承与借鉴的基础上走自己的创新之路。

四、策应现实：满足我国当前教育现实的需要

先生认为，当今世界范围内的教育主要面临两个问题：一是知识激增给教育带来的难题；二是教育人口激增给教育带来的难题。要解决这两个难题，仅仅依靠现有的教育系统，采用现在的教育方式是不行的，必须建立一个新的教育体系——电化教育体系，采用一种新的教育方式——电化教育方式，才有希望。①

先生客观地分析了我国教育存在的问题和面临的挑战，指出：受教育人口的数量、质量与社会主义两个文明的建设目标之间存在强烈的反差；传统教育的办学模式和结构同人才的需求和培养之间的矛盾，已成为我国教育事业发展亟待解决的问题；我国目前经济水平的局限与有效地利用有限的教育经费来最大限度地发展教育事业，提高教育效益，是我国教育发展中的重要课题；传统的教育观念、方式、方法与现代社会对教育的要求之间存在较大差距。② 要解决这些问题，只有推进教育改革。

先生认为，我国教育改革中的难题主要有三点：一是教育思想旧。传统的教学观、学生观、学校观牢不可破，这种状况不改变，教改的轮子转动不起来。二是教育投资少。据联合国统计资料，在全世界国家和地区，我国的教育经费在国民经济总产值中所占比例为倒数第二，仅高于也门。三是师资素质差。目前我国师资队伍状况不够理想，数量不足，素质也差。要解决这些教改难题，有一般的方法，但是一般的方法是不够的，还要寻找一条多快好省的最佳方法，在一般方法的道路上增加一条平行的高速公路，这条道路就是电化教育，发展电化教育，是解决我国教育难题的有效方式与途径。③

由此可见，我国的电化教育虽然来源于美国的视听教育，教育技术更是美国的舶来品，但是，从它出生之日起，无论在理论方面，还是实践方面，都是适应着我国的国情，为了解决我国特有的教育问题，不断走着自己的创新发展道

① 南国农．当前电教理论和实践中的几个问题［C］//教育现代化的必由之路——南国农电化教育论文集．北京：高等教育出版社，2000：58-75.

② 钟志贤．我国现代教育的一种模式——南国农的电化教育观［C］//杨鑫辉主编．现代大教育观——中外名家教育思想研究．南昌：江西教育出版社，1990：442-443.

③ 南国农．电化教育与教育改革［C］//教育现代化的必由之路——南国农电化教育论文集．北京：高等教育出版社，2000：25-32.

路，这条道路就是以现代教育媒体的研究和应用为核心的发展道路。先生提倡的中国电化教育道路，蕴涵了蔡元培、陶行知等老一辈教育家对祖国的热爱和对民族复兴的期望，诠释了在电化教育理论和实践发展过程中对待中西文化的应有态度，反映了我国当前的教育现状，体现了先生作为电化教育的开拓者和领路人的胸怀和远见，也为未来中国电化教育的发展指引了方向。

第三节 名实之辨：中国电化教育的本质与定义

我国的电化教育从诞生之初，就带有浓厚的本土色彩，沿着具有本土特色的道路发展。先生在纪念萧树滋先生诞辰 90 周年的学术研讨会上，曾回顾了两人谈得最多的一件事就是建设有中国特色的电化教育事业。无论在理论上，还是实践上，中国的电化教育都与西方的教育技术存在显著的不同。立足国情和电化教育的实践，先生界定和分析了中国特色的电化教育概念、本质和定义。当然，任何事物都是在矛盾中发展的，在建设中国电化教育理论体系的过程中，不可避免地存在各种学术争议，但先生一向虚怀若谷，宽以待人，充分尊重他人的意见和表达权利，在提出自己看法的同时，客观公正地对待不同的意见，以自己的学术风范和人格魅力把全国电化教育学者团结在一起，营造了“全国电化教育是一家”的学科文化。如此，在我国电化教育发展过程中，这些学术上的矛盾和争议不仅没有成为阻碍，反而成为前进的动力和力量。

一、实重于名：对中国电化教育名称的论证

自 20 世纪 30 年代以来，电化教育这个名词可以说一直存在争议。20 世纪 40 年代，时任金陵大学电影播音专修科主任和电影部主任的孙明经就提出“我们只是提倡利用电影播音进行教学，并不是提倡什么新教育”的意见。他坚持使用“电影播音”或“影音”一词。

20 世纪 50 年代初，北京师范大学廖泰初先生对电化教育提出质疑，并将该校“电化教育馆”改名为“直观教育馆”。20 世纪 80 年代初，从廖泰初先生开始[①]，有几十篇文章参与了电化教育名称之争，并于 1984 年至 1986 年达到了高潮。

20 世纪 90 年代初，围绕专业课程体系的建设，学界就是采用“电化教育”

① 廖泰初. 从国外名词术语的演变看“电化教育”[J]. 电化教育研究，1982(1).

的名称还是采用“教育技术”的名称又展开了争论，后以1993年国家教委颁布普通高等学校本科专业目录，将“电化教育专业”改为“教育技术学专业”告一段落。①

电化教育发展过程中的名称之争，究其根源，在于人们在各个时期对电化教育本质和内涵认识的不同，这些不同或来自实践的体认，或出于理论上的思考。例如，著名电影人孙明经先生提出使用“电影播音”或“影音”之时，是金陵大学教育电影部的实际负责人，身兼制作人、摄影师、导演和剪辑师，拍摄了许多教育电影，而这些电影的教育功能，大多是应社会之所急需的，如《防毒》、《防空》等影片，正是为了配合当时抗战形势之需，向中国广大民众宣传普及防毒和防空知识。他极重视实践，在给亲友的信中曾写到“拍摄电影两腿居首功”。孙明经先生的观点，可以说是他从自身实践出发，从媒体的角度对电化教育的一种认识。

20世纪八九十年代兴起的又一波电化教育名称之争，主要是受国外理论，特别是美国AECT关于教育技术定义影响。先生曾总结了当时主张改名的理由，主要有以下几点：一是不科学，指电化教育的名称没有反映电化教育的本质。二是不方便，因为西方国家没有与之对应的学术术语，存在交流上的困难。三是已过时，认为随着时代和技术的发展，原有的名称已经过时。

在电化教育名称的争议过程中，先生的态度是明确的，即主张暂不改名的观点。他曾多次在学术会议上和学术杂志上分析电化教育的名称问题。比如，在1987年4月华南师范大学召开的国内外教育理论与教育技术研讨会上，先生综合了主张改名的14条理由和主张暂不改名的10条理由，先生明确持暂不改名的观点。② 1996年，先生重新回顾了电化教育的改名问题，论述了电化教育名称历经四次危机都“危”而未倒的原因，仍然坚持原有的观点。③

先生的坚持，是出于对电化教育改名可能给电化教育事业带来负面影响的隐忧。这种观点可以解释为在当时的情况下，坚持电化教育实质的一种判断。

名与实之间，实更重要。春秋时期，楚庄王观兵于周境，问鼎之大小、轻重，

① 李龙. 加强史学研究，促进学科发展(1)——“教育技术史”学科初探[J]. 电化教育研究，2006(11)：3-8.

② 南国农. 我国电化教育的现状与展望[C]//教育现代化的必由之路——南国农电化教育论文集. 北京：高等教育出版社，2000：87-89.

③ 南国农. 面向21世纪的中国电化教育[C]. 见：同上，2000：153-154.

觊觎周室天下之心昭然若揭。周王的使节王孙满回答说，在德不在鼎，若是德之休明，虽小亦重，反之，若是德行昏乱，虽大亦轻。说明周室天下能否继续下去，关键不在于拥有的鼎的大小和轻重，而在于周王的德行。先生对电化教育名称的理解，亦可作如是观。先生认为，电化教育这个名称的内涵，是随着时代的发展而发展的，还没有到马上要换掉的地步。事物的名字可以反映事物的本质，也可以不反映事务的本质。电化教育能不能上去，关键在于"需要我们拿出实绩"。[①]

其实，先生最关注的问题在于马上改名是否真的对电化教育事业发展有利。先生认为，当前电化教育事业的发展，根基未深，还需要一个相对稳定的环境，改变名称，那么电化教育专业的教学计划、培养目标、课程设置、教材与设备等都必须改变，电化教育机构的性质、任务、人员认知结构等也必须随之更改。[②]

任何事物的初生阶段，都需要一个合适的外部环境。电化教育事业虽然在中国已有数十年历史，但一度长期中断，重新起步时间并不长，还属于创业阶段，远谈不上成熟。因此，电化教育要发展，迫切需要一个相对稳定的环境，而在这个时期改名，有可能会影响外部环境，这对电化教育事业的发展来说是弊大于利的。

此外，做任何事情，都应有轻重缓急之分，电化教育的建设也是一样。在电化教育的创业阶段，要做的事情实在太多，若论其重要程度和紧急程度，哪一个都比名称的争执更为重要，为了集中有限的精力和资源发展电化教育，名称的问题也是可以放在以后考虑的。

可见，对于电化教育名称的争议问题，先生并非绝对地反对改名，事实上在电化教育进入信息化时期，他也赞同使用诸如信息化教育或现代教育技术这样的名称。在改名问题上，他所坚持的最根本一条标准就是，要看结果对当前的中国电化教育事业发展是否有利。

---

① 南国农．我国电化教育的现状与展望[C]//教育现代化的必由之路——南国农电化教育论文集．北京：高等教育出版社，2000：90.

② 南国农．同上 2000：90-91.

二、透过表象：揭示电化教育的本质和内涵

先生强调“坚持电化教育这个名称，就是坚持它的实质”[①]。电化教育名称之争的深层原因，正是由于人们对电化教育本质的认识和看法不一。1987 年，先生对电化教育本质的不同看法做了如下总结。

1. 教育方式说。即电化教育是一种新型的教育方式，它所涉及的是教育的某几个部分，而不是教育的全体。它并没有自己的特殊的教育目的和教育内容，只是采取特殊的教育器材、教材形态、教育方法、教育形式及教育设施来传递教育内容，实现教育目的。

2. 新教育说。认为电化教育是教育发展的新阶段，是教育的延伸和发展，是一种新教育。它涉及了教育的各个方面。

3. 手段、工具说。认为电化教育是辅助教师讲授的一种重要的手段或工具。

4. 新形态教育说。认为电化教育是一种新形态的教育，教育形成一种新的形态，并不是同时完成的，它需经历教育手段→教育方式→教育形态的逐步成型过程。

5. 方式与过程说。认为电化教育是属于现代教育范畴的一种新的教育方式，它不只是一种新的教育工具，不只是一种新的教育方法，不只是一种新的教育内容传递形态，不只是一种新的教育形式，而是所有这些的综合，是一种新的教育方式。它又是一个过程，一个人机协作、高速优质地培养人的过程。[②]

对于电化教育的本质，先生用彼此互相联系的四句话来予以概括：电化教育主要是用电子技术媒体传递教育信息；电化教育是属于现代教育范畴的一种新的教育方式；它服从(决定)于并反作用于一定的教育目的；它的目标是实现教育最优化。[③]

随着电化教育理论和实践的不断发展，先生又阐述了对电化教育实质的新认识，认为电化教育的实质可以用两句话来表述：一是强调以现代教育媒体的

---

① 南国农. 从视听教育到信息化教育——我国电化教育 25 年[J]. 中国电化教育，2003 (09)：21-24.

② 南国农. 我国电化教育的现状与展望[C]//教育现代化的必由之路——南国农电化教育论文集. 北京：高等教育出版社，2000：91-92.

③ 南国农. 当前电教理论和实践中的几个问题[C]//教育现代化的必由之路——南国农电化教育论文集. 北京：高等教育出版社，2000：61.

研究和应用为重心；二是强调现代教育思想、理论的指导。[①]

发展到信息化教育阶段，先生对电化教育的内涵阐述为：有现代技术媒体参与，是信息化教育的最本质特征，是信息化教育不同于非信息化教育的最明显的标志。[②]

先生认为，信息化教育的完整公式是：现代教育思想理论×现代信息技术＝信息化教育。信息化教育的本质是由现代教育思想理论和现代信息技术两个方面构成的。(1) 现代教育思想：指对信息化教育影响较大、较直接的现代教育思想。它主要包括六种现代教育观：素质教育观、终身教育观、双主体教育观、创新教育观、情商为主教育观及四大支柱教育观。现代教育理论主要是指三种理论：现代教育媒体理论、现代媒传教育理论和现代教育系统优化理论。(2) 现代信息技术是在教育中应用的现代信息技术。主要包括三种技术：现代媒体技术、现代媒传技术、现代教学设计技术。

信息化教育的内涵包括五大支柱。

1. 基本理论研究。一是建立和完善信息教育的基本理论体系。信息化教育的基本理论主要有：① 现代教育信息技术媒体的理论和应用；② 现代媒传教学的理论和方法；③ 现代教学设计的原理和方法；④ 现代信息技术下，教育信息转换成知识、技能、智慧、思想品德的理论和方法。上述四方面也是基本理论研究的主要对象。二是解决现实中的有关认识问题，如定位问题、起点问题以及优秀电子教材和教育资源库的标准问题等。

2. 硬件环境建设。在新世纪前，是三机一幕普通电化教育室的建设；当前，已发展成为校园网和多媒体网络教育的建设，积极推进校校通工程。

3. 软件资源开发。新世纪前，是投影、录音、电视教材的开发；当前，是网上课程、数字化教材以及教学信息资源库的开发。

4. 新型模式建立。新世纪前，以教为中心的投影、电视及多媒体组合教学模式的建立是其重点；当前，着重于学与教相结合的网络环境下新型教学模式的建立。

5. 有效管理探索。主要任务是探索和制定与信息化教育管理相关的规章

① 南国农. 从视听教育到信息化教育——我国电化教育25年[J]. 中国电化教育，2003 (9)：21-24.

② 南国农. 解读信息化教育及其五大支柱[J]. 中小学信息技术教育，2007 (2)：20.

制度。①

从上述关于电化教育的本质和内涵分析可知，我国的电化教育与美国的教育技术最大的不同之处在于中国的电化教育主要包括“以现代信息技术的研究和应用为重心，以现代教育思想、理论为指导”这两点内涵，只要包括了这两点在内，那么不管叫什么名称，都可以是电化教育。可以说，先生的这种观点，既是他在信息化教育阶段对电化教育本质的最新思考，从另一方面看，也为包容其他的看法提供了足够的空间，这是先生在学术上兼容并包的一个具体表现。

三、持续演进：界定与完善电化教育的定义

由于上述原因，人们对电化教育的定义也存在多种看法。随着时代的发展，电化教育在不同的发展阶段，其定义也在不断完善。

在视听教育阶段，电化教育的代表性定义主要有 1985 年和 1998 年的两种。1985 年，先生在《电化教育学》中对电化教育所下的定义是：“运用现代教育媒体，并与传统媒体恰当结合，传递教育信息，以实现教育最优化。”②这一定义得到当时学界的公认。吴在杨先生在《中国电化教育简史》中认为该定义“影响最广，在 80 年代占主导地位”③。

1998 年，先生在《电化教育学》(第二版)对电化教育所下的定义是：“电化教育，就是在现代教育思想、理论的指导下，主要运用现代教育技术进行教育活动，以实现教育过程的最优化。”④显然，这一定义是对 1985 年定义的发展，是在总结十多年来我国电化教育理论研究和实践经验的基础上产生的。与原定义相比，该定义增加了“现代教育思想、理论”，将“现代教育媒体”改为“现代教育技术”，明确强调“现代教育思想、理论与现代教育技术”是构成电化教育的两个基本要素，两者缺一不可。一是要取得成功的电化教育，必须在实践中实现现代教育思想、理论与现代教育技术两者的真正融合；二是成功的电化教育必须包含四个要素：现代教育思想、理论的指导；正确使用现代教育媒体；恰

① 南国农. 解读信息化教育及其五大支柱[J]. 中小学信息技术教育，2007 (2)：20-21.

② 南国农. 电化教育学[M]. 北京：高等教育出版社，1985：1-2.

③ 庄为其. 南国农与萧树滋——我国电化教育的开拓者和奠基人[M]. 兰州：电化教育研究杂志社，2000：39.

④ 南国农. 李运林主编. 电化教育学[M]. 北京：高等教育出版社，1998：2.

当运用媒体教学法；进行教学设计。①

2004年，先生在《信息化教育概论》（实为《电化教育学》一书的第三版，为顺应时代的发展而更名）一书中对信息化教育所下的定义为：信息化教育，就是在现代教育思想和理论的指导下，主要运用现代信息技术，开发教育资源，优化教育过程，以培养和提高学生信息素养为重要目标的一种新的教育方式。②

该版的定义明显的变化在于：一是电化教育名称改用信息化教育。对此，先生指出，名称虽变，但电化教育本质并没有改变，电化教育是视听教育阶段使用的名称，而信息化教育是信息化教育阶段使用的名称，两个名称是同一个意思，可以互换使用。二是原电化教育定义中“主要运用现代教育技术进行教育活动”进一步明确表述为“主要运用现代信息技术，开发教育资源，优化过程”。三是，强调了“以培养和提高学生信息素养为重要目标”。这一定义是信息化教育阶段，先生对电化教育理论和实践的最新思考。

在回顾电化教育名称、本质和定义争议及其发展过程时，先生指出，争议产生的重要原因之一在于对电化教育的概念存在分歧，主要有三种不同的理解：第一种是对视听教育的理解，即从媒体的角度来理解电化教育，主张用视听教育或信息媒体教育、教育信息媒体等名称，赞成手段工具说；第二种是教育技术的理解，即从整个教育系统、教育过程来理解电化教育，主张用教育技术、教育传播等名称，赞成新形态教育说；第三种是朴素电化教育的理解，即主要从现代教育媒体的角度来理解电化教育，主张保留电化教育这个名称，赞成教育方式说。

在对待学术争议方面，先生一直采取兼容并包的态度。在他主编的《电化教育研究》杂志，不同意见甚至相左的观点都可以在杂志上有一席发言之地。先生认为，学术观点的不同可以促进我国电化教育理论和学科建设的发展。在这个过程中，先生一直结合我国教育的实际，对诸多不同观点和意见进行深入的分析和思考，他对中国电化教育定义的界定，“理论依据明确，研究对象具

---

① 钟志贤. 创新是理论研究发展的生命力——南国农先生电化教育学术思想综观[C]//教育现代化的必由之路——南国农电化教育论文集. 北京：高等教育出版社，2000：365-396.

② 南国农. 李运林主编. 信息化教育概论[M]. 北京：高等教育出版社，2004：11.

体，研究目标清晰，概念表达清楚”①，被我国电化教育界普遍认可，对指导中国电化教育理论和实践的发展起到了十分重要的作用。

第四节 始简毕巨：建构中国特色的电化教育学科理论体系

从先生信奉的座右铭“在教育界，有胆量创造的人，即是创造的教育家，有胆量开辟的人，即是开辟的教育家，都是第一流的人物”中可以看出，与时俱进，开拓创新，不断进取是先生从事学术研究的鲜明特点。早在20世纪80年代，先生就指出，“以现代教育媒体的研究和应用为核心，是我国电化教育的最大特色。”②先生立足中国国情，结合中国电化教育的实际建构了由“七论”构成的中国电化教育学科理论体系，即本质论、功能论、发展论、媒体论、过程论、方法论、管理论。在其后的二十多年里，先生从未停止对体系的不断完善，近年来，更是关注中国电化教育学科理论体系的重构问题。

一、国情之需：以现代教育媒体的研究和应用为核心

媒体，是指一切传播信息的中介手段。而教育媒体（现代和传统教育媒体），是指一切传播教育信息的中介手段。③ 麦克卢汉（Marshall McLuhan）认为媒体是人的延伸，每一种媒体的诞生，都意味着“在我们的社会和事务中引入一种新的尺度”④，且对我们社会各方面产生重大影响。

如果说“在机械时代技术的发展让我们完成了身体在空间上的延伸，那么以互联网为代表的现代媒体技术的发展，让我们在中枢神经系统方面又得到了延伸”⑤，时间和空间的变化使整个世界正在变成一个地球村。它对我们的生活世界带来了深远的影响，其影响力超越了人类有史以来任何其他技术的影响，深入到我们的政治、经济、军事、文化和教育等领域，改变着我们的生活、学习与工作方式。

---

① 刘瑞儒. 一部著作引领我国电化教育（信息化教育）发展方向——先生编著的《电化教育学》（《信息化教育概论》）的几点启示[J]. 电化教育研究，2008 (10)：19-24.

② 南国农. 我们对电化教育知道多少[C]//教育现代化的必由之路——南国农电化教育论文集. 北京：高等教育出版社，2000：105.

③ 钟志贤. 我国现代教育的一种模式——南国农的电化教育观[C]//杨鑫辉主编. 现代大教育观——中外名家教育思想研究. 南昌：江西教育出版社，1990：444.

④ M. 麦克卢汉. 理解媒介：论人的延伸[M]. 何道宽，译. 北京：商务印书馆，2000：33.

⑤ 同上，2000：20.

在媒体技术变革的大潮中，投影、幻灯、无线电广播、录音机、电视、录像机、语言实验室、计算机和互联网等现代信息技术媒体相继产生，并迅速进入教育领域。先生认为，我国的电化教育之所以形成以现代教育媒体的研究和应用为核心，是“决定于客观需要，而非人们的主观意志”[①]。我国是人口大国，在教育投入和教学水平上还处于一个比较低的层次，教育人口和知识激增引发的教育问题尤为突出。先生曾经把中国的教育问题归纳为几句话：“青年要学习，干部要文凭，国家要人才，办学缺校舍，学校缺教师，教学缺效率。”[②]这些问题不解决，中国的教育难以发展。通过在教育中引入现代教育媒体，可以用较少的投入达到更好的教学效果，极大地提升教学效率，最大限度地扩大教育规模。因此，我国教育科学要进一步发展，必须对教育媒体进行深入的研究。“在电化教育出现以前，对教育媒体的研究基本上是个空白，而电化教育学的出现，可以让一部分人先集中精力从事以现代教育媒体为核心的研究”[③]，这对促进我国教育事业和教育科学地发展是很有好处，很有必要的。

此外，通过现代教育媒体的应用，将会在各个方面引发教学改良的需求，成为推动教学改革的发动机，最终促进教育改革。可以说，先生指出我国现阶段电化教育应以现代教育媒体的研究和应用为核心，并以此构建中国电化教育的学科理论体系，既是适应国情和教育现状的需要，也为我国教育事业和教育科学的未来发展奠定了良好的基础，同时体现了先生对教育改革的热忱和良苦用心，“拨动电化教育一颗子，下活教改全盘棋”[④]正是这个愿望鲜明的写照。

以现代教育媒体的研究和应用为核心，也是我国电化教育与国外视听教育或教育技术的显著区别。国外视听教育，是以教育媒体的研究和应用为核心，是运用各种视听媒体（包括传统的教育媒体和现代的教育媒体）传递教育信息，以实现教育最优化。国外的教育技术，是利用一切教育资源（包括人力、物力、财力资源）和教育过程的各个组成要素，来实现教育最优化。它对教育系

① 南国农.我们对电化教育知道多少[C]//教育现代化的必由之路——南国农电化教育论文集.北京：高等教育出版社，2000：106.

② 南国农.我国电化教育的现状与展望[C]//教育现代化的必由之路——南国农电化教育论文集.北京：高等教育出版社，2000：95-96.

③ 南国农.我们对电化教育知道多少[C]//教育现代化的必由之路——南国农电化教育论文集.北京：高等教育出版社，2000：106.

④ 南国农.电化教育与教育改革[C]//教育现代化的必由之路——南国农电化教育论文集.北京：高等教育出版社，2000：32.

统、教育过程的所有组成要素同等对待，一视同仁。我国的电化教育则是以现代教育媒体的研究和应用为核心。它是运用现代教育媒体，并与传统教育媒体恰当结合，传递教育信息，以实现教育最优化。这三者相同的地方是所追求的目标是一致的，都是为了改进教育，实现教育最优化。三者不同的地方是，在研究和应用中，视听教育以教育媒体为核心；电化教育是以现代教育媒体为核心；教育技术没有核心，同等重视教育系统、教育过程的所有组成要素。[①]

以现代教育媒体的研究和应用为核心的电化教育理论研究和实践，抓住了中国当前教育存在的问题关键，用最小的投入获得最大的效果，这对促进我国教育事业科学地发展，解决我国的教育问题和电化教育学科理论体系的建构，都有着深远的意义，也是我国电化教育的特色所在。

二、肇始之基：以"七论"为核心的电化教育学科理论体系

中国的电化教育学科理论体系，形成于 20 世纪 80 年代。1981 年 9 月，教育部电化教育局在杭州召开电化教育课教学大纲讨论会，制定了电化教育课的教学大纲草案，其内容包括电化教育理论、电化教育媒体、电化教育教材编制、电化教学法、电化教育管理等几个部分[②]。这份由南国农先生和萧树滋先生起草的大纲，成为以后中国电化教育学科理论体系框架的基础。

1985 年，先生主编的《电化教育学》的出版是学科理论体系建立的重要标志。这本书"作为师范院校的公共课教材，在基本理论方面，不能用太大的篇幅……书中已提出了一个以研究和利用现代教育媒体为核心的电化教育理论体系"。[③]

先生认为，电化教育学的性质，从其来源说，属于教育科学的一个分支，是教育科学这个大系统中的一个子系统。从其本身来说，是属于交叉学科中的综合性学科，它是以马克思主义哲学为指导，采用"三论"提供的科学方法，以学习和教学理论、传播理论为主要理论基础，并利用教育学、心理学、物理学、化学、生理学、社会学、管理学、工艺学以及文学、艺术学等的理论和方法，对电化教育现象进行综合研究的一门学科。它的理论体系由七论构成，即本质论、功

① 钟志贤. 我国现代教育的一种模式——南国农的电化教育观[C]//杨鑫辉主编. 现代大教育观——中外名家教育思想研究. 南昌：江西教育出版社，1990：446.

② 南国农. 信息化教育理论体系的形成与发展[J]. 电化教育研究，2009 (8)：5-9.

③ 李运林. 论中国特色的电化教育(教育技术)学科理论体系的建立与发展[J]. 电化教育研究，2009 (9)：11-15.

能论、发展论、媒体论、过程论、方法论、管理论。

1. 本质论。电化教育就是运用现代教育媒体，并与传统媒体恰当结合，传递教育信息，以实现教育最优化。如前所述，这一定义先后有过数次重大修改。先生认为，电化教育的本质是一种新的教育方式，是一个人机协作，高速优质培养人的过程。

2. 功能论。电化教育有两个基本功能，四个基本作用。如下表所示。

表　电化教育的基本功能和基本作用

基本功能	1. 不受时间、空间、微观、宏观的限制，将教学内容中涉及的事物、现象、过程，全部再现于课堂，极大地丰富了学生的学习资源，扩大了知识领域； 2. 它能提供代替的经验，使抽象概念半具体化，具体事物半抽象化，从而使教学、学习变得比较容易，既容易转向具体实际化，也容易转向抽象概念化。
基本作用	1. 提高教育质量；2. 增强教育效率；3. 扩大教育规模；4. 促进教育改革。

在新版《电化教育学》的功能论中，先生将电化教育的基本功能发展为再现、集成、交互、扩充和虚拟等五大功能①。

3. 发展论。我国电化教育的发展大致经历了萌芽(20 世纪 20 年代)、起步(20 世纪 30—40 年代)、初期发展(20 世纪 50—60 年代前期)、停滞(20 世纪 60 年代后期—70 年代前期)、迅速发展(20 世纪 70 年代后期至今)等几个发展阶段。在新版的发展论中，先生根据时代发展的现状，将其发展为：70 年代后期—80 年代为迅速发展阶段，90 年代以后为深入发展阶段。

4. 媒体论。电化教育媒体是利用现代技术储存和传递教育信息的工具，它由两个相互联系的要素构成：一是硬件或叫设备，即用以传递教育信息的各种教学机器；二是软件，即各种教学片带。两个要素缺一不可，否则不能形成电化教育媒体。而软件(教材)是媒体的灵魂，是电化教育的主攻方向。

5. 过程论。电化教学过程是一种特殊的过程，它是教师主要借助现代教学媒体，传递教学信息，引导学生学习的过程。电化教学过程的基本要素有三个，即教师、学生、现代教学媒体，必须充分发挥三者的作用，才能实现教学过

① 南国农，李运林. 电化教育学[M]. 北京：高等教育出版社，1998：9.

程的最优化。

6. 方法论。包括电化教学方法和电化教育科学研究方法。电化教学方法是利用现代教学媒体,并与传统教学媒体恰当结合,传递教学信息,进行教学活动所采取的工作方法。它与传统教学方法的关系是互相配合、互相补充的关系,不是相互对立、相互排斥的关系。在目前的条件下,我们的教学,只有使电化教学方法与传统教学方法实现最优结合,才能取得最佳的教学效果。电化教育科学研究方法,是逻辑方法与数学方法的结合。这两类方法各有所长,前者的长处在于说理,后者的长处在于准确。两者可以交叉使用互相补充、互相完善。

7. 管理论。电化教育的管理,包括人的管理、时间管理、信息管理、设备管理、教材管理等五个方面。对人的管理,是一切管理的重点,也是电化教育管理的重点。①

任何一门学科都有它的特殊研究领域、特定的逻辑起点。在"七论"中,现代教育媒体的研究和应用是核心,也是建立整体电化教育学科理论体系的逻辑起点。"学科的逻辑起点就是指这门学科内最基本的范畴及其对这些范畴之间关系的最基本规定。"②"以现代教育媒体的研究和应用为核心,是电化教育的最大特色,是它与其他教育学二级学科如教育原理、教学论等最大不同的地方,失去这个特色,它将难以成为独立的学科。"③

如前所述,先生认为,现代教育媒体研究和应用的内涵,包括五大支柱和三大应用领域。五大支柱是指基本理论研究、硬件环境建设、软件资源开发、新型模式建立和有效管理探索。三大应用领域是指学校信息化教育领域、现代远程教育领域、教育管理和信息技术队伍培训领域。这也是电化教育研究与实践的基本内涵。④

如同庄子所说:其作始也简,其将毕也必巨。"七论"的提出,其最大意义在于中国电化教育从此有了自己的学科理论体系,电化教育实现了从事业到学

---

① 钟志贤. 创新是理论研究发展的生命力——南国农先生电化教育学术思想综观[C]//教育现代化的必由之路——南国农电化教育论文集. 北京:高等教育出版社,2000:372-373.

② 刘瑞儒. 一部著作引领我国电化教育(信息化教育)发展方向——先生编著的《电化教育学》(《信息化教育概论》)的几点启示[J]. 电化教育研究,2008 (10):19-24.

③ 王晓波、魏宁. 思想、理论与实践齐头并进——南国农教授答一线教师及研究者问[J]. 信息技术教育,2006(1):14.

④ 同上。

科的飞跃。自此，随着电化教育的不断深入发展，先生一直在不断思考和研究，在实践中不断充实完善具有中国特色的电化教育学科理论体系。

三、完善之路：从视听教育到信息化教育

在长期的探索中，先生始终站在时代和学科理论的前沿，以动态的眼光看待电化教育理论和实践的发展，以开放创新和发展的研究心态，结合我国电化教育的实际需求，不断完善和充实中国特色的电化教育理论体系。这点从20多年来《电化教育学》的3个版本的内容变化可见一斑。

《电化教育学》的三个版本的出版时间（1985年，1998年，2004年），都是在我国电化教育学科发展的关键时期，如重新起步时期，迅速发展时期和向信息化教育转型的时期。纵观《电化教育学》的三个版本，其理论体系共同之处主要表现在如下两个方面。

其一，逻辑起点：先生认为，我国电化教育学科的逻辑起点是“借助现代媒体的学习与教学”[①]。

其二，体系建立的依据：都是在不断总结我国电化教育或信息化教育实践的基础上，根据学与教的实际需要构建内容体系。

可见，先生在构建中国电化教育理论体系的过程中，始终立足本国电化教育实践，这有别于以AECT′94定义为基础建立的理论体系，保持了鲜明的中国特色。

各个版本在更替的过程中，不断吸收了电化教育学科领域研究的新成果，主要表现在如下方面。

1. 内涵的演变

（1）侧重点的变化：20世纪80年代，侧重点是媒体技术，是为技术而教育；90年代，是媒体技术教育应用，是为教育而技术；新世纪后，是技术与教育整合，教育与技术融为一体。

（2）主流技术的变化：20世纪80年代，是幻灯、录音技术；90年代，是电视、录像技术；新世纪后，是多媒体与网络技术。

（3）主导理论的变化：20世纪80年代，是行为主义学习理论；90年代后，是建构主义学习理论；新世纪后，是混合学习理论。[②]

---

① 南国农. 高校信息化教育课程：教材教法浅析[J]. 电化教育研究，2004 (11)：38.

② 同上：37-38.

2. 主要内容的发展和变化

(1) 电化教育定义的变化。如前所述,电化教育的定义经历了三次比较大的修订。为了准确理解电化教育的定义,先生对与电化教育的相关概念如视听教育、现代化教学手段、教育技术、电化教学等相关的概念进行了辨析。①

视听教育的内容和范围很广泛,凡是运用照片、图表、模型、标本、仪器、幻灯、投影、录音、广播、电影、电视等视听工具进行教育、教学活动,以及直接由视听获得知识的教育、教学活动,如参观、旅行、表演、展览、实验、实习等,都属于视听教育的内容和范围。电化教育的内容没有这么广泛。

现代化教学手段是与传统教学手段相对而言的。传统教学手段主要是指文字教科书、粉笔、黑板等;现代化教学手段是指各种电化教育设备和电化教育教材。现代化教学手段是电化教育研究对象之一。

教育技术的研究对象是学习过程和学习资源的设计、开发、利用、管理与评价。首先,电化教育的研究对象是在现代教育媒体和媒传教学法作用下的学习过程,而不是一般的学习过程;是与电化教育资源自然交织在一起的那些学习资源,而不是一切学习资源的设计、开发、利用、管理和评价。其次,电化教育要求必须运用现代教育媒体和媒传教学法;教育技术没有这个要求。第三,电化教育要求必须在现代教育思想、理论的指导下进行,教育技术也没有提出这个要求。

电化教育是一个比较广泛的概念,在学校教育和社会教育中,在现代教育思想、理论指导下,运用现代教育技术进行教育、教学活动,都属于电化教育。单纯用于教学活动,就叫电化教学。

在2004年版《信息化教育概论》中,为了准确理解中国电化教育由视听教育向信息化教育过渡过程中产生的众多名词,先生又对信息化教育、教育技术、信息技术教育、教育信息化、电化教育、现代教育技术等概念做了如下辨析。②

信息化教育与教育技术。教育技术一词是20世纪70年代末由美国引进的。信息化教育一词是21世纪初随着教育信息化建设的开展、网络教育的兴起而在我国出现的;教育技术的研究对象是学习过程和学习资源的设计、开

① 南国农,李运林. 电化教育学[M]. 北京:高等教育出版社,1998:6-7.

② 南国农,李运林主编. 信息化教育概论[M]. 北京:高等教育出版社,2004:16-17.

发、利用、管理与评价；信息化教育的研究对象，是在现代信息技术媒体和现代媒传教学法作用下的学习过程，而不是一般的学习过程，是与信息化教育资源自然地交织在一起的那些学习资源，而不是一切学习资源的设计、开发、利用、管理和评价；信息化教育要求必须运用现代信息技术媒体和现代媒传教学法，必须进行教学系统设计，而教育技术没有这个要求；信息化教育要求必须在现代教育思想和理论的指导下进行，而教育技术则没有提出这个要求。

信息化教育与信息技术教育。信息化教育是指信息科学与技术（不仅是信息技术）在教育领域的普遍应用；信息技术从字面上看只提到信息技术，忽略了信息科学。而没有信息科学的指导，就不可能实现信息技术在教育教学中的有效应用。所以，对于这两个概念，用信息化教育比用信息技术教育更加精确；信息化教育需要在信息科学和教育科学的指导下进行，但是，在信息化教育中起直接指导作用的，不是单纯的信息科学或教育科学的理论、技术、方法，而是两者结合后产生的新的理论、技术和方法。

信息化教育与教育信息化是同一件事情，是实现信息技术与教育的整合在不同发展阶段的不同称谓。教育信息化是实现信息技术与教育整合的过程；信息化教育是信息技术与教育整合后的表现形态。两者为了自身的发展，需要整合，整合过程中，出现你中有我，我中有你的现象，这就是教育信息化。整合后的结果，两者融为一体，这就是信息化教育。

信息化教育与电化教育也是同一件事情。信息化教育是电化教育发展新阶段使用的名称。在 20 世纪 90 年代中期以前，是前发展阶段，使用的名称是电化教育或视听教育，视听教育就是电化教育，两个名称是同一个意思，可以相互换用；20 世纪 90 年代中期以后，是后发展阶段，使用的名称是电化教育或信息化教育，信息化教育就是电化教育，两个名称是同一个意思，可以互相换用。亦即，视听教育是工业时代的电化教育，信息化教育是信息时代的电化教育。

信息化教育与现代教育技术是一回事。现代教育技术也是一个国产概念。按照 AECT′94 定义[①]，教育技术的内涵与我国的现代教育技术有一定的差异。现代教育技术和信息化教育、电化教育三者的目的和研究对象相同，其实质是

① AECT′94 定义：教育技术是为了促进学习，对有关的过程和资源进行设计、开发、利用、管理和评价的理论与实践。

一样的，都是在现代教育思想、理论的指导下，运用现代信息技术，优化教育教学，提高教育教学的质量和效率。

（2）对电化教育特征的深入认识。在1998年版的《电化教育学》中，先生概括了电化教育的六大特征：是属于现代化教育范畴的一种新的教育方式，不只是一种新的教育工具、教学方法、教育内容传递形态和教育方式，而是所有这些的综合，是一种新的教育方式；是以现代教育媒体的研究和应用为核心；并不排斥传统教育媒体，而是要使传统与现代教育媒体恰当地结合，共同完成教育教学任务；是一门科学，一项事业，也是一种产业；服务对象是各级各类教育和各个年龄阶段的人；是一个大系统，它由五个子系统组成（普通学校、高等学校、成人教育、广播电视教育、计算机教育）。①

2009年，先生又对1998年版中的基本特征进行了完善和补充：（1）信息化教育是有技术媒体参与的教育，没有现代技术媒体的教育不是信息化教育；（2）信息化教育是现代教育思想理论与现代信息技术相结合的产物。它的完整公式是现代教育思想理论×现代信息技术＝信息化教育，这是信息化教育最本质的特征；（3）信息化教育系统是由四个系统组成的大系统（普通学校、高等学校、成人教育、现代远程教育）；（4）信息化教育工作者不是单纯的媒体服务员，而是教育革新者，它们的使命不仅是支持和服务教育教学，更是改革和发展教育教学。②

先生指出，信息化教育阶段的电化教育就是信息化教育，它除了具有电化教育原有的各种特征之外，同时又有新的时代特征，即“五化三性”。

“五化”是指：教育信息显示多媒化，教育信息处理数字化，教育信息存储光盘化，教育信息传输网络化，教育信息管理智能化。

“三性”是指：开放性——能超越时空，使教育向所有需要和愿意学习的人开放，并实现资源共享；非线性——学习内容和方式打破了传统的线性条框，在电子课本和网上教材中，知识间的连接不再是线性的，而是网状的、发散性的、板块的，可以有多种组合和检索方式，是一个因人施教的系统，照顾每一个学习者的需求；交互性——能实现人—机之间的双向沟通和人—人之间的远程交

① 钟志贤. 创新是理论研究发展的生命力——南国农先生电化教育学术思想综观[C]//教育现代化的必由之路——南国农电化教育论文集. 北京：高等教育出版社，2000：375.

② 南国农. 信息化教育理论体系的形成与发展[J]. 电化教育研究，2009 (8)：5.

互学习，促进教师与学生、学生与学生、学生与其他人之间的多向交流。[①]

(3) 对电化教育基本功能的认识。在1998年版《电化教育学》中，先生重新阐述了电化教育的基本功能，认为电化教育的基本功能主要表现在五大方面：再现功能、集成功能、交互功能、扩充功能、虚拟功能。[②]

在信息化教育阶段，先生又进一步阐述了电化教育的基本功能，较之以往的论述，其指向性更加明确，指出电化教育的基本功能是"优化教育教学，使教育教学工作力求做到高效能、低消耗，以较小的代价，得到较大的收获"[③]。所谓优化是指在一定条件下的相对优化，同时优化也是一个渐进的过程，不是立刻使今日的教育达到理想的状态，而是要求在规定的时间内，使教育教学任务的解决达到可能范围内的最大效果。优化的标准主要有两个：一是最大效果；二是最少时间。在规定的时间内，能使学生学得多些，快些，好些，能使更多的人受到教育，就是做到了优化。这一认识对电化教育的实践具有更加实际的指导意义。

(4) 以动态的眼光看电化教育的新发展。与以往不同，在2004年版中，先生将电化教育的发展划分为两个阶段，即视听教育阶段和信息化教育阶段。

其一，视听教育阶段。20世纪30—70年代，是视听教育发展的前期阶段，新技术媒体如幻灯、投影、电影、广播、录音等开始在教育中应用，形成了一些新的教学模式，对提高教育教学质量和效率产生了良好的影响。理论基础主要是夸美纽斯(J. Comenius)的直观教学理论和戴尔(E. Dale)的《经验之塔》。

20世纪80—90年代前期，是视听教育发展的后期阶段。电视、录像、计算机辅助教学系统、卫星电视系统等新技术媒体进入教育教学领域。其中，电视、录像发展较快，成为这个阶段的主流媒体。计算机虽已进入教育教学，但影响不大。理论基础主要是斯金纳(B. Skinner)的操作条件反射理论和香农(C. Shannon)等的传播理论。

其二，信息化教育阶段。20世纪80—90年代，是信息化教育萌芽阶段，也是电化教育从视听教育到信息化教育的过渡阶段。20世纪后期以后，是信息化教育迅速发展阶段。多媒体计算机、Internet、校园网等新技术媒体进入教育

① 南国农. 信息化教育概论[M]. 北京：高等教育出版社，2004：13-14.

② 钟志贤. 创新是理论研究发展的生命力——南国农先生电化教育学术思想综观[C]// 教育现代化的必由之路——南国农电化教育论文集. 北京：高等教育出版社，2000：376.

③ 南国农. 信息化教育概论[M]. 北京：高等教育出版社，2004：14.

教学领域。以计算机和网络为核心的多媒体网络系统在教育中的应用是信息化教育的主要标志。理论基础主要是建构主义和加涅(R. Gagné)的学习理论。[①]

(5) 电化教育过程和原则的发展变化。随着电化教育媒体、理论和实践的发展,先生不断深入认识电化教育的过程和原则,从三个版本的《电化教育学》对比可以清晰地看出这点。如表所示。

表　电化教育过程、要素和原则的变化对比[②③④]

版本	电化教育过程	过程要素	电化教育原则	媒体介入
1985	电化教学过程是主要通过现代教育媒体,传递教学信息,以实现教学最优化的过程。	教师、学生、媒体	① 明确目的,讲究实效 ② 视听与思考相结合 ③ 媒体选择与组合的最优化 ④ 及时、准确反馈 ⑤ 师生积极参与活动	幻灯、录音
1998	电化教育过程是教育者运用现代教育技术向学习者传递与交流教育信息的过程。	教育者、教育信息、现代教育技术、学习者	① 目的性原则 ② 整体性原则 ③ 主体性原则 ④ 视听与思考结合原则 ⑤ 媒体的选择与组合的最优化原则 ⑥ 及时、准确反馈原则 ⑦ 效益性原则	电视、录像技术
2004	信息化教育过程是教育者和学习者运用现代教育技术传递、接受与交流教育信息的过程。	教育者、教育信息、现代教育媒体、学习者	以信息化教学过程的基本模式和方法取代以往原则的表述	多媒体与网络技术

首先,先生认为,电化教育过程是一种特殊的教育过程。它与一般教育过程最明显的区别是增添了三个因素:现代教育媒体、媒传教学法、教学设计。[⑤]各个阶段不同教育媒体技术的介入,使电化教育过程产生了相应的变化。

① 南国农. 信息化教育概论[M]. 北京:高等教育出版社,2004:22.

② 南国农. 电化教育学[M]. 北京:高等教育出版社,1985:36,47-51.

③ 南国农,李运林主编. 电化教育学[M]. 北京:高等教育出版社,1998:24,34-39.

④ 南国农,李运林主编. 信息化教育概论[M]. 北京:高等教育出版社,2004:59-78.

⑤ 钟志贤. 创新是理论研究发展的生命力——南国农先生电化教育学术思想综观[C]//教育现代化的必由之路——南国农电化教育论文集. 北京:高等教育出版社,2000:379.

其次，随着现代教育思想和理论的发展，对电化教育过程中各个要素的认识发生了变化。如，从1985年版对教师为主体的认识，到1998年版同时强调教师的“主导性”和学习者的“主动性”，再到2004年版对教育者和学习者的双主体的认识，深刻地反映了认识的变化。

第三，电化教育原则是电化教育规律的反映，是电化教育实践经验的概括与总结，是进行电化教育必须遵循的基本要求。① 在这方面，先生引入了传播学研究中最具特色的研究方法——模式研究，对我们深入认识电化教育原则富有积极意义。

从视听教育到信息化教育，先生从未停止对电化教育学科理论体系充实与完善的探索。从1985到2004年，《电化教育学》三个版本的体系和内容等方面的变化，充分反映了先生“学之大者，止于至善”的精神。

四、学科之本：专业、教材、期刊与队伍建设

在半个多世纪的电化教育学科理论体系的探索中，先生以其高远的学科发展洞见，亲力亲为的精神，凝聚全国电化教育工作者的智慧力量，对电化教育学科的发展，从专业、教材、学术期刊到人才队伍培训等方面，在理论研究和实践探索方面做出了重大贡献。

1. 专业建设

我国高等学校开办电化教育专业是从20世纪30年代开始的。1936年，江苏省立教育学院创办电影广播教育专修科，学制两年，这是我国第一个电化教育专业。1938年，南京金陵大学理学院设立电影播音专修科，学制两年（主任为孙明经先生）。1940年，国立社会教育学院设立电化教育专科，学制两年（主任为戴公亮先生），1948年，该院专修科改为系，学制四年，这是我国第一个本科层次的电化教育专业。1952年全国高校院系调整，社会教育学院的电化教育专业并入北京电影学院。②

从1952年到1982年，我国的电化教育专业停办了30年。1978年，我国电化教育重新起步。短短几年间，从中央到地方都设置了与电化教育相关的组织机构，电化教育开始走进学校，应用到各类课程的教学活动之中。这一切都需要有相应的电化教育理论来指导，需要相应的专业来支撑。早在

① 南国农．李运林主编．电化教育学[M]．北京：高等教育出版社，1998：34.

② 南国农．中国教育技术学专业建设的发展道路[J]．电化教育研究，2005(9)：4-9.

20世纪80年代，先生就撰文指出，要培养合格的电化教育人才，光靠物理系不行；光靠教育系也不行；需要有一个电化教育专业，有一个电化教育系。①当时，虽然先生已年逾花甲，却以无比的热情投入电化教育专业建设的事业中。1981年，成立于1978年的西北师范学院电化教育馆更名为电化教育中心，先生担任中心主任。1984年，先生领衔在电化教育中心创办了学制为两年的电化教育专科。1985年5月，先生领衔创办西北师范学院电化教育系，并任系主任。同年，经教育部审批同意，创办学制为四年的电化教育专业本科。此外，先生还亲自指导华南师范大学等高校创办了电化教育专业。如今，这些高校的电化教育专业皆已成为一方乃至全国的重镇。

（1）认识国情，明确学科逻辑起点

先生认为，中国的电化教育学科建设不能走依附发展道路，而应走自主创新之路。我们不能单纯地借鉴、照搬外来的理论和思想，借鉴是需要的，更重要的是在借鉴的基础上，在针对中国的实际问题的基础上，有所超越。"要有借鉴、有改造、有创新，最终形成具有本国特色的教育模式"②，即要符合中国国情，比如地域辽阔，人口众多，乡村人口占总人口的大多数；教育投入水平较低，地区发展不均衡；人口受教育程度低，等等。这说明，我国教育的问题有自身的特点，要解决这些问题，就要集中精力和资源，解决最紧要的问题，比如教学资源的建设、远程教育的发展，也要充分考虑中国重基础、重知识技能学习、重训练的教育现状。

先生认为，为了适应中国国情，应以"借助现代技术媒体的学习与教育"为逻辑起点构建学科体系。这一逻辑起点有助于明确电化教育的研究对象，形成自己的特色。先生指出，对电化教育来说，它的研究对象就是对它所面临的问题的概括和抽象。"对于一门学科来说，生死攸关的一个问题就是要明确自己的研究对象和任务。"③对于电化教育的研究对象，先生认为，任何一门学科都有它的特殊研究领域，如果电化教育学与教育学或物理学的研究领域相同，那就要失去它的存在意义。电化教育学的研究对象是电化教育现象及其规律性，

① 南国农. 论电化教育的特点和要求[C]//教育现代化的必由之路——南国农电化教育论文集. 北京：高等教育出版社，2000：3.

② 南国农. 中国教育技术学专业建设的发展道路[J]. 电化教育研究，2005(9)：6.

③ 焦建利. 论教育技术学的研究对象[J]. 中国电化教育，2005(8)：20.

是与教学媒体应用、作用、影响相关的电化教育现代及规律性。[1]

(2) 明确道路方向，实践一个公式

先生认为，根据我国多年办电化教育专业的经验，要摆脱依附，走自己的道路，就是要以科学发展观为指导，实现教育思想理论与现代信息技术的融合，这就是深入发展中国电化教育专业建设我们应走之路。[2] 以科学发展观为指导，意味着我们的办学、教学，都要以学生发展为本，以实现全体学生个性的全面发展、协调发展、持续发展为总目标。实现现代教育思想理论与现代信息技术的融合，就是办电化教育（教育技术）专业，无论做什么事，如确定培养目标、建立课程体系、制定办学原则和教学策略等，都要想到并信赖这两个方面。在研究和实践中，要牢记并实践这个公式：现代教育思想理论 × 现代信息技术 ＝ 成功的电化教育（教育技术）专业。[3]

这个公式[4]告诉我们，在中国电化教育学科建设中，现代教育思想理论和现代信息技术是相辅相成，缺一不可的，二者不是“相加”的关系，而是“相乘”的关系。任何一个方面做得不好，都不会成功。先生认为，现代教育思想理论和现代信息技术是电化教育学科建设的双翼，电化教育专业要想腾飞，必须同时插上这两只翅膀。

(3) 遵循认识和思路，做好三件大事

先生认为，办好电化教育专业，要按照上述的认识和思路，做好学科专业建设的三件大事。

其一，明确培养目标：培养什么人？电化教育专业要培养的，是本学科领域的既懂教育又懂技术的创造型人才，包括教学人员（信息技术课教师）、技术人员（教育软硬件开发人员）、科研人员（新理论、新技术、新产品研究、设计人员）、管理人员（电化教育机构、网络教育系统等管理人员）等。这四种人都应是本学科领域的创造型人才。

其二，建立课程体系：应该教什么？让学生学什么？先生认为，根据上面

---

① 南国农. 我国电化教育的现状与展望[C]//教育现代化的必由之路——南国农电化教育论文集. 北京：高等教育出版社，2000：95.

② 南国农. 中国教育技术学专业建设的发展道路[J]. 电化教育研究，2005 (09)：6.

③ 同上：6.

④ 这个公式是先生受罗杰·斯佩里(Roger W. Sperry)人脑“两轮说”启示，最初于 1987 年在广州举行的“教育理论与技术研讨会”首次提出的。

所说办电化教育学专业应遵循的指导思想、原则公式和培养目标，电化教育学本科专业课程体系应由四类课程组成。如下表所示。

表　电化教育本科专业课程体系结构

课程类型	比重	性质和课程名称
教育类课程	35%	必修：教育技术学导论、教育传播学、学与教理论、教学设计、现代远程教育、教育技术学研究方法等。
		选修：视听心理学、教育信息学、教育技术管理、现代传媒教学理论与方法、网络道德教育、网络艺术教育、教育技术哲学等。
技术类课程	35%	必修：摄影与摄像技术、教育电视、多媒体技术及应用、网络技术基础、教育软件工程、数据原理与应用等。
		选修：程序设计、多媒体教学系统应用、绩效技术、知识工程、多媒体画面艺术基础、电脑美术、电脑音乐等。
通识类课程	20%	必修：政治、大学语文、大学英语、计算机基础、体育等。
		选修：人文、社会科学概论、自然科学概论、视觉文化概论、思维科学概论等。
实践类课程	10%	专业实习、教育实习、毕业设计或论文

其三，确定办学原则和教学策略：怎样办学？怎么教学？关于办学原则，应当从两个方面出发：本学科自身发展需要和社会需求。先生认为，举办电化教育专业，要从社会需求出发，要讲求社会效益，特别是直接社会效益。只有适应社会需求，才能办好电化教育专业。

关于教学策略，先生认为最主要的是要引导、帮助学生实现学习上的“五个三”。

三个“世界”：帮助学生善于同时在三个“世界”学习：经验世界——在做中学习，要积极参与社会实践，科学实践；语言文字世界——向书本学习，要正确使用印刷图书馆，多读书，勤思考；虚拟现实世界——进行数字化学习，要正确使用互联网，充分利用网上资源进行学习。三者并存，不可偏废。

三个方面：引导学生注意三个方面的学习：基础——即基本概念、基本原理、基本方法的学习。前沿——即学科的最新发展和发展中的问题。特色——有独到见解，有个性特色。没有特色就没有竞争力。我们专业正在形成的特色是重国情、重整合，立足本国研究，具有全球视野。

三种方式：创设条件促进学生重视三种学习方式，即自主学习、合作学习、探究学习。

三种理念：帮助学生建立三种理念：一是，知识的拥有与知识的应用都重要，而后者更重要。既要重视掌握和拥有知识，更要重视知识的应用，使知识产生价值，推动社会经济的发展。二是，继承与创新都可贵，而后者更可贵。要注意处理好继承与创新的关系。在学习与研究中，可以采取拿来主义，但不能止于拿来，要在拿来的基础上，有所创新，使之变成拿去。三是，人生三件事——做人、做事、做学都重要，做人最重要。做人，要使自己具有高尚的品德，很重要的一个方面，就是要努力做到以下两点：第一，对他人和同事，要多一点尊重，少一点苛求。在与他人交往中，应采取接受而非拒绝，亲近而非疏远的态度，求同存异。第二，对社会和集体，要多一点奉献，少一点索取，要为社会提供大于社会为自己提供的东西，这就是一个人生存的价值。

三个公式：在教育教学活动中促进学生实践三个公式：成功＝艰苦劳动＋科学方法＋珍惜时间；2＞1＋1，即整体大于部分之和；20％IQ ＋ 80％EQ ＝ 100％的成功。①

2．教材编制

先生一贯重视电化教育学科的教材建设，在数十年的电化教育学术生涯中，组织力量，积极推动我国电化教育学科教材的建设。我们从以下编年史的方式叙述中就可知先生对教材建设付诸的心血及其所作出的重要贡献。

1979 年，在河南开封召开的五所师范院校《教育学》教材编写会议上，先生提出在新编《教育学》教材中必须增加“电化教育”一章，获得与会者的赞同。会议决定由先生撰写新版《教育学》教材的“电化教育”章节。该教材 1982 年由人民教育出版社出版（俗称“五院校教材”，在教育学领域中有很大影响）。这是我国首次将“电化教育”纳入“教育学”的教材体系中，是“文化大革命”后先生对电化教育探索的第一个阶梯，是对我国电化教育研究的第一个重大贡献——使电化教育成为教育学研究的一个重要范畴。

1981 年，先生和萧树滋先生一道起草了师范类电化教育课程教学大纲。同年 9 月，教育部电化教育局在杭州召开电化教育课教学大纲座谈会，初步确定了高等师范院校和中等师范学校使用的“电化教育概论”课程教学大纲。其内容主要包括电教理论、电教媒体、电教教材编制、电化教学法、电教管理等，

① 南国农．中国教育技术学专业建设的发展道路[J]．电化教育研究，2005 (09)：7-8.

为电化教育学的建立搭起了框架。

1984年3月，在教育部电教局（中央电教馆）领导下，成立了“全国电化教育课程教材编审组”，聘任先生为组长，李运林为副组长，负责组织、审定各类电教课程的文字教材和电教教材的编制工作。1983年至1990年，先生担任全国电化教育课程教材编审组组长期间，组织编写、审定了电教专业的15门课程的教材，如高师电化教育公共课教材《电化教育学》、中师电化教育公共课教材《电化教育基础》，以及电化教育专业用教材：《电化教育导论》、《幻灯投影教学》、《教育传播科学研究方法》、《电教摄影》、《电教美术》、《教育电视系统》、《电视教材编导与制作》、《教育传播学》、《电化教育管理》等。

1990年，在《电化教育研究》创刊十周年之际，先生组织、主编出版了系列电化教育丛书，先后出版了《传媒·教育·现代化》、《学校电教用房的设计》、《传播理论》、《小学语文电化教学法》、《电视教材文字稿本的编写》、《小学数学幻灯教学法》、《激光视盘》、《电化教育实验》、《小学自然电化教学法》、《中国电化教育史》、《电教理论与电教实验》、《电化教学法》、《电教教材的编制》、《卫星电视教育》、《电教方针政策和电教管理》等23种电化教育资料丛书，为我国的电化教育教材建设作出了重大贡献。

1985年，先生主编出版了我国第一本《电化教育学》（高等教育出版社出版），先后发行40余万册，成为我国教育技术学领域的经典教材。该书先后于1998年修订为《电化教育学》（第二版），2004年修订为《信息化教育概论》，目前已完成第三次修订。同时，1985年版被台湾新学识文教出版中心购买了繁体版权，以“视听教育学”的名称在台湾出版发行。

自20世纪80年代开始，先生就十分重视现代教育技术（原称电化教育）公共课和教育技术学专业课程建设，并且亲自指导现代教育技术公共课和教育传播学课程建设，并担任主讲教师。在其指导和总体设计下，“现代教育技术（信息化教育）”于2005年被评为甘肃省省级精品课程，“教育传播学”于2007年被评为国家级精品课程。

3. 学术期刊

作为一门学科成熟的标志，学术期刊具有极强的代表性。它不仅是专业科研的园地、学术交流的平台和学科影响的载体，而且是一种极具影响力的隐性教材。纵观国内外学术期刊，先生在学术期刊建设领域创造了奇迹。1980年，先生与萧树滋先生、李秉德先生等一起创办了《电化教育研究》杂志，并且30

年来一直担任主编。该刊长期以来，一直保持着很好的"刊风"，办刊严谨，信息快，成果多，资料丰富，理论性强，民主作风好，百家争鸣。

至2010年8月，《电化教育研究》共出刊208期，读者遍及英，美，日，加拿大，中国香港、台湾等国家和地区，得到三大权威评价系统的认可。1996年，国家有关部门出版的《中文核心期刊要目总揽》中，从全国600多家教育类刊物筛选出23种核心期刊，《电化教育研究》排名第10位。1998年，《国家级学术刊物名录》公布教育类国家级学术刊物共11家，该刊荣列其中。2008年，在教育类国家级学术刊物类排名第4。2009年，又获得"RCCSE中国权威学术期刊"荣誉。作为CSSCI来源期刊，《电化教育研究》，享有"中国电化教育理论研究基地"的称誉，已成为我国最具权威性的电化教育学术刊物。30年来，《电化教育研究》对我国电化教育理论研究、学科建设和促进我国电化教育发展起到了重要作用，作出了突出贡献。①

4. 队伍培训

人才是学科和专业建设的主体，是关键。自20世纪80年代以来，为了推进中国电化教育学科和专业的发展，先生汇聚力量，亲力亲为，为中国电化教育事业发展的人才队伍建设倾注了大量心血。

1979年，1980年和1981年，为应对全国各级各类教育对电化教育人才的急缺，教育部电教局委托西北师范学院举办了三期电化教育培训班。先生领衔主持承办了三期全国电化教育培训班（第一期开始于1979年6—8月，先生既是班主任，又是主讲人，还是后勤部长，给学员留下了深刻的印象）。

培训班的起因是1978年十一届三中全会以后，越来越多的电教媒体进入学校教育教学领域，但电教专业人员和教师却非常匮乏，成为电教事业发展的一个瓶颈。为缓解这一局面，1979年6月，教育部电化教育局在兰州召开专门座谈会，委托西北师范学院的南国农先生和萧树滋先生主持全国首次"电化教育培训班"。座谈会上对各种电教人员的培训、师范院校电化教育课的开设、电教专业的设置等问题进行了讨论。这次座谈会对促进师范院校电化教育课的开设和各种电教人员的培训工作起了积极的作用。1979年6—8月，首期培

① 郭友敏. 一位教育家的传奇人生——记国立社教附中迁入丹阳的第一任校长——南国农先生. [DB/OL]. http://www.0511dy.com/bbs/thread-7133-1-1.html；我国电化教育事业的开拓者与奠基人——南国农先生. [DB/OL]. http://aver.nwnu.edu.cn/2009/0505/1NMDAwMDAwMDA1Nw.shtml.

训班在西北师范学院正式开班，学员有来自北京师范大学、华东师范大学、东北师范大学、华南师范大学、上海外语学院等37所高等院校的50余名教师。培训班的授课教师除先生和萧先生外，还有老一代电化教育专家孙明经教授、廖泰初教授、杨名甲教授等。培训班学员认真学习和讨论了电化教育的基本概念、基本理论，讨论了电化教育的理论体系框架的构建，等等。[①] 随后，在首期培训班成功举办的基础上，在教育部电教局的支持下，于1980、1981年又举办了三期培训班。

这三次培训班意义重大，影响深远，为中国电化教育的重新起步培养了一批骨干和领头人，受训者后来大多数成了很有影响的电化教育教学、研究和管理人才。由于这几次培训班的历史意义，学界尊称西北师范学院为电化教育界的“黄埔军校”，人们常按参加培训时间的先后，称“黄埔一期”，“黄埔二期”……学员每每相逢，总要以参加培训时间的早晚来论“大小”，一时成为学界的佳话。

尤其值得一提的是，自1996年以来，先生在教育部电教办樟木头培训中心（现更名为全国现代教育技术华南师大培训中心）一直担任培训的教学与指导工作。亲自为来自全国各地的基层电化教育管理者和433所全国中小学现代教育技术实验学校校长或骨干教师讲课。据统计，培训班先后举办89期，来自全国各地参与培训的人数为4422人，南先生参与了90%以上的培训期次讲课。[②] 每次讲课，先生总是认真备课，制作课件，而且总是站着讲课，课后还要展开交流，仔细倾听学员的感想并认真回答学员的各种问题，给学员留下了深刻的印象。

据老一代电化教育工作者杨光明先生回忆，1999年5月，一位地市电教馆长第二次参加了樟木头培训中心培训班学习，听了先生的讲课后，晚上找到先生说：“我1996年来这里参加培训班学习，听了您的讲座，作了笔记，今天第二次听您作一样题目讲座，可两次笔记不一样，为什么?”先生说：“1996年到1999年已走过三年了，信息时代，很多观念更新很快，学员的水平也不一样，我还能用1996的讲稿吗？每一期学员类型、层次、水平都不一样，故我每

---

① 庄为其. 南国农与萧树滋——我国电化教育的开拓者和奠基人[M]. 兰州：电化教育研究杂志社，2000：16-19.

② 本数据由当时主要负责培训中心事务的著名电化教育专家、华南师范大学李运林教授提供(2010-01-06).

期讲课前必须重新备课，才能因人施教，决不能照着旧讲稿宣读啊！”

杨先生还回忆道，听过先生学术报告或专题讲座的人不知有多少，人们大多是被先生的广博知识和生动简练的论述所吸引，很少注意先生讲学从来都是站着讲课的。1997年秋在广州召开的中国电教协会第一届年会的学术报告会上，来自全国的电教专家、教授走上讲台，各抒己见、气氛热烈，加上当时广州气温不低，很多人满头大汗，不管年轻或年老的专家教授，大都是坐着或时站时坐地进行讲演。可年岁最高的先生上台后一直站着讲，他心平气和地发表自己的见解，一次又一次获得赞同的掌声。主持会议的领导几次请先生坐下讲，都被先生以“我习惯了”谢绝，直到讲完，先生连水都没喝一口。不管讲课时间、地点、对象，先生始终是站着讲课，休息时才坐下喝水。1998年5月，先生在湖南张家界市做学术报告会，当先生站着讲课半小时后，会议主持人站起来说“天气这么热，您年纪这么大了，我们敬请您坐下讲吧！”先生笑着说：“只要我还能走上讲台，我就是老师，哪有老师坐着上课的？”台下爆以长时间雷鸣般的掌声，很多校长和教师都流下了热泪……这就是先生的风格。① 的确如此，我也以自己的亲历告诉大家，2010年1月6—7日，在华南师范大学召开的“教育技术学重点学科建设与发展”和“中国电化教育（教育技术）发展史”学术报告会上，已届九十高龄的先生依旧是站着做报告。与会者纷纷举起手中的照相机和摄像机，记录下了这感人至深的场景。

什么是名师？名师不是被授予或被批准的，名师是一种公众的认同，存在于学界同仁和广大学生发自内心肺腑的口碑之中。

五、为国为民：提出“大电化教育”观

早在20世纪30年代，人民教育家陶行知先生就提出了“大教育观”，提出了“社会即学校”的教育思想。中国80%以上的人口在农村，提高最广大农民群众的素质一直是多年来教育家们的理想，也是国家建设的现实需要。先生提出的“大电化教育”思想与陶先生一脉相承。

1983年，先生撰文指出，电化教育的发展要深入课堂，走向宏观，“电化教育既要深入学校小课堂，也要走向社会大课堂，要放宽视野，走向宏观，着眼整个教育系统，在普及一种教育——初等教育，加强两种教育——中等职业教育和高等教育，发展四种教育——干部教育、职工教育、农民教育、扫盲教育中，发

① 杨光明. 做文与做人——南国农教授二三事[J]. 电化教育研究，2000(10)：84-85.

挥积极作用。当前，要特别重视为农村教育改革服务，为农业服务。”①

先生的“大电化教育”充分反映了“学之大者，为国为民”的思想和情怀，拓宽了电化教育的视野，拓展了电化教育应用与研究的领域，更为充分地说明了电化教育系统在当今我国教育发展中的重要地位与意义。其实，我国电化教育早在萌芽和初步发展期间就非常注重其社会教育功能，1978 年中国电化教育重新起步后，曾一度偏重学校教育。先生提出“大电化教育”观，目的就是要拓宽人们的视点，改变当时电化教育对社会教育功能不够重视的倾向。当前教育技术理论研究领域的最新发展趋势，正是由偏重学校教育转向同时关注社会教育，这与先生当初提出“大电化教育”的初衷是一致的。

先生认为，“大电化教育”是一个多样的、开放的、综合的系统，随着时代的发展，它的构成也在不断地演化。当前，它由五个系统构成：即普通学校电化教育系统、高等电化教育系统、广播电视教育系统、卫星电视教育系统、电子计算机教育系统。②

先生通过对比的方式从九个方面说明了大、小电化教育的区别。③ 如下表所示。

表　小电化教育与大电化教育的区别

小电化教育	大电化教育
施教对象是 6 岁初刚入学的儿童到 22 岁的大学毕业生	施教对象是各个年龄阶段的人，人的一生
建立在一次教育理论的基础上，以教育就是培养人才为指导思想	建立在终身教育理论基础上，以提高全民族的素质，多出人才，出好人才为指导思想。教育要出人才，但更重要的是提高民族素质，把全体人民培养成为符合社会主义现代化建设要求的，具有高尚品德和优良文化素质的公民
研究对象是现代教育媒体	研究对象是电化教育媒体、电化教育方式、电化教育过程、电化教育现象，等等

① 南国农. 发展我国电化教育要解决的几个问题[C]//教育现代化的必由之路——南国农电化教育论文集. 北京：高等教育出版社，2000：23.

② 南国农. 教育技术理论研究的新发展[J]. 电化教育研究，2010 (1)：9

③ 南国农. 我国电化教育学科建设的回顾与展望[J]. 华东师范大学学报，1990 (1)：21-30.

续表

小电化教育	大电化教育
只重视与普通教育、高等教育的关系	重视与各种教育（普通教育、高等教育、幼儿教育、成人教育、特殊教育、职业技术教育、扫盲教育、社会教育、学校教育、家庭教育，等等）的关系。它们的关系是你中有我，我中有你，互相需要，互相促进
只管学校课堂，对社会课堂采取旁观态度	既管学校课堂，又管社会课堂
只管第一课堂，只重视认识因素（感觉、知觉、思维、记忆等）和知识的传授	既管第一课堂，也管第二课堂；既重视认知因素，也重视非认知因素（兴趣、情感、意志、态度等）；既重视知识的传授，也重视能力和情感的培养
是封闭型，学校几乎成了实施电化教育的唯一场所。	是开放型，学校、社会、家庭形成三足鼎立，组成网络
只是国家办电化教育	国家、集体、个人都可办
电化教育单位（如电化教育局、电大、广播学校、卫星电视教育办公室、计算机教育中心等）各自为政，各行其是	把电化教育的各个方面组成一个统一体

1986 年，先生在撰文认为，电化教育要走向社会大课堂，“为提高全民族的素质、多出人才，出好人才服务”[①]，并提出应当建立一个媒传学校系统，这个媒传学校系统与普通学校系统同步发展，它可以充分利用现代教育媒体技术来构建一个现代的教育网络，为发展我国教育修筑一条高速公路，以保证社会发展与经济建设所需要的各种专门人才。

所谓媒传学校，是一种综合利用多种媒体（印刷材料、广播、录音、电视、录像等）和多种方式（面授、电授、函授、刊授等）进行教学的学校。它把函授、刊授、广播、电视教育等融为一体，为一切有志于学习的在职青年、社会青年和成人，提供高质量与低费用的学校教育。媒体学校采取多种教学方式进行教学：远距离教学与面对面教学相结合；自学与小组学习和辅导相结合；在家或工作岗位上学习

① 南国农．当前电教理论和实践中的几个问题[C]//教育现代化的必由之路——南国农电化教育论文集．北京：高等教育出版社，2000：70.

与短期住校学习相结合；通过多种媒体，多种形式进行教学。①

先生认为，媒传学校是一种现代型的学校，创办这种学校，既可节省人力、物力、财力，又可保证质量，扩大规模，是符合我国国情的、多快好省的发展教育事业的有效方式。对此，我们必须更新教材体系的观念。20 世纪 80 年代末以来，在我国教材建设中，已经出现了向现代教材体系方向发展的趋势。

现代教材体系由两个部分所构成：一类是书本教材，又叫文字教材，包括教科书、讲义、教学指导书、学习指导书、习题集、实验实习指南等；另一类是非书教材，又叫视听教材、电子音像教材，包括幻灯、投影电影、录音、录像、唱盘、视盘、计算机课件、网上教材等。两类教材都以教学大纲为依据，为实现同一教学目的服务。现代教材体系，有两个明显的特点：一是成套化、系统化；二是多媒化。建设现代教材体系，也就是实现各科教材的系列化、成套化、多媒化，最后建成各科的教材箱和学习包，或说各科的教材资源库、学习碟，以供教师和学生使用。②

自 20 世纪 90 年代以来，随着互联网的兴起，我国的远程教育在经历了函授教育和广播电视教育两个发展阶段之后，迅速进入网络教育阶段，即现代远程教育阶段。现代远程教育是计算机多媒体和网络技术参与后的远程教育，也是媒传学校的最新形态。经过这些年的发展，我国已经形成了由中国广播电视大学、普通高校网络教育学院、面向中小学网校组成的现代远程教育系统，“三件”建设（硬件、软件、潜件）也取得了卓越的成就。③

总之，先生的“大电化教育”观是陶行知先生“大教育观”与平民教育思想在新的时期，在电化教育领域中的融合和升华，是随着现代媒体技术的发展和电化教育改革的深入，对电化教育的研究和实践领域的扩展，对推动我国的电化教育和社会教育起到了积极的作用，进一步发展和丰富了中国特色的电化教育理论体系。它既延续了电化教育诞生之初强调重视社会教育的优良传统，又顺应了当代终身教育思想和构建学习型社会的现实需要。从先生的“大电化教育”思想中可以清楚地看到，他的着眼点不仅仅放在电化教育自身的建设上，而是把电化教育与国家建设和民族复兴紧紧联系在一起。在先生的视野里，电

① 南国农. 当前电教理论和实践中的几个问题[C]//教育现代化的必由之路——南国农电化教育论文集. 北京：高等教育出版社，2000：71.

② 南国农. 高校信息化教育课程：教材教法浅析[J]. 电化教育研究，2004 (11)：38.

③ 南国农. 发展现代远程教育：中国之路[J]. 中国远程教育，2005 (2)：5-8.

化教育理论和实践研究必须对国家和民族未来的命运有所担当。

六、高校之忧：电化教育与高校教学革新

今天，中国的高等学校因在诸多方面给政府和民众带来太多的失望，几乎成了“千夫所指”。当2009年11月11日“钱学森之问”[①]（即“为什么我们的学校总是培养不出杰出人才？”）成为舆论焦点时，相信刺痛的不仅仅是国家领导人和高校师生，还包括中国的普罗大众。2010年5月13日，当英国高等教育研究机构QS(Quacquarelli Symonds)颁布2010年亚洲大学排名200强（中国内地进入前100名的大学仅12所，在100到200位之间仅6所，香港8所政府资助的大学，7所进入亚洲前100名，全部进入200强）时，更是把中国内地高校推向了风口浪尖。当看到中国内地大学寥寥无几的上榜率且无一所大学跻身前10名时，相信不少国人内心早已把中国内地高校和足球相提并论。

中国的高校为何如此“积弱”？其间的原因有许多方面，但其中大学教学模式的落后是重要的一方面。前哈佛大学校长博克(Derek Bok)说：“填鸭式讲授至今仍是大学最常用的教学方法，平均每位教授用于讲授的时间超过了三分之二，这一情况在学生众多的大学尤为普遍”，“教师希望在课堂教学中囊括更多的知识点，这一思想不仅导致了‘填鸭式讲座’的盛行，也阻碍了学生认知能力的发展。学生一方面失去了应用概念的机会，一方面失去了反思‘自己解决问题’策略（即元认知）的机会”，“殊不知，对大学生影响最深远的是教学方法”。大约150年前，哈佛校长艾略特(C. W. Eliot)在就职演讲上说道：“填鸭式的传授知识，就好像奋力把水撒到筛网里，即便水的质量再好，还是哗哗流走了。头脑只有越用越灵光。”[②]

半个多世纪以来，先生一直在高等学校从事学术研究和教学工作，对我国高等学校存在的教学问题可谓洞若观火。先生认为，我国的高校教学主要存在

---

① 所谓“钱学森之问”，就是钱老生前在各种场合不止一次提出的问题：为什么我们的学校总是培养不出杰出人才？2005年7月29日，钱学森曾向温家宝总理进言：“现在中国没有完全发展起来，一个重要原因是没有一所大学能够按照培养科学技术发明创造人才的模式去办学，没有自己独特的创新的东西，老是‘冒’不出杰出人才。这是很大的问题。”真正让“钱学森之问”成为舆论的焦点，源于2009年11月11日的一封公开信。2009年10月31日，钱学森在北京逝世，享年98岁。2009年11月11日，安徽高校的11位教授联合《新安晚报》给新任教育部部长袁贵仁及全国教育界发出一封公开信：让我们直面“钱学森之问”！

② [美]德雷克·博克(Derek Bok，哈佛大学前校长). 回归大学之道——对美国大学本科教育的反思与展望[M]. 侯定凯，梁爽，陈琼琼，译. 上海：华东师范大学出版社，2008：72，73.

以下几个基本问题。[1] ① 教学思想陈腐、片面。在教学中重“教”轻“学”的现象非常普遍，重知识轻能力的倾向比较严重。② 教学内容贫乏、陈旧。在教学中，只是以教材为主，教材以外的内容少有涉猎，并且许多教材与时代严重脱节，不能反映新思想、新理论、新方法和新技术。③ 教学方式单调、死板。教师照本宣科，学生死记硬背。注入多，启发少，独立思考差，实习实验少。

先生认为，推行电化教育是彻底改变高等学校教学现状，并使之现代化的有效途径之一。电化教育在学校教学的引入，可以帮助树立现代的教学观，促使教学内容、形式、方法、手段从单一化转为多样化。

电化教育对高等学校教学的作用，主要在于它能帮助高等学校的教学实现四个突破，从而提高教学质量和效率。[2]

1. 课堂教学的突破

电化教育深入课堂，能促进课堂教学效率的提升。

(1) 从信息论的角度看

按照信息论的观点，课堂教学过程就是教学信息的传递与增殖的过程。在这一过程中的每个环节，电化教学都比传统教学有很大的优越性。

从信源看，传统教学中信源主要是教师。不同班级、学校的教师水平差异很大，教学质量区别明显。在电化教学中，信源主要是电化教育教材。电化教育教材可以集中优秀教师集体创作，并在适合的地区通用，因此，可以保证信源的质量。

从编码看，传统教学中信息主要是编码成语言文字传输。而电化教学中，信息除了可编码成语言、文字外，更可编码成图像、声音来传输，较传统方式更为全面。

从通道看，传统教学媒体的通道容量最佳约为 25 比特/秒，而电化教育媒体约为 70 比特/秒，远大于前者。传统教学方式信息增殖率受教师面对的学生数量限制，一般在数十倍左右，而现代化的电化教学方式通过广播、电视、互联网等，信息的增殖率几乎不受限制。

从解码与信宿看，人们对图像信息的接受能力约为 46 比特/秒，而语言信

---

① 南国农.电化教育在高等学校教学中的地位和作用[C]//教育现代化的必由之路——南国农电化教育论文集. 北京：高等教育出版社，2000：34.

② 南国农.电化教育在高等学校教学中的地位和作用[C]//教育现代化的必由之路——南国农电化教育论文集. 北京：高等教育出版社，2000：35-39.

息的接受能力约为4.1比特/秒，因此，电化教学具有明显的优势。

从反馈看，电化教学的反馈可以在任何时间，任何地点，以同步或异步的方式进行。并且可以自动、批量地整理、加工、分析反馈信息，这是传统教学远远无法达到的。

（2）从教学论的角度看

首先，电化教学有助于综合利用各种感官，提高学习效率。教学论认为，人们的学习，对知识的掌握，是通过各种感官（眼、耳、鼻、舌、身）把外界信息传递给大脑中枢而形成的。采用电化教学，通过丰富的电化教育媒体的运用可使学生的感官和大脑功能得到延伸，综合利用各种感官功能，提高学习效率。其次，有助于第二课堂的开辟。第一课堂与第二课堂相结合的开放式教学比封闭式的教学，学习效率要高。传统教学从书本到书本，从教室到教室，把教学活动局限于第一课堂，是封闭式的教学。电化教学为开辟第二课堂，使第一课堂与第二课堂的活动相结合，促进课堂教学由封闭转向开放提供了良好的条件。

2．教材建设的突破

教材是解决教什么和学什么的问题，它为教学目的所决定，为实现教学目的服务。[①] 传统教材观认为，教材就是教科书，除了这种书本式的教材之外，再也没有别的什么教材了。而现代教材观认为，教材就是教学的材料，是处于储存状态的教学信息，是知识与经验的仓库。

长期以来，在教学中，书籍形式的文字教材得到了普遍运用，直到19世纪末，由于媒体技术的进步和发展，促进了教学的改革，电化教育教材由此而诞生。电化教育教材是指根据教学大纲的规定，利用现代媒体技术制作与重放，以图像和声音表达教学内容的一种形声教材。[②]

电化教育教材与传统文字教材相比，有其自身独特的优点。

（1）文字教材主要是以文字和符号表现教学内容，较为抽象，而电化教育教材主要是以图像和声音表达教学内容，因此更加形象、具体。

（2）文字教材很少采用对话形式，多数是以权威式、控制式的方式呈现。而电化教育教材可以充分利用技术手段，实现对话式表达。

---

① 南国农．高校信息化教育课程：教材教法浅析[J]．电化教育研究，2004（11）：38.

② 南国农．怎样编制电教教材[C]//教育现代化的必由之路——南国农电化教育论文集．北京：高等教育出版社，2000：201.

(3) 文字教材信息量受书本体积、厚度限制，一般不会很大，而电化教育教材可以在很小的存储介质上储存大量的信息。

(4) 文字教材更新慢，无法实时更新。电化教育教材可以利用计算机技术实现原有内容基础上的实时、在线更新。

早在20世纪80年代初，先生就提出电化教育教材是对传统文字教材的一种补充，传统教材配上对应的电化教育教材，教材系列化、成套化是当今发展的趋势。这在今天早已得到了验证。

比如，随着计算机技术的不断发展，传统文字材料电子化的趋势日益明显。如，古登堡计划(Project Gutenberg)就是一个以自由的和电子化的形式，基于互联网，大量提供版权过期而进入公有领域书籍的一项协作计划。它是世界上第一个数字图书馆，所有书籍的输入都是由志愿者来完成的，并将这些书籍文本化。2004年，网络搜索巨头Google也启动了数字图书馆计划，准备以扫描的方式将哈佛、牛津、斯坦福、密歇根大学和纽约公共图书馆的藏书以及各大出版商发行的图书数字化，并将之以在线阅读的方式呈现给世界互联网用户和读者，以“使世界上的图书变得更容易获取”为使命的Google数字图书馆还扫描了大量已经绝版的图书，这使得许多普通的读者可以通过网络轻松地阅读这些以往只有极少数人才能接触到的文本资料。中国的超星和国图等公司和组织也在书籍电子化方面做了大量的工作。

这种书籍电子化的趋势也反映到了教材的形式上，美国Arizona State University、Case Western Reserve University、Princeton University、Reed College、Darden School of Business, University of Virginia等大学开始在校园内测试全球最大在线书籍销售商Amazon公司新型电子阅读器Kindle DX。[①] 这些大学将尝试用这种电子阅读器存储的电子版教材。这些发展趋势进一步表明了数字化对促进传统教材变革的作用。

3. 教学形式、方法和手段的突破

电化教育深入高等学校的教学领域，可以促使教学形式、方法和手段向多样化，现代化发展。

先生认为，我们现在的教学方式是教师讲，学生听；教师写，学生抄；教师

---

① 电子阅读器走进大学校园[EB/OL]. http://www.ftchinese.com/story/001029590,2009-11.

考，学生背。总之，就是教师灌，学生装。[①]

教育史上，教学组织形式经历了由个别教学向班级授课制、分组教学制等变化，从17世纪捷克教育家夸美纽斯倡导班级授课制到今天，班级授课制仍然是学校教学组织形式的主流。教学方法也多是注入式灌输，死记硬背方法。教学手段主要是粉笔、黑板、文字教科书。先生认为，这种教学模式只能使教学水平总是停留在记忆水平的教学上，这是一种"无思考"的教学，低级形态的教学，是造成学生知识结构两大弊病——知识面窄、能力欠缺的重要原因。实施电化教学，对于打破这种几百年不变的教学模式，可以发挥积极的作用。

从某种程度上讲，这种教学现状与传统教学使用的教学媒体是有关联的。传统教学主要运用书本教材、口语、粉笔加黑板等方式传递教学内容，这样信息增殖能力是非常有限的。传统的教学组织形式正是适应了传统教学媒体的特点，一个教师对应数名到数十名学生，最大的理由就是只有在这个范围内，才看得清，听得见教师的授课。

实施电化教学，教学的组织形式可以更加灵活多样，学生的自主性得到了显著的提高。而计算机软件的智能处理，也大大方便了对学生进行个别化、个性化的辅导。教师也可以根据学生水平进行分组，或者根据学习目标的要求，通过完成项目的形式进行教学，每个学生根据自己的兴趣、爱好以及特点选择不同的项目进行学习。较之传统教学，电化教学在这方面有着明显的优势。

4. 教学研究和教学管理的突破

先生认为，广泛开展电化教育可以促进教学研究和教学管理更加科学化。利用电化教育手段进行观察、调查研究的好处是：可以避免观察者出现在现场，而使被观察的心理受到影响；可以把观察过程的全部资料记录下来；可以看到观察对象的分解细节；可以反复播放观察。[②]

当前，电化教育手段，特别是计算机技术用于教学管理，日益得到人们的重视。目前已经有多种比较成熟的商业化或开放源代码的教学信息系统应用于教学管理之中。教学信息系统是应用在教学组织中，以改进教学管理、提高教与学的效果的信息系统。这里的教学组织，狭义地说，等同于传统的学校组

---

① 南国农. 电化教育在高等学校教学中的地位和作用[C]//教育现代化的必由之路——南国农电化教育论文集. 北京：高等教育出版社，2000：33-46.

② 南国农. 电化教育在高等学校教学中的地位和作用[C]//教育现代化的必由之路——南国农电化教育论文集. 北京：高等教育出版社，2000：41.

织。广义地说，是指在教学过程中，通过信息技术手段可以联结到的所有结点的总和。[①]

一个完整的教学信息系统不仅是计算机系统，它还包括教学组织、与教学组织相关的环境，以及组织中最重要的相关人，如教师、学生、管理者，等等。根据每个系统功能和侧重点的不同，目前，已经有多种教学信息系统应用于教学管理的方方面面，根据功能和侧重点的不同，教学信息系统分成：学习管理系统、学习内容管理系统、课程管理系统、知识管理系统、学习支持系统、电子绩效支持系统，等等。可见，基于计算机技术的各种教学信息管理系统已经覆盖了教学管理的各方面，科学合理地善加运用，可以促进教学管理的科学化，提高教学管理效率。

总之，恰当运用电化教育手段，可以提高教学效率，促进教材建设从单一化走向系统化，促进教学形式、方法和手段的革新，改善教学质量，有利于教学管理的科学化和高效化。先生指出，目前我国电化教育在某些高校、某些专业或某些课程教学中，已经或部分起到了这些作用，但是，在大多数高校中，仍然没有充分发挥电化教育应有的作用。其主要原因有如下几方面。

其一，对电化教育的功能和作用看法不一致。对于电化教育能否提高教育教学质量，促进教育事业的发展，有的支持，有的怀疑，有的观望，这些看法在一定程度上影响了电化教育作用的发挥。从发展的角度上看，随着人们对电化教育的深入认识，支持的人会越来越多。

其二，是资金不足，缺少设备、教材等原因，这是许多学校普遍遇到的问题。在这种情况下，能正常开展电化教育已是很难，更不要说能够充分发挥电化教育应有的作用了。

其三，电化教育在我国重新起步的时间尚短，还处在不断完善发展的过程中。它本身的队伍建设、器材建设、教材建设、理论建设、法规建设等等，还不够健全。[②]

其四，电化教育在高校中的地位不显现。从现状看，先生认为："不同的高等学校，由于对电化教育认识的不同，也由于条件的差异，电化教育在学校中

---

① 钟志贤，黄林凯. 对教学信息系统开发与应用的几点反思[J]. 中国远程教育，2010 (1)：62.

② 南国农. 电化教育在高等学校教学中的地位和作用[C]//教育现代化的必由之路——南国农电化教育论文集. 北京：高等教育出版社，2000：43.

所起的作用差异很大，所处的地位也很悬殊。在有的学校，电化教育处于配角（辅助）；在有的学校，电化教育处于第二主角（与传统教学并列为双主角）的地位；在有的学校，电化教育没有地位……目前，在高等学校的教学中，电化教育的作用未得到充分的发挥，所处的地位也是微弱的。”[①]这也导致了关于地位作用还是作用决定地位的争议。这些都反映了目前我国电化教育所遭遇的地位与作用的尴尬局面。

虽然目前电化教育在高校教学改革中发挥的作用还不明显，电化教育在高校的角色还比较低微。但从长远来看，电化教育在促进高校教学改革方面的生命力是强大的。先生充满信心地认为，随着我国经济的发展和教育改革的不断深入，电化教育在高校教学改革中的地位和作用将越来越重要。同时，这也要求我们必须做好电化教育队伍、教材、理论、法规等方面的自身建设。

第五节　实验图谱：电化教育研究与实践发展的推手

对电化教育研究和实践发展来说，开展科学的电化教育实验非常重要。先生早在 1980 年《电化教育研究》创刊号的发刊词《大力开展电化教育研究》中就指出，开展电化教育需要在重要问题上进行认真研究，如何正确评价它的作用，如何有效地发挥它的作用，应该组织一些电化教育研究实验。并且强调，电化教育研究是一项开发性的工作，它是在向未知世界开战，从事电化教育实验要有持之以恒的精神才能保证实验成功。有效的实验必须建立在科学的基础上。站在推动电化教育学科发展的角度，先生系统地探索了我国现代教育技术（电化教育）实验的目标、实现途径和理论基础，为开展电化教育实验绘制了一幅富有现实指导意义的理论图谱。

先生认为，所谓现代教育技术（电化教育）实验，就是在现代教育思想、理论的指导下，用三种技术，做两件事情，实现一个目标。[②]

一、实验目标：构建适应素质教育需求的现代教学体系

先生指出，我国现代教育技术实验的目标，就是建立适应素质教育要求的，

① 南国农. 电化教育在高等学校教学中的地位和作用[C]//教育现代化的必由之路——南国农电化教育论文集. 北京：高等教育出版社，2000：44.

② 南国农. 90 年代以来我国的五大现代教育技术实验[J]. 电化教育研究，1999 (6)：42.

以教学模式为核心的现代教学体系。电化教育实验应当结合教学改革来进行，使电化教育实验成为深化教学改革的一项重要举措，而我国的教学改革，必须面向素质教育，建立现代教学体系。

现代教学体系包括四个方面的内容：现代教材体系、现代教学方法体系、现代教学模式体系和现代教学理论体系。建立现代教学体系，就是建立各门学科的这四种体系。①

应试教育是我们目前的教育现状，素质教育是我们努力的方向，理解两者的特点和区别，有助于我们深入理解现代教育技术的实验目标。

先生指出，素质教育是与应试教育截然相反的一种教育思想和教育体系。二者之间最明显的不同表现为如下两方面。

其一，目的不同。应试教育的目的是升学应试；素质教育的目的是全面提高全体学生的基本素质。

其二，理论依据不同。应试教育的基本功能是“挑选”，以教育的功能理论为依据；素质教育的基本功能是“发展”，以教育的发展理论为依据。

应试教育与素质教育表现出不同的基本特征。

应试教育的基本特征是“三死”或“六重六轻”：死抠书本、死记硬背、死追分数。重少数尖子轻多数学生、重智育轻德体美劳、重知识轻能力、重教师作用轻学生主体地位、重记忆轻思维、重灌输轻启发。

素质教育的基本特征是“三发展”或“六个坚持”：全面发展、全体发展、个性发展。坚持面向全体，不让一个学生掉队；坚持五育并举，不让任何一育落空；坚持个性发展，尽可能让每个学生都有特长；坚持传授知识、发展智力、培养能力相结合；坚持教师主导与学生主体相结合；坚持启发式，让学生生动活泼地主动地学习。

先生指出，开展现代教育技术实验，一定要适应素质教育的要求，要有助于学生的“三个发展”(全面发展、全体发展、个性发展)，通过促进“三个发展”，实现由应试教育向素质教育的转变，这也是我国基础教育深化改革的目标。②

---

① 南国农.现代教育技术实验及其理论基础[C]//教育现代化的必由之路——南国农电化教育论文集.北京：高等教育出版社，2000：304.

② 南国农.现代教育技术实验及其理论基础[C]//教育现代化的必由之路——南国农电化教育论文集.北京：高等教育出版社，2000：303.

二、基本思路：实现目标的方法、手段和理论基础

先生指出，实现现代教育技术实验的目标，需要在现代教育思想、理论指导下，用三种技术，做两件事情。

1. 在现代教育思想、理论指导下。一方面，是指与现代教育技术实验关系较直接、较密切的现代教育思想——主要是六种现代教育观：素质教育观、终身教育观、双主体教育观、创新教育观、情商为主教育观、四大支柱教育观。另一方面，是指与现代教育技术实验关系较直接、较密切的现代教育理论，主要是三个三种学与教的理论：三种学习理论（行为主义、认知主义、人本主义学习理论）；三种教学理论［赞可夫（Л・В・Ванков）的发展教学理论、布鲁纳（J. Bruner）的结构-发现教学理论、巴班斯基（Ю・К・ВаЬанскпй）的教学最优化理论］；三种传播理论［拉斯威尔（H. Lasswell）的“5W”理论、施拉姆（W. Schramm）的双向传播理论、贝罗（D. Berlo）的 SMCR 理论］。

概而言之，所谓在现代教育思想、理论的指导下，就是主要在上述六种教育观和三个三种学与教理论的指导下开展实验工作。

对于上述多种思想和理论，先生认为，应当客观地看待各种理论长处，不能扬此抑彼，否则容易走极端。的确，任何一种理论之所以存在，无非是它针对了某一问题，在解决某方面问题上有其独特的功能。比如行为主义与技能操作，认知主义与概念学习，人本主义与个性情感的发展，等等。教学面对的是多重学习与发展任务，对应着多种教学理论、学习理论或传播理论，在完成整体的教学任务过程中，各种理论往往是相互交融地起作用的。①

2. 用三种技术。技术就是把理论应用于实践的手段和方法体系，可分为物化形态和智能形态两类，即硬技术和软技术。在现代教育技术实验中，用“三种技术”具体指如下方面。

其一，现代媒体技术，即教育教学中应用的现代技术手段，也就是现代教育媒体，是一种物化形态的技术。

其二，现代媒传技术，即运用现代教育媒体进行教育教学活动的方法，也就是媒传教学法，是一种智能形态的技术。

其三，教学设计技术，即优化教学过程的系统方法，也就是教学设计，是一种应用广泛的智能形态的技术。

---

① 钟志贤．我们离建构主义有多远？［J］．电化教育研究，1999（6）：42．

上述三种技术综合起来，就是现代教育技术。现代媒体技术、现代媒传技术、教学设计技术是组成现代教育技术的三个基本要素。所以，用三种技术，也就是运用现代教育技术。

3. 做两件事情

一是开发、利用教学资源。包括教学信息、教学媒体、教学人员、教学环境，等等。在实验中，要积极开发、充分利用的教学资源，特别是现代教材资源和现代教学技术环境资源，也就是现代教材体系和电化教育系统工程的建设和利用。

二是优化教学过程。即使教学过程各组成要素（教学任务、内容、手段、方法、效果等）及其相互关系处于良好的状态，做到整体优化。[①]

三、破旧立新：积极弘扬现代教育思想的基本精神

先生认为，"教育改革就是教学上的破旧立新，革除旧教育的弊端，建立新的教学体系。"[②]要结合电化教育实验，推进教学改革，必须弘扬现代教育思想、理论的基本精神。[③]

传统教育思想一般是指以德国教育家赫尔巴特（J. F. Herbart）和苏联教育家凯洛夫（N. A. Kaiipob）等为代表的教育理论及其所表现的教育思想。这种教育思想、理论对我国的教育影响很大，特别是它的六个弊端，已经成为深化教改的严重障碍。现代教育思想一般是指第二次世界大战以后的当代教育思想，以赞可夫、布鲁纳等为主要代表。它的基本精神是革除传统教育的六个弊端；实现教学上的两个重心转移和两个最佳结合。

1. 革除传统教育的六大弊端

（1）忘了学生。教师备课，备教材很认真，备教法也还认真，备学生就不够认真了；上课时，教师活动多，学生活动少，教师"独霸"讲台，学生消极被动；课后工作时很少考虑学生的负担；只记得少数优等生，忘记了多数一般学生，特别是后进生。

（2）忘了能力的培养。在教学中，教师讲的多，学生练的少；教师讲课时，

---

① 南国农. 90年代以来我国的五大现代教育技术实验[J]. 电化教育研究，1999（6）：42.

② 南国农. 让信息技术有效地推进教学改革[J]. 中国电化教育，2007（1）：5.

③ 钟志贤. 创新是理论研究发展的生命力——南国农先生电化教育学术思想综观[C]//教育现代化的必由之路——南国农电化教育论文集. 北京：高等教育出版社，2000：389-390.

只讲知识，只讲现成结论，不讲方法，不讲得出结论的过程；布置作业，类型单一，套例题的多，独立思考的少；只记得让学生熟记，忘记了让学生思考，使自己的教学总是停留在记忆水平上。

(3) 忽视现代教育媒体的应用。教学中，使用的基本上是嘴巴、粉笔、黑板、印刷书等，很少使用现代教育媒体，不重视利用现代科技成果来改进教学，提高教学效率。

(4) 忽视教学中的非智力因素。教学中，对非智力因素激发，对激励学生的学习兴趣、动机、意志等工作，重视不够，考虑很少。

(5) 上课与谋生不搭界。课堂上讲的，与学生未来的生活、工作很少联系。

(6) 教学上的注入灌输死记硬背法。教师讲学生听，教师写学生抄，教师考学生背，成了一种固定不变的模式。

先生指出，上述六个弊端，至今仍在影响着我们不少教师，六个弊端不除，深化教改无望，电化教育实验工作也难成功。

2. 实现教学上的两个重心转移和两个最佳结合

(1) 从以教为重心逐渐转移到以学为重心，力求做到教与学的最佳结合。以学为重心后，并非轻视教的作用。教学过程是由教与学两方面构成，教师和学生是教学系统的两个基本要素，缺一不可。转移后，教师仍要起主导作用。教师的主导作用主要表现在两个激发和两个转化上。“两个激发”是指激发学生的学习动机和激发学生的学习兴趣；“两个转化”是指将教师的知识转化为学生的知识和将学生的知识转化为能力。

(2) 从以知识为重心逐渐转移到以能力为重心，力求做到知识与能力的最佳结合。知识与能力，谁重要？都重要，但后者更重要。金子与点金术，谁宝贵？都宝贵，但后者更宝贵。学会与会学，谁好？都好，但后者更好。教学既要重视知识的传授，更要重视能力的培养，要力求实现知识与能力的最佳结合。

先生认为，现代教育技术的运用就是要积极运用现代教育思想、理论来指导实践，努力做革新传统弊端的探索者，在实践中不断构建新型有效的教育教学模式，促进素质教育的实施。[①] 我国的电化教育实验，经历了媒体对比实验

---

① 南国农. 现代教育技术实验及其理论基础[C]//教育现代化的必由之路——南国农电化教育论文集. 北京：高等教育出版社，2000：391.

和专题实验、整体综合实验、信息技术与课程整合等几个阶段的发展过程，这一过程同时也是一个教学思想、教学方式的变革的过程。

四、总结分享：我国现代教育技术实验的成功经验

我国有组织有计划地开展电化教育实验，始于20世纪80年代。在此期间，我国中小学电化教育实验主要是媒体对比实验和专题实验。进入20世纪90年代，中小学的电化教育实验进入以整体综合为主的实验。

20世纪90年代以来，我国中小学进行的电化教育实验，规模较大，影响较广的，主要有五个：①“电化教育促进中小学教育优化”课题实验；②小学语文“四结合”教学改革试验；③电化教育促进中小学由应试教育转向素质教育的实验研究；④全国1000所中小学现代教育技术实验学校教改实验；⑤高等学校课程电化教育试验。

进入信息化教育阶段后，我国的电化教育试验进入了以深入整合实验为主的新的发展阶段，以创建精品课程为重要目标。先生指出，精品课程必须具备五个基本要素：全新的教学理论；丰厚的教学资源；先进的教学技术；探究的教学模式；规范的教学管理。①

基于对20世纪80年代以来我国电化教育实验的认识，先生从五大方面高度概括了电化教育实验的成功基本经验，即“五个必须”。

1. 要有现代教育思想理论的指导

(1) 电化教育实验，必须有现代教育思想、理论的指导，才能确保实验成果的科学性、适用性、先进性、精品性。

(2) 没有一种万能的学与教理论。不要企图用一种学与教理论，去解决学习与教学中的一切问题，这是办不到的。对待各种理论的态度应当是：不盲目崇拜，不简单批判，不机械照搬，不一概排斥，兼容并包，择善而从。

2. 要有技术的支持

先生认为，没有现代教学技术的支持，新的教学体系难以建立，实现教学过程最优化也就成了一句空话。

(1) 电化教育实验，必须重视教学设计，为学生保证良好的学习条件。在进行教学设计时，主要抓四个要素，解决三个问题。四个要素是指教学目标、教学资源、教学策略、教学评价。解决三个问题是：一是让学生学习什么？即

① 南国农. 让信息技术有效地推进教学改革[J]. 中国电化教育，2007 (1)：7.

解决目标；二是为达到目标，需要使用什么教学资源和采用什么策略？即解决资源和策略问题；三是如何评价教学结果？即解决效果的评价问题。

（2）电化教育实验，必须重视现代教育媒体的正确应用。用现代教育媒体建立新模式、新策略，要求体现两个东西：一是新媒体是必不可少的，不是可有可无，不是旧模式＋新媒体的加法模式；二是要体现以学为出发点，教为学服务的观点。

（3）没有一种人人适用，处处适用的万能媒体。每一种媒体都有它的长处，对某种学习特别有效。教学需要多种媒体来配合。

3．要有明确的目标和恰当的选题

（1）确定实验目标，要难度适中，并便于检测。

（2）选题要力求适应需求，与教改结合。

4．要有认真的评价

（1）既重视诊断性评价和终结性评价，更重视形成性评价。

（2）他人评价与自我评价相结合。

（3）评价方法，应定量与定性相结合。

（4）优秀的成果，要上报、上刊、上书、上网。

5．要有创新的精神

先生指出，电化教育实验是向新领域探索，是走新路，需要创新精神，固守传统，不思开拓，是难于取得成功的实验的。

（1）正确处理借鉴与创新的关系。实验者在实验过程中，要继承和借鉴百家之长，走自己的开辟创新之路。对古今中外一切好的东西，可以采取拿来主义，把它拿来，但不能止于拿来，要在拿来的基础上有所创新，使之变成拿去。

（2）以先驱者为榜样，努力做一个创造的教育工作者。先生认为，现代教育思想理论的指导、三种技术的支持、明确的目标、恰当的选题、认真的评价、创新的精神，是构成成功实验的六个基本要素。这是我国在长期从事电化教育实验中取得的基本经验。[①]

① 南国农．90年代以来我国的五大现代教育技术实验[J]．电化教育研究，1999（6）：44-45.

第六节 理念引领：做高素质的电化教育工作者

如何才能作为一个合格的电化教育工作者？电化教育工作者的使命和任务是什么？半个多世纪以来，随着时代的不断发展，先生一直在不断思考和完善这些问题。这些问题的求解，不仅关涉学科理论体系的建设，关涉专业方向、课程结构和教学模式的建构，更是对学科社会价值的探索实践。

历史上，在我国电化教育重新起步之后相当长的一段时期，电化教育工作者的形象在人们的心目中只是一个“三子”（拍片子、放带子、修机子）的媒体服务员的角色。先生认为，这种角色定位不仅错位，而且早已远不能适应电化教育和教育改革的深入发展需要。站在时代的角度，结合电化教育和教育改革的发展需求，先生深刻思考了电化教育工作者的角色定位、基本素质结构、使命和任务，为我国电化教育人才队伍培养建立了富有现实指导意义的理念参照。

一、教育革新：电化教育工作者的角色与素质

先生认为，电化教育工作者是一个比较大的概念，包括电化教育专业人员、学科电化教育教师以及所有从事电化教育科学、电化教育事业、电化教育产业的人。凡是以现代教育思想、理论为指导，运用现代教育技术进行教育教学活动的人，都是电化教育工作者。[①]

先生指出，以往电化教育工作者的“三子”角色形象，是源于人们对电化教育的片面理解，正确认识电化教育工作者，需从正确理解电化教育出发。电化教育是现代教育思想、理论与现代教育技术相结合的产物，它所追求的是教育的最优化。电化教育要发展，电化教育工作者必须重新设计和建立自己的形象，即教育革新者的形象。先生认为，通过20世纪80年代后期开展的电化教育“三深入”（深入学科、教学、课堂）活动和90年代的五大电化教育实验，以及进入新世纪后的信息技术与课程整合实验等实践活动，现在，电化教育工作者的形象在人们心目中已经有了不少的改变，但还没有完全改变。电化教育工作者应当努力使自己成为教学改革战线上的第一流人物。只有这样，才能体现电化教育工作者的真正价值，发挥电化教育的应有作用。

早在20世纪80年代，先生就指出，作为一名合格的电教工作者应当具备

① 南国农．世纪之交，电化教育工作者的使命[J]．电化教育研究，1998 (1)：3.

“六个三”：三种语言：中国语言、外国语言、计算机语言；三种理论：学习理论、传播理论、电子理论；三种媒介：大、小、综合媒介；三种技术：编制、播放、维护；三种方法：教学、科研、管理；三种个性品质：勤奋、思索、创新。①

先生认为，作为教育革新者的电化教育工作者应具备如下基本素质。②

1. 在思想品德方面：具有“两热爱”（热爱社会主义祖国、热爱社会主义事业）和“三精神”（艰苦奋斗的奉献精神、实事求是的科学精神、民主与协作的精神）。

2. 在科学文化方面：具有“士”字形的知识结构。即，一般基础知识——哲学（自然辩证法和社会辩证法）、三论（作为一般科学方法的系统论、信息论、控制论）、语文、数学、外语、计算机基础等。专业知识基础——教育学、心理学、传播学、物理学、工艺学、管理学、文学、艺术等。专业知识——电化教育基础理论、现代教育理论与应用、教学软件编制理论与实践、媒传教学法、教学设计、电化教育管理等。“士”字的下面一横表示一般基础知识，上面一横表示专业基础知识，中间一竖表示专业知识。传统的知识结构是强调下宽上窄的金字塔形的知识结构，越是基础要求面越宽。“士”字形的知识结构不讲求下宽上窄，它带有一定的跳跃性，强调在基础与专业的交结处下工夫，主要掌握与本专业有关的基础知识，然后在这个基础上建立一门专业知识。

3. 在智能方面：具有三层次的能力结构。即，基础层次能力——听、说、读、写、算、推理、计算机应用。中间层次能力——专门能力包括教学设计、现代教育媒体的操作与维护、教学软件的编制与应用；一般能力包括组织能力、处理人际关系能力、科研能力。较高层次能力——应变能力、创造能力。

4. 在身心方面：具有强健的体魄，精力充沛、豁达乐观。

先生指出，上述要求是作为教育革新者的电化教育工作者所应具备的基本素质结构，应将其作为理想的人才目标，努力去构建，去养成。

二、系统工程：电化教育工作者的使命和任务

在电化教育的不同发展时期，电化教育工作者的使命与任务不尽相同。20世纪90年代，先生指出，世纪之交电化教育工作者的使命是用现代科技改进教

① 南国农. 当前电教理论和实践中的几个问题[C]//教育现代化的必由之路——南国农电化教育论文集. 北京：高等教育出版社，2000：71-72.

② 南国农. 世纪之交，电化教育工作者的使命[J]. 电化教育研究，1998 (1)：3-4.

学、教育，实现教育现代化，培养新时代要求的新人；[①]主要任务是积极从事“三件”（软件、硬件、潜件）建设，不断提高“三件”建设的水平。

1998 年，先生撰文用一句话概述了新世纪电化教育工作者的使命和任务：即推进“14345 工程”。该工程的内涵包括五个项目：明确一项任务、做好四件事情、采取三个途径、遵循四个公式、实现五个标准。这五个项目构成了一个系统工程。[②]

1. 明确一项任务

在信息时代，电化教育工作者的基本任务是：自己并帮助他人学会数字化学习，学会创新，不断提高信息素质和创新素质，特别是信息能力和创新能力，做一个创造型的人。

数字化学习，就是在现代信息技术环境下利用多媒体软件和网上资源进行的学习。先生认为，在信息时代，要善于同时在三个世界采取多种方式进行学习，即经验世界（在做中学习）、语言文字世界（向书本学习）、虚拟现实世界（数字化学习），三种学习方式缺一不可。数字化学习是信息时代学习的一种全新的方式，不会数字化学习，就要成为现代文盲。电化教育是现代教育思想、理论和现代信息技术的结晶，作为电化教育工作者，自身应当是一个善于学习的人，唯有自身具备数字化学习能力，才能帮助他人进行数字化学习。

学会创新，要注意做到以下几点：① 创新是思维的革命，学会创新，就要改变传统的思维方式，学会创造性思维；② 创新来自科学研究，学会创新，就要不断增强科研的意识，掌握科学的研究方法；③ 创新不是不要继承，学会创新，就要注意处理好创新与继承的关系。

信息素质主要体现在信息意识、信息知识、信息能力、信息道德四个方面。创新素质主要体现在创新意识、创新精神、创新能力三个方面。信息素质和创新素质是信息时代人们必须具备的基本素质。

信息能力主要是指获取信息、处理信息、发送信息和信息免疫等方面的能力。创新能力主要是指独立思考、独立判断的能力，对新知识、新技术、新产品的探索、发明、开发的能力。这两种能力是当今人类生存的最基本能力，深深

---

① 南国农. 世纪之交，电化教育工作者的使命[J]. 电化教育研究，1998 (1)：4.

② 南国农. 新世纪信息化教育工作者的使命——推进“14345 工程”[J]. 电化教育研究，2003 (12)：3-6.

影响着人们生活、工作、学习的方方面面，是个人寻找职业、融入社会的一个决定性因素。

先生认为，创造型的人是同时拥有三本教育证书的人，一是学术性的，二是职业性的，三是证明一个人的事业心、开拓能力和自我发展能力的。总括起来，创造型的人具有三个基本特征：① 全面＋个性。既是全面发展，又有个性特长，即全面发展与个性发展完满结合的人；② 人脑＋电脑。既善于用人脑，能左右脑并用，充分发挥大脑的聪明才智；又善于用电脑，能用电脑不断地改进自己的学习、工作和生活；③ 智商＋情商。既有较高的智商又有较高的情商，是智商与情商和谐发展的人。

2. 做好四件事情

要有效地完成上述“一项任务”，必须做好四件事情。

(1) 硬件环境建设。指电化教育系统工程建设，包括八室一站三系统。八室（普通电化教育室、多媒体综合电化教育室、语言实验室、计算机室、学科专用电化教育室、微型电化教育室、视听阅览室、电化教育教材库）；一站（卫星地面接收站）；三系统（广播系统、闭路电视系统、计算机网络系统）。与以前的“三机级一幕”相比，当前，建设的重点是校园网和多媒体网络教室，推进校校通工程。

(2) 软件资源开发。指现代教材体系的建设，包括两个教材系统：书本教材系统（主要由印刷教科书、习题集、实验实习指南、学习指导书、教学指导书组成）；非书本教材系统（主要由幻灯、投影、录音、电影、电视、唱盘、视盘、计算机和网络教材等组成）。与以前的投影、录音、电视教材开发相比，当前，开发的重点是网上课程、数字化教材和教学信息资源库。

(3) 新型模式建立。以前是建立以教为中心的投影、电视及多媒体组合教学模式；当前，是建立以学为中心的网络环境下的新型教学模式。要不断完善已经初步形成的几种数字化学习模式：利用网络资源自主学习、通过网络进行协作学习、基于网络的研究性学习、将数字内容整合于学科课程在课堂教学中学习。

(4) 基本理论研究。主要任务有两方面：其一，建立和完善教育技术学的基本理论体系。现代教育技术的基本理论主要是四种理论：现代教育信息技术媒体理论和应用；现代媒传教学理论和方法；现代教学设计原理和方法；现代信息技术环境下，教育信息转换成知识、技能、智慧、思想品德的理论和方法。这四个方面也是基本理论研究的主要对象。其二,解决现实中的有关认识问题。现实中,我们面对的问题很多,如名称问题、定向问题、过渡问题以及应该建立怎样的校园网、优秀电子教材和教育资源库的标准等等。特别是名称、定位、过渡问题,这是近年来人们比较关心的问题。

围绕基本任务,做好四件事情,是新世纪特别是头十年,信息化教育工作者的主要工作内容。要做好上述的四件事情,需要采取三个途径、遵循四个公式、实现五个标准。

3. 采取三个途径

(1) 开设信息技术必修课。据统计,全国普通高中14907所,将信息技术列为必修课的高中学校比例已经达到92.15%;全国共有小学49.13万所,独立建制的小学将信息技术列为必修课的开课率达到10.33%。

(2) 广泛开展技术与课程整合实验。整合是指在课程教学中引入信息技术,并使之与课程教学融为一体,以促进学习。整合后,课程教学不仅具有传授科学知识的功能,而且具有培养和发展学生信息能力的功能。实现信息技术与课程整合是信息时代课程教学深化改革的需要,也是信息技术本身发展的需要。整合则两兴,不整合则两衰。整合实验将有力地推进教育信息化建设的深入发展。

(3) 办好教育技术专业和现代教育技术培训。目前,我国开设教育技术专业的高等学校估计已有200多所。为满足不断增长的教育信息化建设对各种人才的需求,还必须做好现代教育技术培训,培训的主要范围或对象包括信息技术课教师、现有任课教师、教育行政管理者和现代教育技术应用专业人员,等等。

4. 遵循四个公式

(1) W=X+Y+Z(成功=艰苦劳动+科学方法+珍惜时间),也叫爱因斯坦公式。其要义是,要做好信息化教育工作就必须艰苦劳动(主要指脑力劳动),善用方法,珍惜时间。

(2) 2>1+1(整体大于部分之和),也叫贝塔朗菲公式。其要义是,要做好信息化教育工作就必须十分重视团结协作,组合有序。无论是硬件环境建设、软件资源开发、新型模式建立、基本理论研究都需要多方合作,才能有望成功。

(3) 20%智商+80%情商=100%成功。EQ是人类最重要的生存能力,人生的成就20％可归之于IQ，另80％则要归诸于以情感为主的其他因素，即EQ。其要义是要做好信息化教育工作，就必须重视发挥以情感为主的非智力因素的作用。

（4）现代教育思想理论×现代信息技术＝信息化教育。信息化教育是现代教育思想理论与现代信息技术相结合的产物。其要义是，两者的关系是相乘的关系，不是相加的关系，即任何一方为零，其结果都会是零，两者不可缺一，否则，不可能取得成功的信息化教育。

5．实现五个标准

先生认为，成功的信息化教育由五个要素组成，这五个要素既是成功的信息化教育的五大支柱，也是衡量信息化教育是否成功的五个标准。

（1）全新的教育理念。主要是六种现代教育观：素质教育观、终身教育观、双主体教育观、创新教育观、情商为主教育观、四大支柱教育观。在信息化教育实践中，要注重以下三种新的理念的建立：知识的拥有和知识的应用都重要，而后者更重要；没有一种万能的教学媒体，互联网不是“围城”，也非万能；没有一种万能的学习理论，对建构主义学习理论，提倡而不迷信。

（2）丰厚的教育资源。主要是指要有完善的现代信息技术环境和现代教材体系，要有广大的、具有一定的信息素养和创新能力的信息化教育人员。

（3）先进的教育技术。主要指现代媒体技术，教育教学中应用的现代技术手段或现代教育媒体，是一种硬技术；现代媒传技术，运用现代教育媒体进行教育教学活动的工作方法，即媒传教学法，是一种软技术；教学设计技术，即优化教学过程和教学资源的系统方法，是一种应用广泛的软技术。

（4）探究的教育模式。以培养学生探究兴趣、促进学生智慧潜能的发展为宗旨，强调学习者对知识的自主建构，而不仅是信息的传递与接受，如研究性学习模式、基于情境或问题解决的教学模式、利用网上资源自主学习模式，等等。

（5）规范的教育管理。管理规范化，要制定相关的规章制度，依法管理。管理的主要内容是人、财、物，核心是人的管理。人的管理要做到十六个字：晓之以理，明之以法，动之以情，导之以行。

2007年，针对信息时代对电化教育的工作需求，先生对电化教育工作者的使命和任务进行了新的论述，突出了电化教育工作者的改革意识和作用。先生指出，信息化教育时代，电化教育工作者的使命就是做教育信息化建设的尖兵，用现代信息技术有效地推进教育教学改革；具体任务是努力做好两个“三”。[①]

其一，三个方面的研究。① 基础研究。即电化教育（信息化教育）四个体系的重构：理论体系、技术体系、应用体系和管理体系。② 应用研究。重点是三大主题的研究：如何把教育领域信息技术应用的潜能和效益充分发挥出来？什么是能够真正把互联网与教学、教育结合在一起的好办法？什么是医治网络疾病的有效处方？③ 历史研究。重点是中国电化教育史的研究。

其二，三个方面的工作。① 深入开展“信息技术与课程整合”，要注意深入整合，以创建精品课程为重要目标；以促进教学思想、教学方式的变革为重要标志。② 积极开展新一轮教师教育技术能力培训，新理念与新技术并重。对教师的新技术培训，要因地制宜。③ 加快加大信息化教育环境/资源建设，重点关注网络课程、数字教材、教育教学信息资源库的开发。

总之，随着时代和电化教育发展的需求，先生一直在不断思考电化教育工作者的角色定位和基本素质、使命和任务，因为先生深知“这个世界唯一不变的就是变化”和“通权达变”（Act as the Occasion Requires）的道理。这充分反映了先生与时俱进、求真务实和开拓创新的学术精神，充分表现了先生对人才培养的关爱情怀，是先生心系电化教育发展的一个精彩缩影。

第七节　思虑中国：电化教育学科理论体系的重构与发展

《礼记·中庸》说：“凡事预则立，不预则废。”即不论做什么事，事先做好心理、思想、文化、技术等方面的准备，否则就很难成功。

当电化教育进入信息化时代之后，先生又以向前的人生姿态和“没时间觉得老”的心态，[②]踏上了重构与发展电化教育学科理论体系的学术之旅。面对国际信息技术和教育改革的发展趋势，站在中国的土地上，反观历史和当下的

① 南国农. 在“纪念中国电化教育发展70年座谈会”上的发言[J]. 电化教育研究，2007（3）：10-11.

② 钟志贤. 没时间觉得老[J]. 远程教育杂志，2010(4)：111.

中国电化教育（教育技术）学科理论体系，[①]先生审时度势地提出了重构与发展电化教育学科理论体系的构想。在系列的学术思考中，透溢出先生对建设中国特色的电化教育学科理论体系的思虑。

先生认为，我国教育技术理论研究，是20世纪80年代初在实践的呼唤下开始兴起的。大致经历了三个发展阶段：一是20世纪80年代到90年代初，是我国教育技术理论研究的开辟时期。二是20世纪90年代中期到新世纪初，是我国教育技术理论研究的多元发展时期（主要形成了“在不断总结本国理论研究和实践经验的基础上建立”和“以美国AECT′94定义为依据建立”两类理论体系框架）。进入新世纪后，从2005年起，我国教育技术理论研究进入重构时期。如何重构有中国特色的教育技术理论体系，是这一时期理论研究的第一主题。[②]

一、与时俱进：信息化教育是电化教育的新发展

先生认为，信息化教育是信息时代的电化教育，它具有电化教育原有的八大特征[③]。信息化教育的本质是现代教育思想理论与现代信息技术相结合，即“现代教育思想理论×现代信息技术＝信息化教育”。“现代教育思想理论和现代信息技术”两者的关系是相乘的关系，即任何一方为零，结果都会是零。因此，成功的信息化教育既要有现代教育思想理论的指导，也要有现代技术媒体的支持，两者不能缺一，必须实现融合。

信息化教育始终是以现代教育媒体的研究和应用为核心。信息化教育要解决的问题是：改革教育教学、提高教育教学的质量、效率和效益，培养学生的信息素养。信息化教育的基本功能是优化教育教学，使教育教学工作力求做到

---

① 在此，为了尊重历史上形成的两类学科理论体系，先生用“电化教育或教育技术”的并行概念来表示，但这并不意味着先生认为电化教育等同于教育技术。在先生看来，信息化时代的电化教育是信息化教育。

② 南国农．教育技术理论体系的重构：路线图[J]．现代教育技术．2010(4)：6-7.

③ 八大特征是指：A. 是有现代技术媒体参与的教育；B. 姓“教”不姓“技”，属于现代教育范畴的一种新的教育方式；C. 是现代教育思想理论与现代信息技术相结合的产物，它的完整公式是：现代教育思想理论×现代信息技术＝信息化教育；D. 以现代教育媒体的研究和应用为核心；E. 它是一门学科，一项事业，也是一种产业；F. 它的服务对象是各种教育（如幼儿教育、普通教育、高等教育、成人教育、继续教育等）；G. 它是一个大系统，由四个子系统组成：普通教育、高等教育、成人教育和现代远程教育系统；H. 信息化教育工作者是教育革新者，不是单纯的媒体服务员。他们的使命不仅要支持和服务教育教学，更要引领、改革和发展教育教学。

高效能、低消耗,以较小的代价得到较大的收获。优化的标准主要有两个:一是最大效果;二是最少时间。在规定的时间内,能使学生学得多些、快些、好些,能使更多的人受到教育,就是做到了优化。

先生认为,信息化教育和教育技术是两个不同的概念,并且从“概念产地、研究对象、运行要求、发展路线”等几个方面进行了辨析。先生指出,信息化教育始终以现代教育媒体的研究和应用为核心。经过多年的努力,信息化教育走出了一条具有自身特色的发展路线,而且拥有兴旺的发展前景。

作为一门学科,信息化教育有确定的研究对象(现代信息技术环境下的学习、教学与教育);理论、知识基础和研究方法自成体系;有一个相当完善的人才培养体系和保障系统(比如,目前已有教育技术学本科专业224个,硕士点83个,博士点8个,博士后流动站6个,有28个专业委员会,在我国37种教育类核心期刊中,教育技术类占6种,等等)。目前虽然它是教育学一级学科下的二级学科,但是,随着信息化社会的发展和信息化教育所具有的特殊培养目标,信息化教育走向一级学科,是时代和学科发展的必然或需要。[①]

二、审视问题:电化教育学科理论体系现状分析

先生认为,虽然信息化教育研究与实践发展迅速,学科理论体系建设也取得了不少成绩,但是比照学科建设和现实的需求,信息化教育的研究依旧存在不少突出的问题。正视和探究这些问题是电化教育学科理论体系重构与发展的前提。

1. 历史研究的单薄

先生认为,一门学科建设的三大基石是理论研究、应用研究和历史研究。就当前的电化教育(教育技术学)学科建设研究来说,历史研究是最薄弱的。而研究学科建设的历史,对学科建设与发展有重要的理论价值与实践意义。

其一,有利于正确处理继承与发展的关系,促进学科建设与发展。

其二,有利于正确处理引进与国情的关系,建立中国特色的教育技术学科。

其三,准确定位教育技术学科在教育领域中的地位和作用:教育技术是当代教育改革与发展的制高点和突破口,应用教育技术有利于促进素质教育、推动教育公平、提高教育质量、催生教育创新、实现教育跨越式发展,从而促进本学科发展与支持其他学科的发展。

---

① 南国农.信息化教育理论体系的形成与发展[J].电化教育研究,2009(8):6-7.

其四，有利于发挥“中国电教是一家”的光荣传统，进一步凝聚全国教育技术工作者，团结一致，为学科建设与发展作贡献。

先生提出，中国电化教育的发展历程可以按以下阶段来划分并开展研究：① 1920—1949 年，中国早期电化教育研究；② 1949—1978 年，新中国初期的电化教育研究；③ 1978—2008 年，新中国电化教育重新起步，全面发展阶段的研究（这一阶段可分别为电教事业、电教产业、电教学科和电教学者四大领域进行研究）。[①]

先生对学科发展的历史研究非常重视。中国有句古话：欲知大道，必先为史。要探索我国教育技术学科改革与发展之路，必须重视研究本学科发展的历史。关于教育技术发展史的研究，在我国教育技术界研究领域是一个比较薄弱的环节，只有少数人做了一些工作，正式出版的专著只有 1994 年出版的《中国电化教育简史》一本，主要介绍了 1920 年到 1990 年间中国电化教育发展的历史，而我国的电化教育事业和电化教育学科在引进美国 AECT′94 定义后发生了很大变化。因此，现在很有必要开展一次关于中国电化教育史的较全面、系统、深入的研究，出版一本通史性质的新书，但这是一件非少数几个人能做成的事，需要大家来做。[②] 在开展历史研究方面的研究方法选择上，先生提出“研究有法、但无定法”的方法观，即可采用多种多样的研究范式，灵活选用适当的研究方法，综合使用多种研究方法来开展研究。

2. 理论与实践的困顿

先生认为，当前我国教育技术发展中的问题主要体现在理论与实践两个方面。

其一，理论体系问题。教育技术理论体系需要重构，中国教育技术理论体系的建构应该警惕依附心理，避免出现“重他轻我”的现象，要根植于中国的文化土壤，向中国古代经典中寻求智慧，构建具有中国特色的教育技术理论体系。

其二，实践应用问题。教育技术实践应用亟待加强，应该特别关注如何把教育领域信息技术应用的潜能和效益充分发挥出来，探索什么是能够真正把互

① 徐木子. 以史为鉴，促进学科建设和发展[J]. 现代教育技术，2010(2)：5.

② 南国农. 参与历史研究，共创美好明天——在“第四届全国教育技术学博士生论坛”上的讲话[J]. 电化教育研究，2008(11)：8-11.

联网与教学、教育结合在一起的好办法和医治网络疾病的有效处方。

根据先生的认识,新时期我国教育技术发展面临如下方面的关键问题。

(1) 学术对话问题。对待各种西方教育技术理论应当辩证客观,取长补短,而不该顶礼膜拜,奉为金科玉律。比如,对教育技术研究来说,建构主义不是一种学术时髦,更不是一剂万能良药。

(2) 研究领域问题。教育技术的研究和应用领域应该多元而开放。先生在多种学术场合指出,电化教育的研究和应用领域出现了从学校教育向社会教育的拓展与回归。比如,近年来,中国现代远程教育的迅猛发展就是一个很好的例证。1998 年 9 月教育部批准清华大学、湖南大学、浙江大学、北京邮电大学作为现代远程教育首批试点,开了我国网络远程高等教育的先河。[①] 到 2004 年初,全国已有 68 所高校开办了网络远程教育学院,注册学生达 150 多万人。

尤其是,中央广播电视大学(该系统由 1 所中央广播电视大学加全国 44 所省市级广播电视大学组成,为教育部直属大学)从 1999 年到 2009 年,十年间经历了一个快速发展的过程,年度招生规模从 1999 年的 3 万人发展到 2009 年的 93 万人,目前在校生达到 305 万人,占全国整个成人高等教育的三分之一还多,占各级各类高等教育在校生的十分之一。中央广播电视大学现已成为世界上最为庞大的现代远程高等教育系统,在我国高等教育体系中具有重要的价值和地位。以上海电视大学为例,上海电视大学从 2000 年起就意识到了远程开放教育在推动终身教育体系和学习型社会建设进程中的地位与作用,至今,已经成为上海市规模最大的大学,在校生人数 11.25 万人,并保持了每年 50 万人次的培训规模。

《国家中长期教育改革和发展规划纲要(2010—2020 年)》(以下简称《规划纲要》)中提出"加快发展继续教育"、"建立健全继续教育体制机制"、"构建灵活开放的终身教育体系"以及"办好开放大学"、"大力发展现代远程教育,建设以卫星、电视和互联网等为载体的远程开放继续教育及公共服务平台"等战略构想,为广播电视大学的发展提供了崭新的历史机遇和广阔的发展空间。教育部陈希副部长认为,根据《规划纲要》的总体部署,电大教育未来的发展,应主动适应社会教育需求和社会成员终身学习需求,着眼于国家构建终身教育体

① 葛新立,杨光. 网络大学:未来高等教育新领域.[EB/OL].[2001-08-29]. http://www.cernet.edu.cn/;法克.我国网络教育大事记[DB/OL].[2001-08-29].http://www.cernet.edu.cn.

系、建设学习型社会的全局，充分利用信息技术和教育技术手段，深化教学改革，推进教育创新，发挥系统整体办学优势，有效整合社会教育资源，努力把广播电视大学建设成为具有中国特色的一流现代远程开放大学。① 这同时也说明，我国的教育技术研究和应用领域具有多元而开放的发展前景。

(3) 自主创新问题。要正确摆正模仿与创新，借鉴与超越，依附与自主的关系，深入探索和思考中国教育技术发展的本土化之路。长期以来，先生一直坚持和倡导中国教育技术的发展探索一定要走本土化之路。进入 21 世纪以来，先生更是在不同场合多次重申：办电教，不从国情出发，很难成功。②

先生明确指出，中国特色的电化教育之路是一条摆脱依附、自主创新之路。中国道路的实质是：以科学发展观为指导，实现现代教育思想理论与现代信息技术的融合，立足本国实际，追踪现实问题；既要借鉴，更要超越。这是教育技术学科建设中国道路的两个基本特征。③

回顾 20 世纪初期以来中国电化教育的成长和发展，先生认为，我国的电化教育源自美国的视听教育，又不同于美国的视听教育。中国电化教育 70 年的发展，走的是自己开辟的道路，这是一条既不依附西方，也不自我封闭，而从国情出发，与国际接轨的自主创新之路。④

先生指出，要警惕学科发展中的盲从和依附心态，要以一种"借鉴、平等对话和共同发展"的原则来学习西方发达国家的理论和实践经验，要基于中国的本土文化和教育实践重构具有中国特色教育技术理论体系……⑤这些观点"振聋发聩，令我国教育技术从业者警醒和反思"⑥。

(4) 态度与方法问题。先生认为，境外华人学者关于国内教育技术研究中存在的"八多八少"的问题很值得思考：题目过大多，内容充实少；表面议论多，科学方法少；提出原则多，可操作的少；提出误区多，解决办法少；名词概念多，

---

① 陈希. 在 2010 年全国电大党委书记校长会上的讲话[C]. 2010-05-10. 北京.

② 南国农. 80 年代以来中国电化教育的发展[J]. 电化教育研究，2000(12)：3.

③ 南国农. 教育技术学科建设：中国道路[J]. 电化教育研究，2006(1)：5-6.

④ 南国农. 在"纪念中国电化教育发展 70 年座谈会"上的发言[J]. 电化教育研究，2007(3)：10-11.

⑤ 南国农. 关注学科前沿，寻求发展新路[Z]. 会议资料(新时期教育技术发展前沿问题高层论坛，2009，江苏，江南大学).

⑥ 陈明选，梁林梅. 新时期教育技术发展前沿问题研究与反思——由南国农教授报告引发的思考[J]. 现代远程教育研究，2010(1)：10-13.

问题解决少;引用他人多,注明出处少;介绍别人多,自己观点少;提出模型多,能实现的少。先生指出,目前教育技术研究存在的问题主要表现在两方面。其一是研究态度问题,主要是"重他轻我"。重他国,特别是美国教育技术理论的研究;轻有中国特色的教育技术理论的探讨;重其他相关学科的理论研究,轻本学科自身的理论研究。其二是研究方法问题,不善研究,不善选题。喜大嫌小,追求大而全,非小而深,研究成果往往使人产生"一厘米深,一英里宽"的感觉;关注社会太少,贴近教改不够,不重视针对性和直接社会效益原则。选题要策应学科发展与社会需求,注意热点和小一点的问题。①

与研究方法相比,更为严峻的问题是研究态度的问题。科学研究态度不端正或科学精神缺失将会严重阻滞学科研究的健康发展。为了确保研究方法产生应有的效用,必须端正科学研究态度或弘扬科学精神,包括神圣与敬畏、怀疑与求真、严谨与认真、自由与责任、兼容与创新。这些态度或精神应当成为学术共同体的文化共识。②

(5)可持续发展问题。面对时代和现实的需要,面对教育技术学科自身的迅速发展,如何实现学科本身又好又快的发展,值得我们从研究、应用、历史、方法、心态等方面去认真检视,探索切合的发展之路。从1936年电化教育之名正式确立算起,中国的电化教育只有70年的发展历史。若从改革开放后重新起步来算,则是30年。短短的30年,中国的教育技术学科建设取得了瞩目的学科发展成就——具有从专科、本科、硕士、博士到博士后科研流动站的完整的人才培养体系。当前,中国教育技术学科在快速发展的同时,如何实现学科的可持续发展问题正变得日益紧要和迫切。

三、发展思路:电化教育学科理论体系框架构想

针对上述学科建设中存在的问题,先生提出了问题求解的思路,对新时期中国电化教育(教育技术)学科理论体系的构架进行了思考。

1. 以三个"三"为基本途径

先生认为,重构理论体系的基本途径是注重实现三个"三",即"三重、三

---

① 南国农. 信息化教育理论体系的形成与发展[J]. 电化教育研究,2009(8):7-8.

② 钟志贤. 方法还是态度[J]. 电化教育研究,2009(6).

化、三防”。[①][②]

（1）三重

重基础——即学科的基本概念、基本理论、基本方法。特别是要更多关注学科自身三种基本理论（现代教育媒体理论、现代媒传教育理论、现代教学设计原理与方法）的研究。

重前沿——即学科的最新发展和发展中的问题。最新发展包括理论基础研究、研究领域和研究心态的新发展。发展中的问题主要包括理论建设和实践应用方面的问题。

重特色——即学科的特性。中国特色的教育技术是三个强调：强调以现代教育媒体的研究和应用为核心；强调现代教育思想理论的指导；强调现代信息技术与现代教育思想理论的融合。

（2）三化

中华传统文化经典的现代化——在理论体系的重构中，要多一点关注中华传统文化经典的学习，研究和使之现代化的探索，多一点关注传承自己祖先的宝贵遗产、精神财富。比如，在从事新理论体系建构时，可以从有关中华文化经典（特别是教育经典）中，去撷取其精华部分，如孔子的有教无类、因材施教、教学相长、学思结合；蔡元培的五育并重；陶行知的教学做合一，等等，并赋予现代意义，把这些融入新理论体系中，使之成为有机组成部分之一。

有关西方理论的中国化和本土化——理论体系的重构，需要学习、借鉴西方有关理论，特别是其中的五种学与教理论（多元智能理论、建构主义学习理论、混合学习理论、创新推广理论、最小代价与绩效理论）。学习、借鉴西方有关理论是必要的，但不能照搬，要十分重视做好西方有关理论中国化、本土化工作。要学习、借鉴，还要超越、创新。

学科自身基本理论的细化和深化——对本学科三种基本理论的内涵、结构、功能、作用等的研究很不系统、全面、深入，需要进一步做好细化和深化。

（3）三防

西方中心，依附理论——西方中心主义是指一种研究，如果与西方理论方

---

① 南国农. 关注学科前沿，寻求发展新路[Z]. 会议资料（新时期教育技术发展前沿问题高层论坛，2009，江苏，江南大学）.

② 南国农. 教育技术理论体系的重构：路线图[J]. 现代教育技术. 2010(4)：5-6.

法有差异，不符合西方的学术规范、价值标准，没有大量引用西方学者的论点，就是非科学的、不成熟的，失去对本土文化的自信，崇尚流行于西方的潮流。教育依附理论是指发展中国家对发达国家在教育和学术领域存在不可避免的依附甚至依赖。

浅尝辄止——不肯下功夫深入钻研，满足于一知半解。

学术腐败——主要表现为抄袭、剽窃、侵吞他人的学术成果。

2009年12月，先生为《电化教育研究》杂志封二题词：多一点关注研究中的“三重”、“三化”与“三防”，为建构和发展中国特色教育技术作出贡献。由此，可见先生近年来对教育技术理论与实践研究的思虑和期望。

2. 逻辑起点、指导思想与理论基础

先生认为，重构新的理论体系是电化教育（教育技术）学科理论研究的第一主题。如何重构？需要认真研究新理论体系的逻辑起点、指导思想和理论基础等几个紧迫问题。

关于逻辑起点，是近两年来我国教育技术学界广泛关注的一个热点问题，现有各种各样的逻辑起点观。先生认为，新理论体系的逻辑起点应该是：现代信息技术环境下的学习、教学和教育。

关于指导思想，先生认为，重构新理论体系，应以科学发展观为指导思想，坚持“以和为贵，和而不同，求同存异”为总原则，以“你我不同，你我都好”为发展理念。科学发展观的精髓是以人为本，强调全面发展、协调发展和持续发展。以科学发展观为指导，就是我们从事新理论体系建设，要以学生为本，以实现全体学生个性的全面发展、协调发展、持续发展为总目标。

“以和为贵，和而不同，求同存异”。“和”是中国文化的基本价值取向和基本精神。“和而不同，求同存异”是当今世界人们解决难题的有效处方。“和而不同”的内涵是：“和谐而又不千篇一律，不同而又不互相冲突，和谐以共生共长，不同以相辅相成”。目前，人们采用这种方法来处理中西文化关系问题，可以说是运用这种处方的一个典型案例。我们也可以遵循这个原则，采取上述做法去解决本学科建设发展中的一些问题。

在寻求理论基础的过程中，先生认为有两点值得重视：其一，多一点关注从我们祖先的宝贵精神财富中去吸取营养，比如从儒家、道家、法家等精神财富中吸取智慧。过去，我们在这方面做得是很不够的。其二，对西方理论，应多一点关注五种教与学理论（多元智能理论、建构主义学习理论、混合学习理论、创新推广理论、最小代价与绩效理论）的研究与应用，并做好本土化工作。[①]

3. 淡化中心，走向多要素的结合

先生认为，在重构电化教育学科理论体系的过程中，要注意淡化中心，走向结合，要从旧的"三中心"（教师、书本、课堂）与新的"三中心"（学生、经验、活动）走向新的"三结合"（学与教、书本与经验、课堂与活动）。

先生指出，进入新世纪以来，人们很是强调建构主义学习理论对学习与教学的指导作用，适当的强调是应该的，过分的强调就不应该，不能把它看成是万能的。建构主义对我国教育教学的深化改革，对培养学生的自主学习、协作学习、探究学习的能力和创新精神起过一定的积极作用。它最大的贡献是帮助人们克服旧教育的一个大弊端：忘了学生，使学生总是处在被动状态，教师说了算，学生跟着转。但也产生了一定的负面影响，它把我们的教学，从旧教育的"三中心"（教师、书本、课堂）引向了另一个"三中心"（学生、经验、活动），而我们深化改革需要的是"三结合"（学与教、书本与经验、课堂与活动），需要的是淡化中心，强化结合。要实现由"三中心"到"三结合"的转变，混合学习理论可以给予我们有力的帮助。比如，混合的信息传递通道比单一的通道能取得较大的教学效益，我们应以低投入、高产出的原则选择信息通道，把在线学习与离线（面对面）的学习方式，现代与传统的教学媒体，接受的与探究的、自主的与协作的学习方法优势有机地结合起来，以更好地实现教学目标。[②]

先生指出，淡化中心，走向结合，在教学上就要实现四个重心转移和四个最佳结合：① 从以教为重心逐渐转移到以学重心，力求做到教与学的最佳结合；② 从以知识为重心逐渐转移到以能力为重心，力求做到知识与能力的最佳结合；③ 从以传统教学媒体为重心，逐渐转移到以现代教学媒体为重心，力求做到传统教学媒体与现代教学媒体的最佳结合；④ 从以接受学习为重心逐渐转移到以发现学习为重心，力求做到接受学习与发现学习的最佳结合。[③]

在先生的著述或报告中，我们可以常常感受其淡化中心，走向结合的思想，比如，先生指出，当今是一个学习的时代，学习是胜任工作和现代生活的必要条件，既要多读书，又要多实践；要善于同时在三个世界（经验世界、语言文字

---

① 南国农. 信息化教育理论体系的形成与发展[J]. 电化教育研究，2009(8)：9.

② 王晓波，魏宁. 理想、理论与实践齐头并进——南国农教授答一线教师及研究者问[J]. 信息技术教育，2006(1)：13.

③ 南国农主编. 信息化教育概论[M]. 北京：高等教育出版社，2004：12.

世界、虚拟世界)学习。这三个世界的学习都很重要,不能重此轻彼,不能有所偏废;此外,要做到知识拥有与知识应用,理论与实践并重发展,等等。

4. 两类学科理论体系框架的交融互补

先生认为,迄今为止,信息化教育学科理论体系主要形成了两类框架或体系。

其一,是在不断总结本国实践经验的基础上建立的学科体系,其特征是:① 学科定位于教育;② 以借助现代技术煤体的学习与教育为逻辑起点;③ 立足本国实际,追踪现实问题;④ 既要借鉴,更要超越。

其二,是以美国AECT′94定义为依据建立的学科体系,其特征是:① 学科定位于技术;② 以学习(过程与资源)为逻辑起点;③ 以AECT′94定义为判断标准;④ 认可学科的“西方中心主义”。

目前,两类理论体系框架的建设都是处于初期阶段,外部结构初具规模,内部安装远未完善。对于这两类学科理论框架或体系,先生认为,对于这两条学科建设的发展线索,要讲究交融互补,求同存异。我国电化教育(教育技术)学科理论体系重构与发展,应是摆脱依附,采中外古今百家之长,走自己开拓创新之路。

重构学科理论体系,首先要实现上述两类理论体系框架的交融互补。事实上,这项工作已经展开,比如,第一类理论体系框架积极吸纳了美国教育技术的核心理论——教学设计;第二类则结合国情在三方面做了一些扩展,如强调现代教育理论的指导和信息技术的支持;把研究对象由学习过程和学习资源扩展为教与学的过程和教与学的资源;强调教育技术的目的是优化教与学,等等。经过交融互补,两条线索的相同之处日有增多,不同之处日有减少。相同之处为① 目的都是实现教学优化;② 分析处理问题方式都是利用新的技术成果去开发新的学习资源,并采用新的教与学理论、方法,去干预教学过程。不同之处主要是研究范围有所不同,第一条学科发展线索的研究范围是现代信息技术环境下的学习过程和学习资源;第二条是一切学习过程和学习资源,研究范围比前者广泛得多。

对于上述两类理论体系框架的相同与不同,我们应遵“你我不同,你我都好”的发展理念,本着“求同存异”的和谐精神,把“同”的事情,即构建“现代信息技术环境下学与教相结合的教育技术(信息化教育)理论体系”,齐心协力先做起来;而把“异”的事(你愿做我不愿做,或我愿做你不愿做的事),即构建“非现代信息技术环境下以学为中心的教育技术理论体系”，暂时“存”下，以后再说。[①] 当前的首要任务是遵循“和为贵”的理念，采取“和而不同，求同存异”的策略，主要通过“三重”、“三化”、“三防”三种途径，促进已有两类理论体系框架的更多融合。[②]

5. 继承基础上的内容结构

先生认为，信息化教育理论体系的最初框架是 20 世纪 80 年代形成的电化教育理论体系。1981 年 9 月，教育部电化教育局在杭州召开“电化教育”课教学大纲讨论会，制订了“电化教育”课的教学大纲草案，其内容包括电教理论、电教媒体、电教教材编制、电化教学法、电教管理等几个部分。大纲为电化教育理论体系的建立搭起了最初框架。框架由七论构成：本质论（电化教育的本质）、功能论（电化教育的功能与作用）、发展论（电化教育发展史）、媒体论（现代教育媒体的开发与应用）、过程论（电化教育过程的规律）、方法论（电化教学方法和电化教育科学研究方法）、管理论（电化教育管理与评价）。此后，电化教育的理论大厦主要就是在此框架上建造和发展起来的。

在系统总结两类学科理论发展体系的基础上，根据时代发展和本土化的需求，先生提出了新型的、由“六论”组成的电化教育（教育技术）理论体系的内容结构。[③]如下表所示。

表 由“六论”模块组成的电化教育（教育技术）理论体系的内容结构

“六论”模块	主要内容
总论	信息化教育的概念、信息化教育的功能、信息化教育的发展，等等
基础论	信息化教育媒体理论、信息化教育过程理论、信息化教育系统优化理论，等等
技术论	信息化教育硬件环境建设、信息化教育软件资源开发、信息化教学系统设计，等等
模式论	信息化课堂教学模式，现代远程教育模式，信息化环境下自主、协作、探究模式，等等
方法论	信息化环境下学习方法、信息化环境下教学方法、信息化环境下教育研究方法，等等
管理论	信息化教育管理体制、信息化教育专业建设、信息化教育评价，等等

① 南国农. 信息化教育理论体系的形成与发展[J]. 电化教育研究，2009(8)：9.

② 南国农. 教育技术理论体系的重构：路线图[J]. 现代教育技术，2010(4)：5.

③ 南国农. 信息化教育理论体系的形成与发展[J]. 电化教育研究，2009(8)：9.

6. 学科理论体系重构的路线图

面对国内外教育技术发展的走势，立足本土教育教学的实际与需求，在多年电化教育理论与实践研究的基础上，先生从“理念、策略、途径、融合、目标”等五个方面为教育技术理论体系的重构绘制了一张思维路线图。[①]

其一，理念：“和为贵”。这是重构工作需遵循的基本原则。

其二，策略：“和而不同，求同存异”。这是重构工作运行时需采取的基本方法。

其三，途径：三重、三化、三防。这些是三个途径，也是研究要特别关注的三个方面。

其四，融合：在已有的研究基础上进行重构，充分实现两类理论体系框架交融互补，向重构一个新的理论体系的方向发展。

其五，目标：建构一个适合中国文化土壤、符合中国实际需要，具有中国特色的新理论体系。

（1）基本特征：以现代教育媒体的研究和应用为核心。新理论体系是现代教育思想理论与现代信息技术相融合的产物。同时关注学习者认知、情感、动作技能的发展。同时为学校教育、家庭教育、社会教育的改革与发展服务。

（2）内容结构：由“总论、基础论、技术论、模式论、方法论、管理论”六论构成。

（3）体系名称：信息化教育理论体系。信息化教育就是信息时代的电化教育，它植根于中国文化土壤，符合中国实际需要。采用这个名称，既可保持中国的特色，又可凸显时代的特征。

四、学术精神：学科理论体系建设的灵魂和操守

电化教育学科理论体系的建构是由专业人员，尤其是学者来承载和担当的。因此，学者的学术精神，在某种程度上来说是决定学科理论体系建构能否健康发展的关键。

1. 学会做人：做学和做事的基础

学术精神，是学者在治学活动和学术著述中所彰显的思想品格和灵魂操守。史学泰斗陈寅恪先生在《清华大学王观堂先生纪念碑铭》中对学术精神曾有精辟的阐释：“士之读书治学，盖将以脱心志于俗谛之桎梏，真理因得以发

① 南国农. 教育技术理论体系的重构：路线图[J]. 现代教育技术. 2010(4)：5-7.

扬……惟此独立之精神，自由之思想，历千万祀，与天壤而同久，共三光而永光。”即我们耳熟能详的“独立之精神，自由之思想”。①

学术精神是学者的灵魂，是学术成就的核能，学术思想从一定意义上说是学术精神的投射或外在表现。良好的学术精神是学科理论体系建构的重要保障。

先生认为，人生三件事，做人、做学、做事都重要，做人最重要。电化教育学者所信奉的品行应当是对电教事业的执著，重情轻利，勤奋、协作，尊重他人，尊重事实、不唯书唯上；倾心关注建设有中国特色的电化教育体系；追踪先驱者的足迹，努力做一个创造的电教工作者，为我国教育现代化建设作出贡献，使自己成为教育战线上的第一流人物。② 先生始终强调，一个人若不先在品格上、修养上下工夫，就会在文章上暴露其卑劣的品性。做人要有标准，要将阳光投射到别人的心里，先得自己心里有阳光。③

2. 八字方针：放胆、心细、拿来、拿去

先生对于如何治学和学习，有独到的观点。先生认为，在治学方面，要力求做到8个字：放胆、细心、拿来、拿去。放胆、细心，就是做学问一要放胆，二要心细，不放胆，不会有创新；不心细，难以做到准确与精练，难以达到高峰。拿来、拿去，就是可以采取拿来主义。对中外古今一切好的东西，可以拿来，可以借鉴，但不能止于拿来，要在拿来的基础上有所创新，把拿来变成拿去，要借鉴，更要超越。近年来，先生对于如何学习西方和开展中西方学术对话的问题有许多深刻的洞见。比如，注意避免“重他轻我”，注重“三化”、“三防”，等等。

关于如何对待西学和开展中西方对话，著名学者王岳川先生认为，研修西学应该采取平视——对话的态度，需要自信和虚心……当代学者应该明确自己的中国本位立场。唐僧取经，不是留在印度，而是要回到长安。在“文化拿来”中做好“文化输出”的准备，使文化对抗走向真正的文化对话。文化输出的原则是“以我为主，东西互动，和而不同，重建中国形象，保持文化生态”。王先生认为，个体在面向世界和未来的学术历程中要始终发扬两种精神：一是中国的

---

① 辛逸. 文科研究生学术精神的培养——以研究生毕业论文为例[J]. 中国高教研究，2008(7)：25-27.

② 王晓波，魏宁. 理想、理论与实践齐头并进——南国农教授答一线教师及研究者问[J]. 信息技术教育，2006(1)：11-14.

③ 杨光明. 做文与做人——南国农教授二三事[J]. 电化教育研究，2000(10)：84-85.

玄奘那种锲而不舍的"取来"与融汇的精神,二是鉴真和尚将中国文化和宗教全面"输出"的精神。中国不是任何"他者"的文化附庸和话语倾销地……"文化输出"是实践,人类的长远目的是多元文化互动,使每一种文化都学会尊重文化"他者"。在思维的发散和迎接挑战时,学会了领略和包容,学会了既能远观那种高大的意向而又能平视身边事物。[①]

先生认为,教育技术学科建设,要学习、借鉴他国的优良经验,积极吸收人类的一切先进文明成果。对于外国的一切好的东西,可以采取拿来主义,把它"拿来"。但是,不能止于"拿来",而应在"拿来"的基础上有所创新,使它变成"拿去",既要借鉴,更要超越。立足本国实际,追踪现实问题;既要借鉴;更要超越。这是教育技术学科建设的中国道路的两个基本特征。[②]

3. 用心恪守:两种精神和两个公式

作为学者或电化教育工作者,除了具备不断学习的精神和学以致用的理念外,要注重弘扬两种精神和实践两个公式。

(1)为他精神和自强不息精神

为他与无私,是衡量一个人的道德修养的永恒标准,是人类一切美德产生的基础,一个人要达到道德修养的完善,并得到人们的尊敬和社会的赞许,就要努力使自己具有为他与无私的道德品行。在公私利益和为他为己问题上,要注意两点:其一,客观、合理地对待他人和同事。对他人和同事,要多一点尊重,少一点苛求。在与他人交往中,应采取接受而非拒绝,亲近而非疏远的态度,求同存异。其二,客观、合理地对待社会和集体,多一点奉献,少一点索取。

自强不息的精神,就是始终保持朝气的精神状态。其一,培养坚强的意志力。意志力是事业成功的保证。一个意志坚强的人通常具有坚毅性、果断性和自制力。坚毅性就是坚韧不拔、百折不挠、坚定不移,不轻言放弃自己的目标和追求;果断性就是做事雷厉风行、有胆有识、敢作敢当、当机立断,而不是瞻前顾后,犹豫不决,优柔寡断,信心不足;自制力就是善于控制自己的情绪,善于调节自己的思想和行为,冷静而沉着地考虑别人的意见,理智地处理事务,不为一时的感情冲动而放纵自己。其二,时刻保持生活的充实。为此,要积极参与一切有益的社会和学术活动,超越自我封闭,在社会交互中不断充实、改

① 王岳川. 学术精神与生命踪迹[J]. 社会科学战线,2004(2):230-237.

② 南国农. 教育技术学科建设:中国道路[J]. 电化教育研究,2006(1).

善和发展自我。俗话说“无事生非”。当一个人无事可做或无所事事时，空虚无聊的情绪就会泛滥，往往会导致两个恶果，或精神沮丧，不思进取，在碌碌无为中虚度时光；或寻求刺激，节外生枝，在颓废堕落中求得病态的精神满足。一个积极参加社会交往，勇于投身社会实践的人，往往要比那些整天宥于自己狭小天地的人成熟得多、丰富得多。

(2) W＝X＋Y＋Z和2＞1＋1

其一，W＝X＋Y＋Z，也叫爱因斯坦的成功之路。爱因斯坦在回答他人为何能获得如此巨大的成就时写下了这个公式。W代表成功，X代表艰苦劳动，Y代表正确的方法，Z代表少说空话，珍惜时间。亦即“成功＝艰苦劳动＋科学方法＋珍惜时间”。艰苦劳动是获得成功的最基本要素，正确的方法和充分的时间保证，是成功基本条件。

其二，2＞1＋1，也叫贝塔朗菲公式，亦即“整体大于部分之和”。贝塔朗菲是系统论的创立者。按照系统论的观点，在一个系统中，要素功能的优，不等于整体功能的优。系统的功能不是各要素功能之和，而是取决于要素的结构。要素好，结构不好，功能肯定不好。要素组合的优化有序，会产生“系统效益”，导致整体功能大于部分功能之和。这个公式意味着在工作中，要十分重视团结协作，组合有序。电化教育工作，不论是硬件开发，软件制作，潜件建设，都需要多方合作，才能有望成功。①

老一辈电化教育学者庄为其先生深有感触地说，先生在长期实践二个公式方面是典范，这是一个成功者十分重要的经验之谈。②

五、中庸之道：向中国传统文化经典寻求智慧

近年来，先生致力于思考中国电化教育学科理论体系的重构与发展问题，针对现存的研究与实践问题，比如两类理论体系框架的交融互补，中西方理论的互动对话，借鉴学习与自主创新，淡化中心与走向结合，等等，先生阐述了许多浸润着中华古典智慧的观点和思维方式。先生认为，应多从我国古代儒家、道家、法家和近代陶行知等教育家的思想中吸取智慧。过去，在这方面我们做得很不够。我们对自己祖先的宝贵精神财富关注得太少，知道得太少，研究得

① 南国农. 世界之交，电教者的使命[J]. 电化教育研究，1998(1)：7.

② 庄为其. 从南国农先生人生轨迹中受到的教育与启示[EB/OL]. [2009-05-01]. http：//www.etc.edu.cn/academist/ngn/edu-and-ins.htm

太少。“在寻求理论基础的过程中，多一点关注从我们自己祖先的宝贵精神财富中去吸取营养”。[①] 从先生近来的学术报告和著述中，我们可以深刻地体悟到先生“以和为贵，和而不同，求同存异”等方面的中庸思想。先生将中庸之道灵活运用于解释和处理学科理论体系重构的重大难题或问题，为我们打开了一片新的学术思维视野。也许，我们从理解中庸之道的要义中更能体会先生的学术智慧和学术旨趣。

1. 中庸之道，纲举目张

中庸之道(Golden Mean)，不仅是中国传统的人生大智慧，也是整体和谐的思维方法论。所谓中庸，“不偏之为中，不易之为庸；中者，天下之正道，庸者，天下之定理。”“喜怒哀乐之未发，谓之中；发而皆中节，谓之和。中也者，天下之大本也；和也者，天下之达道也。致中和，天地位焉，万物育焉。”致，天下之诚厚也，以人为本；中，天下之大本也，万物本源；和，天下之达道也，最高境界。“中立不倚”，即独立自主，不偏不倚，方为真正的强者；“过犹不及”，过和不及效果都是一样的；“和而不同”，和谐相处又不盲从；“君子时中”，君子随时执守中庸……在孔子的世界里，“中庸”是一个最高的道德标准，也是解决一切问题的最高智慧。

关于中庸之道的要旨大体上可从四句纲领性的概述中来领会，即“允执其中”、“过犹不及”、“和而不同”、“所贵者权(君子时中)”。[②]

(1) 允执其中。对待某种事物或现象，不能局限于认识或把握其中的一极。所谓“执其两端，用其中于民”，“叩其两端”的“两端”指的是事物矛盾对立的“两极”，要从“两端”中作出优化选择，即求中是也。即，在一个事物、现象或命题涵盖不同极端的范畴之间，总可以找到一个“发而中节”，契合事物本质特征，整体效果最佳，各方接受程度最高，恰到好处的优化答案，这就是“中”，即“致和”或“致中和”，调谐、和谐或和合之意。“和者，天下之达道”，“致中和，天地位焉，万物育焉”，“中者，天下之大本也”。

(2) 过犹不及。“过头”和“不及”是两种极端倾向，皆不足取。如，做事业或创业既不可好高骛远，也不可自暴自弃；既要追求理想，又要面对现实；既要仰望星空，也要脚踏实地。“过头”或“不及”，首先往往表现在量的范畴。量的

① 南国农.信息化教育理论体系的形成与发展[J].电化教育研究，2009(8)：9.

② 中庸之道的内涵.[EB/OL].[2010-03-23].http：//zhidao.baidu.com/question/25026254.html

过头或不及将引起质的变化。在一切可以量度的应用科学范畴，黄金分割比例的视觉效果最佳；此外，要种好庄稼，土壤酸度必须适宜……皆是如此。人世的一切失误，其实无一不是“过”或“不及”的结果。

（3）和而不同。“君子和而不同，小人同而不和。”中庸的决策，是以共识为基础，合众人之力而执行的。“和而不同”，并不意味没有或无视不同意见，而是要使各种意见实现充分的沟通、辨析和对冲，兼容各种合理因素，加以运筹统合，达到统一或调谐，是承认和尊重不同，在不同的基础上“求中致和”，使各种意见或对立因素实现统一或调谐，达到圆满的效果。“和而不同”是“和”谐而又不千篇一律，“不同”而又不相互冲突；“和”谐以共生共长，“不同”以相辅相成。要实现“和而不同”，最需要对话、交流和兼容精神。

（4）所贵者权（君子时中）。指凡事要从实际出发，灵活变通，见机行事，顺势而为，不应拘泥于预设的主义或教条中。中庸的决策随时间和条件的改变而改变。执中而不知权变，犹“执一”也。正所谓“道之所贵者中，中之所贵者权”也。因此，中庸的决策在于认识“这个世界唯一不变的就是变化”的道理，贵在“通权达变”（Act as the Occasion Requires），因时、因地、因体制宜行事；实事求是，一切从实际出发，信奉情境性、灵活性和与时俱进的思维决策。

总之，中庸之道是一种从实际出发，随时而变，顺势而为，追求最佳效果的思维方法论（当然也是人生智慧）。其显著特点是反对走极端，主张在异见、对立之间寻求协调统一，寻求和践履对各方统筹兼顾，是具有广阔包容性和普遍满意度的黄金中道（Golden Mean），体现了和平理性、稳步渐进、损失最小、收效最大，整体和谐的最优化思维决策之道。

2．秉持中和，不偏不倚

近年来，在思考中国教育技术体系重构与发展方面，先生的思维视野充满中庸的精髓，辉映中庸智慧的光芒。先生认为，探索中国电化教育（教育技术）的新发展之路，关键的是要建立一种合适的、科学的理论和策略，这种理论要“以和为贵”，策略应该“和而不同，求同存异”。

在先生看来，对于许多学科理论体系重构中出现的矛盾或难题的处理，我们可以从华夏优秀文化传统中吸取智慧，寻找良方，遵循“和而不同”的思想，采取“求同存异”的办法。目前人们处理中西文化关系问题，也多采取这个思路：兼容并包，以和为贵，和而不同，求同存异。找出中西文化之同和异，然后开出处方。[①]

“中和”是中庸的核心要义。先生认为，所谓“以和为贵，和而不同，求同存异”之“和”是中国文化的基本价值取向和基本精神。“和而不同，求同存异”是当今世界人们解决难题的有效处方。“和而不同”的内涵是“和谐而又不千篇一律，不同而又不互相冲突，和谐以共生共长，不同以相辅相成”。运用“和”或中庸的思想来思考或处理中国教育技术学问题，将给我们带来全新的思维图景和实践范式。

比如，先生多次指出，中国教育技术的研究和发展要改变“重技轻教、重硬轻软、重建轻用、重依附轻自主”等方面的失衡现象。先生认为，近年来的教学改革从旧的“三中心”(教师、书本、课堂)引向了另一个“三中心”(学生、经验、活动)，这是一种失衡，是“偏倚”现象，而应淡化中心，走向综合融通的“三结合”(学与教、书本与经验、课堂与活动的结合)，从而营造一种和谐平衡的教学文化生态。

对于今日中国教育技术理论体系的建构问题，先生认为，要以“以和为贵，和而不同，求同存异”为总原则，以“你我不同，你我都好”为发展理念，善于向中国古代经典中寻求智慧，在学习西方发达国家的理论和实践经验时，要注意避免“重他轻我”的现象，要根植于中国的文化土壤，从而走出一条既不封闭又不西化，与全球化相联系又独立自主的道路。

而对于当前教育技术学科理论体系建设的两类框架，先生认为应遵循“你我不同，你我都好”的发展理念，本着“求同存异”的和谐精神，把“同”的事齐心协力先做起来；而把“异”的事暂时“存”下，从而为构建中国特色的教育技术理论体系而努力，等等。

总之，在学科理论体系的重构过程中，要善于在理念和实践中融合中庸思想的要义：其一，执中守正，恪守中道，坚持原则，不偏不倚，无过无不及；其二，折中致和，执两用中，和而不同(追求中正、中和、稳定、和谐)；其三，因时制宜，与时俱进，通权达变，随机应变。当然，在学科理论体系的建构过程中，除了中庸的智慧，还有许多中华文化经典值得我们去理解和关联。通过对文化经典的正确解读和移植，打通与学科理论体系建构的关系，通过文化经典的古今融

① 南国农. 参与历史研究，共创美好明天——在“第四届全国教育技术学博士生论坛”上的讲话[J]. 电化教育研究，2008(11)：9.

汇，有利于在发展方向选择、矛盾冲突处理和思维方式运用等方面为我们给养传统智慧，提供启迪洞见和赓续文化血脉，有利于实现有效的中西方文化对话，促进学科理论体系建构的和谐发展。

结 语 中国道路

历经中国新旧时代的风云际会，从四处求学的快乐少年到抗日救亡的热血青年，从欧风美雨洗礼下的青年才俊到扎根祖国大西北的学界泰斗，岁月长河，似水流年，先生始终怀揣一颗滚烫的“中国心”，在中国的大地上，在电化教育学科领域里，历经半个多世纪的风风雨雨辛勤耕耘，矢志不移，一路走来，筚路蓝缕。

半个多世纪以来，先生放眼世界未来，立足本土，汇聚众人之力，垂先示范，把电化教育的发展同国家强盛和民族复兴紧紧关联，彰显学科的社会价值。在电化教育学科建设的过程中，先生以平等对话，兼容并包的态度融合东方与西方、继承与创新、模仿与自主、借鉴与超越，探索有中国特色的电化教育理论与实践是先生的学术主旨，建设有中国特色的电化教育学科理论体系是先生心心念念。在先生的内心世界和学术思想里，赫然醒目地镌刻着四个大字：中国道路。

走中国道路，先生反对照搬国外经验，提倡要根据中国国情，建立自己的学科，但又不主张搞国粹主义，外国经验要借鉴，中国传统教育的经验更要继续发展，在各种学术会议或学术讲坛上，先生一再强调发展中国的电化教育要有自己的特色和语言。[①] 先生鲜明地指出：立足本国实际，追踪现实问题；既要借鉴，更要超越。这是电化教育（教育技术）学科建设的中国道路的两个基本特征。[②] 先生认为，电化教育（教育技术）学科建设，要学习、借鉴他国的优良经验，积极吸收人类的一切先进文明成果。对于外国的一切好的东西，可以采取拿来主义，但不能止于“拿来”，而应在“拿来”的基础上有所创新，使它变成“拿去”，既要借鉴，更要超越。照搬外国的理论来解决中国的问题，是行不通的。

① 郭友敏．一位教育家的传奇人生——记国立社教附中迁入丹阳的第一任校长——南国农先生．[DB/OL]．http：//www.0511dy.com/bbs/thread-7133-1-1.html.

② 南国农．教育技术学科建设：中国道路[J]．电化教育研究，2006（1）：6-9.

因为中国的“水土”和外国的“水土”并不完全一样。外国的东西要在中国生存、发展，必须本土化。

走中国道路，因为先生相信：“中国的问题只能由中国人用自己的理论来解决，让外国人来解决中国的问题，是行不通的。也许有的同志会说，马克思主义也是外来的。但是，要知道，马克思主义只是在中国化了以后才解决中国的问题的。如果没有马克思主义的普遍真理与中国革命和建设的实际相结合而形成的毛泽东思想、邓小平理论，马克思主义同样不能解决中国的问题。教条主义是不行的。东教条不行，西教条也不行，什么教条都不行。把学问、理论当教条，本身就是反科学的。”①

2010 年 1 月 6 日，当我在广州华南师范大学再次端坐在先生跟前，聆听先生爽朗的声音，望着童颜鹤发、精神矍铄、神情俊朗的先生，我的内心涌起一种信念：中国道路，一道独特的学科风景，必将惠泽国家强盛、民族复兴和学界发展。

学之大者，止于至善。先生是也！

18 世纪英国最伟大的诗人蒲柏(Alexander Pope)曾说，大自然及其法则在黑夜中隐藏；上帝说：“派牛顿去吧！”于是，一切豁然开朗。

中国现代著名作家郁达夫告诫我们：“没有英雄人物出现的民族是一群可怜的生物群体，而有了英雄人物却不知道崇拜和爱戴的民族则是一个没有希望的奴隶之邦。”

考察中国电化教育发展的历史，回眸先生的学术之路，二者形成了耐人寻味的历史和个人的交集。先生亲历了中国电化教育发展的重要历史阶段，是中国电化教育学科的奠基人。我们得感谢时代为我们滋养了学科大师，这是中国电化教育界的幸事，也是国家和民族的幸事。诚如复旦大学校长、中国科学院院士杨玉良教授在 2010 年 6 月 22 日接受《中国青年报》采访时所说：“一个民族、一个国家，没有一批学术大师是不行的。”以先生为代表的老一辈电化教育大师，以其深刻的学科见识、博大的学术思想、卓越的学术人格和智慧的快乐人生，必将赢得一代又一代学人的崇敬和爱戴。在他们的努力下，中国的电化教育走上了一条为国为民，充满活力的可持续发展之路。对于一个学术共同体或学科来说，研究学科大师的学术思想、学术精神和智慧人生，既是一种崇敬，也是一种责任。这是我们的希望，也是人类的希望。

---

① 杨昌勇. 新社会教育学：连续与断裂的学术历程[M]. 北京：中国社会科学出版社，2004：3.

第一篇

南国农先生与中国电化教育理论体系的建立与发展

第一章　概　　论

李运林　陈庆贵

南国农先生对中国电化教育发展曾作过精辟的分析：中国电化教育是先有这个“事”，然后才有这个“名”，最近才发展为一门“学科”。早在19世纪20年代，我国便出现了采用幻灯、播音设备进行教育活动的“事”，但直到1936年才把这些“事”称为“电化教育”。然后又经历了近半个世纪，直到1984年前后，才基本建成电化教育这门学科和学科专业。南国农先生和他带领的团队经历了这一发展过程，特别对电化教育学科理论体系的建立与发展作出了重大贡献。

第一节　建立学科理论体系的过程

一、蓬勃发展的电化教育事业需要理论指导

1978年电化教育重新起步后，得到飞速发展的电化教育事业，非常需要理论的指导。

（一）用电教媒体进行教学活动需要理论指导

1978年电化教育重新起步后，大、中、小学校的各类课程纷纷都采用电教媒体进行教学，广播电视大学、中专学校也采用电视、广播手段进行远程教学活动。无论是课堂还是远程的电教媒体教学，都需要有相应的理论去指导。

（二）编制电教媒体需要理论指导

为了适应电化教育事业的发展，20世纪80年代初，电教教材协作编制组织纷纷成立，如全国工科院校电视教材协作组、有关省市也建立了中小学电教教材编制组。1980年前，全国还举办了多期电视教材编导人员培训班。各类电教媒体的编制都需要有理论指导。

（三）电化教育公共课程的开设需要理论指导

1978年以后，全国的高等师范院校和中等师范学校都陆续开设了“电化教

育"公共课。电化教育课作为一门课程，更应该有理论作为指导。

（四）电化教育组织机构的建立也需要理论指导

1978年以后，从中央到地方各省市都成立了电教馆（站或中心）。大、中、小学也相应成立了电教中心或电教科、电教组等。这些电化教育机构的建立与发展也需要理论指导。

南国农先生对此在《我国电化教育学科建设的回溯和展望》一文中，高度概括出这样的结论：蓬勃发展的电化教育事业需要理论指导；同时，蓬勃发展的电化教育事业也为电化教育的理论建设创造了必要的条件。在这个背景下，电化教育学的研究在我国迅速开展起来。

二、如何进行理论建设

南国农先生在《发展我国电化教育需要解决的几个问题》一文中，提到了如何进行电化教育的理论建设。文中说道：

我国的电化教育要沿着正确的道路发展，必须要有科学的电化教育理论作为指导，当前加强电化教育理论建设应注意以下几点：

（1）坚决贯彻党的"双百"方针，提倡学术民主，鼓励人们对电化教育中出现的重要问题进行理论探讨，鼓励人们各抒己见，畅所欲言，并在电化教育刊物上开辟争鸣问题。我们从事电化教育研究的同志，需勇于探索，敢于创新，不断攀登电化教育科学的高峰。

（2）开展电化教育实验和电化教育调查，重视电化教育经验的总结，为电化教育理论建设提供充足论据。

（3）积极进行与电化教育相关学科的综合研究。当今世界已进入跨学科综合研究的时代，为了提高电化教育理论的水平，需要进行与电化教育相关的多种学科的综合研究。在这些领域，到处都有未开垦的土地，只要我们勤于拓荒耕耘，一定可以获得丰硕的果实。

（4）充分发挥电化教育团体的作用，定期组织学术交流活动，出版电化教育书刊，以促进电化教育科学的繁荣。

南国农先生从始至终都是按照上述指导思想，带领全国的电化教育工作者进行电化教育理论建设的。

三、理论体系框架的建立

1979年6月，教育部电化教育局在兰州召开了有关电化教育人员与开设电化教育课的座谈会。随后，当时的西北师范学院（今西北师范大学）于1979年6—8月举办了电化教育研讨班，参加本期研讨班的有北京师范大学、华东师范大学、东北师范大学、华南师范大学、上海外国语学院等37所高等院校的50名教师。研讨班以讨论为主，也开设了一些讲座。

南国农先生在《回顾》一文中说："在研讨会期间，同志们对一些电化教育的基本概念、基本理论进行了认真的讨论。对当时较易造成误解的一些问题作了澄清，如电化教育姓'教'不姓'电'；在电化教育中，教师仍起主导作用；在电化教学中，电化教育媒体与传统媒体两者是相互补充，并非相互排斥，等等。"此外，对电化教育的理论体系也作了探讨。研讨班为电化教育学框架的建立起到了初步的奠基作用。

1981年8月，教育部电化教育局在杭州举办"电化教育"课教学大纲讨论会。南国农主持会议并草拟了高等师范院校和中等师范学校"电化教育概论"课的教学大纲。大纲确立了"电化教育概论"的基本结构，其内容包括电化教育理论、电化教育媒体、电化教育教材编制、电化教学法、电化教育管理等几个部分，该大纲为电化教育学的建立搭起了框架。此后，电化教育的理论大厦主要就是在此基础上建造与发展起来的。

1982年4月，美国传播学鼻祖宣韦伯和香港传播学专家余也鲁在广州做为期一周的题为"教育传播的理论与实践"的学术报告。南国农、萧树滋、廖泰初、高汝森等100多位国内电化教育专家参加了学术研讨。会上各位专家对引进传播理论作为电化教育的理论基础，取得完全一致的意见。这次研讨会丰富了初步建立的电化教育理论体系框架。

1982年10月至1983年1月，教育部委托原西北师范学院举办"全国高等师范院校电化教育课教师进修班"，参加这一进修班的有来自全国40多所院校的70多位老师，进修班上介绍了在杭州制定的电化教育课程教学大纲，并在研讨的基础上对大纲进行了修改补充，将电化教育理论框架建立在广泛的群众基础上。

四、进行研讨，取得共识

有了初步的理论框架，接下来就要往框架上添加内容。内容只有通过实验研究、调查总结、展开研讨，才能总结出规律、取得共识，才能成为大家认可的理论。南国农先生在研讨中总结了许多电化教育工作者的观点与意见，在关键问题上也提出了个人的意见，引领团队在理论建设上去建立丰硕的成果。从南国农先生的《谈谈电化教育的几个理论和实际问题》等几篇论文中，可以看出南国农先生对一些关键理论问题的观点，以及对一些研讨问题的意见。

（一）关于指导思想问题

南国农先生在《发展我国电化教育要解决的几个问题》中提出："发展我国的电化教育，首先要解决的一个问题是如何进一步明确办电化教育的指导思想。我国的电化教育向何处去？我们要办什么样的电化教育？如何办？对于这些问题，我们过去并不是很明确的，或者说，看法并不是一致的。比如这两年讨论电化教育的名称、定义、对象问题，有的同志主张把'电化教育'改为'教育技术'、'教育传播'或'教育媒介'。理由之一：便于国际交流，外国是那么叫的。我不同意这个意见。我不是主张国粹主义，外国的电化教育经验有许多是值得我们学习和借鉴的，但不一定要照搬别国的名称和模式，我们的电化教育应该有中国自己的特式和语言。"

什么是我国办电化教育的指导思想呢？邓小平同志在党的十二大开幕词中指出："我们的现代化建设，必须从中国的实际出发，无论是革命还是建设，都要注意学习和借鉴外国经验，但是，照抄照搬别国经验、别国模式，从来不能得到成功。""把马克思主义的普遍真理同我国的具体实际结合起来，走自己的道路，建设有中国特色社会主义。这就是我国进行社会主义四化建设的基本指导思想，也是发展我国电化教育的基本指导思想。"用一句话来说，我国办电化教育的基本指导思想是：走自己的道路，逐步建立有中国特色的电化教育。

"要建立有中国特色的电化教育，我们的电化教育工作者必须从我国国情出发，贯彻因地制宜、勤俭节约、积极实践、大力推行的方针……"

遵循南国农先生所描述的"中国特色电化教育"，在理论建设上，我们也必须建立中国特色的电化教育理论体系。

（二）关于名称与定义的问题

人类社会有很多领域都存在这样的规律：很久前已有这种"事"，然后才给它一个"名称"，再后来才发展为一门"学科"。"电化教育"正是验证了这一规律。早在 1920 年我国就已经有用广播设备、幻灯进行教学活动的这种"事"，但直到 1936 年才将它们统称为"电化教育"这个"名"，到了 20 世纪 80 年代才建立起"电化教育学"这门"学科"。

根据这一规律，"事"、"名称"与"定义"应该是有密切关联的，应该是完全一致的。“事”是最基本的，“名称”是代表了这件“事”，“定义”是用文字去描述这件“事”。

在研讨中，对“电化教育”这个名称有许多争议（南国农先生在《我国电化教育的现状与展望》中介绍了这些争议）。争议涉及三个方面：要不要改变名称，何时改和如何改，改成什么。

关于要不要改名，有两种主张：要改，暂时不改。主张改名的理由，南国农先生在文章中综合介绍了 14 种；主张暂时不改名称的理由，在文中综合介绍了 10 种。

关于何时改和如何改，有以下几种主张：

第一种，现在就改，没有再保留“电化教育”这个名称的必要。

第二种，现在改某些部门，暂允许各打各的牌子。对内的行政职能和服务工作，仍保留“电化教育”的名称；学科建设和对外的学术交流，则用新的名称。

第三种，目前可采用乳名和大名，或者有字有号的命名制，两种名称并用，用加括号的办法解决。在理论研究、学术探讨、业务教学中，采用新的名称；在国内公开发行的书刊、正式文件、组织机构中沿用原名称。

第四种，“七五”期间仍用“电化教育”的名称，以后再定。

关于改成什么，提出的名词很多，例如：教育技术、现代教育技术、教育传播技术、教育传播与技术、教育系统技术、教育信息媒体、信息媒体教育等。到底改成什么好？似乎较多的人主张用“教育传播与技术”这个名称。

不出所料，“电化教育”的名称，从 1990 年开始，逐渐更名为“教育技术”。“名称”变了，但中国实施“电化教育”的事业没有变，因此，根据电化教育这个“事”所建立起来的“理论体系”，仍有强大的生命力，仍在指导着电化教育事业的发展。由于“事”、“名”与“定义”不一致，因此，产生了紊乱。对事业发展、学科与专业建设造成了一些不良影响。但中国的信息化教育事业不管叫什么名，仍在按国情、按需要不断发展，而按国情建立的原来的“电化教育理论体系”，仍在发挥作用，并在原有的基础上不断发展。

除此之外，关于定义也是研讨最多的一个问题。

定义用来描述事物，揭示事物的本质的，但由于人的认识水平不同，因而产生多种定义也是正常的。事物是在不断发展的，因此定义不是一成不变，是可以变化的。南国农先生主编的《电化教育研究》杂志，于 1985 年第 1 期的增刊，将近年在书刊上出现的定义作了摘录汇编共收进 11 条。南国农先生 1985 年主编的《电化教育学》是这样给电化教育下定义的："运用现代教育媒体，并与传统教育恰当结合，传递教育信息，以实现教育最优化，就是电化教育。"这一定义的产生，也经历了一段研讨过程。1984 年冬天，在武汉召开了《电化教育学》的审稿会。这本书的初稿是这样定义电化教育的："运用电子技术媒体，传递教育信息，以实现教育最优化的一种教育方式。"为什么要这样定义电化教育？作为这一部分的编者南国农先生在编写说明中是这样解释的：这样定义电化教育有三点好处：第一，概念的定义是在揭示事物的本质，这个定义把电化教育的四个本质特征都包括进去了，也就是揭露了电教的本质；第二，概念的定义，抽象的层次越高，适用的范围越广，这个概念，抽象的层次是比较高的；第三，这个定义，文字表述比较简明扼要。

在审稿会上，同志们在讨论这个定义时，经过反复研讨，提出了如下修改意见：首先，"电子技术媒体"的概念过于广泛，不如用"现代教育媒体"。对媒体的理解，当时也有分歧的看法，"媒体"是否包括硬件？经过讨论，大家认为媒体是由硬件和载存教育信息的软件两部分构成的。其次，当前在电化教育过程中，不仅要用现代教育媒体，也要用传统教育媒体，定义中应提到两者的结合。再次，对最优化也有分歧意见，有人认为，要做到最优化，现在办不到，不要写在定义里。经过讨论，仍旧保留，最优化不是理想化，而是在规定的时间内，在现有条件下，使教育、教学任务的完成达到可能范围内的最大效果。最后，方式有争议，暂可不用。经过认真研讨，对初稿的定义作了修改，确定了最终的表述方式。从以上定义研讨与修改的过程，可见电化教育理论体系的建立是一个非常艰难与复杂的过程。

（三）关于本质问题

什么是电化教育的本质？这也是一个有争议的问题。1984 年 6 月，上海市和江苏省高校电教研究会联合举行了一次电教理论研讨会，会上代表们对电化教育本质这一问题进行了讨论，并得出三种不同的说法：

1. "教育方式"说

"教育方式"说认为电化教育从本质上说是一种新型的教育方式。它所涉及的是教育的某几个部分，而不是教育的全体。它并没有自己的特殊的教育目的和教育内容，只是采取特殊教育器材、教育形态、教育方法、教育形式及教育设施来传递教育内容，实现教育目的。

2. “新教育”说

“新教育”说认为电化教育是教育发展的新阶段，是教育的延伸和发展，是一种新教育。它涉及教育的各个方面。

3. 手段、工具说

手段、工具说认为电化教育是辅助教师讲授的一种重要手段或工具（主要指电教器材、设备、教材、资料）。

南国农先生认为这三种说法的争议之点，主要在于电教涉及的是教育的各个部分（方面），还是只涉及其中的一个或几个部分（方面）。第一种说法，涉及教育的器材、教育形态、教育方法、教育形式、教育设施等几个部分（方面）；第二种方法，涉及教育的所有部分，包括目的、内容、体制等；第三种说法，只涉及教育的工具。

关于电化教育的本质，南国农先生曾经用这样彼此互相联系的四句话来表述：

电化教育主要是用电子技术媒体传递教育信息；

电化教育是属于现代教育范畴的一种新的教育方式；

它服从（决定）于并反作用于一定的教育目的和教育内容；

它的目标是实现教育最优化。

从这四句话可以看出，南国农先生也是“教育方式”论者。他把电化教育看做现代教育的一个部分，而没有在它们之间画上等号。

（四）关于电化教育学的性质与对象问题

要建立电化教育学及相关的理论体系，必须对这门学科的性质和研究对象进行研讨和取得共识。南国农先生在《当前电教理论和实践中的几个问题》一文中，综述研讨了相关问题并表述了他个人的看法。现转述如下：

电化教育和电化教育学是两个不同的概念。前者是事业的名称；后者是学科的名称。电化教育学是电化教育的理论形态，是电教实践的理论化。在我国是先有电化教育这个“事”，时间是 20 世纪 20 年代；后有电化教育这个“名”，时间是 20 世纪 30 年代中期；至于电化教育学的学科体系是 20 世纪 80 年代才逐步形成的，到今天，也只能说有了个基本架构，形成了雏形。

1. 电化教育学是一门什么性质的学科

现代科学技术体系包含的学科有好几千种（2600 余种）。这些学科的分类，通常有两种分法。

第一种分类法，分为两类：① 自然学科。以自然科学知识为内容的学科，如数学、物理、化学、生物等。② 社会学科。以社会科学知识为内容的学科，如历史学、社会学、经济学、教育学等。

第二种分类法，也是分为两类：① 单一学科。其内容只涉及一门学科的领域。② 交叉学科。介于两门或两门以上学科之间的学科。交叉学科又可分为三种类型：第一种，边缘学科。两门学科的基本理论和方法，作用于同一个研究对象。如生物化学、社会心理学等。第二种，综合学科。两门以上学科的基本理论、方法，作用于同一研究对象。如环境科学，它以生态学和地球化学为主要基础理论，利用化学、生物学、物理学、地学、医学、工程学、社会学等各门学科的知识、方法、技术，对环境问题进行综合研究。第三种，横向学科。一门学科的理论、方法，作用于多门学科。如系统科学的三论。

电化教育学的性质，从它的来源说，它是教育科学的一个分门，是教育科学这个大系统中的一个子系统。从它本身来说，它是属于交叉学科中的综合性学科。它是以马克思主义哲学为指导，采用“三论”提供的科学方法，以教育心理学和传播学为主要基础理论，并利用教育学、心理学、物理学、化学、生理学、社会学、管理学、工艺学，以及文学、艺术等的理论、方法，对电化教育现象进行综合研究的一门学科。电化教育学的性质，用简单的话来说：它的家庭出身是教育科学，它的本人成分是综合性学科。

2. 电化教育学的研究对象是什么

电化教育学的研究对象是什么，这也是几年来一直有争议的一个问题。比较有影响的主张有两种，第一种主张认为，电化教育学要探讨的是“怎样利用各种资源，包括人力、物力、财力，以获得卓有成效的教育效果”，电化教育学“是探讨教育系统和教育过程中的各种相互作用及其规律的”。这种主张认为，电化教育学的研究对象有三个方面：

(1) 怎样利用各种人力、物力资源来提高教育效果。人力资源是指：学生、教师、校长、家长及其他行政管理人员；物力资源是指：① 学习环境。包括：校内——教室、实验室、图书馆、体育馆等；校外——博物馆等。② 教学条件。包括：教材、图书资料、仪器设备、视听手段。

(2) 教育系统中的各种相互作用。主要是：① 教师和学生的相互作用。② 教学手段和感觉器官的相互作用。③ 感觉器官和大脑的相互作用。

(3) 教育过程中的信息传递规律。这种主张同日本板元·昂的主张是一致的。他们把电化教育学的研究对象扩大到与“教育学”的领域几乎相同。

第二种主张认为，电化教育学的研究对象是电化教育现象及其规律性。这种主张的基本观点有以下五点：

(1) 电化教育学所探讨的是怎样利用以教育科学、信息科学为主的现代科学成果和以电子技术为主的现代技术成果，来提高教育效率（速度）和效果（数量、质量）。它所探讨的，是现代科技成果在教学、教育中的应用，不是现代科技本身。各种学科，如教育学、物理学的理论本身，不是电化教育学的研究对象，如何综合运用与电化教育相关的学科理论来建立电化教育的理论体系，是它的研究对象。

(2) 电化教育学所探讨的是怎样利用与电教资源交织在一起的教育资源来不断增进教育效率。是与电教资源自然地交织在一起的那些教育资源，而不是一切教育资源。它所关心的，不是如何利用一般教室、图书馆或教材、教具，而是如何利用电化教室、视听阅览室、音像教材等来不断提高教学、教育的效率。

(3) 电化教育学也要研究教师和学生的相互作用，但不是一般情况下教师和学生的相互作用，而是在电教媒体影响下教师和学生的相互作用。它也要研究教学手段和感觉器官的相互作用，但不是一般的教学手段，而是电教手段和感觉器官的相互作用。它也要研究感觉器官和大脑的相互作用，但不是一般情况下，而是在电教媒体影响下感觉器官和大脑的相互作用。

(4) 电化教育学也要研究教育过程中的信息传递规律，但主要是在电教媒体作用下的信息传递的规律。

(5) 任何一门学科，都有它的特殊研究领域，电化教育学也不例外。如果电化教育学与教育学或物理学的研究领域相同，那就失去了它的存在意义。

上面罗列了关于电教指导思想、电教名称定义、电教本质与对象等一系列的研讨，实际上研讨的问题比这里列出的还要广泛得多，通过这些研讨得到的共识，就可以填充我们拟定的理论框架，从而成为理论内容体系。南国农先生引领了这一系列研讨，同时总结了这些共识，上升为规律与理论。这就是我们这一节所说的建立电化教育理论体系的过程。

第二节　学科理论体系建立的标志

1978 年电化教育重新起步后，电化教育事业迅猛发展，这推动了电化教育理论的研讨与建立，如电化教育名称、定义、性质、地位、作用、对象、研究方法等，那么电化教育作为一门学科，其理论体系何时建立起来？建立的标志又是什么呢？下面将对此进行论述。

一、标志之一：电化教育学科专业的建立与发展

电化教育事业的发展，需要建立一支有专业水平的电教队伍，南国农先生在1982年发表的《发展我国电化教育要解决的几个问题》（载于《电化教育研究》）一文中，提出搞好四项建设，其中一项就是队伍建设，有效的做法是：举办各种短期训练班；在高等院校设立电教专业或电教系。

华南师范大学最早响应了申报设立电化教育学科专业的号召，于1981年和1982年连续两年向教育部申报设立该专业。但两次都被否决了，原因是电教是一项事业，还不是一门学科，还没有建立起该门学科的理论体系。

华南师范大学和南国农先生带领下的其他全国电教专家团队，并不气馁，在探讨电教规律、建立电教理论体系中，不断进取，不断有新的建树，并于1982年引进了美国宣韦伯的教育传播理论。1983年，华南师范大学继续申报建设该学科专业。

1983年教育部首先批准了华南师范大学建立电化教育本科专业，开始招生，培养电教专业人才。这也标志我国电化教育理论体系以及相应的电化教育学科已基本建立起来了。

1983年之后的电化教育本科专业已一个个如雨后春笋般地建立，而且发展得很快，到目前已有224个学校开设了该本科专业，并且相应的硕士、博士、博士后学位教育相继招生，成为完整的办学体系。这一发展的过程，充分说明1983年举办第一个本科专业，是该学科理论体系建立起来的一个标志。

二、重要标志：《电化教育学》一书出版发行

南国农先生主编的《电化教育学》（1985年版）的出版发行，是建立电化教育理论体系的重要标志。

（一）该书已具备学科理论体系的基本要素

任何学科的理论体系都应该由三部分组成，一是理论基础，二是基本理论，三是应用理论（功能理论）。该书在第一章用了一节内容阐述了电化教育的理论基础。该书第一章的“电化教育基本概念”，第二章的“电化教育媒体”、“电化教育的过程”理论以及以电教媒体和电教过程为核心建立起来的“电化教育的基本原则和方法”等内容对电化教育的基本理论进行了阐述。该书的第三章

至第八章则阐述了各种电教媒体功能与教法的应用理论（功能理论）。

（二）该书具有高度的权威性和实践性

该书是由教育部电化教育局成立的“全国电化教育教材编审组”组织编写的，组长是南国农先生，副组长是李运林，成员有萧树滋、高汝森等几所师范大学的电化教育专家。他们曾先后在兰州、广州举办了几期关于开设电化教育课的研讨班，在北京、杭州、黄山、广州召开了几次关于编写大纲的研讨会，研讨会上大家共同研讨了编写的原则：第一，密切联系中国电化教育事业的实践，要面向实践，研究实践，能指导实践；第二，总结实践经验上升到理论高度，为建立中国特色的“电化教育学”走出第一步。这几点在该书的前言中都有表述。所以该书是由一支国内最具权威的专家队伍，在经过长期的实践、总结的基础上写成的。

（三）能长期指导电化教育事业与学科发展

《电化教育学》1985 年第一版发行后，每年都重印一至二次，经历了 13 年，至 1998 年改为第二版，还是每年重印几次。至 2003 年改名为《电化教育概论》，每年都重印几次。20 多年来，出版发行了几百万册，中国台湾还用繁体字，标明为大陆名著“视听教育学”出版发行。能够有那么多读者，充分说明，它能联系实际，符合中国国情，指导中国电化教育（教育技术）事业与专业的发展，也充分说明，它已经建立了中国特色的电化教育理论体系，为建立中国的“电化教育学”走出了重要的一步。

第三节　学科理论体系的主要内容

一、三部分内容说

任何一门学科的理论体系，都是由理论基础、基本理论及应用理论（功能理论）三部分组成。《电化教育学》一书，具备了学科理论体系的这三部分内容，为了便于研究，我们将 1985 年版的《电化教育学》目录部分摘录如下：

从上面列出的部分目录可见，该书涵盖了理论体系的三大部分：

理论基础部分为该书第一章的第四节“电化教育的理论基础”。

基本理论部分为该书第一章的第一节“电化教育的概念”；第二节“电化教

育的特点与作用”；第三节“电化教育的产生与发展”。第二章的第一节“电化教育过程”；第二节“电化教学媒体”；第三节“电化教育的基本原则和方法”。

应用理论部分是从第三章到第八章，该部分讲述了各种电教媒体的特性、功能和教学运用。第九章则是电教管理的理论。

由于该书主要作为师范院校的公共课教材，所以它所阐述的理论基础和基本理论不能用太大的篇幅，但于1986年由南国农主持的编审组审定，由李运林、李克东编著的《电化教育导论》，则作为电化教育学科的专业教材，则整本书都是介绍电化教育的理论基础和基本理论的。

书中介绍的理论基础有：第三章的第一节“电化教育基础理论的本质”，第二节“视听教育理论”，第三节“学习理论”，第四节“传播理论”，第五节“系统科学理论”，第六节“辩证唯物主义认识论”。

书中介绍的基本理论有：第一章“电化教育的基本概念”，第二章“电化教育的产生和发展”，第四章“电化教育过程”，第五章“电化教育媒体”，第六章“电化教育原则”，第七章“电化教育方法”，第八章“电化教育研究方法”。

在《电化教育导论》的通俗版(专科用)《电化教育原理》一书中，则用形象化的树形图表示了电化教育学科的理论体系，如图所示(参见《电化教育原理》第8页)。

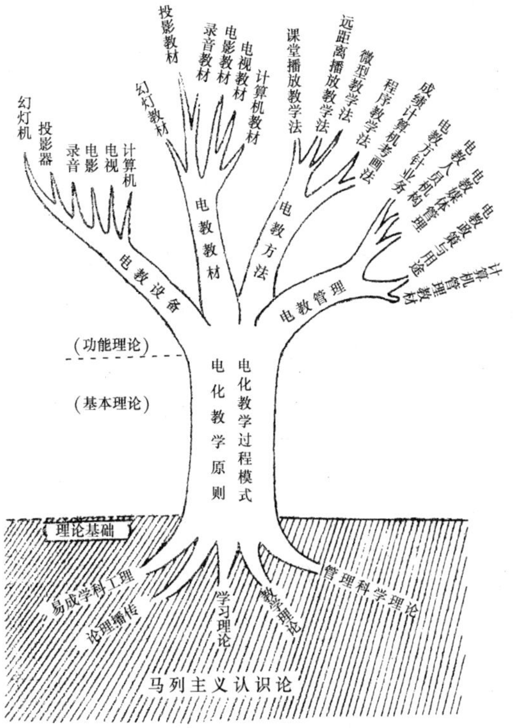

图　电化教育学科理论体系模型

二、电化教育七论说

南国农先生在《我国电化教育学科理论建设的回顾与展望》一文中，提出了我国建立起来的电化教育理论体系是由七论构成的，这七论是：本质论、功能论、发展论、媒体论、过程论、方法论、管理论。

1．本质论

本质论主要说明电化教育是什么。其基本观点是：电化教育是运用现代教育媒体，并与传统教育媒体恰当结合，以实现教育最优化。电化教育的本质，是一种新的教育方式，又是一个人机协作、高速优质培养人的过程。

2．功能论

功能论主要说明电化教育能做什么，有什么用。其基本观点是：电化教育有两个基本功能、四个基本作用。两个基本功能是：① 它不受时间、空间、微观、宏观的限制，将教学内容中涉及的事物、现象、过程全部再现于课堂，极大地丰富了学生的学习资源，扩大了学生的知识领域；② 它能提供代替的经验，使抽象概念半具体化、具体事物半抽象化，从而使教学变得较为容易，既容易转向具体实际化，也容易转向抽象概念化。四个基本作用是：① 提高教育质量；② 增强教育效率；③ 扩大教育规模；④ 促进教育改革。

3．发展论

发展论主要说明电化教育是怎样产生和发展的。其基本观点是：我国电化教育的发展，大致经历了以下几个阶段：萌芽阶段（20 世纪 20 年代）、起步阶段（20 世纪 30 年代至 40 年代）、初级发展阶段（20 世纪 50 年代至 60 年代初期）、停滞阶段（20 世纪 60 年代后期至 20 世纪 70 年代初期）、迅速发展阶段（20 世纪 70 年代后期至今）。电化教育的发展是战胜新技术革命向教育提出的挑战和充分发挥人具有的巨大学习潜力的需要。

4．媒体论

媒体论主要说明现代教育媒体的一般概念、现代教育媒体设计和选择的依据、教学软件的编制过程与原则。其基本观点是：现代教育媒体是利用现代技术储存和传递教育信息的工具，它由两个相互联系的要素构成，一是硬件，即用以传递教育信息的各种教学机器；二是软件，即各种教学片带，如教学幻灯片、投影片、电影片、计算机可见、录音带、录像带、唱盘、视盘等。两个要素缺一不可，否则不能形成现代教育媒体。而软件是媒体的灵魂，是电教研究的主攻方面。

5. 过程论

过程论主要说明电化教育过程的概念、构成要素和一般模式。其基本观点是：电化教育过程是一种特殊的教育过程，它是教师借助现代教育媒体，传递教育信息，引导学生学习的过程。电化教育过程的基本要素有三个，即教师、学生、现代教育媒体。必须充分发挥三者的作用，才能实现教育过程的最优化。

6. 方法论

方法论包括电化教学方法和电化教育科学研究方法。其基本观点是：电化教学方法是利用现代教学媒体，并与传统教学媒体恰当结合，传递教学信息，进行教学活动所采取的工作方法。常用的电化教学方法大致有以下几种：课堂播放教学法、远距离播放教学法、程序教学法、微型教学法、机器考查成绩法。电化教学方法和传统教学方法的关系是相互配合、互相补充的关系，不是互相对立、互相排斥的关系。在目前条件下，我们的教学只有使电化教学方法和传统教学方法实现相结合，才能取得最优的教学效果。

电化教育科学研究方法，是逻辑方法和数学方法的结合。这两类方法各有所长，前者的长处在于说理，后者的长处在于准确。两者可以交叉使用、互相补充、互相完善。

7. 管理论

管理论主要说明电化教育管理的目标、内容、过程和组织机构，以及对电化教育工作的评估。其基本观点是：电化教育管理要以实现教育效果最优化为目标。电化管理包括组织管理、人员管理、设备管理、信息管理、科研管理等几个方面。对人的管理是一切管理的重点，也是电教管理的重点。电教管理的核心问题，是调动全体电教人员的积极性、创造性，为实现教育效果最优化服务。电化教育系统是一个多样的、综合的、开放的系统，它是由学校电化教育系统、广播电视教育系统、卫星电视教育系统、计算机教育系统四个子系统组成的，必须加强四者的紧密协作，才能完满地实现电教管理的目标。

南国农先生用上面的“七论说”的内容去表达电化教育的理论体系，是一种高度的综合与概括。综合与概括成“七论说”，则使我们对这一理论体系有了更清晰的理解和认识。

三、电化教育特色说

以现代教育媒体的研究和应用为核心，是我国电化教育的最大特色，也是我国的电化教育与外国的视听教育或教育技术等的最大区别之处。

(一) 以现代教育媒体的研究和应用为核心

在《电化教育学》一书中，充分体现了以现代教育媒体的研究和应用为核心的特色。

该书的第二章为电化教育学的基本理论，在本章中分别论述了“电化教育媒体”、电化教学媒体应用的“电化教学过程”以及媒体应用时的“电化教育的原则与方法”。该书第三章至第八章，分别阐述了幻灯、投影、广播、录音、电影、电视、计算机、语言实验室等现代教育媒体的特性与教学运用。整书都在阐述电化教育媒体和电化教学过程，也可以说，它是以电化教育媒体和电化教学过程为中心建立起来的电化教学原则和方法，构成了中国特色的电化教育理论体系。

(二) 构成中国特色的电化教育理论体系

为什么以电化教育媒体和电化教学过程为中心建立起来的理论体系会有中国特色呢？理由有二：一是外国没有；二是符合中国国情。

1. 外国没有

南国农先生解释说：外国的视听教育是以全部教育媒体(包括传统教育媒体和现代教育媒体)的研究和应用为核心的。它是运用各种视听媒体(包括传统的，如粉笔、黑板、挂图、标本、仪器等；现代的，如幻灯、投影、录音、电影、电视、电子计算机等)传递教育信息，以实现教育的最优化。外国的教育技术，是利用一切教育资源(包括人力、物力、财力资源)和教育过程的各个组成因素来实现教育的最优化。它在研究中，对教育系统、教育过程的所有组成因素都同等对待，一视同仁，没有核心。所以我国的电化教育是以现代教育媒体的研究与应用为核心，是外国没有的，是中国的特色。

2. 国情需要

南国农先生在《我们对电化教育知道多少》一文中继续解释：“我国的电化教育，为什么会形成这种特色？为什么会走着以现代教育媒体为核心的发展道路？而且解放后依然如此？这是由于，走什么道路，取决于客观需要，而不是由人们的主观意志所决定的。我国的电化教育走着以现代教育媒体为核心的发展道路，也就是先集中精力研究现代教育媒体的教育、教学功能与效能的道路，这是由我国国情所决定的，也是发展我国教育事业的需要，发展我国教育科学的需要。我国的教育事业要进一步发展，走向现代化，必须广泛开展对现代教育媒体的研究和应用。充分利用它的优势，以迎接教育人口激增、知识激增向教育提出的严峻挑战。我国教育科学要进一步发展，必须对教育媒体进行深入的研究，在电化教育出现以前，这方面的研究基本上是空白。在现阶段，有一门学科——‘电化教育学’，有一部分人，先集中精力从事以现代教育媒体为核心的研究，以促进我国教育事业和教育科学的发展，是很有好处，很有必要的。”

以上南国农先生用了不少的笔墨去解释国情的需要。“国情需要”不是哪个人说了算的，它是客观存在的，不以某些人的意志为转移的。1993 年前后，我国引进了美国的教育技术，美国的教育技术只研究学习的过程，不符合中国国情，因此改为学与教的过程，除此之外，美国的教育技术还要研究所有的学习资源，这也不符合中国的国情，还要改为研究现代教学资源，因此很多人不得不将引进的“教育技术”改称为“现代教育技术”。

由此可见，南国农先生带领一批电教工作者团队，从国情和客观需要出发，建立起来的具有中国特色的电化教育理论体系是非常有生命力的。即使在电化教育更名为教育技术之后，其以“现代教育媒体和教学过程为核心”的思想还在发挥作用。

我国在 1984 年已建立起的以电化教育媒体和电化教学过程为核心的电教原则及电化教学方法理论体系，比美国 AECT′94 定义早了 10 年时间，而 AECT′94 定义所概括的教育技术也是研究学习资源和学习过程在设计、开发、运用、管理和评价五个领域的理论和实践。引进教育技术将现代教育媒体改为所有学习资源，将电化教育过程改为只研究学习过程，是不符合国情的。但对美国 AECT′94 定义中关于研究设计、开发、利用、管理、评价五个领域则是可以借鉴的。

第四节　中国特色电化教育学科理论体系的发展

一、南国农先生在 1990 年对电化教育学科建设与发展的回顾

以 1985 年出版的《电化教育学》一书为标志的电化教育理论体系随后的几

年中也在不断地发展与完善，在南国农先生1990年发表的《我国电化教育学科建设的回顾与展望》一文中，他回顾了1985年至1990年电化教育学科建设的发展。

（一）众多分支的出现

文中说："我国电化教育学的历史虽短，但发展比较迅速，很快就生出了分支，正在成长为一棵枝叶茂盛的科学大树。已经出现和正在萌生的分支学科有将近30门之多。众多的分支分别从不同侧面和不同层次对电教活动进行研究，共同构成电化教育学的学科体系。"已经出现的主要分支有：电化教育导论，幻灯、投影与教学，广播、录音与教学，电影与教学，电视与教学，教育电视系统，电视教材编导与制作，语言实验室与教学，计算机教育应用，电化教育概论教材教法，电教摄影，电教美术，电教音乐等。上述分支学科已有对应的专业教材相继在出版社出版发行。

正在萌生的分支学科有：电化教育原理、中国电化教育发展史、电化教育的教育发展史、电化教育实验、卫星教育电视、激光视盘与教学、电教制图、教育动画、计算机课件设计、小学各科电化教学、中学各科电化教学、微型教学、电教用房设计等。

（二）主干与分支齐头并进

文中说："'电化教育学'是电化教育学科的主干。它的理论体系虽已初步建立，但还很不成熟。它所提出的基本概念、基本理论，如电化教育的本质、特点、定义、作用，电化教育的产生，电化教育的理论基础，电化教育过程与模式，电化教育中的教师、学生与媒体，电化教学法体系，电化教育管理的基本理论与方法等，都将继续深入探讨。它虽处在幼稚阶段，但充满了生机，正在朝着日益充实、完善的方向发展。"

与此同时，电化教育学的已有分支在不断成长。在今后的十年里，又出现了不少新的分支。这些新的分支主要出自以下几方面：

1. 从新媒体、新技术的开发与应用中产生；

2. 从重点课题的研究成果中产生；

3. 从电教媒体在各级各类学校的各种教学和思想政治教育的应用中产生。

（三）三科鼎立，同步发展

文中说："现代科学发展的趋势是高度分化与高度综合相结合，但以综合为主。在今后的科学研究中，整体综合的研究当然是必要的，但分门别类的研究也仍然需要。”

20 世纪 80 年代初，我国自国外引进了教育技术、教育传播的概念和理论。不少同志从事了这方面的研究，并正在为建立教育传播学、教育技术学而努力，这是一个可喜的现象。

教育传播学、教育技术学与电化教育学，在我国学科建设的一定领域形成了三科分立的局面。

教育传播学与教育技术学是对所有教育资源和教育系统的所有组成要素及其相互关系进行综合研究。它从整体（所有教育资源）出发来探索新的教育方式，以期达到最优的教育效果。

教育传播学、教育技术学与电化教育学的区别是：教育传播学主要是从理论的角度提示教育传播的规律，探讨关于教育传播的知识体系，着重回答教育传播实践中“是什么”、“为什么”的问题；教育技术学主要从技术的角度，探讨把教育传播理论应用于实践的手段和方法的体系，着重回答教育传播实践中“做什么”、“怎样做”的问题；电化教育学是以现代教育媒体的研究与应用为核心，它是从局部（现代教育媒体）出发来探索新的教育方式，以期达到优化的教育效果。

三门学科都是以改进教育，实现教育过程的优化作为追求目标。三门学科的关系并非是对立的，而是相辅相成，同步发展的。

以上是南国农先生在 1990 年对我国电化教育理论体系在几年间发展的回顾与展望。

二、《电化教育学》（第二版）是电化教育学科建设与发展的新里程碑

1998 年《电化教育学》再版，南国农先生在“再版前言”中写道：“本书（第一版）于 1985 年出版，到现在已经 13 年。在这 13 年里，我国电教领域出现了许多新的事物，特别是三种技术（卫星电视技术、计算机多媒体技术、网络技术）和三种理论（认知学习理论、人本主义学习理论、教学设计理论）的介入，三个实验（电化教育促进中小学教学优化、小学语文四结合教学改革试验、电化教育促进中小学由应试教育转向素质教育的实验研究）的开展，对电化教育理论和实践产生了重大的影响。这次修订，就是要着重反映这些新进展、新成就，以适应当前电教深入发展的需要。”

《电化教育学》(第二版)的出版发行,是电化教育学科理论建设与发展的新里程碑。该书为了反映电化教育事业与学科的新发展,给出了一个电化教育的新定义:“电化教育,就是在现代教育思想、理论指导下,主要运用现代教育技术进行教育活动,以实现教育过程的优化。”

新定义与原有定义的主要区别:增加了现代教育思想、理论;将“现代教育媒体”改为“现代教育技术”;明确提出,现代教育思想、理论与现代教育技术是构成电化教育的两个基本要素,二者缺一不可。至于现代教育技术,南国农先生则解释为:“现代教育技术是把现代教育理论应用于教育、教学实践的现代教育手段和方法的体系,包括以下几个方面:① 教育、教学中应用的现代教育技术手段,即现代教育媒体;② 运用现代教育媒体引进教育、教学活动的方法,即媒传教学方法;③ 优化教育、教学过程的系统方法,即教学设计。”

南国农先生指出,电化教育新定义是在总结我国十多年电教理论和实践研究新经验、新成果的基础上产生的,它反映了我国电化教育的新发展。

三、信息化教育理论体系的形成和发展

1985 年出版的《电化教育学》,于 1998 年经修订出版了第二版,于 2004 年出版第三版并改名为《信息化教育概论》,书中称“信息化教育是电化教育发展的新阶段,是信息时代的电化教育”。书中的基础理论篇共分三章,分别介绍了现代教学媒体理论、现代媒传教学理论和教学设计的理论和方法。在此期间信息化教育的研究非常活跃,祝智庭在南京师范大学设立了信息化教育研究所,出版了一套信息化教育丛书;钟志贤出版了有见地的《信息化教育模式》。除此之外,大批论文在刊物上发表,如李运林的《论信息化教育》则揭示了“信息化教育”的三个层次认识,指出教育就是人类获取信息并对信息进行加工的活动,用信息去揭示教育的本质,用信息去阐释教育活动,使“信息化教育”的内容上升到一个新的理论高度。南国农先生于 2009 年在《电化教育研究》第 8 期再次发表《信息化教育理论体系的形成与发展》一文,再次阐述了信息化教育是信息时代的电化教育,它具有原有电化教育的八大特征,并且原有电化教育理论体系,在新时期已发展与充实为中国特色的信息化教育理论体系。

四、将电化教育学更名为“教育技术学”并引进美国 AECT′94 定义

1993 年,电化教育学更名为“教育技术学”,尔后又引进了美国 AECT′94 定义。以上举措对学科理论体系的建设产生了很大影响。1998 年何克抗领衔

承担了教育部“高等师范教育面向21世纪教学内容和课程体系改革项目”中的“教育技术学专业改革的研究与实践”子项目。课题组成员经过三年多的潜心研究与实践探索，在研究教育技术学专业培养目标和方案，确立学科专业的课程内容体系基础上，组织编写了一套体系较完整、结构较合理、内容较新颖的教育技术学主干课程教材，并于2001年出版发行。该系列教材有：《教育技术学》、《教育系统设计》、《教育技术学研究方法》、《远程教育学》、《教育信息处理》、《信息技术与教育》、《网络教育应用教程》、《教育媒体的理论与实践》等八本。在信息时代编写的这批专著与教材，已构成一种以AECT′94定义为框架的新体系。

对引进AECT′94定义，南国农先生曾多次指出有不符合国情的缺陷，但也充分肯定了定义中明确提出的五个领域的研究是值得借鉴的，并多次肯定何克抗在为引进理论本土化方面的工作作出了重大贡献。

五、南国农先生重构学科新理论体系的设想

目前，虽然电化教育学科、专业、事业、产业都有了飞速发展，但在发展中也出现了一些混乱。

1. 名称

引进教育技术后，现在电化教育还同时使用，还有现代教育技术、教育信息技术、教育传播与技术、教育技术与传播、传媒教育、信息技术教育等等不下数十种。

2. 定义

引进了美国的AECT′94定义，但尚没有我国统一的大家公认的教育技术定义。

3. 学科理论体系

南国农先生认为，上世纪90年代中期由于美国AECT′94定义的引入，以及两项新技术（多媒体技术、网络技术）和两种新理论（建构主义学习理论和教学系统设计理论）介入电教领域，对我国电教界产生重大影响，使电化教育理论体系建设进入了多元化发展阶段。各种电教理论专著和教材，都建立了自己的理论框架。南国农先生罗列了有十多种，但各种理论体系框架按建立的依据大致可以分为两类：一类主要是以美国AECT′94定义为依据建立的；另一类是主要在不断总结本国理论研究和实践经验的基础上建立的。目前两类理论体系框架的建设都是处于初级阶段，外部结构初具规模，内部安装，远未完善。

南国农先生认为学科、专业要进一步发展应该重构新的理论体系，并提出了几点关键：

(1) 重构新的学科理论体系的逻辑起点应该是现代信息技术环境下的学习、教学和教育。

(2) 重构新的理论体系，应以科学发展观为指导思想，以和为贵、和而不同、求同存异为总原则，以"你我不同，你我都好"为发展理念。

(3) 重构新的理论体系，首先要做的事情是两类理论体系框架的交融互补。经过交融互补，相同之处会不断增多，不同之处会不断减少，共同去构建现代信息技术环境下学与教相结合的教育技术(信息化教育)理论新体系。

关于新理论体系的内部结构，南国农先生设想由六论组成。

总论：信息化教育的概念，信息化教育的功能，信息化教育的发展。

基础论：信息化教育媒体理论，信息化教育过程理论，信息化教育系统优化理论。

技术论：信息化教育硬件环境建设，信息化教育软件资源开发，信息化教育系统设计。

模式论：信息化课堂教学模式，现代远程教育模式，信息化环境下自主、协作、探究模式。

方法论：信息化环境下学习方法，信息化环境下教育方法，信息化环境下教育研究方法。

管理论：信息化教育管理体制，信息化教育专业建设，信息化教育评价。

南国农先生，为了引导大家做好学科理论体系研究工作，在《电化教育研究》2009 年 12 期的封二中题词：

"多一点关注研究中的'三重''三化'和'三防'，为建构和发展中国特色教育技术作贡献。"

三重：基础，前沿，特色。

三化：中华传统文化经典的现代化，有关西方理论的本土化，学科本身基本理论的深化。

三防：依附心理，浅尝辄止，学术腐化。

按照南国农先生指明的方向，我们共同努力将学科理论体系的建设与发展登上一个新的台阶，为促进我国教育事业的现代化、信息化建设作出更大贡献。

参考文献

[1] 南国农.谈谈电化教育的几个理论和实际问题[J].电化教育研究,1981(2).

[2] 南国农.发展我国电化教育要解决的几个问题[J].电化教育研究,1984(1).

[3] 南国农.当前电教理论和实践中的几个问题[J].电化教育研究,1986(1、2).

[4] 南国农.我国电化教育的现状与展望[J].电化教育研究,1987(2、3).

[5] 南国农.我们对电化教育知道多少[J].电化教育研究,1988(2).

[6] 南国农.我国电化教育学科建设的回顾与展望[J].华东师范大学学报,1990(1).

[7] 南国农.电化教育深入发展的问题和对策[J].电化教育研究,1993(1).

[8] 南国农.面向21世纪的中国电化教育[J].电化教育研究,1996(3).

[9] 南国农.电化教育与学校教育现代化建设[J].电化教育研究,1997(1).

[10] 南国农.我国电化教育理论体系建设的历程和趋势[M].《中国电化教育70年》纪念文集.北京:中央广播电视大学出版社,2006.

[11] 南国农.信息化教育理论体系的形成与发展[J].电化教育研究,2009(8).

[12] 李运林.论中国特色电化教育(教育技术)理论体系的建设与发展[J].电化教育研究,2009(9).

[13] 李运林.论信息化教育[J].电化教育研究,2008(1).

[14] 李运林.论信息化教育产业——再论信息化教育[J].电化教育研究,2010(4).

第二章　专　　论

第一节　教育技术理论的本土化创新

——南国农先生的电化教育学术思想探析

深圳大学　李文光

一、引言

中国电化教育(教育技术)于1936年正式定名。[①] 电化教育究竟能在哪些方面解决教育中的问题？能以何种方式促进中国教育理论和实践的发展？在电化教育的发展过程中，又将面临哪些问题和挑战？这些问题的解决需要不断地进行理论和实践的开拓与创新。我国电化教育的开拓者和奠基人南国农先生[②]经过大半个世纪的理论探索和深入实践，不断建构、充实和完善着我国电化教育(教育技术)专业的理论体系，使这门年轻的学科不断成长并逐渐得到社会的认可和接受，南国农先生的电化教育学术贡献丰富了我国教育理论和实践的内容。

二、南国农先生的电化教育思想的产生与发展

(一) 产生的本土背景

南国农先生的电化教育思想的产生有其特定的社会背景和学术背景。我国的电化教育萌芽于20世纪20年代的国民教育。南国农先生深受陶行知教育救国思想的影响，并被当时的教育部部长朱家骅所赏识。抗战胜利后，国民

---

① 中央电化教育馆.关于支持和积极参与中国电化教育(教育技术)发展史研究的通知[R].2008.5.4.

② 庄为其.南国农和萧树滋——我国电教的开拓者和奠基人[M].兰州：电化教育研究杂志社，2000.

政府教育部选派优秀的年轻教师去美国学习先进的教育技术(当时名称为视听教育)和教育理论。南国农先生于1948年被委派前往美国哥伦比亚大学教育研究院攻读硕士学位,获得比较教育与视听教育硕士学位。1953年南国农先生赴我国大西北在西北师范学院(现名西北师范大学)任教,发展电化教育。

20世纪70年代后期至80年代,我国的电化教育重新起步。1978年,党的十一届三中全会确定了经济发展与国家建设首先要发展教育的战略方针。邓小平同志在讲话中提出要大力开展电化教育,提出"要制订加快发展电视、广播等现代化手段的措施,这是多快好省发展教育事业的重要途径,必须引起充分重视"。1978年冬,教育部在河南开封召开教育学研讨会,南国农先生代表西北师范学院出席会议时,提出教育学中应增加"电化教育"一章,他根据国外教育发展的趋向充分陈述了我国教育的现代化必须重视教育手段现代化的作用与意义,引起与会者的重视与关注,并取得一致意见。在权威教育学教材中增加"电化教育"一章,这为电化教育融入并作为教育学二级学科奠定了基础,这一举动具有划时代的意义。

(二)南国农先生的电化教育理论的本土化创新与发展

本土化寓意着对本土之外的学术思想的鉴别与批判、吸收与发展。本土化必须与创新发展紧密结合才能发挥其价值。本土化创新与发展所依托的是自身的文化传统和问题解决。我国的教育技术素有重学科建设、关注本学科自身基本理论和理论体系探讨的传统,而美国的教育技术更侧重教育技术对具体问题的研究,两者有很好的互补性。南国农先生曾指出,自1978年我国电化教育重新起步以来,我国的电化教育可分为两个阶段:视听教育阶段(20世纪70年代后期至20世纪90年代初期)和信息化教育阶段(20世纪90年代中期至今)。[①] 从我国的电化教育发展的两个阶段都能清晰地发现南国农先生对电化教育理论的本土化创新与发展所做的学术贡献。

1. 电化教育理论的开拓与奠基——以《电化教育学》(南国农,1985)为代表

我国的电化教育虽然是在借鉴欧美视听教育的基础上发展起来的,但是从其诞生之日起到20世纪90年代期间一直沿着具有本土特色的道路发展。南国农先生在纪念萧树滋先生诞辰90周年的学术研讨会上,曾回顾了二人谈得

① 南国农.从视听教育到信息化教育——我国电化教育25年[J].中国电化教育,2003(9):22-23.

最多的一件事，即建设有中国特色的电化教育事业。两位先生的学术研究中始终立足于中国的现实，始终坚持我国的电化教育应该符合国情，在借鉴国外教育技术的基础上，结合国情进行创新性研究与实践。具体表现为我国的电化教育无论在名称还是在内涵上，无论在实践领域方面还是在学科体系方面都一直明显区别于欧美的视听教育和教育技术。[①]

1985 年南国农先生出版了《电化教育学》，系统阐述了电化教育的概念，即"运用现代教育媒体，并与传统教育媒体恰当结合，传递教育信息，以实现教育最优化"[②]。有关方面的评价是："以研究和应用现代教育媒体为核心的电教理论和实践，对我国教育事业和科学的发展，对电教理论体系的建构，以及对教育实践的解释、指导、预测带来了深远的影响。"[③]20 世纪 90 年代以前，我国的电化教育理论与实践所走的是具有中国特色的电化教育发展之路，所坚持的是借鉴与创新相结合的发展思路。[④] 在同一时期，国外关于教育技术的权威论述为："教育技术是一个复杂的综合的过程，包含各种人、方法、思想、设备和组织机构，这些人、方法、思想、设备和机构是在分析人类学习中的所有方面问题以及为解决问题而进行的设计、实施、评价、管理的过程中所涉及的。"[⑤]（Association for Educational Communications and Technology，1977）对比可以发现，该教育技术的定义表述比较笼统，研究对象宽泛，对实践领域的界定使人难以把握。南国农先生提出的电化教育的定义与理论，既比原来国外的"视听教育"等概念抽象层次高，应用范围广，适应性强，也比同时期国外关于教育技术概念的界定更符合中国国情。南国农与萧树滋两位先生对电化教育概念、特点、作用的阐释，以及以南国农先生为代表所构建的以"七论"（指电化教育的本质论、功能论、发展论、媒体论、过程论、方法论、管理论）为内容的理论体系框架，更有利于规范、推动我国电化教育学科的健康、快速发展。实践证明，该理论

① 张立新，张军征．我国电化教育发展的"借鉴与创新"之路——《纪念萧树滋先生诞辰 90 周年学术研讨会》综述[J]．中国电化教育，2004(8)：10-11，11.

② 南国农．电化教育学[M]．第一版．北京：高等教育出版社，1985：1-2.

③ 杨鑫辉，等．现代大教育观——中外名家教育思想研究[M]．南昌：江西教育出版社，1990：466.

④ 张立新，张军征．我国电化教育发展的"借鉴与创新"之路——《纪念萧树滋先生诞辰 90 周年学术研讨会》综述[J]．中国电化教育，2004(8)：10-11，11.

⑤ Barbara B. seels，Rita C. Richey. INSTRUCTIONAL TECHNOLOGY：The Definition and Domain of the field[M]. Washington DC：Association for Educational Communications and Technology，1994. 20.

被广大电教理论研究者广泛学习借鉴和实践应用，对指导电化教育实践活动产生了重要作用。

2. 关于电化教育如何深入发展的思考——以《世纪之交，电教者的使命》（南国农，1998年）为代表

在教育本土化的过程中，继承和发展的核心是本土传统，与外来传统交流的目的不是成为外来传统的追随者，而是要通过外来传统促成本土传统的发展。[①] 随着多媒体和网络技术教育应用研究的不断深化，以及1994年AECT（美国教育传播与技术协会）教育技术定义的引入，我国的电教界特别是理论研究领域产生了较大的变化与困惑。困惑的核心是电化教育学科的中国道路如何走的问题，我国教育技术界是否存在着西方"教育依附理论"的影响？[②] 南国农先生在20世纪90年代末曾发表多篇文章来阐述对这些问题的看法。1997年，南国农先生发表了《对我国电化教育深入发展的思考》一文，阐述了新时期如何正确理解电化教育的概念，对电化教育具有重要意义的教育学和心理学方面的思想和理论有哪些，明确了电化教育的目标——实现教育过程的最优化，提出了"大电教"的思想，以及我国电化教育深入发展中存在的问题和解决途径。[③] 在这一时期，关于学科的名称争论很大，顾明远先生在《南国农与萧树滋——我国电教的开拓者和奠基人》一书的序言中曾写到："……南先生一直主张称电化教育学，我则主张称教育技术学……特别是1998年南先生对电化教育的定义作了进一步完善，我们讲的内容就更加接近了。他的新定义是这样的：电化教育，就是在现代教育思想、理论的指导下，主要运用现代教育技术进行教育活动，以实现教育过程的最优化。南先生说的现代教育技术自然也包括了教学设计和评价。"[④]1998年南国农先生发表的《世纪之交，电教者的使命》一文，进一步阐述了当前电化教育工作者应该具备什么样的素质，电化教育的主要任务是什么。该文是前文的深化和延续，文中阐述了几个重要观点和内容，如电教者要由单纯媒体服务员转变为"三深入"（深入学科、深入教学、深入课堂）的教育革新者的形象。当前的主要任务要加强电教科研，不断完善具有中

---

① 李承先，陈学飞. 话语权与教育本土化[J]. 教育研究，2008(6)：14.

② 南国农. 教育技术学科建设：中国道路[J]. 电化教育研究，2006(1)：6-7.

③ 南国农. 对我国电化教育深入发展的思考[J]. 中国电化教育，1997(12)：5-9.

④ 庄为其. 南国农和萧树滋——我国电教的开拓者和奠基人[M]. 兰州：电化教育研究杂志社，2000.

国特色的电化教育理论和方法的体系，重视实验研究，特别是学科电教实验研究等。[①] 这些文章在电化教育界产生了广泛的影响。学者朱秀珍、张定强曾对1998年至2001年间《电化教育研究》所载文章的情况作了统计分析，南国农先生所发表的文章《世纪之交，电教者的使命》(1998)被引用次数最多。[②]尤其需要指出的是，南国农先生对电化教育的研究从来都不是孤立地从媒体应用的角度去思考，而是从整体的角度、从教育传播的全过程、从优化教学过程的角度去考量的，这一点可以从南国农先生出版的著作《教育传播学》(1995)得到充分的证实。

3. 关于电化教育发展新阶段——信息化教育的论述，以《信息化教育概论》(南国农，2004)为代表

学者刘瑞儒认为，南国农先生在我国电化教育学科发展的关键时期所出版的一部教材的三个版本(《电化教育学》第一版和第二版、《信息化教育概论》)，由于观点鲜明、内涵丰富、体系完整、时代性强、影响大、使用范围广，成为我国电化教育学科的经典教材，始终引领着我国电化教育(教育技术)事业、学科的发展方向。[③] 第三个版本《信息化教育概论》(2004)保持"五个未变"，即定位基本未变、逻辑起点基本未变、内容体系建立的依据基本未变、选材和编写原则基本未变、形式结构基本未变。[④] 在保持"五个未变"的基础上又与时俱进，积极吸纳国内外电化教育(教育技术)的最新研究成果，使之适应我国电化教育在新的阶段(信息化教育)的现实要求和未来的发展趋势。南国农先生认为，进入信息化教育阶段，电化教育的信息化特征日益显著，电化教育需要深入研究信息化环境中的学科整合问题。南国农先生在该书中突出了混合式学习理论和数字化学习观念对信息化教育的影响与指导作用的论述，重点叙述了信息化环境下各种信息化教学硬件环境建设、软件资源开发、信息技术与课程整合、基于 Internet 的现代远距离教学环境建设、平台开发及网络远程学习模式等信息化教育应用的分析，书中对实践的总结和理论分析仍然是我国电化教育(教育技术、信息化教育)研究、探索的重点课题。

---

① 南国农.世纪之交，电教者的使命[J].电化教育研究，1998(1)：3-7.

② 朱秀珍，张定强.《电化教育研究》载文统计分析[J].电化教育研究，2003(4)：45.

③ 刘瑞儒.一部著作引领我国电化教育(信息化教育)发展方向——南国农先生编著的《电化教育学》(《信息化教育概论》)的几点启示[J].电化教育研究，2008(10)：19-24.

④ 南国农.高校信息化教育课程：教材教法浅析[J].电化教育研究，2004(11)：37-43.

南国农先生在“新时期教育技术发展前沿问题高层论坛”(江南大学,2009)所作的报告中提出,我们应该从我国古代儒家、道家、法家和近代陶行知等的教育思想中多吸取一点智慧。过去,在这方面我们是做得很不够的。对于西方的有关理论,应多关注五种教与学理论(多元智能理论、建构主义学习理论、混合学习理论、创新推广理论、最小代价与绩效理论)的研究与应用,并做好本土化工作。这两个方面都将是发展信息化教育理论体系的重要线索。

从南国农先生在这一时期的一系列著述,以及在这一时期的电化教育实践活动可以看出,南国农先生对教育技术本土化创新的探索,包含了对国外优秀教育技术理论成果(特别对我国教育技术研究产生广泛影响的美国教育技术研究成果,如教学设计和建构主义等)的吸收、消化和反思,但更重要的是思考和实践了如何通过电化教育来解决我国教育的问题,按照我国自身的教育发展逻辑不断研究我国电化教育理论发展中的深层次问题,彰显我国电化教育本土经验,而非聚焦于国外教育技术发展逻辑下所产生的问题和需要。对国外好的成果,并不排斥,而是强调要以一种“借鉴、平等对话和共同发展”的原则来学习西方发达国家的理论和实践经验,但要基于中国的本土文化和教育实践重构具有中国特色的教育理论体系。

三、南国农先生的电化教育理论思想的主要贡献

中外教育史表明,凡大师级的学者,无不以人格之光辉照亮着学科发展的道路,潜移默化地影响着学界同仁。2000 年 8 月在“南国农先生教育思想与实践研讨会”上,何克抗教授曾引用宋代著名大文人周敦颐写的《爱莲说》中的语句“中通外直,不蔓不枝,香远益清,亭亭净植。”以此来形容南国农先生的人格魅力和高风亮节。南国农先生的人格魅力来源于何处?来源于南先生的崇高品质、渊博学识和专业建树。南国农先生的电化教育学术思想的主要贡献在于:

(一)界定了具有中国特色的电化教育概念

电化教育的实质是:强调以现代教育媒体的研究和应用为重心,强调现代教育思想、理论的指导。进入信息化教育阶段,南国农先生指出:电教的发展,电教的腾飞,需要依靠两只翅膀,一只是现代信息技术,另一只是现代教育思想。靠一只翅膀,飞不起来,双翼才能腾飞。[①] 不同时期对电化教育阐述的内

① 南国农.80 年代以来中国电化教育的发展[J].电化教育研究,2000(12):3,6.

容和提法虽有所区别，但实质从没有改变。这是与美国的视听教育或教育技术的本质区别所在，也是与其他教育学分支学科的主要区别，更是电化教育有别于相邻学科而得以生存和发展的根本原因。

（二）构建起具有中国特色的电化教育理论体系并不断发展

如前所述，南国农先生是在建国前后在美国学习的视听教育，这就是有文献说我国的电化教育来源于美国的视听教育的一个重要原因；但更重要的是它不同于美国的视听教育，而知道后者对于理解电化教育的本质是更为重要的。中国的电化教育，从它诞生之日起，就是适应着我国的国情，走着自己的发展道路，即以现代教育媒体的研究和应用为核心的发展道路。① 电化教育是属于中国现代化教育范畴的一种新的教育方式，南国农先生所说的现代化教育，同西方近现代教育史上美国杜威所倡导的“现代教育”不是一回事，同以赫尔巴特和凯洛夫为代表的“传统教育”也有区别。② 笔者认为，如同学者滕珺在对顾明远先生的《教育现代化思想探析》一文中所分析的一样，南国农先生所说的现代化教育也是从教育怎样同生产劳动和社会生活紧密结合的角度谈的，其思想系统包括了世界教育发展的趋势和中国的教育实际。③ 在顾明远先生所提出的教育现代化的几个基本特征的文献中，指出教育现代化包括教育内容、设备和手段、方法等的现代化。④ 这意味着电化教育是支撑教育现代化的重要力量。顾明远先生还指出，作为教育技术重要内容的媒体，使得教学系统由三要素（教师、学生、教学内容）变成了四要素，即教师、学生、教学内容和教学媒体。教学系统中增加了一个要素，致使教学系统的结构和功能都会发生一定的变化。媒体的使用决不能代替教师，但教学媒体改变了学生在教学过程中认识事物的过程。媒体的应用把传统教学中“感知教材、理解教材、巩固知识和运用知识”这一顺序进行的四个环节融为一体。教育技术作为教学过程中的一个重要的因素，不能简单地看作是一种教学手段，它对教学过程的影响是深刻的，必将引起教学过程的革命。⑤ 这也是电化教育能够优化教育过程，提高教育质量的原因。⑥ 南国农

---

① 南国农.中国教育技术学专业建设的发展道路[J].电化教育研究，2005(9)：5.

② 南国农.电化教育与学校教育现代化建设[J].电化教育研究，1997(1)：3-8.

③ 滕珺.关于中国教育现代化的理论探索——顾明远的教育现代化思想探析[J].教育研究，2008(8)：32.

④ 顾明远.教育现代化的基本特征及实施策略[J].人民教育，2007(13-14)：10.

⑤ 刘美凤.顾明远先生与教育技术[J].中国电化教育，2008(6)：3-4.

⑥ 顾明远.我的教育探索——顾明远教育论文选[M].北京：教育科学出版社，1998：522.

先生所构建起具有中国特色的电化教育理论体系与顾明远先生对教育技术理解的主旨是相同的。

南国农先生所主导构建的电化教育理论体系并非一成不变的，南国农先生将现阶段的电化教育称为信息化教育。在信息化教育阶段，南国农先生因应国内教育信息化浪潮的滚滚洪流，以及国际教育技术界关于数字化学习和混合式学习的思想，发表了《新世纪信息化教育工作者的使命——推进"14345 工程"》（南国农，2003）和出版了《信息化教育概论》（南国农，2004）等著述。在南国农先生最新的文献中，提出了以科学发展观为指导思想，以"和为贵，和而不同，求同存异"的原则进一步发展信息化教育理论体系。[①] 这一新理论体系的内容结构的设想是由六论组成：总论（信息化教育的概念、信息化教育的功能、信息化教育的发展），基础论（信息化教育媒体理论、信息化教育过程理论、信息化教育系统优化理论），技术论（信息化教育硬件环境建设、信息化教育软件资源开发、信息化教学系统设计），模式论（信息化课堂教学模式，现代远程教育模式，信息化环境下自主、协作、探究模式），方法论（信息化环境下学习方法、信息化环境下教学方法、信息化环境下教育研究方法），管理论（信息化教育管理体制、信息化教育专业建设、信息化教育评价）。新理论体系的思路所体现的将是国内外优秀教育技术理论体系框架的交融互补，核心仍是本土化和发展创新。

（三）强调电化教育理论要与具体学科教学应用相结合

电化教育的理论与实践要能够解决具体学科的问题。

张景中院士等认为：要建立适合中国国情的教育技术，就要在博采众长的基础上自主创新，自主创新来源于深入学科、讲究实效、创新理论。[②] 20 世纪 80 年代末期，南国农先生提出了电化教育要"深入教学、深入课堂、深入学科"，南先生在其教材《电化教育学》（1985）的编写原则中明确提到要"面向电教实践、研究电教实践、指导电教实践"，南国农先生不同时期的几部核心著作和文章都始终强调这一指导思想。

南国农先生认为，理论只有经过实验才能得到证明，才能取得教育界的认可和广大教育工作者的接受。南国农先生认为，20 世纪 90 年代以来，我国学

① 南国农. 信息化教育理论体系的形成与发展[J]. 电化教育研究，2009(8)：5-9.

② 张景中，等. 教育技术研究要深入学科 [J]. 电化教育研究，2010(2)：12.

校进行的现代教育技术实验中规模较大、影响较广的主要有五个：①“电化教育促进中小学教育优化”课题实验；② 小学语文“四结合”教改实验；③ 电化教育促进中小学由应试教育转向素质教育的实验研究；④ 全国1000所中小学现代教育技术实验学校教改实验；⑤ 高等学校课程电化教育试验。这五大实验都取得了优良的成绩，对我国学校教育的现代化建设起了重大的促进作用。[①]南国农先生积极倡导和参与指导了这五个全国范围的电教实验，全面总结了实验的经验与规律，积极推广其中的积极经验。从中我们可以发现，电化教育实验是南国农先生电化教育理论的重要来源。在开展电化教育实验的基础上，南国农先生强调，电化教育实验是要建立适应素质教育要求的、以教学模式为核心的现代教学体系。在具体方法上强调多种现代教育思想和理论的指导，使用合适的现代教育技术手段去实现。在开展电化教育实验的过程中，需要做好开发、利用教学资源优化教学这一过程。

（四）适时指出新的研究趋向，提出新的关键性问题，引导理论的健康发展

推动教育技术理论发展的理论基础很多，教育传播理论是教育技术学的重要理论基础之一。但前些年，存在忽视对教育传播理论研究的现象，这一现象的存在有其客观因素，已有教育传播理论未能很好地包容网络媒体的一些新特性，而探索把互联网与学习、教学结合在一起的好办法，光靠借鉴心理学知识去分析了解学习者的心理过程（认识、情感、意志）是不够的，还需要传播理论的支持，以掌握信息处理和媒体运作的规律。[②] 南国农先生敏锐地觉察到这一新的研究趋向的重要性，呼吁年轻学者关注信息化教育中对教育传播学的研究，[③]探索网络媒体（具备数字化、网络化、全球化、多媒体化、实时化、交互性、可创建性等新特征）在传播过程中与教学过程及教学方法的耦合规律的探索。

现代教育理论（包括教育技术理论）是近几十年发展起来的，还没有经过长期的实践检验，因此经验的积累和不断发现问题就非常重要。面对新的网络教育热点，南国农先生在2010年的学术文章《教育技术理论研究的新进展》中提出：如何把教学、教育领域信息技术应用的潜能和效益充分发挥出来？什么是能够真正把互联网与教学、教育结合在一起的好办法？[④] 南国农先生所提出的

① 南国农. 80年代以来中国电化教育的发展[J]. 电化教育研究，2000(12)：3，6.
② 南国农. 教育技术理论研究的新发展[J]. 电化教育研究，2010(1)：9，10.
③ 南国农. 教育传播学：一个需要关注的领域[J]. 华南师范大学学报(社会科学版)，2009(1)：98.
④ 南国农. 教育技术理论研究的新发展[J]. 电化教育研究，2010(1)：9，10.

问题都是当前教育技术需要研究的关键性问题，对于引导教育技术理论的健康发展非常重要。

四、结束语

电化教育（教育技术）由视听教育进入信息化教育阶段以后，电化教育在教育的许多领域都发挥了巨大的作用。但与此同时，“教育技术的复杂性与复杂的教育技术学”的特征越来越显著。[①] 教育技术（教育技术）面临着比以往更多的争议或质疑，张景中院士等所发表的文章《教育信息技术学科的形成和展望》中认为：教育技术虽然在字面上“教育”和“技术”各占一半，实际上主要是教育方面的一条腿，或者一条腿加根拐杖，缺少技术方面这条腿。需要教育技术（教育科学的一个分支）和教育信息技术（信息技术科学的一个分支）作为同盟军共同为教育信息化服务。[②] 时代的变迁和我国各地区教育状况的多样性使得人才培养千差万别、教育问题异常复杂，教育技术学科内部也正出现学术思想多元化的趋势，涌现出各具代表性的学术思想探讨教育技术理论体系构建问题，力图实现教育技术的差异性教育价值。何克抗教授认为：“借助技术的教育”是整个教育技术学科体系赖以建立的基础，教育技术学理论与实践的全部发展都包含在“借助技术的教育”这个胚芽之中。[③] 桑新民教授提出了以“基于媒体的学习”作为构建教育技术学理论体系的逻辑起点，并以中国文化和当代非线性科学为方法论指导，以此探索教育技术学范畴体系建模问题。[④] 南国农先生几十年来从不排斥其他教育技术学术思想，并向往着“学派林立，友好竞争，纷呈异彩”局面的出现。21 世纪刚到来的时候，南国农先生就曾有电教学术研究领域分化的猜想：电化教育学派、教育技术学派、现代信息技术学派、电教产业学派。[⑤] 在多元化的教育技术思想中，南国农先生的电化教育理论以其鲜明的中国特色、丰富的内涵和持续的本土化创新与发展，经受了大半个世纪的检验，以上内容不过是管窥蠡测而已。

---

① 焦建利，叶力汉．教育技术的复杂性与复杂的教育技术学——从复杂性科学角度看教育技术学研究[J]．电化教育研究，2006(1)：13-22.

② 张景中，等．教育信息技术学科的形成和展望[J]．中国电化教育，2007(11)：13,13-18.

③ 何克抗，李文光．教育技术学[M]．第 2 版．北京：北京师范大学出版社，2009：10-11.

④ 桑新民，李曙华．教育技术学范畴体系建模研究及其方法论——与美国 AECT′94 定义研究群体的对话(上)[J]．中国电化教育，2007(11)：1-8.

⑤ 南国农．80 年代以来中国电化教育的发展[J]．电化教育研究，2000(12)：3,6.

第二节 南国农先生的教育传播思想研究

——南国农先生教育传播思想探研

河南大学 汪基德 朱书慧

新中国电化教育的开拓者与奠基人南国农先生不仅对我国电化教育(教育技术)的理论与实践发展作出了巨大贡献,而且对我国教育传播学的学科建设也作出了重大贡献,他与李运林先生等一道,构建了具有中国特色的教育传播学理论体系,并在实践中积极推广、践行教育传播学的思想。

一、传播理论是电化教育(教育技术)的理论基础之一

传播学是在20世纪80年代初引入我国的,我国的教育技术工作者对传播学的引入作出了重要贡献,南国农先生是其中的重要人物之一,他积极支持电教工作者引进、宣传传播学理论。

南国农先生非常重视传播学在电化教育中的理论基础地位,在他所著的几部电化教育著作中都特别强调传播学的重要作用。在1985年出版的《电化教育学》(第一版)第一章第四节"电化教育的理论基础"这一节中,他就把传播学作为电化教育的理论基础,并认为教育心理学和传播学是电化教育最直接的理论基础,它们"与电化教育理论的建立,关系最直接、最密切。"①在这部著作中南先生紧接着还介绍了当时比较有影响的三种传播模式(拉斯韦尔的5W模式、香农模式和韦斯特莱模式)。在这一节内容的最后,南先生进一步强调"传播理论与电化教育有着广泛的联系。传播理论主要是阐明信息传递的过程与规律,而电化教育就是运用现代教育媒体传递教育信息的过程。在电化教育的实践和理论建设中,常常需要传播学的理论援助。"②尽管这里对传播学作为电化教育的理论基础的论述还不全面系统,但南先生认识到传播学对于电化教育发展的重要影响,并及时地将其引入到电化教育中来,这显示了南先生的睿智和高瞻远瞩。

在1998年出版的《电化教育学》(第二版)中,虽然该书没有谈到电化教育

① 南国农.电化教育学[M].北京:高等教育出版社,1985:26-27.

② 同上书,1985:29-32.

的理论基础问题，但传播理论仍然出现在该书的有关章节中，如在“电化教育过程的基本模式”一节中提到“在研究建立电化教育过程模式时，以下几个传播模式值得参考。”(分别是香农-韦弗的传播模式、贝罗的传播模式、坂元昂的教育传播模式、海曼-弗朗克的教育传播模式[①])。这里实际上仍然是把传播学理论作为建立电化教育过程的基本模式的理论基础来看待的，并参照着这四种传播模式，建立起来了三种电化教育过程模式：① 以教育者为中心的电化教育过程模式；② 以学习者为中心的电化教育模式；③ 以问题为中心的电化教育过程模式。[②]

在 2004 年出版的《信息化教育概论》一书中，南先生再次明确提出传播理论是信息化教育最直接的理论基础之一的思想。他认为：信息化教育(教育技术)的理论基础是多层次、多方面的，其中最里层、最直接的是“学与教理论和传播理论”[③]。在此，南先生将四种传播理论修改为：① 贝罗的传播过程四要素理论；② 罗密佐斯基的双向传播理论；③ 宣韦伯的传播效果理论；④ 罗杰斯的创新推广理论。[④] 并以此为基础建立起了三种基本的信息化教学模式：① 以“教”为主的模式；② 以“学”为主的模式；③ 以“其他要素”为主的模式，如教学组织形式、教学内容、教育媒体等。[⑤] 在《信息化教育概论》一书中，南先生还提出了信息化教育(教育技术)的基本理论这一概念，并将它概括为三种理论：现代教育媒体理论、现代媒传教学理论和现代教学设计理论。[⑥]

从南先生不同时期的著作对作为电化教育理论基础的传播理论的略有不同的表述中可以看出，南先生在科学研究上既有继承、又不断创新和超越的学者品质。

二、对教育传播学性质和研究对象的深刻论述

南国农先生早在 1991 年就在《电化教育研究》上发表论文阐述他关于教育传播学性质和研究对象的看法。[⑦] 南先生指出：现代科学技术体系所包含的学

---

① 南国农，李运林. 电化教育学[M]. 第二版. 北京：高等教育出版社，1998：27.

② 同上书，1998：31-33.

③ 南国农. 信息化教育概论[M]. 北京：高等教育出版社，2004：26.

④ 同上书，2004：31-33.

⑤ 南国农. 信息化教育概论[M]. 北京：高等教育出版社，2004：65-70.

⑥ 同上书，2004：33.

⑦ 南国农. 教育传播学的性质和对象[J]. 电化教育研究，1991(1).

科有几千种，仅自然科学就有2400多种，这些学科大致可以分为两类：一类是单一学科，就是其内容只涉及一门科学的领域，如数学、物理学、化学、社会学、经济学等；另一类是交叉学科，就是其内容涉及两门或两门以上科学的领域。交叉学科又可分为三种类型：① 边缘科学，是两门学科相互交叉的产物，即两门学科的基本理论、方法，作用于同一个研究对象，其内容涉及两门科学的领域。② 综合学科，是两门以上学科相互交叉的产物，即两门以上学科的基本理论、方法，作用于同一个研究对象，其内容涉及两门以上科学的领域，如生物物理化学、环境科学等。③ 横断学科，这类学科具有两种特性，第一，它是多种学科相互交叉的产物；第二，它的概念、理论和方法具有很强的方法论功能，可以作用于多种其他学科，从横的方向上研究多个对象，如系统科学的三论（系统论、信息论、控制论），它们是哲学、人类学、生物学、数学、物理学、电子科学以及计算机科学等互相渗透互相结合的产物，它们的概念、理论和方法都具有很强的方法论功能，具有向多个领域广泛渗透的可能性。

教育传播学是属于交叉学科中的边缘学科。它是教育学和传播学相互交叉、相互渗透的产物。它既是传播学的一个分支，也是教育学的一个分支。

教育传播学是综合运用传播学和教育学的理论和方法，设计、实施、评价学习和教学全过程，以实现教学和教育的最优化。

教育传播学的研究对象是教育传播现象及其规律性。教育传播学就是通过对教育传播现象和问题的研究，去揭示教育传播规律的一门科学。它的对象是整个传播系统和学习与教学全过程。

在谈到教育传播学和视听教育学、电化教育学、教育技术学的关系时，南先生指出：视听教育学是以教育媒体（包括传统教育媒体和现代教育媒体）的研究和应用为核心，它要探讨的是怎样运用各种视听媒体，有效地传递教育信息，以达到教育过程的优化。教育传播学和教育技术学是对所有教育资源和教育系统的所有组成要素及其相互关系进行综合研究，以期提高教育效果，达到教育过程的优化。它在研究中，对教育系统的所有组成要素同等对待，一视同仁。

教育传播学和视听教育学、电化教育学的区别是：第一，在研究和应用中，视听教育学以教育媒体为核心；电化教育学以现代教育媒体为核心；教育传播学没有核心，同等重视教育系统的所有组成要素。第二，教育传播学是从整体（所有教育资源）出发，来探索新的教育方式以期达到优化的教育效果。视听教育学和电化教育学是从局部（教育媒体或现代教育媒体）出发，来探索新的教育方式，以期达到优化的教育效果。

教育传播学和教育技术学的区别是：教育传播学主要从理论的角度揭示教育传播的规律，探讨教育传播的知识体系，着重回答教育传播研究中“是什么”、“为什么”的问题。教育技术学主要从技术的角度探讨把教育传播理论应用于实践的手段和方法的体系，着重回答教育传播实践中“做什么”、“怎么做”的问题。

教育传播学和视听教育学、电化教育学、教育技术学相同的地方是：第一，它们所追求的目标是一致的，都是在探索新的教育方式，都是为了改进教育，实现教育过程的优化。第二，它们在研究中，都很重视现代科学技术成果的应用。这里所说的现代科学技术成果，主要是指现代心理学、教育学、社会学、语言学、行为科学、系统科学、脑科学等的研究成果和电子传播技术、信息处理技术等。[①]

这里，南先生对教育传播学的学科性质、研究对象与范围做了深刻的论证与清晰的界定，并对教育传播学与其相关的学科（视听教育学、电化教育学、教育技术学）的区别与联系进行了深入分析。

三、对教育传播理论和传播要素整体性的阐释

南国农先生在谈到教育传播学与电化教育学等学科的区别时曾从整体性的角度进行过论证：电化教育学是以现代教育媒体的研究和应用为核心，它要探讨的是怎样运用各种现代媒体，有效地传递教育信息，以达到教育过程的优化；教育传播学是对所有教育资源和教育系统的所有组成要素及其相互关系进行综合研究，以期提高教育效果，达到教育过程的优化，它在研究中，对教育系统的所有组成要素，同等对待，一视同仁，它是从整体（所有教育资源）出发，来探索新的教育方式以期达到优化的教育效果。视听教育学和电化教育学是从局部（教育媒体或现代教育媒体）出发，来探索新的教育方式，以期达到优化的教育效果。

南先生在《教育传播理论在教育电视节目制作中的应用》一文中也再次强调教育传播的整体性：“教育传播过程是由相互联系、相互作用的诸要素构成的有机整体，其最终效果是由各要素及它们之间的关系共同决定的，而不是由

---

① 南国农.教育传播学的性质和对象[J].电化教育研究，1991(1).

其中某一个要素决定的。各要素及其相互关系均处在良好的状态，才会形成良好的传播过程，取得良好的传播效果。对各要素的研究必须把它放在整体之中，不能脱离整体，自行其是。”①因此，教育电视的设计与制作不能脱离教育传播整体，它是教育传播过程整体的一个环节、要素。在设计、制作教育电视节目时，必须以系统和整体的目光审视各种问题，对教育者和学习者的传播能力与行为，以及与其他媒体的恰当结合等加以科学分析，否则难以取得成功。

四、教育传播学体系的初步构建

前文指出，我国是在20世纪80年代初从国外引进教育传播的概念和理论的。1982年，华南师范大学在广州举办教育传播理论讲习班，邀请美国宣韦伯博士和香港中文大学余也鲁教授担任主讲，内容共七讲，会后由高等教育出版社出版了《传媒·教育·现代化——教育传播的理论与实践》一书，该书共九章：第一章“绪论：信息·教育·教育传播·现代化”；第二章“教学·新工具·人——怎样克服对新教育媒体的阻力”；第三章“教师·媒介·效果——怎样选择教学媒介”；第四章“集中·分析·实效——教学软件制作的路线”；第五章“实验·理论·新事物——介绍五个新事物传播的实验”；第六章“广播·卫星·现代化——介绍两个卫星教学实验”；第七章“电视·图画·新学习——电视在现代化教学中的新任务”；第八章“知识·媒体·大学——现代媒体教学的理论与实施”；第九章“传播教育·政策·评价研究——评价研究的重要性和方法”。②

1983年，华东师范大学教育科学研究所电教研究室编译了英国菲利普·希尔斯(P. Hills)著的《传播过程与教学》一书，该书共十章：第一章“人类传播与教育过程”；第二章“教学作为传播过程”；第三章“传播中的心理学问题”；第四章“言语和非言语的传播”；第五章“视听传播”；第六章“人际和小组的传播”；第七章“大众传播的种类”；第八章“学生作为信息接收者”；第九章“教师作为信息发送者”；第十章“有效的教学”。

1985年，《教育传播学》被正式列入国家教委制订的“七五”教材建设规划，全国电化教育课程教材编审组也将《教育传播学》列入教材编写计划，后又经

---

① 南国农.教育传播理论在教育电视节目制作中的应用[J]//南国农.教育现代化的必有之路——南国农电化教育论文集[M].北京：高等教育出版社，2000：237.

② 南国农.教育传播学的性质和对象[J].电化教育研究，1991(1).

过多次讨论，确定将《教育传播学》作为电化教育专业的必修课程。华南师范大学、西北师范大学制订了《教育传播学》课程的教学大纲，该书共十一章：第一章“绪论”；第二章“教育传播学的理论基础”；第三章“教育传播系统”；第四章“教育传播过程和模式”；第五章“教育传播中的教师和学生”；第六章“教育传播信息”；第七章“教育传播媒体”；第八章“教学传播中的言语传播与非言语传播”；第九章“课堂教学传播和远距离教学传播”；第十章“教育传播效果”；第十一章“教育传播活动实例分析”。[①] 除此之外，他们还共同组织编写了《教育传播学讲义》。南国农先生在《教育传播学的性质和对象》一文中还勾画了教育传播学的框架体系，他指出教育传播学的研究范围，主要包括以下几方面：

- 教育传播系统的研究。
- 教育传播过程和模式的研究。
- 传者—教育者的研究。
- 教育传播内容研究。
- 教育传播媒体研究。
- 受者—受教育者的研究。
- 教育传播效果的研究。
- 教育传播与教育环境的关系的研究。

在吸收上述研究成果的基础上，历经十年，1995 年由南国农先生和李运林教授共同执笔的《教育传播学》一书终于出版，该书较系统地阐述了教育传播理论，也由此奠定了我国教育传播学研究的基础。全书内容共包括十三章：第一章“绪论”；第二章“教育传播系统”；第三章“教育传播过程与模式”；第四章“教育传播信息”；第五章“教育传播符号”；第六章“教育传播通道与媒体”；第七章“教育传播中的教师”；第八章“教育传播中的学生”；第九章“教育传播环境”；第十章“教育传播效果”；第十一章“课堂教学传播”；第十二章“远距离教育传播”；第十三章“自学传播”。这十三章可以分为三大模块：第一章“绪论”，阐述了传播和教育传播的概念及教育传播理论研究的发展；第二章至十章，分别论述了教育传播系统和过程诸要素及其相互关系；第十一章至十三章，主要是教育传播应用研究，分别探讨了教育传播理论在课堂教学、远距离教学和自学中的应用。该书出版后在教育技术学界产生了巨大影响，由于绝大多数高校

① 南国农.教育传播学的性质和对象[J].电化教育研究，1991(1).

将其确定为教材，因此，该著作实际上成为我国教育传播学课程的国家统编教材。

2005年，南国农先生和李运林教授再次携手，组织西北师大、华南师大和河南大学的部分教师在原有教材的基础上对其进行了修订完善，出版了《教育传播学》(第二版)。全书共八章：第一章"绪论"；第二章"教育传播过程和模式"；第三章"教育传播信息和符号"；第四章"教育传播通道和媒体"；第五章"教育传播中的教师和学生"；第六章"教育传播环境"；第七章"教育传播效果"；第八章"教育传播研究方法"。可以看出这八章重点是介绍教育传播的理论问题，其中前两章介绍了教育传播的基本理论，第三章至第七章深入剖析了教育传播的各个要素，最后是教育传播研究方法的简介。该书结构更清晰、紧凑，采用总—分结构并加入了研究方法简介，逻辑性更强。但因受篇幅限制，第一版中教育传播理论的应用部分(共三章)被删除。

该书八章可以概括为本体论、过程论、信息论、符号论、媒体论、主体论、环境论、效果论和方法论"九论"。

本体论：是关于教育传播本体的研究。包括：教育传播的概念，教育传播的构成要素及其相互关系，教育传播的演进等的研究。

过程论：是关于教育传播过程和模式的研究。包括：教育传播过程的阶段分析，教育传播过程的设计，教育传播的基本模式等的研究。

信息论：是关于教育传播内容的研究。包括：教育信息的本质，教育信息的运动规律，教育信息的开发与利用等的研究。

符号论：是关于教育传播符号的研究。包括：符号的类型与本质，教育中的语言符号与非语言符号等的研究。

媒体论：是关于教育传播通道与媒体的研究。包括：教育传播通道及通道中的干扰，教育传播媒体的分类、特点和功能，教育传播媒体的应用等的研究。

主体论：是关于教育传播中的传播主体——传者与受者的研究。包括：教育传播中教师与学生的角色和应具备的品质，教师与学生的传播心理和行为等的研究。

环境论：是关于教育传播环境的研究。包括：教育传播环境的概念与功能，教育传播环境的优化与调控等的研究。

效果论：是关于教育传播效果的研究。包括：教育传播效果的特点与表征，教育传播效果的优化，教育传播效果的测量与评估等的研究。

方法论：是关于教育传播研究方法的研究。包括：教育传播研究方法的类型，教育传播研究的一般程序和基本方法等的研究。

南国农先生和李运林教授主编的《教育传播学》确定了我国教育传播学科的理论框架，同时也带动了一批学者对教育传播学的研究。但正如南先生所讲，“在我国，教育传播学的研究尚处在初级阶段，离建立这门学科的完整体系还有一段不短的路程，尚需我国广大教育工作者继续努力。”①

五、信息时代对教育传播学研究的新期望

20 世纪 80 年代至 90 年代前期，教育传播学研究经历了蓬勃发展与实践应用的高峰。然而，到了 20 世纪 90 年代末期和 21 世纪初期，教育传播学研究“却是一片冷漠”②。针对这种情况，南先生多次对他身边的同志和他的研究生谈起要重视和加强教育传播学研究这一问题。为响应南先生的号召，我们几个博士研究生开始着手对教育传播理论与实践问题进行研究，并先后发表了几篇研究论文。比如，李建珍在《电化教育研究》2006 年第 7 期上发表了《教育传播理论在信息化自主学习中的运用》③，王文君在《电化教育研究》2006 年第 8 期上发表了《教育传播涵义及教育传播学研究范畴分析》④，汪基德在《河南大学学报(社会科学版)》2007 年第 1 期上发表了《论教育传播模式的构建与分类》⑤，汪颖在《电化教育研究》2007 年第 6 期上发表了《我国教育传播学研究缺失现象及原因分析》⑥，王卫军等在《电化教育研究》2007 年第 8 期上发表了《教育传播研究的现代符号学视角》⑦，等等。南先生的老朋友、对我国教育传播学发展作出巨大贡献的李运林先生也在《电化教育研究》2006 年第 1 期上发表了《教育传播理论是教育技术的基本理论》的重要论文，并组织力量对教育传播学进行系统研究，在《华南师范大学学报(社会科学版)》2009 年第 1 期专门组织刊登了一组教育传播学方面的文章，打破了教育传播学研究的沉寂状况。

尽管对教育传播学的研究经历了 20 世纪 80 年代中期到 20 世纪 90 年代

① 南国农，李运林. 教育传播学[M]. 第二版. 北京：高等教育出版社，2005.

② 李运林. 教育传播研究：重要性与新领域[J]. 电化教育研究，2009(3).

③ 李建珍. 教育传播理论在信息化自主学习中的运用[J]. 电化教育研究，2006(7).

④ 王文君. 教育传播涵义及教育传播学研究范畴分析[J]. 电化教育研究，2006(8).

⑤ 汪基德. 论教育传播模式的构建与分类[J]. 河南大学学报：社会科学版，2007(1).

⑥ 汪颖. 我国教育传播学研究缺失现象及原因分析[J]. 电化教育研究，2007(6).

⑦ 王卫军. 教育传播研究的现代符号学视角[J]. 电化教育研究，2007(8).

前期的热潮和20世纪90年代末的冷落，但教育传播学作为教育技术学理论基础的地位决定了教育传播学研究的新时代必将到来。南先生在给《华南师范大学学报(社会科学版)》2009年第1期所发表的一组教育传播学文章写下了题为《教育传播学研究：一个需要关注的领域》的主持语，表达了他对教育传播学研究的关注，论述了在信息时代教育传播学所面临的挑战。他指出："进入信息时代，教育传播研究面临着新的挑战和机遇，需要研究各种新型教育传播过程、分析教育传播效果、总结教育传播模式；需要研究传播学理论为教育传播学研究带来的新启示；需要研究新技术与新媒体构筑的信息化教学环境；需要认真研究教学媒体、传播通道的选择；教育传播还需要重新审视其在大众传播、组织传播、分众传播、小众传播、人际传播中的作用及其创新推广；教育传播更需要关注媒体对人尤其是青少年的影响；更需要关注教育传播活动的意义和价值。因此，如何针对教育传播的新问题进行深入研究，变得尤为迫切。值得欣慰的是华南师范大学教育信息技术学院的年轻学者们已经关注到教育传播研究的新发展并开展了相关的探索。这组文章分别从不同的角度对教育传播学进行诠释，既有历史回顾，又有理论探讨，也有实践研究。这是一个良好的开始，也是研究的新起点，希望华南师范大学教育信息技术学院的老师们能百尺竿头、更进一步，为教育传播学的研究作出更大的贡献；更希望此组文章能引起国内学界对教育传播学研究领域的关注，激发学界同仁对教育传播学研究的兴趣，共同推动教育传播学研究在国内的发展。"①

时隔不久在无锡江南大学举办的"关注教育技术前沿，寻求教育发展新路——新时期教育技术发展前沿问题高层论坛"上，南老师以《教育技术理论体系的重构：路线图》为题拉开了论坛的序幕。他提出：目前教育技术理论基础研究的新发展的表现之一就是"心理学取向的一统天下被打破，传播学研究在复苏。②

在南先生等老一辈电教工作者的大力提倡和支持下，教育传播研究正在渐渐复苏。南先生从三个方面论述了"渐渐复苏"的表现：第一，对教育传播学著作的社会需求在增加。第二，教育传播学术研究队伍在扩大。第三，出现了一

① 南国农.教育传播学研究：一个需要关注的领域[J].华南师范大学学报：社会科学版，2009(1).

② 南国农.教育技术理论研究的新发展[J].电化教育研究，2010(1)：8.

些国家级的研究课题和新的优秀研究成果。① 南先生还深入分析了复苏的原因：第一，实践的呼唤。教育技术实践领域存在着一些难题，例如，寻找把互联网与学习、教学结合在一起的好办法，要解决这个难题，光靠借鉴心理学知识去分析了解学习者的心理过程（认识、情感、意志）是不够的，还需要传播理论的支持，以掌握信息处理和媒体运作的规律。只有做好这两方面的工作，才有可能找到把互联网与学习、教学结合在一起的好办法。第二，重构的需求。重构网络时代的教育技术学，必须做好一件事，就是对网络文化垃圾进行批判，树立健康的价值观、道德观。这就需要传播理论，特别是批判学派传播理论的支持。②

总之，南先生为我国的电化教育事业奋斗了半个多世纪，为构建具有中国特色的教育技术学科理论体系和教育传播理论体系不断努力。在新时代，他努力拼搏，继续创新，积极为信息时代教育传播学的研究注入新的血液。教育传播学是一门年轻的学科，我们要走的路还有很长，我们一定会在南老师的带领与谆谆教导下，继续努力，取得更加丰硕的成果。值得高兴的是，在南老师的带领下，西北师范大学的“教育传播学”课程被评为国家级精品课程，教育传播学的春天正在到来。

第三节 南国农先生的信息化教育理论探究

——从电化教育到信息化教育

广州大学 孔维宏 李 康 胡海燕

“电化教育”这个特有的名称，伴随着中国电化教育事业风风雨雨几十年，也伴随着南国农先生走过了七十多个春秋。随着信息时代的到来，南国农先生适时提出了“信息化教育”这个名称。从电化教育到信息化教育，反映了我国信息化教育理论体系形成与实践发展的历史脉络、现状与未来趋势，这也是南国农教育思想的核心。从电化教育到信息化教育，既可以看到南国农先生的与时俱进，也反映了进入新世纪中国电教工作者们思想和认识的变化。从电化教

① 南国农．教育技术理论研究的新发展[J]．电化教育研究，2010(1)：8-9.

② 南国农．教育技术理论研究的新发展[J]．电化教育研究，2010(1)：9.

育到信息化教育，既让我们看到了变化，也让我们看到了不变。从某种意义上讲，从变化中看到不变或许更能显示其本质特征所在。

一、信息化教育的定义

1. 信息化教育与电化教育定义之比较

一直以来南国农先生都以“电化教育”作为本学科的名称。20 世纪 90 年代后期，他提出了“信息化教育”这个名称，并指出：信息化教育是电化教育发展新阶段使用的名称，是信息时代的电化教育。对此可以从下列定义做出比较：

信息化教育：就是在现代教育思想、理论的指导下，主要运用现代信息技术，开发教育资源，优化教育过程，以培养和提高学生信息素养为重要目标的一种新的教育方式。①

电化教育：就是在现代教育思想、理论的指导下，主要运用现代教育技术进行教育活动，以实现教育过程的最优化。②

电化教育：运用现代教育媒体，并与传统教育媒体恰当结合，传递教育信息，以实现教育最优化。③

比较这三个定义，虽说“名称有所不同，但本质未变”，不过也可以看出信息时代电化教育的一些新特征。若说变化，就是加入了现代信息技术，从信息化的角度看教育问题。在《电化教育学》第二版的定义中，“现代教育媒体”改成“现代教育技术”，在新的定义中把“现代教育技术”换成了“现代信息技术”，即明确了是信息技术而非教育技术，并提出和明确三种技术，即现代媒体技术、现代媒传技术和现代教学设计技术。明确提出是现代信息技术而非现代教育技术，其意义在于信息化教育中技术的定位更加准确，同时也避免陷入信息化教育与现代教育技术名称定义与范围之争的怪圈。这体现了一个认识发展的过程，也是术语定义内涵确定的过程。

若说不变，有三个不变：

一是学科的定位不变，它依然是一种“教育”而不是一种“技术”，尤其在美国的教育技术名称和定义被热捧之时，这种不变更显得难能可贵。南国农先生

① 南国农.信息化教育概论[M].北京：高等教育出版社，2004.

② 南国农.电化教育学[M].第二版.北京：高等教育出版社，1998.

③ 南国农.电化教育学[M].北京：高等教育出版社，1985.

一直坚持使用信息化教育(电化教育)这个名称,并明确指出"信息化教育(电化教育)"和"教育技术"是两个不同的概念,并对它们从概念产地、研究对象、运行要求、发展路线四个方面做了细致严格的区别。

二是学科研究的角度不变,它依然是从先进技术作用于教育活动的角度,来研究问题,始终把本学科与其他教育学科的研究对象划分清楚。教育技术的研究对象定位存在着研究领域的严重泛化问题,典型的观点是教育一产生就伴随着教育技术。[①] 在著名网文"目睹教育技术学十年之十大怪状"中就指出:教育技术学科定位模糊且严重泛化,把"泛化的技术"作为自己的研究对象使得研究方向非常发散。与此相对的是,南国农先生对信息化教育的研究对象的定位非常明确,他将信息化教育的研究对象定位为现代信息技术环境下的学习过程和学习资源的设计、开发、利用、管理与评价。信息化教育以现代教育媒体的研究和应用为核心。以现代教育媒体的研究和应用为核心,并不是指单纯的研究现代教育媒体的应用和使用,而是更要研究现代信息技术环境作用下的以现代教育媒体应用为核心的教学与学习的过程与资源。

三是学科的价值和目标不变,它依然是为了优化教育过程。优化教育过程强调的是过程和整体,使教育教学工作力求做到高效能、低消耗,以较小的代价得到最大的收获。也就是提示我们在教育过程中各组成要素以及相互关系要达到整体优化的状态,而不是为"电教"而"电教"。

2. 明确提出开发教育资源

新定义提出要做二件事情:一个是开发教育资源,一个是优化教育过程。

开发教育资源主要是指那些现代信息技术环境资源和现代教学资源,也就是硬件环境建设和软件资源开发。这里的教育资源也是南先生一直强调的"三件"建设中的"二件"建设即"硬件"、"软件"的建设。"硬件建设主要是设备、设施的建设。即电教系统工程建设";"软件建设主要是教材建设。它的主要任务是建立现代教材体系"。

开发教育资源在新定义中首次明确提出,意味着在相当长的时期内,我国信息化教育实践活动的主要任务之一是开发教育资源。

3. 明确提出以培养和提高学生的信息素养为重要目标

在以前的定义中,目标都是"优化教育过程",而在新定义中,首次明确提出

① 章伟民.教育技术学[M].北京:人民教育出版社,2000.

以培养和提高学生的信息素养为重要目标。信息素养是以信息处理能力为核心，以解决信息问题为内容，在信息社会中体现为信息人的必备素养与文化。把信息素养作为信息化教育的目标，使得目标更为宏观和层次更高，更符合信息时代的特征与信息化教育的终极目标。

在国家制定的《高中技术课程标准》中也明确指出，信息技术教育的目标是培养学生的信息素养，信息技术教育的核心是"信息素养"。这就带来了又一次名称与研究范围争议的风险，不过南先生也指出：信息技术教育忽略了信息科学，信息化教育是在信息科学和教育科学结合后所产生的理论、技术与方法的指导下进行的。

4. 明确指出信息化教育的本质：即信息化教育是一种新的教育方式

南先生指出，信息化教育姓"教"，不姓"技"，直接表明信息化教育是属于教育学科的，同时指出信息化教育学也具备了一级学科的基本条件。

在新定义中明确指出信息化教育的本质：它是属于现代教育范畴的一种新的教育方式。它不只是一种新的教育方法，不只是一种新的教育内容传递形态，不只是一种新的教育组织形式，而是所有这些的综合，是一种新的教育方式①。

这种对于信息化教育本质的认识既警惕了"右"也防止了"左"，即防止了把信息化教育扩大化到整个教育领域而导致研究泛化，也防止了把信息化教育缩小到"工具手段"而忽略了信息化教育更为重要的内容。

另外，南国农先生认为"信息化教育工作者不是单纯的媒体服务员，而是教育革新者，他们的使命不仅是支持和服务教学、教育，而更是改革和发展教学、教育"②。在具体的实践中，信息化教育工作者往往"沦为"单纯的媒体服务员，不能参与到改革与发展教学中来。南先生的这种定位，既是对"电教"工作者的负责任的定位，也是对"电教"工作者的要求。

二、信息化教育理论的热点问题

自 20 世纪 80 年代末以来，我国电教界面临自身如何发展，以及国外相关理论的引进的现实，在理论问题上展开了研究和讨论，形成了若干热点问题。南国农先生对这些热点问题的讨论给予了高度赞扬，并发表了自己的观点。

---

① 南国农.信息化教育理论体系的形成与发展[J].电化教育研究，2009(8)：5-9.

② 同上。

1. 双翼说的提出

1998年在“信息高速公路”大发展的背景下，有人认为现代信息技术对教育的改革发展有着至关重要的作用，并提出“现代教育技术是当代教育的制高点，谁抢占了这个山头，谁就在新世纪中处于有利位置。”①强调占领了现代信息技术这个“制高点”，教育的问题就迎刃而解了。南先生认为这种单一强调现代信息技术的观点并不全面，于是提出了双翼说。他认为：现代教育思想理论×现代信息技术＝信息化教育，并指出“电教要发展、要腾飞，要靠两只翅膀，一只翅膀飞不起来，两只翅膀才能腾飞。”②在这里要特别提出的是公式中是用乘法而不用加法来表示，意即任何一方为零整个信息化教育即为零，“必须同时做好两方面的工作，实现两者的融合，才能取得成功的电化教育”。这对于非此即彼以及厚此薄彼的做法具有相当的批判意义与指导价值。

2. 逻辑起点

逻辑起点是一门学科逻辑结构的起始范畴和学科理论建构的开端以及实践工作的基础。信息化教育学科的逻辑起点一直也是争论不休的，并且各个观点不尽一致，如“借助技术的教育活动”（何克抗）、“借助媒体的学习”（桑新民）、“教育和技术的双重定位”（李龙）、“传播”（章伟民）、“教育中的技术”（冯秀琪）、“借助现代教育技术的教与学的方法”（刘瑞儒）③。

南国农先生在20世纪90年代初就提出：“电化教育是以现代教育媒体的研究和应用为核心，是电化教育最明显的标志，是我国电化教育的最大特色”，也是“建立整体电化教育理论体系的逻辑起点”。把电化教育的逻辑起点定位为“现代教育媒体的研究和应用”是符合我国的具体实践和实际国情的。以“现代教育媒体的研究和应用”为逻辑起点，构建了电化教育的“七论”理论体系。

南先生在2009年《电化教育研究》上撰文指出：信息化教育的逻辑起点为现代信息技术环境下的学习、教学和教育。④“现代教育媒体”是物化的信息技术，是构成现代信息技术环境的必备条件。以“现代信息技术环境”代替“现代教育

---

① 《勇立潮头》“制高点专题新闻”发刊词[N]. 中国教育报，1998-5-16.

② 南国农. 信息化教育理论体系的形成与发展[J]. 电化教育研究，2009(8)：5-9.

③ 刘瑞儒. 一部著作引领我国电化教育（信息化教育）发展方向[J]. 电化教育研究，2008(10)：19-24.

④ 南国农. 信息化教育理论体系的形成与发展[J]. 电化教育研究，2009(8)：5-9.

媒体”在表述上更加准确、全面和符合实际。而“研究和应用”显然指的是在学习、教学和教育中的研究和应用。因此，可以说，信息化教育的逻辑起点“现代信息技术环境下的学习、教学和教育”与电化教育的逻辑起点“现代教育媒体的研究和应用”在本质上是一脉相承的，前者更具有概括性和抽象性，满足作为学科逻辑起点的质的规定性。以“现代信息技术环境下的学习、教学和教育”为信息化教育的逻辑起点，构建了信息化教育的“六论”理论体系。然而，遗憾的是，在此文以及新版的《信息化教育概论》中南先生对此逻辑起点没有作进一步的论述和说明。

3. 发展路线问题

教育技术：是遵循美国教育技术走过的路线，由偏重媒体的研究到偏重教学设计的研究。从学科发展角度来看，这是一条走进普通教学论和教育学的路线。信息化教育：始终是以现代教育媒体的研究和应用为核心，这是一条走出普通教学论和教育学的发展路线。[①]

信息技术的普及与影响使得传统的教育学、教学论、教育心理学等学科也纷纷关注现代信息技术环境下的教学与学习过程。“教育心理学的研究趋势之一是研究信息技术的利用。例如，研究信息技术环境下的学习过程与教学模式；研究网络环境下的学习与远距离教学等。”[②]“现代教学媒体的开发与运用，成为当前深化课程与教学改革的突破口。”[③]因此，南国农先生提出：中国教育技术的发展，如果采取美国的路线，是否会走进普通教学论和教育学而自我消亡，值得关注和深入思考。[④] 这点对于我们当前研究的启示在于：要依据中国的实际情况，借鉴其他学科的研究成果，在信息化和学习型社会中，建设和丰富现代信息技术环境下学与教相结合的教育技术（信息化教育）理论体系。

对于学科发展来说，南先生提出：“它在朝着把自己建设为教育学门类的另一个一级学科的方向发展。”[⑤]不过，这一点颇具争议，也有很大的不确定性。

尽管对信息化教育与教育技术作出了严格的区别，但是南先生也提出“遵

① 南国农.信息化教育理论体系的形成与发展[J].电化教育研究，2009(8)：5-9.
② 陈琦，刘儒德.当代教育心理学[M].北京：北京师范大学出版社，2007.
③ 黄甫全.现代课程与教学论学程[M].北京：人民教育出版社 2006.
④ 南国农.信息化教育理论体系的形成与发展[J].电化教育研究，2009(8)：5-9.
⑤ 南国农.信息化教育理论体系的形成与发展[J].电化教育研究，2009(8)：5-9.

循‘你我不同，你我都好’的发展理念，本着‘求同存异’的和谐精神”①来对待名称问题和两类理论体系框架的构建与发展问题。

三、信息化教育理论体系问题

南国农先生一直致力于建立结合我国具体实践符合我国具体国情的信息化教育理论体系。

1．老“七论”

电化教育的理论体系由七论构成：本质论、功能论、发展论、媒体论、过程论、方法论、管理论。

本质论主要说明电化教育是什么，即电化教育的本质。功能论主要说明电化教育能做什么，有什么用，即电化教育的功能与作用。发展论主要说明电化教育是怎样产生和发展的，即电化教育发展史。媒体论主要说明现代教育媒体的一般概念，现代教育媒体设计和选择的依据，教学软件的编制过程与原则，即现代教育媒体的开发与应用。过程论主要说明电化教育过程的概念，构成要素和一般模式，即电化教育过程的规律。方法论主要说明电化教学方法和电化教育科学研究方法。管理论主要说明电化教育管理的目标、内容、过程和组织机构，以及对电化教育工作的评价等。②

老“七论”的提出不仅为我国电化教育理论搭起了框架体系，而且为电化教育研究开辟了分支领域。从以前出版的电化教育书籍看，大多数都以“七论”为基本框架，或是在“七论”的框架范围上做适当调整而构成的。③

2．新“六论”

关于新理论体系的内容结构由六论组成：总论（信息化教育的概念、信息化教育的功能、信息化教育的发展），基础论（信息化教育媒体理论、信息化教育过程理论、信息化教育系统优化理论），技术论（信息化教育硬件环境建设、信息化教育软件资源开发、信息化教学系统设计），模式论（信息化课堂教学模式，现代远程教育模式，信息化环境下自主、协作、探究模式），方法论（信息化环境下学习方法、信息化环境下教学方法、信息化环境下教育研究方法），管理

① 南国农.信息化教育理论体系的形成与发展[J].电化教育研究，2009(8)：5-9.

② 李康.试论南国农先生的电化教育思想[J].电化教育研究，2000(10).

③ 同上。

论(信息化教育管理体制、信息化教育专业建设、信息化教育评价)。[①]

老“七论”与新“六论”进行对照与比较:

- 名称的优化:电化教育优化为信息化教育。
- 把信息化教育的本质、功能与发展归结为总论之中。
- 强化了基本理论即基础论,也就是信息化教育媒体理论、信息化教育过程理论、信息化教育系统优化理论。
- 媒体论扩展为技术论,描述范围扩大,更为明确的关注“硬件”、“软件”和“潜件”的建设。
- 过程论更改为模式论,不仅关注信息化教育与学习过程,也更关注信息化环境下的学习与教学模式。
- 对方法论进行了扩展,加入了信息化环境下的学习方法,此为构建信息化学习型社会打下基础。
- 对管理论进行了调整,增加了信息化教育专业建设。

在对老“七论”进行优化、扩展与调整之后形成的新“六论”,更为完善、丰富与合理。从“七论”到“六论”,反映了我国信息化教育的发展历程是我国近30年来电化教育活动的反映和理论总结,又适应了我国电化教育(教育技术、信息化教育)发展的现状和未来的发展趋势。

信息化教育思想与理论体系在建设符合中国国情的教育学科体系的画板上画下了厚重的一笔,走的是“中国道路”,为发展我国的电化教育事业,建设具有中国特色的信息化教育学科理论体系做出了卓越的贡献。

四、本学科中国道路的五大支柱和三大实践领域

南先生一直强调“摆脱依附,走自己的路”[②],并身体力行,努力地把学科发展和中国的实际情况结合起来,提出了信息化教育发展以及教育技术学科建设的中国道路的五大支柱和三大实践领域。

中国道路的这五大支柱分别是:基本理论研究、硬件环境建设、软件资源开发、新型模式建立、有效管理探索。这三大实践领域分别是:学校信息化教育领域、现代远程教育领域、教育管理和信息化教育队伍培训领域。[③]

---

① 南国农.信息化教育理论体系的形成与发展[J].电化教育研究,2009(8):5-9.

② 南国农.中国教育技术学专业建设的发展道路[J].电化教育研究,2005(9):3-8.

③ 南国农.教育技术学科建设:中国道路[J].电化教育研究,2006(1):6-9.

我们就以下三个方面进行分析：

1. 基本理论研究问题

关于基本理论研究问题，南先生提出：首先是要建立符合中国实际的信息化教育基本理论体系的问题。一直以来都是别人的多自己的少，因此要大力发展并不急地不躁地做好基础研究，“立足本国实际，追踪现实问题；既要借鉴，更要超越。这是教育技术学科建设中国道路的两个基本特征”①。其次是解决现实中的认识问题。信息化教育或教育技术学本质上也是研究现实中学习过程与资源使用过程中的问题，能够有效地解决实际问题并提升认识，这是学科继续发展的动力和生命力的体现。

2. 软件资源开发问题

关于软件资源开发问题，南先生指出：当前的重点是网上课程、数字化教材、教学信息资源库的开发。这些软件资源都是目前应用在教育教学中常见的重要的资源，开发有效的适用的教育资源也是信息化教育重要的实践活动。

3. 新型模式建立问题

关于新型模式建立问题，南先生指出：当前的重点是建立适应素质教育要求的网络环境下的新型教学模式。教学模式总是在时代的发展中不断构建和完善的。新型教学模式的建立离不开现代信息技术的支持，但是不仅仅是现代信息技术，更是现代信息技术支持下的教与学活动结构或过程中各要素间的稳定关系。

南国农先生专门著文提出教育技术学科建设的中国道路的五大支柱和三大实践领域，概括了当前中国教育技术学学科发展和信息化教育实践活动的全部内容，并指出了五大支柱当前的重点，体现了他对中国电化教育事业深刻的理解和洞察，具有高屋建瓴的层次，把握了信息化教育发展的方向和趋势。

五、南先生的勤思、创新与治学

从著文回应“目睹教育技术学十年之十大怪状”，到各种名称与研究范围以及学术之争，到历来电化教育发展过程中问题的反思如“八多八少②”，再到信息化教育思想与理论体系的构建，都体现了南先生善于思考、勤于思考，能不断地反思总结，具有与时俱进善于创新的能力和精神，具有严谨的治学态度和

① 南国农.教育技术学科建设：中国道路[J].电化教育研究，2006(1)：6-9.

② 南国农.信息化教育理论体系的形成与发展[J].电化教育研究，2009(8)：5-9.

宽容的学术道德风貌。通过不断地反思总结，解决问题，积累经验，预测未来发展趋势，从而促进电化教育事业的发展。

南国农先生为中国信息化教育事业作出了巨大贡献，每当在中国教育技术发展、教育现代化发展的重要关口都高瞻远瞩地拨正航向。南先生如今已经九十高龄了，仍然坚持思考，关心电化教育学科发展，几十年来，笔耕不辍，这种精神无不激励着后辈，给我们提供了源源不断的精神动力和智力支持。

南先生对知识和真理的追求，不带任何功利色彩，这是学者的最高境界！

第四节　南国农先生的社会电化教育思想

华南师范大学　赵建华　赵　飞

一、引言

在我国电化教育事业与学科发展的历程中，南国农先生扮演了开拓者和奠基人的角色。南国农先生对我国电化教育学科的贡献体现在同学科建设相关的各个方面，以下内容尝试从社会电化教育角度出发，探讨南国农先生对该领域作出的贡献。

我国的社会电化教育从电化教育诞生之日起就已经存在了。1922 年南京金陵大学农学院举办农业专修科，并设立推广部，利用从美国农业部购买的幻灯片和电影片到各地宣传科学种棉知识。按照尹俊华等人的观点，“我国的电化教育因在教育中发挥了作用，产生了影响，才引起政府部门的关注，先在社会教育中，后在学校教育中进行推广”。[①] 之所以电化教育首先在社会电化教育领域发挥作用，主要是由电化教育的本质特性——以应用和实践为导向所决定的。20 世纪 20 年代的中国尚处于贫穷落后的时代，尤其是中国的农业，由于未曾经历工业时代的洗礼，仍处在男耕女织的时代。从国外引进的农业科学知识幻灯片和电影片，为当时落后的中国普及农业知识起到了积极的作用。

与电化教育专注于学校教育不同，社会电化教育隶属于“大电教”范畴[②]，也就是电化教育在学校电化教育之外的所有应用领域。这一领域非常广泛，包

---

① 尹俊华，庄榕霞，戴正南. 教育技术学导论［M］. 北京：高等教育出版社，1996.

② 南国农. 我国电化教育学科建设的回顾与展望［J］. 华东师范大学学报：教育科学版，1990：21-29.

括继续教育、成人教育、农村电化教育、党员电化教育、军队电化教育、社区电化教育、企业电化教育等。虽然该领域所涉及的内容比较宽泛，但是却有共同的特点，即社会电化教育在特定领域扮演了特定的功能角色。南国农先生非常关注“大电教”的研究进展情况，他在第四届全国教育技术学博士生论坛上明确提出：“电化教育史的研究对象是大电教，不是小电教，是电教事业＋电教学科＋电教产业；是学校电教＋社会电教；是课堂电化教学＋课外/校外电教活动”。因此，电教史的研究，“应回到大电教，使电教的功能得到扩展、延伸，从学校教育功能向社会教育功能延伸、向‘三农’延伸、向社区延伸、向行业延伸。电教的服务对象不应该仅仅是大、中、小学生，而应是社会上所有需要受教育的人”①。南国农先生对社会电化教育领域的清晰描述和界定，为拓展电化教育领域研究范围，关注电化教育在更宽泛领域中的应用厘清了思路、奠定了基石。文献研究发现，研究者们对社会电化教育的关注较少，而将几乎全部的精力放在学校电化教育的应用中。所造成的直接后果是，社会电化教育成为研究的空白，这非常不利于中国电化教育事业的整体发展。

以下内容将对南国农先生的社会电化教育思想进行系统梳理，并以此为基础，构建中国社会电化教育发展史的基本研究框架。

二、南国农先生的社会电化教育思想

考证社会电化教育确立的时间，需要追溯至1933年。按照舒新城的观点，电化教育一词由当时教育部社会教育司司长陈礼江先生提出，其内容指电影和无线广播。② 按照刘之常的观点，镇江民众教育馆在1934年提出“电化教育”这一术语。从这两种观点看，电化教育名称的提出与社会教育从一开始即结下不解之缘。从整个20世纪电化教育的应用来看，它所承担的职能与社会教育联系非常密切。早期电化教育媒体主要包括幻灯、电影、播音和电视四大类，因具有大众媒体的功能而应用于大众传播中，并且在实践应用中承担了向民众传播科学知识、社会知识、卫生知识、国民教育等任务，而且教育部中负责社会教育的部门亲自参与其中，负责组织与指导工作。因此，中国电化教育诞生的

① 南国农. 参与历史研究共创美好明天——在第四届全国教育技术学博士生论坛上的讲话［J］. 电化教育研究，2008，187（11）：8-11.

② 舒新城. 电化教育与中国建设［J］//吕达，刘立德编. 舒新城教育论著选. 北京：人民教育出版社，2004.

目的之一，首先是服务于社会教育，而非学校教育。南国农先生认为“在30年代我们有了‘电化教育’这个名词，有了一点活动，但是，进入到学校领域，进入到教学领域，进入到学科领域，当时是微不足道的，很少很少。”①1978年电化教育事业重新起步，尤其是电化教育分支学科逐渐形成，该领域的研究重心主要是学校电化教育，重点关注如何在教育教学中运用电化教育，优化教学过程，提高教学效益。先生对电化教育研究进行了深入分析，指出“20世纪70年代末，电教重新起步后，我国电教实践和研究的重心发生了很大变化，由社会电教转移到学校电教，对社会电教的研究很少关注，除部队电教和党员电教外，对其他社会电教进行较深入系统的研究很少。”②针对这种现象，南国农先生以恳切的话语和高瞻远瞩的视角撰写了很多文章，疾呼“电教既要深入学校小课堂，也要走向社会大课堂”③；要“深入课堂，走向社会，搞好自身的改革和建设”④；要“面向学校，兼顾社会”⑤；“学校电教，既要深入课堂，又要走出课堂，进入课外活动的阵地，为学校的政治思想教育和学生的课外活动、教师的业余进修等服务，否则难以做到兴旺发达”⑥。以上观点，揭示了电化教育在学校课堂与社会之间应用的关系，即电化教育应为二者提供高品质的服务，不能偏颇，否则电化教育难以得到有效发展，难以发挥有效的作用。下面主要对南先生社会电化教育的思想进行梳理：

1. 社会电教概念的形成

南国农先生于1987年提出了“社会电教”的概念，这是中国电化教育在其发展历程中在学术领域第一次明确提出该概念，该概念的提出标志着社会电化教育研究领域的正式确立与形成。南先生认为，社会电化教育的对象主要是成人和校外青年，这是因为“社会生产的发展有赖于教育的发展”，而“社会生产的关键在于人才，人才要靠教育来培养，没有教育的发展，很难有社会生产的大发展，而没有电教的发展，也很难有教育的大发展”⑦。先生回应了

---

① 南国农. 做好电化教育工作，深入学科教学工作——在江苏高校电教研究会组织的电教座谈会上的讲话 [J]. 江苏电教，1982(1).

② 南国农. 教育技术理论研究的新进展 [J]. 电化教育研究，2010(1)：8-10.

③ 南国农. 发展我国电化教育要解决的几个问题 [J]. 电化教育研究，1983(1).

④ 南国农. 当前电教理论和实践中的几个问题 [J]. 电化教育研究，1986(1).

⑤ 南国农. 我国电化教育事业的现状与展望 [J]. 电化教育研究，1987(2).

⑥ 南国农. 我们对电化教育知道多少 [J]. 电化教育研究，1988(2).

⑦ 南国农. 我国电化教育事业的现状与展望 [J]. 电化教育研究，1987(2).

社会电教对人才培育，尤其对社会人才的作用。社会电教能够在社会人才培养中发挥重要作用与影响，这与电化教育所具有的扩大教育规模、扩大受教育层面的特点有关。与社会电教相对应的是学校电教。南国农先生对学校电教的对象和任务进行了界定，即"以在校儿童和青少年为主要对象，主要任务是改进教学、教育，提高教育质量"。社会电教和学校电教概念的提出，为中国电化教育的发展与建设提出了一个非常清晰的框架，即要从社会电教和学校电教两个维度开展电化教育工作，包括电教研究与电教实践。该框架有利于拓展我国电化教育的研究与实践领域，并且在电化教育自 1978 年重新起步后的迅速发展中发挥了重要作用。

2. 社会电教的应用领域

南国农先生非常关注电化教育的应用问题，他认为"自 20 世经 80 年代末以来，我国电教的服务面日益扩大，由普通教育、高等教育扩大到成人教育、职业教育、特殊教育、继续教育；由学校扩大到社会；由城市扩大到农村"①。对于电教走向社会，先生认为电化教育要走向社会大课堂，要放宽视野，环顾整个教育系统，为提高全民族的素质，多出人才、出好人才服务②。先生先后从不同的角度系统梳理了社会电化教育的应用领域，认为电教工作可以应用于提高劳动者的素质，发展农村教育和职业技术教育，促进年青一代的全面发展方面③，即电教在农村教育和职业技术教育领域的应用。

对于电教走向社会大课堂，电教研究和工作人员应放宽视野的具体做法上，先生为我们提出了具体的操作路径，即社会电教要着眼整个教育系统，在普及一种教育——初等教育，加强两种教育——中等职业教育和高等教育的同时，发展四种教育——干部教育、职工教育、农民教育、扫盲教育中，发挥积极作用，并且特别提出要特别重视为农村教育改革服务，为农业服务。④ 先生所提出的这几个应用领域，目前已经演化为党员电教、企业电教、农村电教、社区电教等，尤其是党员电教、企业电教和农村电教，目前已经形成具备一定规模的系统，在实践中发挥和产生了良好的效益。

南国农先生认为电教能够在教师专业发展方面得到应用，在职教师的培

---

① 南国农. 中国电化教育的新发展 [J]. 电化教育研究，1993(1).

② 南国农. 当前电教理论和实践中的几个问题 [J]. 电化教育研究，1986(1).

③ 南国农. 对我国近十年电教发展的反思和展望 [J]. 上海电教，1989(2).

④ 南国农. 发展我国电化教育要解决的几个问题 [J]. 电化教育研究，1983(1).

训、进修、提高，将越来越多地依靠电化教育，这是因为电化教育适应性强，能适应社会对各类各层次的人才需求，适应脱产与不脱产，以业余学习为主等多种学习形式。南国农先生很早就意识和关注到信息技术应用的问题，他于1987年明确提出，“明日的社会将是一个信息化、知识化、学习化社会，是一个活到老学到老的社会。在明日的社会里，个别化教育、继续教育、终身教育将要广泛兴起。电化教育在促进这几种教育的发展方面，具有很大的优越性。”① 先生的这一论述，同他在2006年所倡导的“协同教育”的理念是一脉相承的②，并且已经在实践应用中产生了巨大的效益。

南国农先生在他的“多元发展”的理念中亦结合了社会电化教育的应用问题。先生认为，“电化教育要面向教育、社会的各个领域，为各种教育（普通教育、高等教育、职业教育、成人教育等）和全社会服务，为各种年龄阶段的人、为人的终生教育服务。”③先生认为党员电教是社会电教的一个重要的方面，“对推进党员教育，在对党员进行马克思基本理论、党的基本路线和党的基本知识，以及科技知识的教育中，起了有益的作用。”④

南国农先生在他的诸多论述中体现了对农村电教的关注，这是由先生的拳拳爱国之心所决定的。先生认为，“大力开展农村教育综合改革，不断提高广大农村劳动者的素质，以促进农村经济的进一步发展，是当前我国面临的一项紧迫的任务。”“电化教育在推进农村教育综合改革方面有着巨大的潜力”，在“20世纪90年代应以此为重点，在这方面进行较全面的深入探索。”⑤正如先生所期望的那样，自20世纪90年代以来，农村电教工作得到大家的高度重视，政府亦从政策层面对开展农村电教提供了支持与保障。尤其进入新世纪以来，农村远程教育工程的实施以及在教育领域的均衡发展战略贯彻，对农村电教的应用起到巨大的推动作用，并取得举世瞩目的成绩。

从目前社会电教应用领域的发展情况看，先生所倡导的领域，包括农村电教、党员电教、企业（职工）电教、特殊教育电教、社区电教等的应用，均已经得到拓展，并取得显著的进步。社会电化教育领域的确定，开阔了电化教育的视

---

① 南国农. 我国电化教育事业的现状与展望 [J]. 电化教育研究，1987(2).

② 南国农. 成功协同教育的四大支柱 [J]. 开放教育研究，2006,12 (5)：9-10.

③ 南国农. 中国电化教育的新发展 [J]. 电化教育研究，1993(1).

④ 同上。

⑤ 南国农. 电教科研：90年代的目标、课题和方法 [J]. 电化教育，1992(3).

野，拓展了电化教育的应用舞台，为电化教育的可持续发展打下了坚实的基础。

3. 社会电化教育的“大电教”观

南国农先生在20世纪80年代中期提出了“大电教”的概念，这同先生所倡导的社会电化教育的理念是一致的。南先生于1987年首次系统提出“大电教”概念，拓展了电化教育的内涵和外延。大电教的基本内容如下表所示：

表　大电教的基本内容①

分析项目	内容
施教对象	各个年龄阶段的人、人的一生
教育理论基础	终生教育理论，以提高全民族的素质，多出人才、出好人才为指导思想
研究对象	电教媒体、电教方式、电教过程、电教对象等
同各种教育类型之间的关系	重视与各种教育(普通教育、高等教育、幼儿教育、成人教育、特殊教育、职业技术教育、扫盲教育、社会教育、学校教育、家庭教育等)的关系。它们的关系是你中有我，我中有你，互相需要，互相促进
范围	学校课堂、社会课堂
应用	第一课堂、第二课堂；重视认知因素、也重视非认知因素(兴趣、情感、意志、态度等)；重视知识传授，也重视能力和情感的培养
特性	开放型，学校、社会、家庭形成三足鼎立，组成网络
主办	国家、集体、个人都可办
单位之间的关系	把电教的各个方面组成一个统一体

从表的内容可以看出，大电教同社会电教的关系非常密切，体现了南先生社会电化教育的理念。因此，大电教概念的提出，为社会电教提供了更加具体和系统的理论支撑。南先生所提出的大电教，其基本含义是建立在终身教育的理论基础上，以提高全民族的素质，以多出人才、出好人才为指导思想。大电教概念扩大了电化教育的视野，从根本上强化了电化教育系统在当今我国教育发展中的重要地位与意义。大电教是开放型的，呈现出学校、社会、家庭三足鼎立的局面，并组成一个教育网络。南国农先生指出，电化教育的研究应以大电教为范围，覆盖电教的五大系统，涉及三大领域(认知、动作技能、情感)，为

① 南国农. 我国电化教育事业的现状与展望［J］. 电化教育研究，1987(2).

发展多种教育(包括学校教育、社会教育、家庭教育等)服务。[①] 南先生"大电教"概念的提出，让我们跳出学校电教这个小范围的局限，扩大了电教者们的视野，也大大扩展了电教工作者施展的空间、活动的舞台，让我们能够把更多的目光投向广大的社会教育——社会电化教育领域。

与"大电教"相对应的是"小电教"，二者之间所存在的差异，南国农先生概括为"小电教的施教对象是6岁刚刚入学的儿童到22岁的大学毕业生，学生只关心学校、课堂"、"小电教是封闭型的，几乎只有学校才是实施电教的唯一场所"等。小电教只重视认知因素(感知觉、思维、记忆等)和知识的传授，电教单位之间各自为政、各行其是。[②]

在我国电化教育发展的过程中，1994年初，国家教委成立了电化教育委员会，电教委的成立对于我国电化教育的发展起到了重要的推动作用，南国农先生认为"电教委的成立，强化了"大电教"的概念，并使我国电教有了一个具有权威性的、统一的领导管理机构。随着电教委的成立，电教大楼正式启用。电教大楼集"三电"于一体。"三电"分中有合，合中有分，将有力地推动我国电教事业的健康发展。使我国电教从"小电教"走向"大电教"，并有了一个具有权威性的司令部。[③]

南国农先生的大电教理论，还体现在他对电教系统组成的认识上。先生认为电化教育系统是个大系统，该系统由四个子系统组成，分别是学校电化教育系统、广播电视教育系统、卫星电视教育系统和计算机教育应用系统[④]。在1990年，先生将学校电化教育系统进行了细分，包括普通学校和高等学校，并在此基础上提出了五个子系统，分别是普通学校电教系统、高等学校电教系统、广播电视教育系统、卫星电视教育系统、电子计算机教育系统[⑤]。1997年，先生进一步完善了这五个子系统，第一次将成人教育电教系统加入这五个系统中，并且将广播电视教育系统和卫星电视教育系统合并为广播电视教育系统。完善后的五个子系统为普通学校电教系统(包括中小学、幼儿园)、高等学校电

---

① 南国农. 我国电化教育学科建设的回顾与展望 [J]. 华东师范大学学报：教育科学版，1990(1)：21-29.

② 同上。

③ 南国农. 面向21世纪的中国电化教育 [J]. 电化教育研究，1996(3)：3-8.

④ 南国农. 中国电化教育的新发展 [J]. 电化教育研究，1993(1).

⑤ 南国农. 我国电化教育学科建设的回顾与展望 [J]. 华东师范大学学报：教育科学版，1990(1)：21-29.

教系统、成人教育电教系统(包括各行业电教部门、部队电教、党员电教等)、广播电视教育系统(包括电大、电专、电视台电教部等)和计算机教育系统[①]。2001年,先生将计算机教育系统修改为计算机网络教育系统[②],2006年先生进一步梳理了电化教育系统,将其概括为四个子系统,即普通学校电教系统、高等学校电教系统、成人教育电教系统、现代远程教育系统[③]。先生根据我国电化教育系统的发展,不断完善和细化我国电化教育系统的构成,将广播电视教育系统和计算机教育系统融合为现代远程教育系统。先生的这一理念体现了我国电化教育系统为适应新世纪需求而出现的新的电化教育的形态。从电化教育系统的演化不仅可以看出先生治学的严谨,更看出先生对电化教育事业的关心。先生对我国电化教育事业的发展进行了深刻的思考。有先生这样的大师为我国的电化教育事业保驾护航,我们的电化教育事业没有理由不能取得丰硕的成果。

4. 社会电化教育的服务对象

南国农先生对电化教育的服务对象进行了探讨,指出电化教育的服务对象是各种教育,包括幼儿教育、普通教育、高等教育、职业教育、成人教育、特殊教育、继续教育等。它的施教对象是各个年龄阶段的人。南先生指出,“现代远程教育学校的性质是继续教育,其对象是成人”,“其根本任务是推进全民教育,构建终生学习体系,变沉重的人口负担为人力资源优势。其目标是培养适应社会经济发展需要的各级各类人才”。他认为“网络教育的功能有两个方面,一个是‘面向社会的教育服务’;另一个是‘面向校园内部网络教育的课程建设以及促进校园内部的信息化建设’”[④]。但作为网络学院,它是实施现代远程教育的机构,其服务对象仍应是成人[⑤]。南先生根据教育对象的不同把电化教育的服务对象分为以上几个部分,把成人教育与继续教育作为电化教育服务对象的一部分。

南国农先生认为电化教育具有三种功能:教育功能、社会功能、经济功

① 南国农. 电化教育与学校教育现代化建设[J]. 中国电化教育, 1997(12).

② 南国农. 从视听教育到信息化教育[J]. 中国电化教育, 2003(9): 22-25.

③ 南国农. 教育技术学科建设:中国道路[J]. 电化教育研究, 2006,153(1): 6-9.

④ 同上。

⑤ 南国农. 发展现代远程教育:中国道路[J]. 中国远程教育, 2005(2): 5-8.

能[①]，电化教育要想实现社会功能，就要求我们的电化教育研究和实践要满足社会的需求，只有这样，电化教育的研究成果才能受到社会的认可，而电化教育研究和实践满足社会需求的过程正是电化教育在社会教育领域中应用的过程。南国农先生也提到"举办教育技术学专业，要从社会需求出发，要讲求社会效益，特别是直接社会效益，这一点很是重要"。他特别要求"我国学校的科研工作，在选题方面，要力求适应社会需求，与教改结合"，提出了电教科研要遵循的五个原则：(1) 以应用研究为主，兼顾基础研究；(2) 以学校电教为主，兼顾社会电教；(3) 以现在为主，兼顾未来；(4) 以中国为主，兼顾外国；(5) 以教学效益为主，兼顾社会、经济效益。[②] 在这些论述中，先生明确提出电教科研要兼顾社会电教和兼顾社会效益。

5. 新教育理念中的社会电化教育

南国农先生于 2001 年提出了新教育的理念，认为新教育即现代化教育，包括六个特征，分别为全民化、终身化、信息化、个性化、多元化和全球化。南国农先生提出现代化教育是一种全民教育，要面向全体人民，要向所有的人开放。现代教育也是终身教育，其对象是从 0 岁开始的所有人。现代教育需要培养学生的信息素养，重视发展人的个性。同时，现代教育是多元发展的，为人们提供不同层次、不同形式、不同规格的教育，以满足人们对教育和学习的需要，并且通过 Internet 把学校教育、家庭教育和社会教育联成一个有机的整体[③]。南国农先生的新教育理念中，很多内容同社会电化教育联系密切。要实现新教育理念，社会电化教育是其重要和基本途径之一。

三、结语

南国农先生社会电化教育思想的提出为从事社会电化教育研究和实践提供了重要的理论依据与支撑。从南国农先生的社会电化教育的思想中可以得到如下启示：

1. 社会电化教育的成功需要现代教育思想理论和现代信息技术的融合，也就是要实现"现代教育思想理论乘以现代信息技术等于成功的电化教育"这一公式。它由南先生提出并要求我们牢记和实践，并将在社会电化教育研究和实践中遵循，以实现成功的社会电化教育。

---

① 南国农. 对我国电化教育深入发展的思考 [J]. 中国电化教育，1997(12).

② 同上。

③ 南国农. (2001). 信息技术教育与创新人才培养(下)[J]. 电化教育研究，2001(9)：14-18.

2. 社会电化教育研究和实践应满足社会需求。

3. 作为在社会领域中应用电化教育的电教者，身上肩负着比学校领域中的电教者更重要的使命，因为他们更贴近社会的需求。南国农先生希望人们改变对电教的认识。同时，电教工作者应端正对自身的认识，认识到电教者不应是单纯的“三子”服务员，更应是教育革新者。因此，社会电化教育研究和实践者应首先从社会需求出发，讲求社会效益，其研究成果和实践结果才会受到人们的欢迎、社会的认可。

4. 要加强自身素质的建设。作为一个从事社会电化教育的电教者，应该加强思想品德方面和科学文化方面的基本素质，只有这样才能使我们成为一个合格的电化教育实践者，才能使电化教育在社会领域中的应用取得成功。

第五节　南国农先生的协同教育思想及其影响

浙江师范大学　黄立新

前苏联教育家苏霍姆林斯基说，“若只有学校没有家庭，或只有家庭而没有学校，都不能单独地承担起塑造人的细致、复杂的任务。”因此，学校、家庭、社会的信息互通，通力合作，协同参与是教育成功的关键之一。大量的研究同样表明，家长有效的参与学校教育与学生良好的学业成绩和积极的社会竞争力密切相关（Christenson & Conoley，1992；Shumow，1998；Keith，1998；Kohl，2000）。因此，在信息技术高度发展的今天，我们有理由用技术支持家庭、学校、社区高度协同，对学生实施立体的全方位关怀，提高学生的学业成绩，促进学生的健康成长。

一、协同教育的缘起

自古以来，家庭就肩负着教育下一代的责任。在远古时代，小孩跟随着父母学习如何获得生存的基本技能，家长即教师，其主要的教育机构即家庭，这种教师与家长的一体式的协同教育一直延续到家长教育职能的分化和转移。当专门从事教育工作的教师出现时，家长的教育职能开始转移到专门的教师身上。从耶稣教教士们设计出最早的近代学校，到二战后的五六十年代，学校教育从诞生走向发展的黄金时期，学校也因此成为学生成长的重要场所，当家长与教师由一体走向分离时，家庭与学校之间的沟通协作也由此变得十分重要。人们在重视学校教育、家庭教育的同时，也十分重视家庭、学校、社会之间的协同教育。

19世纪以来，教育改革运动不断，去集权化(decentralization)和学校本位模式将学校教育的权限由中央下放到地方，甚至社区和学校。[①] 1897年美国家长教师协会成立，为协同教育掀开序幕。在随后的发展中，人们开始系统地分析影响教育成效的各个因素，教师、家长及相关人员在协同教育中的参与度因此进入人们的视野。自1950年以来，美国对学校、家庭、社区的关注和研究发生了三次显著的变化。[②] 第一个阶段是20世纪五六十年代，那时的研究是把家庭、学校和社区看做是分立的背景或相互竞争的对象。第二个阶段是20世纪60年代末和70年代，学者们热衷于讨论究竟是学校还是家庭更为重要，大家一致认为家庭是重要的，对于学校教育成效的意见却不统一，至于社区对学生的影响不过是轻描淡写，但很少有人提出这三者是否可以或者如何能够相互协作的问题(Coleman等，1966；Jencks，1972)。20世纪70年代的有效学校运动把教育者和研究人员的注意力转移到如何改善传统意义上的劣势学生和学校(Edmonds，1979)，研究指出家长参与是众多旨在改善子女教育、提高学业成绩的重要因素之一，同时社区参与开始成为这一阶段的教改内容。第三个阶段是进入20世纪80年代中期，人们认识到做好学校教育工作非常重要，同时也昭示了重新调整联结学校、家庭和社区相关政策及做法的必要，意味着对学校、家庭、社区教育以及它们之间的协同的全面重视。1992年，美国城市人寿保险公司所进行的年度教育调查显示，大部分教师认为，缺乏家长参与对学校教育是个“严重的威胁”。1993年的年度调查显示，54%的教师认为，国家应将加强家长在其孩子教育中的参与作用放在学校教育改革的首要位置。显然，人们在重视学校教育的同时，有相当数量的教育工作者已经认识到，在小孩的教育过程中家庭与学校配合的重要性[③]。1994年美国致力推动“家庭参与教育伙伴计划”，增列“家长参与”目标，将父母参与列为第八项国家教育目标，即到2000年的时候，每一所学校将与家庭建立伙伴关系，增进父母的参与。从中我们可以看出，美国对协同教育的高度重视和大力推行。美国联邦补助贫穷学区、学校经费的Title Ⅰ计划，要求接受经费补助的学校必须与家长签订一项合约，明确规定家长、教师及学生如何合作，并建立伙伴关系，改善学生的学习成

① 马忠虎. 基础教育新概念——家校合作[M]. 北京：教育科学出版社，1999.

② 莫琳·T.哈里楠. 教育社会学手册[M]. 傅松涛，孙岳，谭斌，谢维和，译. 上海：华东师范大学出版社，2004.

③ 马忠虎. 基础教育新概念——家校合作[M]. 北京：教育科学出版社，1999.

就，帮助学生达到较高的学业水平。很多学校因此而设计家庭与学校之间志愿性协议，以界定学校、家长作为促进学生学习伙伴的目标、期望及分担的责任。英国在1989年制订的《儿童法》(The Children Act)、《教育改革法》(*The Education Reform Act*)都要求家长和教育及服务机构之间建立伙伴关系。1998年制定的《学校标准和组织结构法案》(*The School Standard and Framwork Act*)要求学校必须给家长提供相关协议书及家长声明，以便让家长和学校清楚沟通价值、期望和要求。

我国同样有大量教育改革行为支持协同教育。从家校信息沟通层面来看，一般中小学校对教师进行家访和召开家长会都有明确的要求，教师特别是班主任老师必须积极与家长进行信息的交流和沟通。从家庭教育指导层面来看，建立了家长学校和家庭教育指导中心，为家长正确有效地开展家庭教育提供必要的指导和帮助。从参与决策层面来看，中小学校纷纷建立了校级、年级、班级的家长委员会，通过家长委员会来反映家长的意见和建议，协助学校进行决策。"十五"期间，家庭教育的有关内容被写入了我国新修订的《中华人民共和国未成年人保护法》；全国已建立起29个省级，300多个地级协调领导机构和近2000个县级家庭教育协调领导机构；全国各级各类家长学校达到了43万余所；共有60多万人次参加了"十五"期间组织的各类家庭教育工作培训。[①] 我国香港地区在1991年的学校管理新措施中，鼓励学校成立家长教师会，主要以联谊及沟通的功能为主。到1999年香港教育署在推行校本管理时，在所有的公立学校内将家长吸纳为学校管理委员会的决策者，2000年将这一政策推广到整个香港地区。我国台湾地区1973年颁布小区妈妈教室实施要点，1984年教育部门又制订发展家庭教育施政计划，并从1987年起并陆续出版《快乐的家庭》、《亲子情缘》、《家庭生活八段锦》、《亲职教育活动设计实务手册》、《问题家庭访谈工作手册》等书，以鼓励家长注意并参与孩子的教育问题。[②] 2001年6月台北市家长协会草拟《家长参与教育法》，主张家长参与教育的范围不限于事务，凡是教育内容、政策、方式、组织、经费、信息、法令、评鉴、申诉等均包括在内，家长应具有信息请求权、教育选择权、申诉权、组织团体权、异议权、参

① 中国教育报．全国各类家长学校逾43万所[DB/OL]．http：//www.moe.edu.cn/edoas/website18/level3.jsp? tablename=217&infoid=32156．2007-8-31．

② 高慧芬，黄倩仪，张斯宁，廖信达．亲职教育与实务[M]．台北：永大出版社，2001．

与决定权及监督权等七种权利。[①]

综上所述,我们必须融合现代教育思想理论与现代信息技术,构建起家庭、学校、社区的协同教育平台,满足目前家、校、社信息沟通的迫切需求,立体化全方位地关怀学生,提高教学的效果、效率和效益,促进学生的健康成长。

二、协同教育的需求分析

(一)现实需求

随着社会的不断发展,现代社会的家庭生存压力大增,人口流动性逐渐加大,学生家庭居住地分散,特别是家长外出务工等,这些无形中增加了人们之间的空间距离以及心理距离。家庭、学校、社会之间交流的频率和内容都受到一定程度的影响,传统的家校合作方式已不能完全满足家长、教师的需求。在教育实践领域,人们越来越变得没有太多的时间来通过传统的方法了解自己子女在学校的表现,比如家访、校访、出席家长会和学校开放日等。人们渴望利用方便快捷的现代通讯技术和网络技术来增进彼此之间的交流和沟通,学校、家庭、社会对利用技术来开展协同教育也有着非常强烈的需求。

全国妇联近年来在推进家庭教育方面主要做了五项工作,其中之一就是加强阵地建设,进一步提高家长素质。已在全国范围内建立了不同层次的各种类型的家长学校43万多所,同时还建立了各种类型的家庭教育指导中心11万多所。家长学校各式各样,例如近年来,有手机家长学校、网上家长学校,定期不定期地在网上或手机上发布一些家庭教育知识,供家长参考,深受广大家长的欢迎。[②] 但这一系列协同教育活动的数据背后,协同教育的实效却值得我们深刻地反思,与之同步的研究也远远落后于技术的发展和该领域的摸索,因此,我们必须寻求信息技术的全面支持,实现信息的互通和共享,促进家庭、学校、社区的高度协同,打破由于时空限制和心理距离在教师、家长、学生以及社会各色人群之间的隔膜,利用技术增进教师与家长、家长与学生、家长与家长之间的联系,积极沟通,协同教育。

(二)技术成熟

互联网正如人们预期的那样以惊人的速度深刻地影响着社会进程和人类

① 刘承武.家长参与教育法草案[DB/OL]. http://www.pat.org.tw/shop/parentlaw_3.htm. 2001-3-24.

② 黄晴宜.全国妇联推进家庭教育主要做了五方面工作[EB/OL]. http://acwf.people.com.cn/GB/99058/6410152.html.

的未来，改变着人们的学习、生活、工作与思维方式。信息时代，成功的协同教育不能没有现代信息技术的支持，必须实现现代教育思想理论与现代信息技术的融合。[①] 技术提供了一种改善学校与家庭沟通的最好途径，E-mail、Web 页面、双向音视频交互技术等数字化传播手段提供给教师和家长保持接触的便捷方式，使得教师和家长通过支持技术获取信息修正对学生进步的认识，咨询和回答在学校以及在家中的行为表现。[②]

目前我国使用电脑的人数和家庭电脑的拥有量快速增长，据中国互联网络信息中心（CNNIC）《中国互联网络发展状况统计报告（2010 年 1 月》显示，截至 2009 年 12 月，中国网民人数已经达到 3.84 亿，中国的互联网普及率已经达到 28.9%。我国的手机网民一年增加 1.2 亿，已达到 2.33 亿人。2009 年上网手机数量增长率为 98.5%，上网的笔记本电脑增长率为 42.4%，而台式机的增速放缓，增长率仅有 5.8%。

除了网络接入设备在数量和功能上的巨大变化外，各种社会性软件如 Blog、Wiki 等，交互软件如 QQ、Skype、MSN 等，开源代码系统平台如 Moodle 等，高级编程语言、动态 Web 编程技术和数据库技术为构建起低技术、低成本的家校社协同教育平台提供了良好的软件基础和开发环境。

（三）全面人际交互的回归

众所周知，除了师生之间的交流影响教学效能之外，还有其他对象之间的交流与沟通对教学效果产生着巨大的影响，如家长—子女、家长—教师、家长—家长，教师—教师、学生—学生之间的交流。然而在学校形态的演化过程中，家长—教师、家长—家长之间沟通与对话代表着家庭—学校—社会的交互距离，它随着学校形态演化而发生着独特的变化。

从古至今，承担教育职能的机构大致经历了四个比较典型的形态。早期教育中，家庭中的长者往往承担了教育后代的任务，家长及教师，家庭即学校，因此这种形态下的家庭—学校—社区之间的沟通或者家长—教师—学生的沟通实际上就是家庭内部的事情，可以实现原始而简单的信息完全共享，家庭—学校—社区的交互距离最小。当教师的职责从家长的身上转移到特定人群——

① 南国农．成功协同教育的四大支柱[J]．开放教育研究，2006(05)．

② ASCD Bloggers. E-Communication: Boosting Parental Involvement[EB/OL]. http://ascd.typepad.com/annualconference/2006/03/home_again_boos.html.

教师的身上以及私塾出现后，教师和家长不再一体，私塾与家庭之间的空间距离相对于最初的教育形态而言有所加大，不过私塾一般没有远离村落，私塾和家庭之间仍然可以保持着一种良好的交互，家长也很容易获取子女的学业成就。而当更大教育规模的学校出现后，学校与家庭的空间距离变大，尤其是现代社会人口流动性大、居住分散特点非常突出，特别是广大中西部地区家长长期外出务工使空间距离扩大到了一个极大的范围，家庭—学校—社会之间的沟通滞后甚至受阻，空间距离的变大必然影响家庭—学校—社会的交互距离，从而出现了家庭教育子系统、学校教育子系统、社会教育子系统不完全同步的问题，三个子系统处于相对独立的无序运行状态，无技术支持的人际交互让教师无暇顾及每个学生并与家长们保持密切的联系，交互距离最大。科学技术的发展产生了第四种形态——虚拟学校，网络技术的优势表现得淋漓尽致，便捷、双向交互等特点使家庭—学校—社区又有了良好互动的可能，实际上是技术支持下全面人际互动的一种回归。四种典型形态教育机构与交互距离的关系如图实线所示。

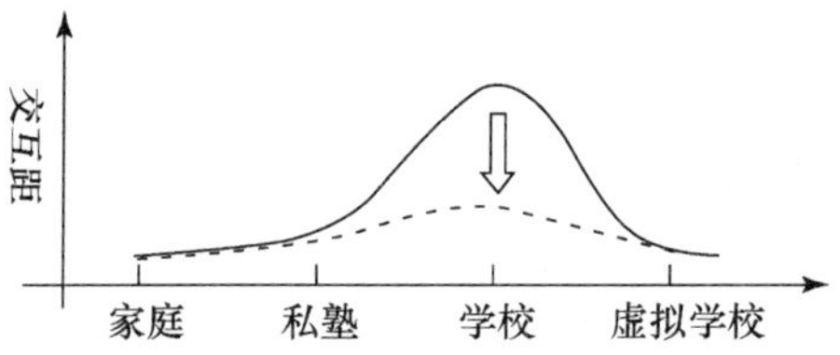

图　教育机构形态与交互距离的关系

图中的虚线表明通过技术支持的协同教育可以增加家庭—学校—社区之间的对话，减少家庭—学校—社区的交互距离，曲线的峰度降低，首尾接近于水平，从而改善教育系统的效能，提高教学的效果、效率和效益。因此目前作为主要教育机构形态的学校通过技术的支持增加与家庭、社会的交流，同样是全面人际交互的回归。

因此，为融合现代教育思想理论与现代信息技术，构建起家庭、学校、社区的协同教育平台，满足目前家、校、社信息沟通的迫切需求，立体化全方位关怀学生，提高教学的效果、效率和效益，促进学生的健康成长，拟提出了本论题研究。

三、南国农先生的协同教育思想

（一）协同教育的概念

“协同教育”概念首次出现在文献中可以追索到1996年，刘纯姣在《学校家庭协同教育构想》一文中提出协同教育，并将其定义为：协同教育是将协同学理论移植于教育领域，探索教育系统（学校教育、家庭教育、社会教育构成的教育系统）中的两个主要子系统及学校教育系统与家庭教育系统怎样发挥其各自的自组织能力，在一定条件下形成合作、协同、同步、互补的协同效应①。

1997年中国家庭教育学会常务会上第一次正式使用“协同教育”这个概念，“协同教育”是具有时代特征的新的教育观念，主要指学校、家庭、社会等多方面教育资源、教育力量的主动协调、积极合作、形成合力，实施同步教育，共同培养“四有”新人。②

2002年孙庆曜在文章中则明确界定了协同教育的范畴，协同教育离不开社会教育系统的教育资源和教育力量。认为“协同教育是在现代教育观念特别是素质教育观念的指导下学校、家庭、社会等方面教育资源、教育力量彼此主动协调积极合作形成合力实施的同步教育。”③

2006年南国农先生在更高层面上架构起对协同教育的理解：“协同教育是一种新的教育方式，它是联合对学生有影响的各社会机构的力量，对学生进行教育，以提高教育的效果、效率和效益。”④协同教育是一种教育的方式，是与三大教育系统的教育方式并列的教育方式，是三大系统交叉融合的一种教育方式，即学校教育、社会教育、家庭教育和协同教育。这种方式的存在绝对不是三大系统独立地开展教育活动，在其开展教育活动的同时必须有协同，联合对学生有影响的各种社会机构力量，来提高教育的效果、效率和效益。协同教育已经超越了家庭、学校、社区简单的信息互通，是要在信息互通的基础上联合各种教育力量对学生进行教育以提高教育的效果、效益和效率，并将协同教育系统分解为“六要素”（学校、家庭、社区、媒体、信息、学生）和“三主体”（学生、

① 刘纯姣．学校协同教育构想[J]．怀化师专学报，1996(3)：328-330.

② 王宝祥，刘宏博．我国协同教育发展概况和促其健康发展的建议——关于协同教育的初步研究[J]．教育科学研究，1999(06).

③ 孙庆曜．谈小学德育协同教育的策略[J]．教育探索，2002(8).

④ 南国农．成功协同教育的四大支柱[J]．开放教育研究，2006(05).

教师、家长)。[①] 特别点明了"信息技术环境下协同教育不是一般的协同教育,而是指联合学校、家庭、社区的理论,三位一体合作利用现代信息技术对学生进行教育",这为本研究限定了具体的研究范畴,本研究即技术支持下的协同教育,重点探讨协同教育中如何利用信息技术实现信息互通和信息的深加工,调控三大系统自组行为和有序运行,实现系统的协同效应。

2007 年 9 月李运林先生在《协同教育是未来教育的主流》一文中认为家庭、学校、社会"三大教育系统中,某一系统那些独有的要素或信息进入另一系统与另一系统的要素相互联系与作用,产生协同效应,影响了该系统的教育功能,这种现象称为协同教育。"[②]并进一步依据系统独有要素的相互渗透对协同教育进行分类,包括协同家庭教育、协同学校教育和协同社会教育等多种类型的协同教育。

(二) 协同教育的科学范畴

为了准确理解协同教育以及协同教育、家校合作、协同教学三者之间的关系,协同教育可以从三个子系统的关系来理解,协同教育三个子系统分别是家庭教育子系统、学校教育子系统和社区教育子系统,三个子系统决不是简单的相加,而是三个子系统的高度协同。

可以用图来表示协同教育三个子系统的关系,圆的大小表示了协同教育在教育系统中的地位,由实际运行中的协同教育的层次和实效所决定:三个子系统如果孤立存在,彼此分割,缺少沟通和联系的话,就没有圆的存在,即没有协同教育(如图①所示);如果仅仅利用技术来告知家长学生的出勤率、交费通知等公共信息,其教育的价值和协同的层次相对较低,因而其圆小(如图②所示);三个子系统如果高度协同,信息高度共享,而且在信息共享的基础上对所获取的信息进行深度加工和处理,如家长、教师不再满足于单次信息的互通,而要对阶段信息进行分析,了解学生的阶段表现和学生发展趋势,通过深度加工和处理提高协同效应,其圆就大(如图③所示)。我们还可以借助三个子系统之外的其他教育力量来促进学生的健康成长,即广义的协同教育(如图④所示)。协同教育的层次和实效主要依靠技术对它的支持,通过构建良好的技术平台可以深化协同教育的层次,增强协同教育的实效。因此能不能让三个子系

① 南国农. 成功协同教育的四大支柱[J]. 开放教育研究, 2006(05).

② 李运林. 协同教育是未来教育的主流[J]. 电化教育研究, 2007(9): 5-7,27.

统高度协同，关键要看协同教育过程中现代通讯技术和网络技术的应用。

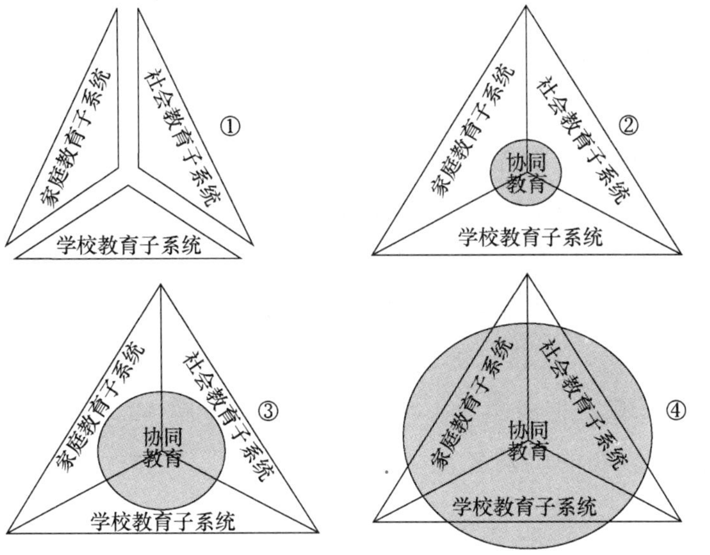

图　子系统协同程度

家校合作可以看成是协同教育的一部分，家校合作不等于协同教育的全部，只是两个子系统的协同而已，因而家校合作与家校互动只是一个残缺的圆。

家长参与可以看成协同教育中家长关心学生教育的活动和行为。家校参与更多的是关注家长参与的途径及内容，家长参与的层次及策略，家长参与的角色与模式等，而对于教师与家长的互动，特别是教师在协同教育中重要的引导作用往往被忽略。虽然家长在关心学生学习的过程中采取的活动或行为不只是局限于家庭内部，会渗透到学校，影响到教师，但家长参与也不是协同教育的全部。

协同教学也可以看成是协同教育中学校教师之间的协同，这自然只是协同教育的一部分，是学校子系统内部的协同而已，相对于协同教育而言，是部分与整体的关系，协同教学本身亦可看作是一个残缺的圆。

而协同教育除了家庭合作、协同教学之外，还有另一个子系统——社会教育子系统与家庭教育和学校教育的协同。

关于协同教育圆的大小，李运林教授对此有过类似的论述，李教授认为未来协同教育的数量会越来越多，并且用图示法表示其数量。在图示法的表示上经历了两个阶段：其一是三圆相交，其二是比例饼图。三圆相交的图式中认为阴影部分面积小不能表示协同教育的数量，从而有了对其进行修改的比例饼图，并且得出协同教育的比例为：

$$(50\%+20\%+20\%+30\%+30\%+30\%)\div 3=60\%。$$

至此，协同教育的概念和范畴有了一个比较清楚的界定。协同教育就是在现代教育思想和协同理论的指导下，家庭、学校、社会互通教育信息，使教育系统有序运行，提高教育效果、效益和效率的教育方式。① 它主要发生在教师和家长之间以信息沟通为基础的协同活动，有家长获取学生信息、开展家庭教育、主动进行信息沟通和干预学校决策的活动，有教师信息传播、家庭教育指导、寻求支持和征询家长意见的活动。

（三）协同教育的全新理念

南先生认为成功的协同教育需要人们给予更多的关注，要树立协同教育的三种全新理念②：

（1）儿童和青少年教育是学校、家庭和社区的共同事业和责任。

（2）学校、家庭、社区互动合作、协同教育儿童和青少年，其功能大于单个的学校教育功能＋单个的家庭教育功能＋单个的社区教育功能，即 3＞1＋1＋1。

（3）信息时代，成功的协同教育必须实现现代教育思想理论与现代信息技术的融合。这种理念用公式来表述，就是：

现代教育思想理论	×	现代信息技术	=	成功的协同教育

（四）协同教育的先进技术

以信息的互通为核心的协同教育离不开现代信息技术的支持，系统的调控也离不开信息技术的支持，现代信息技术的应用是协同教育的一个重要构成要素，即“成功的协同教育不能没有现代信息技术的支持”。③

目前支持协同教育的先进技术主要有两类：一类是家校信息互联系统。“家校通”就是家校信息互联系统的典型代表，2002 年前后，“家校通”开始在国内少数发达地区试点，2004 年在全国各地逐渐普及。到目前为止，数以千计的中小学安装了“家校通”系统。

① 黄立新．技术支持的协同教育研究[D]．西北师范大学，2009．

② 南国农．成功协同教育的四大支柱[J]．开放教育研究，2006(05)．

③ 同上。

另一类是协同教育网站。我国已经建立的可用于家校互联的网站有200多个。当然还有一些一线教师利用非专业平台进行协同教育，如利用QQ聊天架起班主任与学生的“连心桥”；开通电子信箱为家校联系开辟新途径；开展网上论坛解决班级管理中的问题和困惑；倡导网上留言为班级征集活动内容；建立学生成长电子档案袋，追踪学生成长轨迹；利用网上资源，展示学生学习成果等。[①]

然而现有的支持技术并没有产生令人满意的效果。相当一部分“家校通”平台的主要作用就是向家长汇报孩子什么时候到校、什么时候离校，偶尔加上一些开会的通知等。在家校通推广使用的过程中我们不得不无奈的面对“‘家校通’炒着热吃着凉”[②]的局面。“家校通”本身是中性的，关键在于学校、教师、家长如何合理运用。[③] 问题不是出在技术上，而是出在内容结构不能满足三个主体的要求上。[④] 因此在关注技术的升级和新平台的开发的同时，更应重视信息内容结构的设计，提供更多媒化、更全面的适应主体（家长、教师、学生）的信息，加强家庭—学校—社会的对话，使学校实现网上开放，接受更广泛的社会监督，让网络集成家长、社会资源，使家长的教育资源和经验得到充分共享，最终实现协同教育系统的无序向有序的跃迁。

（五）协同教育的有效实践

协同教育的实践尤其是技术支持的协同教育实践仍然处于探索阶段，近年来，已初步建立了协同教育的实践模式，包括工程建设模式和家校互动合作模式。已建立的工程建设模式有：家校信息互联系统、社区教育网站、计算机网络＋手机、光盘播放系统等；[⑤]已建立的家校互动合作模式有：网上家长学校、网上开放日、网络教育心理咨询、网上聊天、E-mail、BBS等。但协同教育实践模式的有效性有待深入探索，探索过程离不开协同教育的另一种实践途径，即研究。通过宏观、中观和微观等不同层次的协同教育课题研究，充分调动一线教师、产业领域以及专门的研究工作者选择适宜的选题，对实践进行总结，可进一步检验协同教育的实践效果。

---

① 苏尚楷．让网络成为班主任工作新天地[J]．文教资料，2006(29)：181-182.

② 汪晓东，焦建利．“家校通”为何炒着热吃着凉[J]．中国教育网络，2006(5)：18-19.

③ 秦敏．“家校通”关键在如何运用[J]．中国教育网络，2006(5)：19.

④ 南国农．成功协同教育的四大支柱[J]．开放教育研究，2006(5)：9-10.

⑤ 同上。

（六）协同教育的光明未来

重视协同教育是当今世界一些重要国际教育组织的共识。世界学前教育组织（OMEP）和国际儿童教育协会（AECI）指出：儿童的发展是“家庭、教师、保员和社区共同的责任”（李生兰，2003）。许多研究都指出，家庭、社区的教育力量，若能与学校教育措施相辅则相成，否则若与学校教育相异或脱节，则不仅造成学校功能下降，而且会造成许多不良后果（U. S. Department Education，1994；Coleman，1987）。学校、家庭、社区三者之间互动所形成的整体教育大环境，对学生的发展与学习，具有决定性的影响力，唯有结合这三种力量，才能真正有效地改进现有教育（Rich，1988；U. S. Department Education，1994；National PTA，2000）。许多国家教育行政部门也都把学校与家庭、社区的互动合作的情况，作为评估学校办学质量的一项重要指标。

南国农先生非常明确地指出——“协同教育是未来教育的主流”（南国农，2006），李运林先生在2007年从协同教育数量增多的角度对这一命题进行了系统的推演和分析，黄立新博士在恩师南先生的指导下，分析了协同教育的范畴，并依据子系统的协同程度论证了协同教育子系统由分离走向融合，直至信息高度共享，在信息共享的基础上吸纳各种教育力量，通过深度的信息加工和处理提高协同教育的效果，不断扩大其作用与影响，实现成功的协同教育，这一趋势不可阻挡。

四、协同教育思想的影响

（一）开启了教育技术学研究的新领域

近十年来，协同教育相关研究的总量几乎直线上升，逐年递增。不难看出人们近年来对协同教育相关领域关注程度的提升，尤其是众多学者相继发表中英文期刊论文对协同教育相关领域进行了比较广泛的研究，进一步证明协同教育逐渐成为教育技术学研究的焦点和重要领域。特别值得一提的是近三年来的期刊研究总量占10年期刊研究总量的51.6%，其中中文期刊近三年的研究总量为113篇，分别为2007年40篇、2006年42篇，2005年31篇，而且作者有教育技术学学科背景的文献数量急剧增多。代表南先生的协同教育思想的《成功协同教育的四大支柱》成为这些成果当中的一个新的高度，开启和引领了教育技术学研究的新领域。南先生的协同教育思想不仅丰富和发展了教育技术学的理论，革新了协同教育的观念，提出了通过课题研究探索协同教育的实践方法和工作模式，还为成功协同教育的达成提供了最有效的实践指导。

（二）带动了协同教育产业的发展

“信息时代，成功的协同教育不能没有现代信息技术的支持。”① 为了寻求协同教育的先进支持技术，许多的教育软件研发部门投入了非常多的时间和精力进行协同教育技术平台的研究和开发，主攻研究方向是网络与移动通信的互通，即家校短信平台的设计与开发。目前，市场上已经有数十种“家校通”平台，如中微家校通、博盾家校通、彩虹家校通、联通家校通、旺闻家校通、移动家校通、神州家校通、天音家校通、朗明家校通、电信家校通、美亚家校通、育程家校通、海时家校通、金视野家校通，数以千计的中小学、职业学校安装了“家校通”系统。这一系列的协同教育平台研发部门与通讯服务提供商、学校等形成一个初具规模的产业链，在促进学生健康成长的同时也带来了客观的经济效益。

（三）改善了家庭、学校、社会的关系

社会的发展增加了人们的交互距离，然而良好的技术应用却又能增加人们交流的通道，缩小交互距离。通过协同教育思想的实践，利用现代的网络技术和通讯技术构建起家庭、学校、社区之间通畅的信息渠道，解决家庭、学校、社区沟通难的现状，增加了家庭对学校教学活动的理解和支持，及时了解了学生的在校表现，共享成功的家庭教育经验，根据获取的信息有针对性地开展家庭教育，从而密切了家庭、学校、社会的关系，形成三大系统的教育合力，实现了“3＞1＋1＋1”。

（四）促进了学生的健康成长

协同教育思想的核心是联合各种教育力量促进学生的健康成长。而有了先进的现代信息技术和通讯技术做支持，构建起家庭、学校、社区之间通畅的信息渠道，改善家庭、学校、社会的关系，自然能够联合各种教育力量。通过家庭、学校、社区的高度协同，对学生实施立体的全方位关怀，提高了学生的学业成绩和社会竞争力，促进了学生的健康成长。

参考文献

[1] 南国农. 成功协同教育的四大支柱[J]. 开放教育研究，2006(05).

① 南国农. 成功协同教育的四大支柱[J]. 开放教育研究，2006(5)：9-10.

[2] 李运林. 协同教育是未来教育的主流[J]. 电化教育研究，2007(9).
[3] 黄立新. 技术支持的协同教育研究述评[J]. 电化教育研究，2008(12).
[4] 黄立新. 技术支持的协同教育研究[D]. 西北师范大学，2009.
[5] 马忠虎. 基础教育新概念——家校合作[M]. 北京：教育科学出版社，1999.
[6] 莫琳·T·哈里楠. 教育社会学手册[M]. 傅松涛，孙岳，谭斌，谢维和，译. 上海：华东师范大学出版社，2004.
[7] 中国教育报. 全国各类家长学校逾 43 万所[DB/OL]. http：//www. moe. edu. cn/edoas/website18/level3. jsp? tablename=217&infoid=32156. 2007-8-31.
[8] 高慧芬，黄倩仪，张斯宁，廖信达. 亲职教育与实务[M]. 台北：永大出版社，2001.
[9] 刘承武. 家长参与教育法草案[DB/OL]. http：//www. pat. org. tw/shop/parentlaw_3. htm. 2001-3-24.
[10] 黄晴宜. 全国妇联推进家庭教育主要做了五方面工作[EB/OL]. http：//acwf. people. com. cn/GB/99058/6410152. html.
[11] ASCD Bloggers. E-Communication：Boosting Parental Involvement[EB/OL]. http：//ascd. typepad. com/annualconference/2006/03/home_again_boos. html.
[12] 刘纯姣. 学校协同教育构想[J]. 怀化师专学报，1996(3)：328-330.
[13] 王宝祥，刘宏博. 我国协同教育发展概况和促其健康发展的建议——关于协同教育的初步研究[J]. 教育科学研究，1999(06).
[14] 孙庆曜. 谈小学德育协同教育的策略[J]. 教育探索，2002(8).
[15] 苏尚楷. 让网络成为班主任工作新天地[J]. 文教资料，2006(29)：181-182.
[16] 汪晓东，焦建利. “家校通”为何炒着热吃着凉[J]. 中国教育网络，2006(5)：18-19.
[17] 秦敏. “家校通”关键在如何运用[J]. 中国教育网络，2006(5)：19.

第二篇

南国农先生与中国电化教育学科专业建设及人才培养

第三章　概　　论

李运林　陈庆贵

南国农先生在《发展我国电化教育要解决的几个问题》(《电化教育研究》1983年第1期)中指出：要搞好电教队伍建设，电教队伍有两支部队，第一支是由电教专业人员组成，第二支是由具有电教能力的各科教师组成。可采取多种形式去培养这两支队伍：1．举办电教专题讲座；2．举办各种短期训练班；3．在高等和中等师范院校开设电化教育课；4．在高等院校设置电教专业或电教系；5．设立电化教育学院。上述内容可用下图来概括：

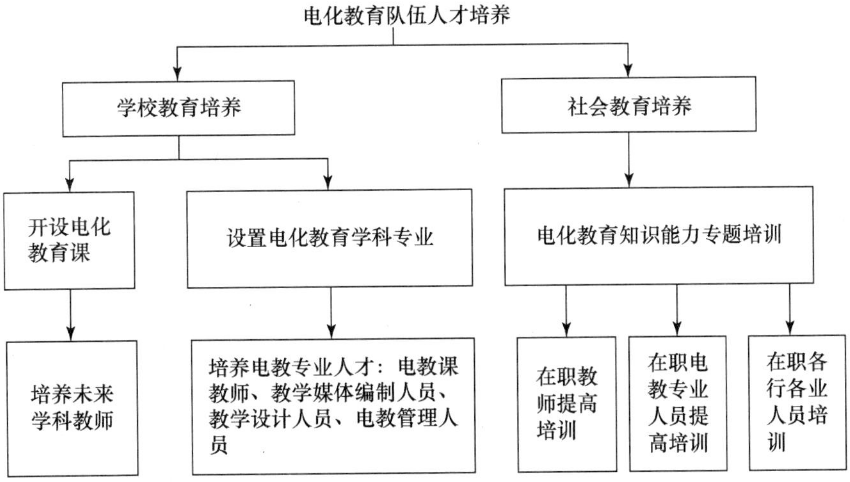

下面对各种形式的电教人才培养与南国农先生所作贡献进行概括介绍。

第一节　开设电化教育课程

一、早期开设的电化教育课程

在师范院校可设电化教育课程，使未来的各门学科的教师具备电化教育的知识与能力，教师们都能熟练运用电教媒体去进行教学活动，是推动电化教育事业发展的关键。南国农先生最早以身作则带头开展了这项工作。

南国农先生与萧树滋先生于1948年前后赴美国哥伦比亚大学攻读比较教育和视听教育。1950年回国后，二人一起到西北师范学院工作。二人率先在新中国诞生后在师范院校开设了电化教育课程。萧树滋先生自编讲义在学生中开设了电化教育课程，讲授如何使用幻灯、投影、播音、电影等手段进行教学。南国农先生当时则负责学院实习教学指导委员会的工作，指导与要求学生在实习时使用电教手段进行教学。南国农与萧树滋二人的配合使电化教育课在西北师院成为一种教学的特色，在全国纷纷引起仿效，并得到推广。至1957年反右斗争之后，这种特色课程才中断开设。

1978年，我国实行改革开放的政策，电化教育重新起步。值得人们关注的头等大事还是在师范院校开设电化教育课，培养教师的电化知识和能力。1979年初，教育部电化教育局负责人程光同志，鉴于西北师院南国农、萧树滋等电教元老，于过去已有开设电化教育课的经验，提出由西北师院组织全国电化教育课程的研讨班。1979年6月—8月，举办了由37所高等师范院校50多个教师参加的研讨班。后来，教育部主管部门还发文，倡导电化教育作为师范院校的选修课和必修课。从此，全国各地师范院校先后都开设了电化教育课程。

为了规范和指导全国各地开设的电化教育课程，1981年教育部电教局在杭州召开了电化教育课教学大纲研讨会。研讨会由南国农先生主持。通过研讨，与会者对开设电化教育课的教学目标、主要的教学内容框架和教学方法等取得了共识，促进了电化教育课在全国师范院校更广泛的开设。

二、统编全国电化教育课程教材

为了提高全国开设电化教育课的质量和统一课程要求，教育部电化教育局于1984年3月成立了“全国电化教育课程编审组”。组长是南国农，副组长是李运林。组员有：河北大学萧树滋，北京师范大学徐仁肖，东北师范大学孙天正，华南师范大学高汝淼，华东师范大学庄秀娟，南京师范大学舒泽湖，湖南电教馆梁育腾，辽宁电教馆丁学儒等。组织编写与审定的书有：高师公共课用的《电化教育学》，中师公共课用的《电化教育基础》。

编审组将工作重点放在高师《电化教育学》的编审，中师《电化教育基础》只参照前者降低难度与减少学时。关于《电化教育学》的编写内容与原则，在该书出版前言中有如下说明：

该书的内容体系，以高师《电化教育学》教学大纲（修订稿）为依据，分三大部分：① 电教基本理论；② 电教媒体与教法；③ 电教管理。

该书的编写原则是：① 提供电化教育学的基础知识、基本方法；② 按照系统观点，主要针对现实课题选材；③ 注重多学科的"学际"研究，反映现代科学技术新成果；④ 面向电教实践，研究电教实践，指导电教实践；⑤ 关心国际动向，注意未来发展的问题；⑥ 为建立具有中国特色的电化教育学迈出第一步。

该书初稿完成后，编审组还进行了认真的讨论，并作了修改，最后由南国农、李运林统稿。该书于 1985 年 1 月完稿交付高等教育出版社，出版社于同年 7 月第 1 次印刷发行。该书每年重印两次，每次印 3 万至 5 万册。至 1998 年，14 年时间已发行 100 多万册。

1985 年至 1998 年，电化教育经历了 14 年的变迁。在此期间，结合国情，引进了教育传播理论与教学设计理论；电化教育更名为教育技术，并引进了美国的教育技术 AECT′94 定义；但符合国情需要的以现代教育媒体为中心的《电化教育学》，仍为广大师生所欢迎与采用。因此，1998 年，以南国农先生为主编的作者团队，决定对《电化教育学》进行修订，出版发行了《电化教育学》的第二版。该版仍然坚持以现代教学媒体和媒传教学过程为中心，增加了新发展的电化教育应用系统和教学设计理论、远距离教学和电化教育研究和实验等章节，使之更能适应电化教育事业发展的需要。

2004 年，该书进行了第三次修订，并更名为《信息化教育概论》。南国农先生在修订版中说："信息化教育是信息时代的电化教育，是电化教育的发展。书中指出，信息化教育的基本理论是；现代教学媒体理论、媒传教学理论和教学设计理论。"它既坚持中国的特色，又结合国情发展引进的理论成果。该书改版后仍然保持很高的发行量，深受广大读者欢迎。

从《电化教育学》发展到《信息化教育概论》，它经历了 25 年的发展变化，既要符合国情，又要不断引进与更新内容，既来自实践，又能指导实践，跟上时代发展的步伐，促进教育现代化的发展，作为主编的南国农先生为此作出了重大的贡献。

三、多元化发展

（一）地域辽阔

我国地域辽阔，电化教育事业发展也有很大的差异，东部地区一些地方已普及计算机校园网，而西部地区一些地方仍停留在幻灯、投影和影碟机等媒体的使用。因此，在统编电化教育课教材之外，还出现了许多地方性的电教课教材，以适应不同地区的不同需求。

（二）学科发展

近年电化教育学科发展很快，各地开展了各类电教实验，引进国外的理论和更名为教育技术，使得学科进入多元化发展的阶段。因此，高校开设电教公共课的科目也多起来，除原有的电化教育学、电化教育概论外，还有现代教育技术、教育传播与技术、信息化教育等等。

（三）兴趣要求

很多院校从众多科目中，选择了一些作为必修课，一些作为选修课，以适应学生不同的兴趣需求，从而培养满足更多方面需求的电化教育人才。

南国农先生从始至终非常重视学科教师的电化教育知识与能力的培养，重视电教队伍的建设。从最早在公共课《教育学》教材中，加入一章“电化教育学”，到统编全国电化教育学课程教材，到支持学科与课程的多元化发展，为培养一支强大的学科电教师资队伍，推动电化教育事业深入发展作出了贡献。

第二节　电化教育学科专业建立与发展

一、电化教育学科专业的建立

（一）建立的背景

1. 需要大量电化教育专业人才

1978 年电化教育重新起步后，全国各地的师范院校普遍开设了电化教育课作为公共课，这就需要一大批开设电教课的教师。

1978 年继中央电化教育馆成立之后，全国各省市纷纷设立了省、市级的电化教育馆，大、中、小学也设立了电教中心、电教组等电教机构。全国各级电教机构，需要大量电教专业人才去充实。

电化教育事业的发展，大、中、小学开设各门学科课程，需要编制各类电教教材，需要有一大批电教专业人才去作为电教媒体的编制人员。电化教学开展实验研究，要求有关于实验研究的电教专业人才。

正如南国农先生所说的，必须设置电化教育专业，才能满足培养四方八面需求的电化教育专业人才的需要。

2. 创造条件

虽有对电化教育专业人才的需求，但教育部的管理非常严格，不能随便开设新的专业，开设电化教育学科专业的条件是电化教育必须从一项事业，发展为一门学科。因此，只能积极去创造条件。比如，首先做好下面的工作：全面开设电化教育公共课程；多开有关电化教育学科方面的选修课程，如在外语系开设录音教学选修课，物理系开设教育电视选修课等；甚至在相关系开设电化教育方向的若干门课程；社会上举办各类电教研讨班，探讨与总结电教规律。此外，还要积极引进电教理论基础。从1978年至1983年，在上述几方面都做了大量的工作。一个电化教育的学科雏形已显现出来。

3. 积极争取

从1981年开始，每年都向教育部申报批准设置电化教育专业。

4. 领导重视

1983年，华南师范大学申报设置电化教育学科专业时，广东省主管教育的副省长王屏山亲自到教育部作解释工作。通过多方面努力，华南师范大学终于获批准建立新中国第一个电化教育学科专业。

（二）南国农先生支持、指导和参与第一个电化教育学科专业的建立

1. 南国农先生和由他带领的学术团队初步创建的电化教育学科框架体系，支持了学科专业的建立。

2. 南国农先生多次到华南师范大学指导学科专业培养目标与课程设置方案的建设。

3. 南国农先生亲自参加了创办学科专业的典礼，并在创办仪式上作学术报告。

二、组织编审首批电化教育学科专业教材

1983年秋季，电化教育学科专业招生后，遇到的最大困难是没有学科专业教科书。除基础课程外，所有专业课程只能用自编的讲义。

1985年，由南国农任组长的全国电化教育课教材编审组，编审出版了两本电化教育公共课教材之后，为了满足电化教育专业教材与教学参考书的需求，1985年在高等教育出版社的支持下成立了“电化教育丛书”编委会，编委共17人。除编审组成员（南国农、李运林、萧树滋、孙天正、高汝森、徐仁声、舒泽湖、

庄秀娟、梁育腾、丁学儒)10人外，另 聘李奈、孙明经、廖泰初、李克东、周君达、谢景隆、梅家驹等7人为编委，南国农、李运林、李奈为主编。

1986年，在高等教育出版社有关领导的主持下，编审组和丛书编委在华南师范大学联合召开了1986—1990年电化教育专业课程教材和电教丛书选题规划工作会议。经过认真讨论，会议制定了电教专业的15门课程教材和电化教育丛书的编写与出版计划。规划的15门专业课程教材见下表。

序号	选题	字数(万)	编著者
1	电化教育导论	22	李运林　李克东
2	幻灯投影与教学	25	秦兆年　刘瑞然
3	广播录音与教学	15	上海外国语学院
4	电影与教学	15	周君达　高汝淼
5	教育电视系统	25	杨圭南
6	电视教材编导与制作	30	李运林　徐福荫
7	教育传播学	25	南国农　李运林
8	教育传播科学研究方法	25	李克东
9	电化教育管理	20	孙天正
10	计算机教育应用	15	万嘉若　王吉庆
11	电教课程教材教法	20	萧树滋　徐仁声
12	摄影基础	15	刘涤民
13	电教物理	70	舒湖泽等
14	电教美术	10	杨改学
15	电教音乐	10	待定

上述选题，基本都按计划出版了。

三、电化教育学科专业的发展

自1983年华南师范大学经教育部批准创办电化教育本科专业之后，该学科专业得到飞速发展。1984年，北京师范大学、华东师范大学开设了电化教育本科专业。1985年，陕西师范大学、西南师范大学和华中师范大学开设了电化教育本科专业。1986年，南京师范大学和云南师范大学开设电化教育本科专业。1987年，经国家教委批准，内蒙古师范大学、辽宁师范大学、上海师范大学开设电化教育本科专业，石家庄陆军指挥学院也开设了电化教育本科专业。至

1990 年，全国有 18 所高等院校开设了 4 年制的电化教育本科专业，20 多所院校开设了 2 至 3 年制的电化教育专科专业。

1986 年，国务院学位委员会批准北京师范大学、河北师范大学、华南师范大学招收教育技术学硕士研究生。1993 年，国务院学位委员会批准北京师范大学招收教育技术学博士研究生。1994 年，批准华南师范大学招收博士研究生。至此，教育技术学建立了从专科、本科到硕士、博士学位的完整人才培养体系。

1993 年，电化教育更名为“教育技术”，后来还引进美国的教育技术 AECT′94 定义。由于国情不同引起了一些混乱，当时南国农先生及时指出了诸如全国照搬等一些缺点，导致学科专业的培养目标模糊等倾向，但南国农先生同样指出，引进一些新理论并使之本土化以后，对促进教育技术学科专业的建设与发展，是有重大意义的。从 1995 年至本世纪初，教育技术学科专业又出现了一个发展的新高潮，至目前已有 200 多所高校开设了 4 年制本科专业。8 所院校有教育技术学博士学位授予权，83 所院校具有教育技术学硕士学位授予权。教育技术学科专业也出现了多种理论框架的多元化发展。

第三节　开展电教知识与能力培训

在学校开设电化教育课程，设置电化教育学科专业，都属于学校教育，是培养在校学生的电教知识与能力。那么在职教师与在职电教专业人员如何培训与提高呢？只能采用社会教育或学校协同社会教育的方式了。

一、南国农先生的“大电教”观

南国农先生关于“大电教”提出了以下观点：

1. 电教要深入课堂，但不能局限于学校的小课堂，还应该走向社会的大课堂。要考虑整个教育系统，服务对象不应该仅仅是中小学生，而应该是社会上所有需要受教育的人……小电教的服务对象是从 6 岁的小学生到 22 岁的在校大学生，而大电教包括人的一生，即使 80 多岁的人也可以受教育。

2. 小电教是建立在基础教育理论的基础上，它是以教育培养人才为指导思想的；大电教是建立在终身教育理论基础上，它是以提高人的素质为目的。教育的重要目的是提高全民族的素质，使全国人民都能成为具有高尚道德品质和文化素养的公民。

3．小电教只关心学校、课堂，对社会课堂采取旁观的态度；大电教既关心学校课堂，又关心社会课堂。

上述的观点指出了，在学校中采用电教手段对在校学生进行教育活动，只是“小电教”。除了对学校的学生之外，还对社会上的成人用电教手段进行教育活动，则是“大电教”。我们发展电教事业，既要考虑“小电教”，也要顾及大电教。因此，电教人才培训除学校的电教课与电教专业外，还有其他培训方式。

二、在职学科教师的培训

（一）在职教师基础电教知识与能力的培养

一批年纪大的学科教师和非师范院校毕业的新教师没有经过电化教育课程教育，他们必须接受电教基础知识与能力培训，培训的方式有：

1．培训班形式

由教育主管部门或委托学校组织电教知识与能力培训班。电化教育重新起步后，最早是教育部电化教育局委托西北师院南国农、萧树滋举办了全国首次师范院校电化教育的教师研讨会，接着培训班在全国各地普遍铺开。

2．远程教育形式

电化教育重新起步初期，需要培训的大、中、小学在职教师实在太多。因此，1984 年教育部组织了一次用卫星电视播出电教基础知识的方式进行培训，此次培训由南国农、萧树滋、李运林、李克东等几人主讲，同时由甘肃人民出版社出版了《电化教育基础》一书同步发行，尔后还通过发行录像带普及电教基础知识教育。

（二）在职学科教师的提高培训

1．电化教育新理论、新技术、新模式培训

电化教育发展很快，不断出现新的理论、新的媒体和新的教学模式。因此，要及时在教师队伍中进行这些新东西的培训，以提高教师的电教素质与水平。

2．参加电化教育实验研究

学校应鼓励教师参加全国、部或者省组织的电化教育实验课题研究工作。通过实验研究开发新的媒体，创建新的教学模式，总结新的电教规律，从而在实践中提高教师队伍的水平。

3．组织电教观摩课、研讨会

各地方的教育主管部门应培养一些先进的典型，组织教师观摩、研讨，以提高广大在职教师的电教知识与能力。

三、在职电教专业人员培训

电教专业人员是指电教专业本科或专科以上毕业的人员，或者从事电化教育相关职务、具备相应的业务水平的人员。比如，担任电化教育课程的教师，省市重点院校、电化教育机构的管理人员，电教教材编制人员，教学设计人员，电教实验研究人员，等等。

无论是在电化教育重新起步的初期，还是在电教专业得到高度发展的时期，这些电教专业骨干队伍都必须加强训练。

在我国电化教育重新起步初期，西北师大南国农、萧树滋于 1979—1982 年主持了几期电化教育专业骨干人员培训班。在 1983—1986 年间，华南师大也举办了几期为期半年的电化教育骨干理论研讨班。这些培训，人们将其比喻为“黄埔一期”、“黄埔二期”。这些专业人员，现在大多成了各省市电教馆馆长或电教学科专业的院长、系主任和骨干教师。

在电化教育高速发展的上世纪末至本世纪初，大、中、小学都充分利用现代信息技术，加强学校的现代化建设，其中中小学开展了 1000 所现代教育技术实验学校的建设。在此期间，在南国农、李运林的倡导下，创办三面向教育科技园，设立国家教委电教办樟木头培训中心。从 1996 年至 2002 年，举办电教专业骨干人员培训班 89 期，培训各省市电教馆馆长、教育局主管电教工作的局长、重点中小学主管电教工作的校长、电教课教师、骨干教师等共 4422 人。他们遍及各个省市，包括香港和澳门特区。在这期间，中央电教馆还在东北和华东设培训中心进行人才培训。这些培训对促进电教事业发展起了重大作用。南国农先生虽已年近 80 岁，但在樟木头培训中心 89 期的培训中，将近有 80 期都亲自参与讲课。

南国农先生倡导“大电教”，并亲自实践“大电教”，通过开展社会电化教育培养在职的电化教育队伍，对促进电化教育发展有重要意义。

参考文献

[1] 南国农. 发展我国电化教育要解决的几个问题[J]. 电化教育研究，1984(1).
[2] 南国农. 关于“电化教育”课及其教材体系问题[J]. 电化教育研究，1982(2).
[3] 南国农. 电化教育课程教材建设十年[J]. 电化教育研究，1989(3).

第四章　专　　论

第一节　南国农先生与新中国电化教育(教育技术学)学科专业建设及发展

华南师范大学　徐福荫

改革开放以后，中国电化教育(教育技术学)学科专业迅猛发展，南国农先生对新中国电化教育(教育技术学)学科专业的理论体系建构、培养目标定位、核心课程建设、教材体系建设、人才培养体系建构、师资队伍建设等作出了重要贡献。

一、改革开放后中国电化教育(教育技术学)学科专业迅猛发展

1983年，经教育部批准，新中国建立以来第一个电化教育本科专业在华南师范大学开设，学制4年(1987年国家教委发布普通高等学校本科专业目录，正式确定"电化教育专业"名称，1993年又将"电化教育"专业正式更名为"教育技术学"专业)。自此，电化教育(教育技术学)学科专业建设从无到有、从少到多迅猛发展。目前，中国教育技术学专业具有专科、本科、硕士、博士到博士后科研流动站完整的人才培养体系。至2008年，中国有44个教育技术学专科专业点；有224个教育技术学本科专业点；有83个教育技术学硕士学位授予点；有8个教育技术学博士学位授予点；有6个教育技术学专业博士后科研流动站。其中，北京师范大学和华南师范大学教育技术学学科是国家级重点学科。①

二、南国农先生与新中国电化教育(教育技术学)学科专业理论体系建构

1981年教育部电化教育局在杭州召开"电化教育"课程教学大纲讨论会，

① 徐福荫. 改革开放推动我国教育技术迅猛发展[J]. 教育研究，2009(5).

南国农先生主持制定了“电化教育”课程教学大纲。大纲包括电教理论、电教媒体、电教教材编制、电化教学法、电教管理等。大纲为电化教育理论体系建构了框架。框架由“七论”构成：本质论（电化教育的本质）、功能论（电化教育的功能与作用）、发展论（电化教育发展史）、媒体论（现代教育媒体的开发与应用）、过程论（电化教育过程的规律）、方法论（电化教学方法和电化教育科学研究方法）、管理论（电化教育管理与评价）。[①] 南国农先生认为中国教育技术叫做电化教育或现代教育技术及信息化教育。认为现代教育技术的研究对象是现代教育媒体技术、现代教育媒体传播技术、教学系统设计技术的教育应用的理论与实践。现代教育媒体技术，就是在教育教学中应用的现代媒体手段，也就是现代教育媒体，是一种物化形态的技术；现代教育媒体传播技术，就是运用现代教育媒体进行教育教学活动的方法，也就是现代媒体教学法，是一种智能形态的技术；教学系统设计技术，就是整体优化教与学过程的系统方法，也就是教学设计，是一种应用广泛的智能形态的技术。实现这三种主要技术和现代教育理论融合，就是现代教育技术。此后，中国的各种教育技术学理论体系主要就是在此框架上建构和发展起来的。同时，南国农先生指导了新中国电化教育专业的培养目标定位、核心课程建设、专业教材建设、人才培养体系构建以及师资队伍建等。南国农先生为新中国电化教育（教育技术学）学科专业理论体系建设作出了重要贡献。

三、南国农先生与新中国电化教育（教育技术学）学科专业培养目标定位及核心课程建设

1978年，我国揭开了改革开放的序幕。邓小平同志在全国教育工作会议上指出：“要制定加速发展广播、电视等现代教育手段的措施，这是多快好省发展教育事业的主要途径，必须引起充分的重视。”同年，经邓小平同志亲自批准，成立了中央电化教育馆和中央广播电视大学。在教育部和各级地方政府的重视下，形成了具有中国特色的、覆盖全国城乡的电化教育系统，即由中央、省、地（市）、县电化教育馆（中心）以及电化教育机构组成的学校电化教育系统；由中央、省级广播电视大学、地（市）级广播电视大学分校及县级广播电视大学工作站组成的广播电视教育系统；由中央、省、地（市）教育电视台组成的

① 南国农．我国电化教育理论体系建设的历程和趋势[M]//中央电化教育馆编．电化教育70年纪念文集，北京：中央广播电视大学出版社，2006．

教育卫星电视系统。[①] 为此，南国农先生根据改革开放社会电化教育事业发展的需要，提出电化教育专业的培养目标是要为各类师范院校培养大批电化教育课程教师，为各级各类电化教育系统培养大批电教软件与硬件开发技术人员、电教器材维护修理与电教行政管理人员及电教媒体教学法研究人员。[②]

同时，相应地要设置电化教育导论、教学设计、教育传播学、教育传播学研究方法、电视教材编导与制作、计算机辅助教育、电视电声媒体、电化教育管理八门电化教育专业核心课程[③]，作为其他专业不可替代的电化教育专业的特色课程。由此，南国农先生为新中国电化教育(教育技术学)学科专业新办学点的规范建设作出了重要贡献。

四、南国农先生与新中国电化教育(教育技术学)学科专业教材体系建设

电化教育专业创办后的关键工作是教材建设。1983 年，中央电教馆组织设立全国电教教材编审组，由南国农担任组长、李运林任副组长，开始组织编写公共课教材《电化教育学》(南国农主编，1985 年)。之后，按电化教育专业建设需要，由高教出版社组织编写出版的电化教育专业教材有：《电化教育学导论》(李运林、李克东主编)、《幻灯投影教学》(秦兆年、刘瑞然主编)、《教育传播研究方法》(李克东主编)、《电视教材编导与制作》(李运林、徐福荫主编)、《电教摄影》(刘涤民主编)、《电教美术》(杨改学主编)、《电教管理》(张增荣主编)、《教育传播学》(南国农、李运林主编)等十多部。另外组织编写了一批参考书：《传媒·教育·现代化》(宣韦伯、余也鲁著)、《传播理论》(李运林著)、《中国电化教育简史》(吴在扬著)、《电教用房设计》(张宗尧著)、《电化教育实验研究》(梁育腾、詹道佳著)等十多部。这批教材与教学参考书的出版发行填补了电化教育专业教材的空白，解决了电化教育专业教学的急需[④]，为新中国电化教育(教育技术学)学科专业教材体系建设作出了重要贡献。

五、南国农先生与新中国电化教育(教育技术学)学科专业人才培养体系建构

在 20 世纪 80 年代，南国农先生提出了电化教育专业人才培养体系的基本

① 陈志龙. 守望与创新——纪念中国电化教育发展 70 年[J]. 电化教育研究，2007(3).

② 南国农. 电化教育学[M]. 北京：高等教育出版社，1985.

③ Xu Fuyin, Jiao Jianli. Programes of Educational Technology in China: Looking Backward, Thinking Forward. *British Journal of Educational Technology*, 2010(07).

④ 李运林，李克东，徐福荫. 华南师范大学教育技术学科专业建设历程——纪念教育技术(电化教育)学科专业创办 20 周年[J]. 电化教育研究，2003(11).

要求①：

1. 具有“六个三”的基本素质

（1）三种语言：中国语言、外国语言、计算机语言。

（2）三种理论：学习理论、传播理论、电子理论。

（3）三种媒体：大、小、综合媒体。

（4）三种技术：编制、播放、维护。

（5）三种方法：教学、科研、管理。

（6）三种个性品质：勤奋、思索、创新。

2. 具有“士”字形的知识结构

（1）一般基础知识：哲学（自然辩证法和社会辩证法）、三论（作为一般科学方法的系统论、信息论、控制论）、语文、数学、外语、计算机基础。

（2）专业基础知识：教育学、心理学、传播学、物理学、工艺学、管理学、文学、艺术等。

（3）专业知识：电教基础理论、现代教育媒体理论与应用、教学软件编制理论与实践、媒传教学法、教学设计、电教管理等。

3. 具有三层次的能力结构

（1）基础层次能力：听、说、读、写、算、推理、计算机应用。

（2）中间层次能力：专门能力——教学设计、现代教育媒体的操作与维护、教学软件的编制与应用；一般能力——组织能力、处理人际关系能力、科研能力。

（3）较高层次能力：应变能力、创造能力。

南国农先生建构的电化教育专业人才培养体系的基本素质要求、知识结构要求和能力结构要求，为电化教育专业制定培养目标、课程体系、教材体系以及师资队伍建设等提供了理论与实践的依据，为新中国电化教育（教育技术学）学科专业人才培养体系建构作出了重要贡献。

六、南国农先生与新中国电化教育（教育技术学）学科专业师资队伍建设

新中国电化教育工作在1978年重新起步后，教育部深感人才培养的的重要性，要有一支懂得电化教育专业知识和热爱电化教育事业的人才队伍，才能带动全国电化教育工作发展。1979年6月至7月，教育部电化教育组（后改名

① 南国农. 对我国电化教育深入发展的思考[J]. 中国电化教育，1997(12).

为电化教育局)委托西北师范大学南国农与萧树滋先生主持承办为期两个月的“全国电化教育研讨班”，学员以高等师范院校的教师为主，包括华东师范大学、上海师范大学、华南师范大学、安徽师范大学、北京师范大学、福建师范大学、东北师范大学、华中师范大学、广西师范大学、西南师范大学等在内的41所学校的教师参加了培训。研讨班开设电教理论及录音、幻灯、电影、电视教材编制与运用等课程；1981年7月至8月，南国农与萧树滋先生受甘肃省教育厅委托举办为期两个月的“电化教育专业人员培训班”，学员大部分来自地方教育局和中等师范院校及中小学的教师。培训目的是通过学习电化教育的一般理论，掌握中小学常用电教设备的使用技术，熟悉运用电教设备进行教育教学的方法；1982年9月至1983年1月，南国农与萧树滋先生受教育部委托举办为期5个月的“全国高等师范院校电化教育课程教师进修班”，学员为来自25个省、市、自治区的45名高校教师。进修班开设了9门课程和10个专题讲座。在这期进修班上南国农先生提出“全国电教是一家”的倡议。[①] 在这些研讨班、培训班、进修班中，南国农先生一直站在教学第一线，讲学传道、引导学习、组织研讨，使受训学员的教学、技术、研究和管理能力大大提高，为中国电化教育的重新起步培养了一批专业骨干和学术带头人，受训学员后来大多成为我国很有影响的电化教育的教学、技术、研究和管理人才。

七、新时期中国电化教育(教育技术学)学科专业发展的展望[②]

南国农先生作为我国电化教育的开拓者和奠基者之一，从事电化教育工作半个多世纪，在全国高等院校电化教育(教育技术学)学科专业的建设论证会、学术报告会与硕士、博士研究生论文答辩会上到处都能看到他的身影。南国农先生为新中国电化教育(教育技术学)的学科专业的理论体系建构、培养目标定位、核心课程建设、教材体系建设、人才培养体系建构、师资队伍建设等都给予了理论指导，这些理论对新时期中国电化教育(教育技术学)学科专业发展产生了重要作用。

---

① 杨改学. 回顾1978年后西北师范大学的电化教育发展[M]//中央电化教育馆编. 电化教育70年纪念文集. 北京：中央广播电视大学出版社，2006.

② Xu Fuyin, Jiao Jianli. Programes of Educational Technology in China: Looking Backward, Thinking Forward. *British Journal of Educational Technology*, 2010(07).

1. 研制好新时期教育技术学专业指导性专业规范,保证本科教学质量

近年来,随着中国教育信息化建设的推进,具有中国特色的教育技术学本科专业规模不断扩大,原来主要是师范院校设立教育技术学专业,现在许多综合大学和理工大学也设立教育技术学专业。至2008年,中国已有224个教育技术学本科专业点。为了进一步规范中国教育技术学本科专业的基本要求,提高本科生教学质量,加强本科专业的建设,需要研制教育技术学专业指导性专业规范。在此背景下,教育部高等学校教育技术学专业教学指导委员会(在教育部领导下,对高等学校教学工作进行研究、咨询、指导、评估、服务的专家组织)遵照高教司理工处的《高等学校理工科本科指导性专业规范研制要求》,研制教育技术学专业指导性专业规范。该规范以系统科学理论和教学设计理论为指导,通过规范知识领域、知识模块、知识单元来构建知识体系;通过规范基础课程、主干课程、高级课程来构建课程体系,覆盖知识体系中的全部核心知识单元,使课程之间的教学内容不会重复,从而提高教学效率。该规范采用集“职业定位、能力体系、知识体系、实践体系、创新训练体系、课程体系”于一体的技术路线开展研究,使研制的教育技术学专业指导性专业规范能够促进教育技术学专业实践创新人才的培养。

2. 抓好新时期中国教育技术学专业研究生创新基地建设,提高研究生的创新能力

研究生教育是培养高层次创新人才的主渠道,提高新时期研究生的创新能力是高校深化教育改革的重要课题。新时期中国教育技术学专业研究生通过与IT企业合作,共同研发远程教育关键技术和优质教学资源,开展企业E-Learning培训等,建立“生产、教学、科研”相结合的研究生教育创新基地。构建研究生培养新模式、新机制,使创新基地成为培养高层次应用型、复合型、创新型、创业型人才的摇篮,成为研究生培养模式改革创新的试验基地。同时也为IT企业注入新的血液,提供智力、人才支持,提高企业效益,促进地方经济建设。

3. 加强国际学术交流,积极推进理论本土化,促进新时期中国教育技术理论体系重构与学科专业发展

新时期中国教育技术学工作者要加强与国外同行之间的学术交流,积极参加国际学术会议、工作坊、研讨会、专题会议。继续办好每年一次由教育部高等学校教育技术学专业教学指导委员会主办的教育技术国际论坛和院长系主任联席会议,抓住机遇与国内外同行开展合作与协作,开展交换学生和联合培

养项目，聘请国外知名学者担任访问教授和研究人员。新时期中国教育技术学学者要积极吸收借鉴国际先进的理论、技术、方法和成就，同时要注意处理好“借鉴与创新”的关系，积极吸收西方教育技术学中适合中国国情的相关理论与经验，还要特别注意“超越与创新”，积极推进教育技术学理论本土化，努力探索教育信息化的理论、体制和机制的创新，建构具有中国特色的教育技术学学派与理论体系，从而促进中国教育技术学科专业发展。

第二节　南国农先生与教育技术(电化教育)专业建设

内蒙古师范大学　李　龙

南国农先生是新中国电化教育事业的开拓者和奠基人之一。20 世纪 50 年代初，南先生毅然从美国返回祖国，主动要求到祖国和人民最需要、最艰苦的地方去，来到国立西北师范学院（西北师范大学前身）从事教学工作。在兼任学校教育实习指导委员会秘书时，他就提倡利用电教手段进行教学，开展电化教学活动；并与萧树滋先生合作编写电化教育课程大纲，开设电化教育课。由于一些历史的原因，他们的这项有意义的开拓性工作刚刚开始就戛然而止。

改革开放以来，南先生不顾年事已高，奔走在电化教育的第一线。1979 年，他就建议在《教育学》教材中增加“电化教育”的内容；同年，在教育部电化教育局的支持下，开办了全国电化教育研讨班。

1981 年 1 月，教育部电教局在杭州召开电化教育课教学大纲座谈会，讨论由萧树滋、南国农两位先生起草的教学大纲草案，确立了由“电教理论、电教媒体、电教教材编制、电化教学法、电教管理”等几部分组成的基本框架，为形成后来的电化教育学的理论体系奠定了基础。

随着电化教育在全国蓬勃发展，电化教育课程也在师范院校相继开设。为了编写和出版教材，1984 年在电教局的领导下，成立了“全国电化教育课程教材编审组”，聘请南先生担任组长，有计划地开展教材建设。从 1984 年到 1990 年，教材编审组组织出版了《电化教育学》、《电化教育基础》等教材；成立了“电化教育丛书”编委会，制定了包括电化教育专业 15 门课程教材和 23 种参考书的丛书编写与出版计划，为我国电教教材建设作出了贡献。

在电化教育实践和专业建设过程中，南先生等老一辈专家发挥了学术核心作用。他们的研究确定了电化教育的工作领域，奠定了学科的理论基础；培育和影响了一代学术新人，在广大教师中播撒了教育现代化的火种，逐步形成了一支强大的电化教育理论和实践队伍，对我国教育事业产生了深远的影响。南先生先后受聘为华南师范大学、南京师范大学、河北师范大学、江西师范大学、东北师范大学、陕西师范大学、新疆师范大学、云南师范大学和内蒙古师范大学的客座教授或研究生导师，为这些学校的专业建设，以及全国教育技术学专业建设付出了大量的心血。

南先生在半个多世纪的教育实践中形成的具有中国特色的电化教育理论体系，将有专门文章进行论述。以下内容仅对南先生对教育技术（电化教育）专业建设的贡献做一简要的回顾。

我国历来重视教育技术（电化教育）人才的培养，从上个世纪 30 年代起就开始在高等学校中开设电化教育专业。1936 年，江苏省立教育学院创办电影广播教育专修科；1938 年，南京金陵大学理学院设立电影播音专修科；1940 年，国立社会教育学院设立电化教育专修科，并于 1948 年改为电化教育系，学制 4 年。1952 年全国高校院系调整，所有的电教类专业都并入中国电影学校（北京电影学院前身），以后再未招生。

1978 年改革开放后，浙江师范大学、福建师范大学先后在物理系内设置电化教育方向；1983 年，华南师范大学经国家教委批准，创办了新中国成立后的第一个电化教育本科专业，学制 4 年；1986 年，北京师范大学、河北大学、华南师范大学获得教育技术学硕士学位授予权；1993 年，北京师范大学设立了教育技术学博士点，在教育技术学建设中不断发展，形成了完整的教育技术学科专业体系。

从 20 世纪 80 年代到 90 年代，我国电化教育专业建设刚刚起步，急需相关理论的指导。南先生发表的《当前电教理论与实践中的几个问题》（1986 年）、《我国电化教育的现状与展望》（1987 年）、《我们对电化教育知多少》（1988 年）、《我国电化教育学科建设的回顾与展望》（1990 年）、《中国电化教育的新发展》（1993 年）、《面向 21 世纪的中国电化教育》（1996 年）、《对我国电化教育深入发展的思考》（1997 年）、《世纪之交，电教者的使命》（1998 年）等文章，为电化教育专业的办学原则与人才培养方向、知识体系与课程体系建设指出了明确的方向。

从 20 世纪末到 21 世纪初，电化教育专业的名称改为教育技术学，理论体系也有很大的变化，但是南先生的思想仍然深刻地影响着本学科专业的发展。这一时期，南先生发表的《信息技术教育与创新人才培养》(2001 年)、《从视听教育到信息化教育——我国电化教育 25 年》(2003 年)、《中国教育技术学专业建设的发展道路》(2005 年)、《教育技术学科建设：中国道路》(2006 年)、《信息化教育理论体系的形成与发展》(2009 年)、《教育技术理论研究的新发展》(2010 年)、《教育技术理论体系的重构：路线图》(2010 年)，从信息技术和专业发展的角度充实了电化教育的内涵，形成了信息化教育的理论框架。

南先生构建的理论体系对我国教育技术学专业的影响具体表现在以下几个方面。

一、关于专业建设指导思想的论述

南先生在 1983 年提出：“走自己的道路，逐步建立具有中国特色的电化教育。”[①]并引用了邓小平同志在党的十一大开幕词中的话来说明这个道理，“我们的现代化建设，必须从中国的实际出发，无论是革命还是建设，都要注意学习和借鉴外国的经验。但是，照抄照搬别国经验，别国模式，从来不能得到成功”。同样，中国的电化教育也不能照抄照搬国外的经验和模式，要发展中国特色的电化教育。

2005 年，南先生进一步明确提出：“以科学发展观为指导，实现教育思想理论与现代信息技术的融合，这就是深入发展教育技术学专业建设我们应走之路。”

科学发展观的精髓是以人为本，强调三个发展：全面的发展、协调的发展、持续的发展。以科学发展观来指导教育技术学专业，就是我们的办学、教学，都要以学生发展为本，以实现全体学生个性的全面发展、协调发展、持续发展为总目标。

实现现代教育思想理论与现代信息技术的融合，就是指办教育技术学专业，无论做什么事——确定培养目标、建立课程体系、制定办学原则和教学策略等，都要想到并依赖这两个方面。要牢记并实践这个公式：

现代教育思想理论 × 现代信息技术 = 成功的教育技术专业

“这个公式告诉我们，在教育技术学专业的建设中，现代教育思想理论与现

① 南国农.发展我国电化教育要解决的几个问题[J].电化教育研究，1983(1).

代信息技术的关系，是'相乘'的关系，而不是'相加'的关系。相加的关系，这两个方面，只要一个方面做好了，得了100分，另一个方面即使是零分，其结果也可以是100分；而相乘的关系，只有一个方面做好了，得了100分，但另一方面做得不好得了零分，其结果还会是零分。必须实现二者的融合，同时做好两个方面的工作，才能取得成功的教育技术学专业。要想让教育技术学专业办得成功，让它腾飞，必须给它同时插上这两只'翅膀'，一只翅膀飞不起来，两只才能腾飞。"①

同时南先生还指出，办专业应该从两个方面出发：本学科自身发展需要和社会需求。"举办教育技术学专业，要从社会需求出发，要讲求社会效益，特别是直接社会效益，这一点很是重要。"②

南先生的上述论述为电化教育专业建设指明了正确的方向：要摆脱依附，走自己的道路；坚持科学发展观，注意实现现代教育思想理论与现代信息技术的融合；依据本学科自身发展需要和社会需求，建设具有中国特色的教育技术（电化教育）专业。

二、关于知识能力和人才培养的论述

（一）人才的知识与能力结构

南先生特别看重电教人员的思想品德修养。他在两版《电化教育学》中谈到电教人员时，都把"思想品质、职业道德"放在首位，强调"电教人员首先要有好思想、好作风，勤勤恳恳地工作，为教师和学生服务。电教人员要有广泛的知识、要懂科学、懂艺术、懂管理，电教人员应该是一个'通才'，是一个多面手"。③

在人才素养方面，南先生在20世纪80年代中期就将电教人员应该具备的素质归纳为"六个三"。即：① 三种语言：中国语言、外国语言、计算机语言；② 三种理论：学习理论、传播理论、电子理论；③ 三种媒体：大、小、综合媒体；④ 三种技术：编制、播放、维护；⑤ 三种方法：教学、科研、管理；⑥ 三种个性品质：勤奋、思索、创新。

90年代，南先生在《对我国电化教育深入发展的思考》一文中提出了"电教

① 南国农.中国教育技术学专业建设的发展道路[J].电化教育研究，2005(9)：6.

② 南国农.中国教育技术学专业建设的发展道路[J].电化教育研究，2005(9)：7.

③ 南国农.电化教育学[M].北京：高等教育出版社，1985：276.

者”的概念。他认为“电教者是一个比较大的概念，包括电教专业人员、学科电教教师以及所有从事电教科学、电教事业、电教产业的人。凡是以现代教育思想、理论为指导，运用现代教育技术进行教育教学活动的人，都是电教者”，“电教者不是单纯的媒体服务员，而是教育革新者”①，从而形成了一个相对宽泛的概念，揭示了“电教者”在教育教学中的地位和历史使命。

南先生同时提出：新型电教者应具备的基本素质的特征是：

● 在思想品德方面，具有“两热爱”（热爱社会主义祖国、热爱社会主义事业）和“三精神”（艰苦奋斗的奉献精神、实事求是的科学精神、民主与协作精神）。

● 在科学文化方面，具有“士”字形的知识结构。包括：

一般基础知识——哲学（自然辩证法和社会辩证法）、三论（作为一般科学方法的系统论、信息论、控制论）、语文、数学、外语、计算机基础。

专业基础知识——教育学、心理学、传播学、物理学、工艺学、管理学、文学、艺术等。

专业知识——电教基础理论、现代教育媒体理论与应用、教学软件编制理论与实践、媒传教学法、教学设计、电教管理等。

“士”字的下面一横表示一般基础知识，上面一横表示专业基础知识，中间一竖表示专业知识。传统的知识结构是强调下宽上窄的金字塔形的知识结构，越是基础要求面越宽。“士”字形知识结构不讲求下宽上窄，它带有一定的跳跃性，强调在基础与专业的交汇处下工夫，主要掌握与本专业有关的基础知识，然后在这个基础上建立一门专业知识。

● 在智能方面，具有三层次的能力结构。包括：

基础层次能力——听、说、读、写、算、推理、计算机应用。

中间层次能力——专门能力：教学设计、现代教育媒体的操作与维护、教学软件的编制与应用；一般能力：组织能力、处理人际关系能力、科研能力。

较高层次能力——应变能力、创造能力。

● 在身体方面，具有强健的体魄，精力充沛，豁达乐观。

上述的基本素质是作为教育革新者的电教者所应该具备的，电教者应努力

① 南国农．对我国电化教育深入发展的思考[J]．中国电化教育，1997(12)：6.

构建，努力养成。[①]

（二）人才培养策略

在人才培养的具体策略上，南先生认为最主要的是要引导、帮助学生实现学习上的“五个三”：

（1）三个“世界”。要善于同时在三个“世界”学习：

① 经验世界。在做中学习，要积极参与社会实践、科学实验。

② 语言文字世界。向书本学习，要正确使用图书馆，多读书，勤思考。

③ 虚拟现实世界。进行数字化学习，要正确使用互联网，充分利用网上资源进行学习。

这三个世界的学习都很重要，不能重此轻彼，不能有所偏废。

（2）三个方面。要注意三个方面的学习：

① 基础。要注意基础的学习，也就是基本概念、基本原理、基本方法的学习。掌握了基础，才有可能去举一反三，解决面临的现实问题。

② 前沿。要注意学科的前沿，也就是学科的最新发展和发展中的问题。

③ 特色。要有独到见解，要有个性特色。没有特色就没有竞争力，就难于发展。电化教育专业正在形成的特色是重国情，重整合，立足本国研究，具有全球视野。

（3）三种方式。要重视采用三种方式学习：

① 自主学习。

② 合作学习。

③ 探究学习。

（4）三种理念。要建立三种新的理念：

① 知识的拥有与知识的应用都重要，而后者更重要。

要重视掌握知识，拥有知识，更要重视知识的应用，使知识产生价值，推动社会经济的发展。

② 继承与创新都可贵，而后者更可贵。

要注意处理好继承与创新的关系。在学习和研究中，可以采取拿来主义，但不能止于拿来，要在拿来的基础上，有所创新，使之变成拿去。

③ 人生三件事——做人、做事、做学问都重要，做人最重要。

---

① 南国农.对我国电化教育深入发展的思考[J].中国电化教育，1997(12)：6-7.

做人，要使自己具有高尚的品德，很重要的一个方面，就是要努力做到以下两点：第一，对他人和同事，要多一点尊重，少一点苛求。在与他人交往中，应采取接受而非拒绝、亲近而非疏远的态度，求同存异。第二，对社会和集体，要多一点奉献，少一点索取。应该为社会提供大于社会为自己提供的东西，这就是一个人生存的价值。

（5）三个公式。要实践三个公式：

① 成功＝艰苦劳动＋科学方法＋珍惜时间。

这是爱因斯坦提出的成功公式。爱因斯坦这位20世纪的科学巨人，终生奋斗，取得了1033项专利。有人问他为什么能获得如此巨大的成就，他写下了这样一个公式。这个公式同样适用于学习。这就是说，要想获得成功的学习，就必须付出艰苦的劳动。艰苦劳动是获得成功学习的最基本要素。艰苦劳动，这里主要指脑力劳动，也就是说，要学习成功，就要不怕动脑，要善于动脑，勤于动脑。脑子越动越灵，而不是越动越笨。

要取得成功，光有艰苦劳动还不行，还要有正确的方法，没有正确的方法也难取得成功的学习。

成功的第三要素是珍惜时间，不知道珍惜时间的人是很难取得成功的学习的。

② 2＞1＋1。整体大于部分之和。

这个公式是美国科学家、系统论的创立者贝塔朗菲提倡并强调的。这个公式告诉我们，无论工作、学习或科研，都要十分重视团结协作，组合有序。

③ 20％IQ＋80％EQ＝100％的成功。

这个公式是美国哈佛大学心理学教授丹尼尔·高曼提出的。这个公式也适用于学习，要想获得成功的学习必须重视发挥以情感为主的非智力因素的作用。情感对于教育教学和学习有着直接的、重大的影响。“情感是通向学习的大门……如果不把注意力放在这个方面，那么，大门将会关闭。”情感是人们追求真理的动力，正如列宁所深刻指出的：没有人的情感，就从来没有也不可能有人对真理的追求。[①]

南先生构建的电教人才的知识和能力结构，为教育技术（电化教育）专业制定培养目标、建立课程体系，提供了直接的依据；而人才培养策略则为专业的

① 南国农.中国教育技术学专业建设的发展道路[J].电化教育研究，2005(9)：7-8.

教育教学实践提供了有效的途径。

三、关于培养目标的论述

南先生在《电化教育学》(1985 年版)中指出,电教人员包括电教教材制作人员、教学服务人员、电教媒体教学法研究人员、电教器材维护修理人员、电教行政管理人员。①

1990 年,在内蒙古师范大学召开的"北方地区电化教育学科协作会议"上,南先生作了《关于电化教育学科和专业建设的几个问题》的学术报告,其中提到:电化教育专业的培养目标必须根据社会需求来制定,赞成国家教委 1988 年 008 号文件提出的目标表述,即培养中师电教课教师、电教教材编制人员及其他电教人员。② 对当时正处于徘徊不定状态中的电化教育专业建设起到了稳定信心的作用。

2005 年,南先生在《中国教育技术学专业建设的发展道路》一文中进一步提出,教育技术学专业要培养的,是本学科领域的既懂教育又懂技术的创造型人才。主要是四种人:

教学人员——中等学校信息技术课教师。

技术人员——教育软、硬件开发人员。

科研人员——新理论、新技术、新产品研究、设计人员。

管理人员——电教机构、网络教育系统等管理人员。

这四种人都应是本学科领域创造型人才。这种人才的基本特征是:

● 全面+个性。既全面发展,又有个性特长,即全面发展与个性发展完美结合的人。

● 人脑+电脑。既善于用人脑,又善于用电脑。善于用人脑,就是能做到左右脑并用,抽象思维与形象思维协调运作,充分发挥大脑的聪明才智。美国著名脑生理学家、1991 年诺贝尔医学奖获得者罗杰尔·斯佩里说:整个大脑的两半球,好像一辆车子的两个轮子,只有双轮同步运转,车子才能前进。人的大脑,只有左右脑协调运作,才能发挥出它的聪明才智。

---

① 南国农.电化教育学[M].北京:高等教育出版社,1985:276-277.

② 南国农.关于电化教育学科和专业建设的几个问题[Z]."北方地区电化教育学科协作会议"简报(第 3 期),呼和浩特,1990-8-31:3.

● 智商＋情商。既有较高的智商，又有较高的情商。①

南先生将培养信息技术课教师作为教育技术学专业的培养目标之一，不仅体现了与时俱进的思想，还拓宽了教育技术学专业在教育信息化中的地位和作用。

四、关于课程体系的论述

课程体系是实现本学科的培养目标、保证学习者达到本学科专业人才培养规格的具体规定，课程体系构建的依据则是该学科的理论体系。

（一）学科理论体系

学科理论体系是专业建设的基础。南先生在《我国电化教育学科建设的回顾与展望》中提出了电化教育学的理论体系由“七论”构成，即本质论、功能论、发展论、媒体论、过程论、方法论和管理论。本质论说明电化教育是什么；功能论说明电化教育能做什么，有什么用；发展论说明电化教育是怎样产生和发展的；媒体论说明现代教育媒体的一般概念、现代教育媒体设计和选择的依据、教学软件的编制过程与原则；过程论说明电化教育过程的概念、构成要素和一般模式；方法论说明电化教学方法和电化教育科学研究方法；管理论说明电化教育管理的目标、内容、过程和组织机构，以及对电化教育工作的评价等。②

“七论”的提出不仅为我国电化教育理论搭起了框架，而且为电化教育专业课程体系的构建和具体课程的设置提供了依据。

2003年，南先生进一步提出：现代教育技术的内涵，包括两个方面，四个要素：

● 两个方面

（1）现代教育思想、理论。① 现代教育思想，主要是6种现代教育观；② 现代教育理论，主要是学习理论、教育传播学、教育信息论等。

（2）现代信息技术。主要是3种技术：① 教育教学中应用的现代技术手段，即现代教育媒体，是一种物化形态的技术；② 运用现代教育媒体进行教育教学活动的工作方法，即媒传教学法，是一种智能形态的技术；③ 优化教育教学过程的系统方法，即教学设计，也是智能形态的技术。

● 四个要素

---

① 南国农.中国教育技术学专业建设的发展道路[J].电化教育研究，2005(9)：6.

② 南国农.我国电化教育学科建设的回顾与展望[J].电化教育研究，1990(4).

（1）现代教育理论的基本知识和方法

（2）现代教育媒体的理论和应用

（3）媒体教学的理论和方法

（4）教学设计的原理与方法

应按照这四个要素建立我国教育技术学的内容体系。应按照这四个要素建立我国教育技术专业的课程体系。应按照这四个要素建立我国教育技术人员的素质体系。①

2009 年，南先生在《信息化教育理论体系的形成与发展》一文中构建了信息化教育的新理论体系："关于新理论体系的内容结构，我们的设想是由'六论'组成：总论（信息化教育的概念、信息化教育的功能、信息化教育的发展），基础论（信息化教育媒体理论、信息化教育过程理论、信息化教育系统优化理论），技术论（信息化教育硬件环境建设、信息化教育软件资源开发、信息化教学系统设计），模式论（信息化课堂教学模式，现代远程教育模式，信息化环境下自主、协作、探究模式），方法论（信息化环境下学习方法、信息化环境下教学方法、信息化环境下教育研究方法），管理论（信息化教育管理体制、信息化教育专业建设、信息化教育评价）。"②

2010 年，南先生进一步提出：建构一个适合中国文化土壤、符合中国实际需要、具有中国特色的新理论体系。该理论体系的基本特征是：

（1）以现代教育媒体的研究和应用为核心。现代教育媒体，指教育教学中应用的电子技术媒体，如幻灯、投影、录音、电影、电视、录像、计算机、网络以及由它们组合成的多媒体系统。新理论体系不排斥传统教育媒体（粉笔、黑板、书本、挂图、模型、实物教具等），但不专门研究传统教育媒体及其在教学、教育中的应用。

（2）新理论体系是现代教育思想理论与现代信息技术相融合的产物。新理论体系的建设，必须有现代信息技术的参与，必须在现代教育思想理论指导下进行，必须同时做好这两方面的工作，才能取得成功。

（3）同时关注学习者认知、情感、动作技能的发展。新理论体系不仅关注学习者的认知发展，而且同时关注认知、情感、动作技能三大领域的协调发展。

---

① 南国农．从视听教育到信息化教育——我国电化教育 25 年[J]．中国电化教育，2003(9)：24.

② 南国农．信息化教育理论体系的形成与发展[J]．电化教育研究，2009(8)：9.

(4) 同时为学校教育、家庭教育、社会教育的改革与发展服务。新理论体系不仅为改革与发展学校教育服务,而且应为多种教育(包括家庭教育、社会教育)的改革与发展服务。

在这篇文章里,南先生把前些时候提出的“六论”具体化为一张思维导图。

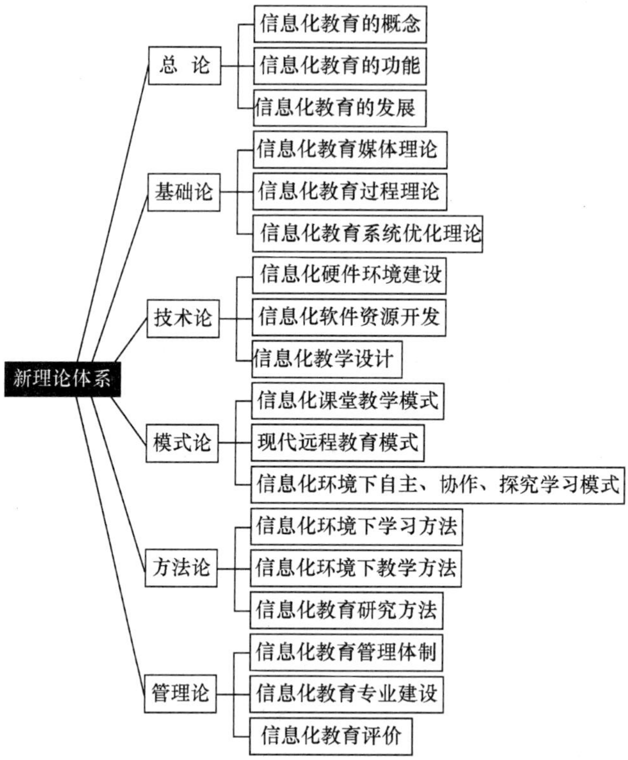

南先生把新构建的理论体系称为“信息化教育理论体系”,认为信息化教育就是信息时代的电化教育,它植根于中国文化土壤,符合中国实际需要。采用这个名称,既可保持中国的特色,又可凸显时代的特征。新时代的核心特征是信息化,这是人们的共识。①

(二) 学科课程体系

根据上面所说的教育技术学专业应遵循的指导思想、原则公式和培养目标,南先生在2005年提出教育技术学本科专业课程体系应由下面四类课程组成:

1. 教育类课程。占35%。

---

① 南国农.教育技术理论体系的重构:路线图[J].现代教育技术,2010(4):7.

必修：教育技术学导论、教育传播学、学与教理论、教学设计、现代远程教育、教育技术学研究方法等。

选修：视听心理学、教育信息学、教育技术管理、现代传媒教学理论与方法、网络道德教育、网络艺术教育、教育技术哲学等。

2. 技术类课程。占35%。

必修：摄影与摄像技术、教育电视、多媒体技术及应用、网络技术基础、教育软件工程、数据库原理与应用等。

选修：程序设计、多媒体教学系统应用、绩效技术、知识工程、多媒体画面艺术基础、电脑美术、电脑音乐等。

3. 通识类课程。占20%。

必修：政治、大学语文、大学英语、计算机基础、体育等。

选修：人文、社会科学概论、自然科学概论、视觉文化概论、思维科学概论等。

4. 实践类课程。占10%。

专业实习、教育实习、毕业设计或论文。①

南先生提出的理论体系虽然是从信息化教育（电化教育）学科的视角提出的，但是与教育技术学科是相通的。在构建教育技术专业课程体系时，有直接的借鉴意义。

五、关于教材建设的论述

南先生非常重视电教教材建设，他不仅系统地论述了电教教材理论问题，还直接组织了电教教材建设工作。

（一）关于教材的论述

南先生提出，"所谓教材，就是教学用的材料，是处于储存状态的教育信息，是知识和经验的仓库。进行任何教学，不论是传授知识、发展能力、培养思想品德，都要有教材。教材是解决教什么和学什么的问题。它为教学目的所决定，为实现教学目的服务。""教材的来源有：书籍（教科书、参考书、报刊等）、教师的经验、学生的经验、设计制作的物品（模型、图表等）、自然现象和社会现象、声像资料（教学幻灯片、投影片、电影片、录音带、录像带等）。""什么是电教教材？电教教材是根据教学大纲的规定，主要用图像和声音表达教学内容，用

① 南国农. 中国教育技术学专业建设的发展道路[J]. 电化教育研究，2005(9)：7.

电声、电光、电磁、电控等技术，进行制作与重放的一种声像教材。”[1]以上论述改变了人们通常认为教材就是教科书和讲义的狭隘认识，为电教教材的研究和建设提供了指导。

为了提高电教教材的质量，南先生在1982年提出了编制电教教材的五项基本原则：教育性原则、科学性原则、技术性原则、艺术性原则和经济性原则。[2]后来把这五项原则收入到《电化教育学》(第一版)中，并对其含义作了详细的说明。这些原则不仅成为我国编制电教教材的基本要求，也成为评价电教教材的标准和依据，直到今天仍然适用。

随着信息技术在教育中的应用，南先生提出了“现代教材体系”的概念：现代教材体系由两个部分构成：一是书本教材(又叫文字教材、印刷教材)系统，包括教科书、讲义、教学指导书、学习指导书、习题集、实验实习指南等；另一是非书教材(又叫音像教材、视听教材、电教教材)系统，包括幻灯、投影、录音、电影、电视、唱盘、视盘、计算机课件等。两类教材都以教学大纲为依据，为实现同一教学目的服务。……现代教材体系有两个明显的特点：一是成套化，系列化；二是多媒化。建立现代教材体系，也就是实现各科教材的系列化、成套化、多媒化，最后建成各科的教材箱和学习包。

在从事这项建设时，以下两点值得注意：

(1) 要重视现代教育思想、理论的指导

在设计、制作电教教材时，一定要重视以相关的现代教育思想、理论为指导，单纯依靠技术的观点是得不到成功的教学软件的。

(2) 要遵循电教教材的制作原则

十多年来，我国广大电教工作者在电教教材制作实践经验的基础上，总结和概括出的电教教材制作原则有不少，下面介绍两组应用比较多的原则。

一组是五性原则：教学性、科学性、技术性、艺术性、经济性。

另一组是六统一原则：① 教材内容与表现形式的统一；② 内容结构与学习者认知结构的统一；③ 画面符号与学习者视觉经验的统一；④ 画面与声音的统一；⑤ 叙述节奏与学习者心理节奏的统一；⑥ 发展形象思维与开发创造

① 南国农.电化教育学[M].北京：高等教育出版社，1985：42-43.

② 南国农.怎样编制电教教材[J].电化教育研究，1982(2/3).

性思维的统一。[①]

（二）直接参与教材建设

南先生在担任“全国电化教育课程教材编审组”组长期间，组织出版了《电化教育学》、《电化教育基础》等教材；成立了“电化教育丛书”编委会，制定了包括电化教育专业15门课程教材和20多种参考书的丛书编写与出版计划。15门课程教材基本按计划出版了。

随着教育信息化的发展，《电化教育学》在1998年修订以后，于2004年改版为《信息化教育概论》。南先生在《高校信息化教育课程：教材教法浅析》一文中讲道：关于课程的名称，我们采用了“信息化教育”这个名称，因为我们认为，采用这个名称既可保持中国的特色又可凸显时代的特征。信息化教育也就是信息时代的电化教育，它仍保持着电化教育的两个本质特征，即“两个强调”：强调以现代教育媒体的研究和应用为重心；强调教育思想理论的指导。采用这个名称，又可凸显时代的特征。信息时代，这门课程具有两个明显的特征：① 以计算机多媒体技术和网络技术为代表的现代信息技术，成为促进教育教学发展的主流技术；② 培养、提高信息素养，成为教育教学的重要目标。“信息化教育”这个名称，能够较好地体现这两个基本特征。[②] 直到现在，《信息化教育概论》仍然作为师范院校的教育技术公共课教材大量使用着，并将推出修订版。

南先生半个多世纪以来，把全部精力和才智都贡献给了我国的电化教育事业。虽然他现在已经九十高龄，仍然没有停止奋斗。这种精神值得每一个人学习，激励着我们奋勇前进。当前，《国家中长期教育改革和发展规划纲要》已经发布，教育现代化步伐将进一步加快，教育技术在教育现代化进程中的作用将进一步增大。为此，我们应该学习南先生的人格、人品、学识、学风，把教育技术学专业建设成为教育现代化人才的培养基地，为我国教育现代化贡献自己的力量。

值此南先生九十寿辰之际，我们敬祝先生身体健康，顺利吉祥！

① 南国农.对我国电化教育深入发展的思考[J].中国电化教育，1997(12)：7-8.

② 南国农.高校信息化教育课程：教材教法浅析[J].电化教育研究，2004(11)：37.

第三节 南国农先生与西北师范大学电化教育学科专业建设与发展

西北师范大学 杨改学

一、专业建设

1977年8月1日，邓小平在听取时任教育部部长刘西尧的工作汇报后，同意建立中央电化教育馆。1978年7月，教育部成立电化教育局和电化教育馆。1979年6月，西北师范大学(原甘肃师大西北师范学院)受教育部委托，承办全国电化教育研讨班。

由于南国农先生、萧树滋先生的影响(二位老先生当时都在西北师范大学)，1982年西北师范大学又一次受教育部委托，举办全国电化教育课教师进修班，为在高等学校创办电化教育专业培养师资队伍。全国有45所院校的46名教师参加了为期4个月的培训。

进修班开设了电化教育概论、电视录像技术基础、幻灯技术基础、电教美术、电化教育的物理学基础、摄像基础、扩音收音录音、电影技术基础以及教学电影、电视编导等9门课程和9个专题讲座。南国农先生亲自制订教学计划并讲授电化教育概论课。在此期间，西北师范大学成立了电化教育中心，南国农先生任电教中心主任，在全校积极开展电化教学工作，同时又受甘肃省教育厅委托，于1983年7月举办了“甘肃省中等师范学校电化教育基础课教师培训班”。新疆、青海、四川、宁夏、陕西等省、自治区也派老师参加了培训班学习(51名学员)。开设了电化教育概论、教育电视、幻灯技术基础、摄影基础、电影技术基础、电视录像技术基础、教学电影、教育电视编导、收音录音扩音等课程和相关的专题讲座。

通过举办各种培训班和进修班，西北师范大学电教中心不仅积累了丰富的办学经验，扩大了社会影响，更重要的是形成了自己举办电化教育专业的课程体系，同时还在实践中锻炼出了一批专业教师队伍，每门课程都编写出了比较完整的教学讲义和实验教学指导书，并打印成册(这些讲义大部分都正式出版了)。为日后创办电化教育专业，打下了坚实的基础。

1982年底，西北师范大学电教中心从电化教育项目、机构编制、设备购置等方面进行全面规划，在全校开设了电教选修课。1984年6月经甘肃省人民政府同意在西北师范大学(原甘肃师大西北师范学院)开设电化教育专科专业。1984年9月第一批电化教育专业的43名学生(包括5名宁夏籍学生和东北师范大学、河南大学、石河子农学院的4名学生)进校学习。共开设电化教育学、电教管理、大学语文、电视技术、电影技术、幻灯技术、电教美术、电教音乐、无线电技术、电声技术、电视编导、电视解说、普通物理、摄影技术、电教设备等16门专业课和专业基础课。教学计划和实验教学内容都由南国农先生亲自安排。为了提高学生的实际操作能力,南国农先生要求,学习电视原理课,必须要会维修电视机;学习电声技术课,每位同学要装配一台收音机;学习电影技术课,每周要为全校师生在室外放映1～2场电影,并配合教育系教师的教学,放映教学电影。结合教学实习到社会实践中去学习,要做到三个拍摄,即:拍摄一部电视专题片或教学片、拍摄一定数量的摄影作品(回校后在全校举行展览)、拍摄教学幻灯片;努力为全校各学科的教学服务,如教学幻灯片的分类,拍摄人体解剖、针灸技术等幻灯片。这些做法,都为以后的专业发展与建设积累了丰富的经验,为以后的本科专业建设与教学奠定了基础。

随着电教事业在全国范围内的进一步发展、进一步扩大,培养电化教育事业的高层次人才势在必行。西北师范大学在招收、培养电化教育专科学生的基础上,在前后举办四期电教培训班的基础上,在全校的6个系开设电化教育学选修课的基础上,在教师队伍、教材建设以及设备配备与实验室建设方面,都得到了极大的发展。1984年9月,南国农先生正式向学校提交了申办电化教育本科专业的报告,1985年5月,教育部正式批准西北师范大学设置电化教育本科专业(教育(85)教高一字015号)。54名学生于1986年9月入学,成为西北师范大学电化教育专业首届本科生。电化教育系与电化教育中心两块牌子一套人马,南国农先生任系主任兼电教中心主任。学校为了办好这个新设置的专业,在人力物力和教学用房方面给予了极大的关心与支持。南国农先生将本科专业的培养目标确定为四个方面,即培养:各级各类学校的电化教育课教师,电教教材编导人员,电教研究人员和电教管理人员。教学计划按照本科专业的要求,进行了重新制定,专业课与专业基础课20门,加上专业实习与教育实习,共计22门课程。这些都凝聚了南国农先生的心血与智慧,为全国其他兄弟院校的专业设置与建设提供了极大的帮助,24年间(1986年—2010年)为我国电化教育事业、教育信息化建设与发展培养了大批高层次人才。

我国西北地区少数民族众多,教育部为了促进西部少数民族教育和师资队伍的建设与发展，在西北师范大学成立了教育部西北少数民族师资培训中心，要求各个专业能为西北少数民族基础教育培养师资力量。从1992年开始，教育技术学专业每年招收一个民族班，至2008年共培养少数民族学生498人，为西北少数民族教育信息化建设作出了自己应有的贡献。

在过去20多年的办学历程中，西北师范大学紧跟时代发展步伐，与时俱进，根据新形势下高等教育的发展以及社会对人才的需求，几次修订教学计划和培养方案，向应用型、复合型高层次人才的培养模式发展，让学生进一步接触和掌握学科前沿的知识，不断提高学生的实际应用能力，满足社会发展对人才的需求。

二、学科建设与发展

在电化教育本科生培养的基础上，南国农先生认为要促进我国电化教育事业的进一步发展，必须要培养高层次人才。要培养出高层次人才，必须使电化教育学科得到进一步发展。要将学科建设与高层次人才培养紧密地结合起来，必须在不断完善、提高本科教学的基础上，做好培养电化教育硕士研究生的培养计划和培养方案。在做好充分准备的基础上，前后两次向学校、省教育厅提交申请，国务院学位委员会于1993年10月正式批准西北师范大学设立教育技术学专业硕士学位点。1995年南国农先生、陶立志教授开始招收教育技术学硕士研究生，其后西北师范大学不断增加硕士生导师和硕士研究生招生名额。随着社会对高层次人才需求的增加、国家硕士研究生培养规模的扩大，以及西北师范大学在培养硕士研究生能力方面的提高，教育技术学学科又承担了培养高校教师硕士研究生、教育技术学中职教师硕士研究生和面向中小学教师的教育硕士研究生以及以同等学力申请硕士学位等四种类型的专业硕士研究生的工作。高层次人才的培养，需要有科学的、严谨的培养方案和培养目标。培养德、智、体全面发展，掌握现代教育理论、信息化教育知识与技能以适应社会和经济发展需要的应用型、复合型人才，具有独立从事教育技术学专业的教学能力，掌握教育科学与技术研究的方法和从事信息化工作的高层次人才是西北师范大学的办学理念。目前，教育技术学硕士研究生培养方案设有四个研究方向，即：现代教育技术理论，现代远程教育，媒体理论及教育应用（含教育电视）和信息技术与教育（含计算机网络与教学、多媒体设计与制作）。至2010年已毕业硕士研究生16届，他们大多就业于高等教育、基础教育、教育科研机构及企事业单位，为我国教育现代化、信息化的发展，作出了突出的贡献。

2000年10月西北师范大学在原电化教育系的基础上，组建教育技术与传播学院。学院的组建，为学科建设、专业发展、人才队伍建设提供了发展空间。根据国家教育信息化发展的新要求和教育技术学学科发展对高层次人才的需要，西北师范大学在南国农先生的提议下，根据申报教育技术学专业博士点的条件，正式向省学位办和国务院学位办提交了博士点申报材料。2003年9月国务院学位委员会第九批正式批准西北师范大学设立教育技术学博士学位点。西北师范大学成为西北、西南地区唯一一个具有教育技术学专业博士学位授予权的学校，2004年开始正式招生，至2010年已招收7届学生。现在博士生导师已由原来的两人增加为4人，设有4个培养方向，即：现代教育技术理论、现代远程教育、信息技术与教学应用和教育信息化理论与实践。南国农先生每年都招收现代教育技术理论方向的博士生。由于西北师范大学地处西部地区，同内地和发达地区相比较，西部地区在经济、文化、教育等方面相对落后，所以，在办学思路、人才培养方面，西北师范大学积极寻求与西部地区、少数民族地区社会发展的结合点，教育发展的结合点，寻求现代教育技术能为教育创新、教育改革做什么，如何去做。由于培养目标正确，西北师范大学的博士毕业生不仅受到社会的高度评价，用人单位的高度评价，而且都在各自的工作岗位上作出了突出的贡献。2002年西北师范大学教育技术学学科被评为省级重点学科并持续至今。这些成绩的取得与南国农先生的决策、策划、参与是分不开的。

三、一本学术期刊的贡献

南国农先生创办并担任主编的《电化教育研究》杂志，创刊于中国电化教育第二次起步后的1979年。1978年中国电化教育第二次起步后，教育部电化教育局委托西北师范大学（原甘肃师大西北师范学院）举办一期电化教育研讨班。为什么委托地处西北的西北师范大学举办，是由于在该校有两位学者——南国农教授和萧树滋教授，他们曾在美国哥伦比亚大学专门学习教育学和视听教育学，当时他们两位都在西北师范大学工作。在研讨班后期，中央电教局局长程光同志让全体学员和任课教师到北京，同电教局领导一起讨论中国电化教育的发展问题。我作为任课教师，有幸同大家一起去了北京。研讨班结业时，提出成立两个学会，创办两个杂志。一个是中国电化教育协会（现在的中国教育技术协会),设在中央电教局(中央电教馆);另一个是中国电化教育研究会,设在西北师范大学,由南国农先生任会长。创办两个杂志,一是《电化教育》(现在的《中国电化教育》),第二本是《电化教育研究》,编辑部设在西北师范大学,由南国农先生任主编。我参与了两本杂志创办的全过程。1980年《电化教育研究》创刊号出版,到2010年已整整创办了30年。从季刊、双月刊到现在的月刊,从一本普通的教育类学术期刊,发展成为一本RCCSE中国权威期刊和CSSCI来源期刊。居全国528种教育类期刊排名的第四位(前四名分别是:《教育研究》、《中国高等教育》、《北京大学教育评论》、《电化教育研究》)。

《电化教育研究》倾注了南国农先生的精力与心血,他已90岁高龄,从创刊到现在,每一期稿子他都一篇不落地审阅和编目。《电化教育研究》杂志从创办至今30年来,为我国电化教育事业、教育技术学的学科建设、专业建设、理论建设、队伍建设作出了巨大的贡献,这些都是与南国农主编的辛勤劳动分不开的。

第四节 南国农先生与西北师范大学电化教育专业建设的特色

西北师范大学 郭绍青

南国农先生不仅创建了西北师范大学教育技术与传播学院,而且一直在指导与引领着西北师范大学教育技术与传播学院的发展。2000年在学院发展规划讨论会上,南先生首次提出了把"西部、农村、民族、远程"作为西北师范大学教育技术学发展的定位,即:立足西部,研究西部,为西部的教育发展服务,在研究中要针对农村教育信息化的发展,针对民族地区教育信息化的发展进行系统科学的研究工作,在手段上采用远程教育手段,充分利用卫星、Internet开展远程教育,促进西部农村与民族地区的教育发展。南先生多次在与学院领导交谈时,在项目规划论证会等场合强调这一思想。在这一基本思想指导下,西北师范大学教育技术学专业近十年来,在参与国内外大型远程教育项目,争取各类研究项目上有了巨大的发展,取得了显著的研究成果,形成了具有一定研究实力的研究方向,在许多重大的国际、国内面向西部农村与民族地区的教育信息化项目中发挥了自己的作用。

一、参与实施的远程教育项目

（一）甘肃省远程教育项目

1999—2001年甘肃省开展农村远程教育试点项目，确定在甘肃省通过卫星远程教育促进农村教育发展的试点研究工作。西北师范大学承担了甘肃省会宁县的项目试点工作，通过甘肃省电视台的空闲时间把教育资源发送到试点学校开展教师培训工作，项目取得了良好的效果。

（二）教育部-李嘉诚基金会西部中小学现代远程教育工程

教育部-李嘉诚基金会西部中小学现代远程教育项目，各出资金8000万元，在西部十二省区，建立10000个现代远程教育教学示范点，培训10000名一线教师，使他们学会操作计算机、使用应用软件、进入信息网络、获取各种信息资源的基本技能，具备正确操作和使用教学示范点设备并进行简单维护的能力。

西北师范大学承担了教师培训工作，经过近两年的培训与再培训工作，对甘肃省天祝、静宁、武山等项目县的450名技术人员、24名电教馆人员进行了技术培训，对天祝县、张掖市、静宁县250所学校的500多名校长与技术人员进行了再培训，对促进项目顺利实施发挥了重要作用，同时，郭绍青教授作为国家项目专家组成员参与该项目的国家级项目评估与验收工作。

（三）中欧甘肃基础教育项目

项目于2001年10月在兰州启动，执行期为5年，项目总投资1700万欧元，其中，欧盟委员会捐赠1500万欧元，甘肃省政府配套200万欧元。项目覆盖甘肃中东部41个国家级贫困县，其目标是支持甘肃省提高贫困地区基础教育质量。项目的主要特点是：利用信息资源，促进教师发展，关注贫困地区，体现教育公平。项目开展了以下具体工作：

1. 支持和提高基础教育质量：对430名小学和1210名初中教师进行学历培训；建立686个教师学习资源中心，对7.2万名教师进行校本培训；为686所学校配备教辅读物。

2. 加强机构建设：对8900名校长进行培训；对230名教育行政部门的管理人员进行培训。

3. 建立监测评估系统：开发计算机监测管理用户服务系统；进行基线调查和评估。

4. 资助贫困学生：计划资助10万人次。

在中欧项目中，学院承担项目的规划设计、教师培训、管理人员培训、送教下乡等工作，在项目实施中发挥了重要作用。学院参与686个教师学习资源中心的规划与建设工作，承担了信息技术支持人员、学科骨干教师、校长、县级管理人员培训工作，共培训各类人员7000多人次。编写了三本培训教材，组织实施送教下乡工作，活动历时3年，对甘肃省41个贫困县的48所学校进行了现场指导工作。工作小组在每所学校工作7天，帮助学校教师掌握信息技术，学习教学设计的方法，从分析教材、制定教学目标、选择教学策略与方法、合理使用现代教育媒体、开展教学评价等方面对教师进行全过程指导。系统开发了学习资源中心有效运行机制研究、学习资源中心实践指导研究、远程教育的理论与实践研究等研究工作。

（四）国家农村中小学现代远程教育工程项目

国家农村中小学现代远程教育工程总投资100亿元人民币，为中西部地区县以下的农村中小学建设三种模式的信息化硬件环境，利用光盘、资源库、卫星IP系统为学校提供大量的教学资源。工程建设完成后，将使11万所教学点的510万小学生、38.4万所农村小学的8000多万小学生、3.75万所农村初中的3000多万学生受益。国家农村中小学现代远程教育工程包括以下具体实施内容：

1. 国家农村远程教育工程项目经过试点项目、试点示范项目到目前的工程项目，在对中西部地区县以下学校进行硬件环境配备中确定了三种硬件的配备标准，并把这三种硬件配备标准称为三种模式。即：模式一＝在村小学（教学点）配备DVD影碟机＋电视机；模式二＝在完全小学配备卫星IP数据接收系统及配备DVD影碟机＋电视机；模式三＝在初中配备一个计算机网络教室＋卫星IP接收系统及一个投影教室（含一台投影机）。

2. 在资源建设上，由中央电教馆开发的“农村中小学现代远程教育资源”通过卫星IP系统免费传送，中央教育电视台传送的“空中课堂”，人民教育出版开发的“小班教学光盘”以及各类数据库、光盘类教育资源进入了农村中小学。

3. 在工程建设中，各项目省、县进行了技术、应用等各种形式的培训活动，由教育部组织，中央电教馆具体实施了三种模式有效应用的巡回指导培训活动。

在该项目中，学院承担了部分甘肃省项目学校教师的培训工作，承担了对河南、海南、广西、湖北、陕西等省的巡回指导培训工作，学院教师作为项目专家组成员参与了项目最初文本的设计、项目试点与评估、项目的中期评估等工作。

（五）参与的其他项目

学院教师除参与了以上项目工作外，还参与了联合国儿童基金会远程合作学习项目、Intel 未来教育基础课程项目、微软携手助学等项目活动，这些项目基本都是围绕西部农村与民族地区，利用教育信息化手段促进教师专业发展与学生学习方式变革、学习质量提高的项目，学校在这些项目的规划、设计、实施、评价等方面发挥了重要作用。

二、特色研究方向与研究活动

（一）信息技术促进西部地区教师专业发展研究

本方向的研究主要集中在技术促进教师专业化发展的研究上，包括：在职教师信息化教学能力的培养研究，网络环境支持下的教师专业发展研究，教师有效培训的理论与方法，教师学习共同体的有效建设，师范生（职前）教师信息化教学能力培养研究等。同时在甘肃省开展了大量的培训与实验研究工作。目前本研究方向包括 8 名教师，其中教授 2 人，副教授 4 人，讲师 2 人，具有博士学位教师 4 人，硕士学位教师 3 人。

该方向近 5 年来共发表相关论文 38 篇，其中在 CSSCI 检索源期刊上发表 22 篇。出版专著 12 部，其中在高教社出版 5 部。获得各项研究课题 16 项，其中省部级课题 8 项。团队成员围绕西部地区教师信息化教学能力的发展进行了体系化与系统化的研究工作，主要研究课题有：利用网络环境建立城乡互动教师专业化能力协同发展的策略研究（甘肃省教育厅专项研究课题）、利用信息技术实现西部边远农村与民族地区教育跨越式发展的理论与实践研究（教育部“十五”重点规划项目）、中西部农村远程教育中资源有效利用的理论与实践研究（教育部人文社科研究项目）、教师信息化教学能力发展研究（全国教育科学“十一五”规划教育部青年专项）、基于教师职业导向的师范生信息化教学能力培养体系研究（教育部人文社会研究项目）。同时在政府咨询服务方向上发挥了重要作用，完成咨询报告 3 项，分别为：甘肃省中小学校园信息化环境建设评估指标（文号：甘教信〔2002〕33 号）、甘肃省中小学信息化环境建设指导纲要（文号：甘教信〔2004〕1 号）、甘肃省基础教育信息化深化发展指导纲要

（文号：甘教信办〔2010〕15号），全部被甘肃省教育厅采用。承担了国家基础教育资源中心招标项目“三种模式教学方法”系统培训多媒体教材的开发任务。团队成员2010年获得计算机促进教学协会（AACE：Association for the Advancement of Computing in Education）数字公平杰出贡献奖，并在US-Sino Workshop on Mathematics and Science Education等学校会议上作了大会报告。

（二）西部民族教育信息化的理论与实践研究

民族教育是我国教育事业的重要组成部分，其发展水平直接影响到我国教育发展的整体水平，也直接影响到民族地区的社会稳定和社会发展。民族地区教育信息化领域的研究针对加快民族地区信息化基础建设的关键问题，主要包括：民族教育信息化适应性理论的研究、民族教育资源的开发、民族教师的培训、民族教育质量的提高、民族地区教育均衡发展等。目前本研究方向包括6名教师，其中教授3人，副教授3人，具有博士学位教师2人，硕士学位教师3人。

该方向近年来共发表相关论文33篇，其中在CSSCI检索源期刊发表18篇。出版专著6部。获得各项研究课题11项，其中省部级课题5项。主要研究课题有：西部藏民族基础教育信息化资源建设、共享及应用研究（全国教育科学“十一五”规划教育部重点课题），农村现代远程教育工程促进藏族民族基础教育信息化发展实证研究（教育部人文社科一般项目），西部地区农村中小学现代远程教育资源应用效能研究（教育部人文社科一般项目）、西部地区信息技术教学应用的有效性研究（教育部人文社科一般项目）。该研究团队在多年的研究过程中，对西部民族地区教育信息化的发展进行了大量的理论与实践研究工作，探索出了一套西北民族教育信息化的理论和民族教育资源开发的有效途径与方法，开发了大量藏汉双语多媒体教学软件等民族教育资源。

（三）西部地区农村教育信息化理论与实践

本研究方向主要研究农村教育信息化的发展模式，可持续发展的支持保障体系，农村教育信息化的成本和效益等。围绕已经或正在西部地区农村实施的十余项教育信息化建设工程项目，特别是国家农村中小学现代远程教育工程开展了大量卓有成效的研究工作，目前本研究方向包括8名教师，其中教授2人，副教授2人，讲师2人，具有博士学位教师2人，硕士学位教师3人。

该方向近年来共发表相关论文34篇，其中在CSSCI检索源期刊发表15篇。出版专著4部。获得各项研究课题8项，其中省部级课题3项。其中主要研究课题有：农村党员干部现代远程教育资源整合模式研究（教育部人文社科一般项目）、农村中小学现代远程教育经济学问题研究（知识与科技创新工程科研骨干培育项目）。本研究方向积极参与各种政策、规划、方案制订等工作，在调查研究的基础上对于甘肃省及西北地区基础教育信息化领域的重大问题进行研究，能为相关部门提供高水平的咨询报告。研究取得了丰富的研究成果，曾在《中国教育报》"e 教育"专栏中的"农村中小学现代远程教育系列报道"中连续刊载，在全国引起了很大反响，产生了广泛的学术影响。同时该方向在农村党员干部现代远程教育的研究中充分发挥了信息技术的作用，使农村党员在当地经济建设和社会发展中发挥了巨大作用。提出了"农村教育信息化工程建设要以应用为核心，以资源的优化配置与有效利用为目的，以提高效益为目标，实现可持续发展"的基于农村教育信息化工程项目的农村教育信息化建设与发展策略。

在南国农先生对西北师范大学教育技术学研究特色定位的"西部、农村、民族、远程"的基本思想指导下，经过学院广大教师的合作与努力，在十年的发展过程中，学院形成了具有自己特色的研究方向，取得了大量研究成果，研究还将继续，我们还需要加倍努力。

第五节　南国农先生对华南师范大学电化教育专业创办与教育技术学科建设的贡献

华南师范大学　胡钦太

自从华南师范大学 1983 年创办了新中国第一个电化教育（现为教育技术学）本科专业，发展至今已经具有从学士、硕士、博士到博士后流动站的完整人才培养体系；并把教育技术学学科建设成为国家级重点学科、国家"211 工程"重点建设学科、教育部首批高等学校教育技术学特色专业建设点、广东省名牌专业。到目前为止，学科已连续 6 届获得 7 项国家级教学成果奖，拥有国家及省级精品课程 5 门，国家级双语教学示范课程 1 门，国家级教学团队 1 个，并拥有国家级信息传播实验教学示范中心 1 个，广东省工程中心 1 个（广东省计算机网络与信息系统工程技术研究中心），广州市人文社科重点研究基地 1 个（信息传播与文化创意产业重点研究基地）。这在全国同类专业中是为数不多的。

这份成绩的取得，离不开我国老一辈电化教育专家们的关心和帮助，特别是南国农先生，从始至今都给予了宝贵的支持和指导。

一、共同策划与筹建新中国第一个电化教育本科专业

（一）营造舆论氛围，推动建立电化教育专业

1983年10月，时任教育部副部长黄辛白同志在石家庄主持召开“第一次全国电化教育工作会议”，在会议中明确提出“适应教育事业发展的需要，因地制宜，讲求实效，积极而有重点、有步骤地加速发展具有中国特色的电化教育……‘六五’计划后的两年内，要在两三所高等师范学校首先设置电教专业”。而早在此次会议召开前的5月份，教育部就已经批准华南师范大学创办了新中国第一个电化教育本科专业。

华南师范大学自1975年起就设立了“现代教育技术研究室”，开展电化教育的实践与研究。华南师范大学之所以能创建第一个电化教育专业，离不开南先生等老一辈电教人所营造的舆论环境。南先生在国外学习视听教育，建国后积极响应祖国号召，回国在大西北长期从事电化教育教学与推广，在全国具有重要影响。正是南国农、萧树滋等老一辈电教人的积极活动，促使“教育要为社会主义现代化建设服务，开展电化教育是实现我国教育现代化的重要内容之一”成为当时的舆论共识，反驳了中国当时还没必要开展电化教育的说法，逐渐消除了“电化教育仅仅是一项事业，还不是一个专业”的误解，使教育行政主管部门认可了建立电化教育专业、培养电化教育专业人才的必要性。正是在这种舆论背景下，华南师范大学抓住了历史机遇。

1983年9月，华南师范大学首届电化教育四年制本科生入学，南先生出席了开学典礼。当时，包括我本人在内的20名新生满怀信心地聆听了南先生、余也鲁教授等老一辈学者们的讲话，并从此投身到电化教育事业之中。

（二）共同制定电化教育本科专业培养方案

1983年5月，教育部批准华南师范大学创办新中国第一个电化教育本科专业，并要求该专业办出高标准、高水平。事实上，自1981年开始，华南师范大学就已经用了两年多的时间来制定电化教育专业培养目标和课程设置方案。在专业培养方案的制定过程中，多次邀请南国农先生和余也鲁等教授一起讨论。南先生根据当时的中国国情，排除了其他异议，支持了方案提出的培养“四种人”(电教课教师、电教设备管理人员、电教教材编制人员和电教研究人

员），课程上开设电化教育导论、教育传播学、电教课程教材教法、电视教材编导与制作、教育传播研究方法等11门主干课程，其中技术性课程占四分之一的做法。根据原国家教委师范司的要求，该专业培养方案1986年上报后经过两次专业研讨会的论证，为当时很多开设电化教育专业的学校采用。此后，南先生还根据不同时期科技发展和人才需求的情况，多次指导了华南师范大学电化教育专业的教学计划修订工作，倡导加强实践环节，大力提高专业技能，为提高华南师范大学电化教育专业的人才培养质量作出了宝贵的贡献。

二、主导首批电化教育本科专业教材的编著工作

（一）亲任编审组组长，主持首批专业教材编写工作

电教教材编制是电化教育专业建设的重要环节。1983年第一次全国电化教育工作会议决定高等学校和中等专业学校要建立电教机构，开展电化教育，采用学校自编、校际协作及全国统编的方式编制电化教育教材。为此，教育部成立了“电化教育课教材编审组”，由南先生任组长，李运林教授任副组长，统筹编写“电化教育”公共课教材。1988年原国家教委发布《关于加强电化教育教材建设的意见》，决定成立由原国家教委直接领导的“全国高等教育电教教材审定委员会”，以保证电教教材的质量。在南国农教授的主持下，组织编审、出版了电化教育首批骨干课程教材，填补了学科专业教材的空白。

（二）亲力亲为，指导我校骨干教师参与教材的编写

在南先生的关心和帮助下，华南师范大学电化教育专业的教师们也积极参与了教材编写工作，先后完成了十多本教材。这一批教材的编写不仅提高了华南师范大学教师的科研水平，也为日后的专业发展奠定了坚实的基础，在整个编著过程中南先生倾注了大量心血。

三、扶植华南师范大学电化教育专业师资队伍建设

（一）亲临培训第一线传道授业解惑，提高了我校教师的理论素养和专业技能

南先生长期扶持华南师范大学电化教育专业师资队伍的建设。为了培训师范院校电化教育课的教师，西北师范学院在教育部师范司和电化教育局的支持下，于1979年举办了为期两个月的电化教学讨论班，全国39所师范院校的44名教师参加了学习，华南师范大学的教师也积极参加。在西北师范大学的培训过程中，南先生一直站在培训第一线，倾其毕生所学，传道、授业、解惑，使参训教师的教学、科研能力得到很大提高，回校后都成为华南师范大学电化教

育专业的骨干，有的还担任了领导职务。

（二）主持全国首批电化教育专业学科职称评审，产生了新中国第一批电化教育专业的教授

电化教育专业要健康、可持续发展，需要一个职称结构合理的师资队伍，应该拥有本专业的高级职称教师。但由于华南师范大学创办的是全国首个电化教育专业，当时还没有电化教育专业的教授职称评审系列，而教师如果申请物理等其他学科专业的高级职称，则不利于电化教育专业师资队伍的成长。为此，经过多方努力，在南国农教授主持下，同意华南师范大学进行全国首批电化教育专业学科教授的评审，李运林、李克东老师成为新中国第一批电化教育专业教授。这其中既倾注了南先生的关怀，也显示了他对电化教育事业发展的远见。

（三）关心青年教师成长，为华南师范大学教育技术学专业的可持续发展化倾

南国农先生一直关心华南师范大学教育技术学专业不同时期青年教师的成长，为他们提供宝贵的学术指导。在每年来华南师大的时候，他都与青年教师座谈，并很有针对性地提出青年教师的发展方向。例如，2009 年来华南师大之时，他就对教育信息技术学院的年轻团队提出，要把华南师大建设成为“教育传播学的复兴基地”。又如，学院科研团队在“十一五”期间成功获批了国家社科基金教育学一般课题“信息化进程中的教育传播理论发展与实践应用研究”，南先生欣然答应担任总课题组顾问，还为课题组的课题成果《信息时代的教育传播——范式迁移与理论透视》作序，鼓励科研团队开展进一步的研究。

四、长期参与华南师范大学电化教育专业的教学与培训工作

早在华南师范大学创办电化教育本科专业之前，南国农先生就积极参与了学校的教学培训工作。例如为 1980 年在广州举办的全国电视教材编导培训班授课，参与 1982 年传播学鼻祖宣韦伯和香港大学余也鲁教授来华南师范大学讲学的活动等。

在华南师范大学电化教育专业创办伊始，南先生就和香港著名传播学家余也鲁教授、日本教育工艺学专家坂元昂、西德教育控制论专家弗朗克，以及萧树滋、廖太初等教授一起担任了我校的兼职教授。南先生古稀之年仍不辞辛苦，每年奔波于祖国的大西北兰州与南方的广州之间，长期为我院研究生讲授“学与教的理论”等课程，与华师师生分享自己的思想与成果，并担任研究生论

文答辩委员会主席，为本专业的研究生培养工作做出了极大的努力。他除了自己来华南师范大学讲学之外，还根据实际情况，发动西北师范大学其他有特色的专业教师来华南师范大学授课。经他培养的众多学生，有的出国攻读了博士学位，在相应的岗位上获得了重要成就，有的已经在国内高校、科研院所担任重要职务，成为电化教育专业的领导骨干。

早在上世纪，华南师范大学电化教育系坚持教学、科研、生产三结合，创建教育部电教办樟木头培训中心（现更名为全国现代教育技术华南师范大学培训中心），面向全国开展电教专业人才培训，提高在职电教人员的理论与技术水平。南先生长期负责中心的教学与实验指导工作，对每期培训班的策划和安排都给予了热情的指导，不顾年事已高，尽量争取为每期培训班亲自讲课，为宣传电教、普及电教和指导电教作出了卓越的贡献，得到了各方面的好评。

近 30 年来，南先生为华南师范大学的教师、博士、硕士及本科生做过无数次学术讲座，从基础到前沿、从共鸣到争议，南先生以他渊博的学识、严谨的治学态度、敏锐的视角、平易近人的态度激励了一批批华师电教学子，促使他们投身电教事业。

五、以华南师范大学为基地，参与学术研究与学术交流

华南师范大学毗邻港澳，处于中国改革开放的前沿阵地，有条件更多接触国外及港澳地区相关学科的最新资讯，有条件召开一些国际、国内学术会议，共商电化教育发展大计。南先生也敏锐地看到了这一点，注重发挥和利用华南师范大学的这一优势，以华南师范大学为基地，推进国内外电化教育学术研究与交流。

1982 年 4 月，在华南师范大学大礼堂举行了全国电化教育研讨会，在这次研讨会上传播学鼻祖施拉姆及其弟子香港中文大学教授余也鲁为国内学者首次介绍了教育传播的理论与实践，南国农教授是这次会议的主要参与者之一，随后与李运林教授一起编写了至今都在广为使用的《教育传播学》统编教材。南先生还担任了由广东省高教厅教学处、广东省高教电教中心和华南师范大学负责实施的广东省高校“五个一百工程”建设项目的顾问和评审专家，项目运用南先生的“三件”（硬件、软件、潜件）建设思想，培养了一批电化教育骨干教师，构建了新型的学科教学模式，提高了广东省高校教育信息化进程。

进入新世纪后，南先生注意到电化教育史研究的不足，发扬“中国电教是一

家”的光荣传统，联合包括华南师范大学李运林教授等在内的一批知名专家申请了教育部规划重点研究课题“中国电化教育(教育技术)发展史研究”，2008年4月，课题组在华南师范大学举行了课题研讨会，制定了课题研究框架。2010年1月又召开“中国电化教育(教育技术)发展史研究课题中期研讨会”，南国农教授作了课题研究进展概况报告，各子课题汇报了研究的现状和进展，并展开讨论，最后对子课题的研究内容和进度进行了调整，保证了课题的顺利开展。

2009年，教育部和国家自然科学基金委主办、华南师范大学承办的首届全国教育技术学研究生暑期学校在华南师范大学开办，来内全国70多所院校的100多名青年教师及研究生聚集于此，南先生为学员们做了题为“信息化教育理论体系的形成和发展”的主题报告，使广大电教学子不仅进一步梳理了专业知识，更是有机会近距离接触南先生，真切感受到了他的魅力。

南先生接受的是西式教育，却能紧密联系中国国情；他长期扎根西北黄土高原，却使之成为中国电化教育的一片沃土；南先生耄耋之年仍活跃于电化教育一线，孜孜不倦地开拓与追求，惠及四方，激励着中国电化教育事业不断前进！

第六节　南国农先生与浙江教育技术学专业建设

浙江师范大学　黄立新　张剑平　周跃良

一、南国农先生的思想对专业建设的影响

长期以来，浙江省教育技术学专业的发展与南国农先生的教育思想息息相关，南先生教育技术学的理论及其真知灼见一直影响着浙江教育技术学专业的建设与发展。

(一)“百家争鸣，百花齐放”的多元开放的学术思想

长期以来，南先生在各种场合中一直倡导并贯彻多元开放的思想，赞许学术争鸣，给不同流派、不同观点，甚至是对立的观点以平等的话语权，他认为只有争鸣学术才有生命力，才有发展和进步。

浙江省教育技术学专业在建设中应用了南先生的这种思想，在专业师资的建设上，十分重视师资学缘结构的多元化。以浙江师大教育技术学专业为例，

该专业70%以上的教师来自于全国各地的著名高校，有效降低了近亲繁殖的可能性，使教师之间的学术争鸣成为可能。在学生培养过程中，浙江省的10所高校分别设立自己的专业方向，在课程的设置上也尽可能地展现校本专长，培养个性鲜明、学有所长的学生。如浙江师范大学、杭州师范大学等师范类的学校以培养信息技术教育师资见长，浙江工业大学、杭州电子科技大学等工科类院校以培养教育软件工程、软件资源开发类人才见长。

（二）"和为贵"的和谐共处理念

"和为贵"的理念是先生毕生的信奉和人生的追求。作为中国文化的基本取向和基本精神的"和"成为当今世界人们处理难题的总原则，温家宝总理2003年12月10日在哈佛大学讲演时提到："'和而不同'，是中国古代思想家提出的一个伟大思想。和谐而又不千篇一律，不同而又不彼此冲突；和谐以共生共长，不同以相辅相成。"在这样一种理念的指导下，浙江省10所教育技术学专业的本科院校之间和谐共处，经常进行校际学术交流、讨论和教学考察，互相取长补短；各高校在保证教育技术学专业基本理论体系和专业特色的基础上，根据各自的地域特点和市场需求设立自己的专业方向，求同存异；通过师资的交换、流动、培训，相互学习，相互支持，通过网络学习平台，尤其是各级各类的精品课程建设，共享优质的教育资源，促进各个院校共同成长。各高校内部专业建设与学科建设协调发展，通过定期的教学研讨活动，加强教师之间的交流，和谐共处。

浙江师范大学的现代教育技术课程群教学团队就是具有和谐思想的一个典型例子。该团队鼓励学术争鸣，尊重不同意见，使每个成员都能够畅所欲言，各抒己见；具有创新和批判精神，敢于质疑既有的结论，推动学科前沿的发展；具有合作精神，促进团队成员之间的互相支持，协同配合，顾全大局，愿意为实现团队的共同远景和具体目标而奋斗；具有严谨治学、积极向上的学风，克服学术浮躁、急功近利等不良倾向，为教师的专业发展、学生教育技术能力的提高和基础教育信息化创造适宜的人文环境。团队建立了定期教学研讨的机制，每学期召开三次科研经验交流会和教学改革经验交流会，每两年举办一次全国性的教育技术类课程建设研讨会，通过研讨促进团队成员协同发展，同时推广团队取得的成功经验。

（三）"中国特色的教育技术学"理论体系

"中国特色的教育技术学"理论体系包括：总论（信息化教育的概念、功能、发展)，基础论(信息化教育媒体理论、过程理论、系统优化理论)，技术论(信息化硬件环境建设、软件资源开发、教学系统设计)，模式论(信息化课堂教学模式，远程教育模式，自主、协作、探究学习模式)，方法论(信息化环境下的学习方法、教学方法、研究方法)，管理论(信息化教育管理体制、专业建设、评价)。

上述理论体系在浙江教育技术学专业的教育教学过程中得到了很好的体现。以张剑平教授主编的国家精品课程主讲教材、“十一五”规划教材《现代教育技术——理论与应用》(高等教育出版社，2006 年第 2 版)为例，该教材兼顾了教育技术从传统到现代的发展延续性，既保持了教学内容的相对完整性与先进性，又较好地处理了传统与现代、理论与实践、知识与创新之间的关系，简明扼要地介绍教育技术基础理论，以信息技术与课程整合为主线，重点介绍教学资源和信息化教学设计，尤其是现代教学媒体的开发和利用以及教学设计与评价实践。基于上述体系的教材得到了师生们的广泛好评，几年来教材多次重印。

二、南先生对浙江省教育技术学专业建设的支持

(一) 在建设过程中多次关心

南先生一直非常关心浙江省教育技术专业的建设和发展，对专业建设的论证、专业方向的规划、专业课程的设置、专业管理以及专业师资建设等多次提供指导意见和支持。尤其值得一提的是专业师资建设，浙江省教育技术专业的老、中、青教师都得到了先生的耳提面命。1979 年 5 月，浙江师范大学就选派专业教师参加了西北师大电教馆受教育部委托举办的“电化教育培训班”，上世纪 80、90 年代西北师范大学的本科毕业生、硕士研究生和本世纪初的博士研究生，大多成长为浙江省教育技术专业的骨干，担当着专业建设和学科发展的重任，使先生的教育思想在浙江得到了发扬光大。

(二) 亲临浙江指导

2008 年 11 月，88 岁高龄的南先生亲临浙江师范大学和浙江大学，指导专业建设，与浙江省教育技术学专业的部分教师进行座谈，并被聘为浙江师范大学的客座教授。在浙江期间，还为浙江省大学生作专题讲座。先生巧改北京奥运会歌曲的歌词拉开了浙师大尖峰论坛第 48 讲的序幕：“你和我，心连心，同驻电教事业，永远一家人，让我们都加油，去超越自己!”以“心手相连、超越自我”鼓舞教育技术专业的教师和学生，精辟地概括了信息时代大学生应如何学

习，即成功学习的五个“三”，分别是三个世界、三个方面、三种方式、三种理念和三个公式。

（三）教育技术杂志的支持

南先生作为《电化教育研究》杂志的主编，长期以来一直支持浙江省专业建设和学科的发展，在《电化教育研究》杂志上给予了浙江省教育技术专业和学科更多的话语权。据统计，从1996年到2009年底，《电化教育研究》共发表了浙江省的学术论文131篇（如图所示）。该数据一方面反映了浙江电化教育的研究水平和层次不断提高，另一方面也表明了《电化教育研究》杂志对浙江省教育技术学术研究的关注与支持。从1996年至2001年，电化教育研究中浙江省的学术论文直线增加。从2001年开始，该杂志中浙江省的学术论文增速放缓，不过基本稳定在年均13.3篇，相当于每期都有浙江省教育技术领域的研究论文。

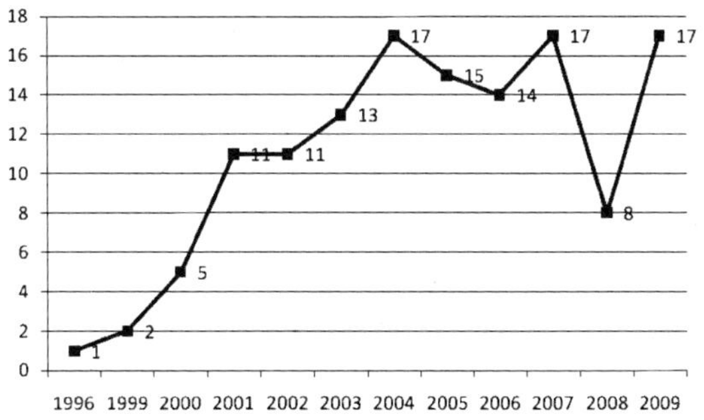

图 《电化教育研究》浙江作者学术论文的年度统计

三、浙江省教育技术学专业建设现状

（一）专业基本状况

随着我国教育信息化进程的不断推进，浙江省教育技术专业建设取得了长足的发展，卓有成效。1978年，浙江师范大学在浙江省率先创建电化教育专业，并成为国内首批招生的院校之一。其后教育技术专业在浙江省高校中遍地开花，尤其是进入新世纪后，浙江省教育技术专业呈现蓬勃发展的态势。到目前为止，浙江省设有教育技术学本科专业的高校已有10所，为浙江省培养了大批教育技术专业的专门人才。目前，浙江省高校教育技术学专业均设置了各具特色的专业方向，包括信息技术教育、数字教育资源与环境、媒体与传播技术、教育软件工程、数字媒体艺术等，各高校都结合自己的师资状况、地域特点和市场需求，开设了特色明显的方向课程。浙江省高校教育技术学专业设置的基本情况如下表所示。

表　浙江省高校教育技术学专业设置一览

学校	学制	建立时间	备注
浙江师范大学	四年	1978 年	分别于 1978、1994 年开始招专科生、本科生
温州大学	四年	1999 年	
浙江大学	四年	2000 年	
浙江工业大学	四年	2000 年	
宁波大学	四年	2000 年	2009 年开始改招“数字媒体艺术”专业学生
杭州电子科技大学	四年	2001 年	2005 年开始改招“数字媒体艺术”专业学生
浙江海洋学院	四年	2002 年	
杭州师范大学	四年	2003 年	
浙江科技学院	四年	2003 年	
湖州师范学院	四年	2005 年	

据不完全统计，浙江省教育技术学专业的毕业生共约 3000 余人，就业率近 100%，这些毕业生已经成为有效推进浙江省教育信息化进程的中坚力量，其中有多名省、地两级的电教馆馆长、特级教师。从历年用人单位对教育技术学毕业生评估的资料中可知，他们对教育技术学毕业生的工作状况普遍比较满意。用人单位尤其看好本专业毕业生有较强的实践动手能力，例如网络管理、网站制作、课件制作等方面的优势。专业毕业生活跃在教育技术的相关领域和行业，包括各级各类学校从事教育技术课程与信息技术课程教学的教师，各类企业的员工培训设计师，各类教育机构的媒体教学设计师、教育技术装备的规划维护与管理专业人员、数字化教学环境开发与管理专业人员、数字教育资源建设与管理专业人员，各类电化教育机构、政府宣传部门、电视台和企业的教育影视与多媒体创作专业人员、教育软件开发专业人员、教育电子出版物编辑等高级专门人才。总体来看，教育技术学本科毕业生主要就业流向为基础教育，他们为浙江省的基础教育信息化作出了重要的贡献。

浙江省在重视教育技术学专业本科教学改革的同时，逐步提升人才培养的层次和规模，形成了本科、硕士、博士的多层次多点布局的人才培养体系。目前，浙江省已有浙江大学、浙江师范大学、浙江工业大学、宁波大学等 4 所高校招收教育技术学专业硕士研究生，浙江师范大学作为浙江省首个教育技术学硕士、教育硕士学位点，近年来每年招收30名左右全日制硕士研究生。浙江大学自2010年开始招收教育技术学博士研究生，并开始培养相关方向的教育博士。

（二）人才培养模式改革

为了培养教育技术学专业学生的专业知识与能力，浙江省各高校注意把指导学生就业与高校教学改革联系起来，根据市场上反馈回来的信息及时地调整人才的培养目标及定位，并进行有效的教学改革。2006年4月，浙江师范大学进行了为期一个月的“教育技术学课程与教学改革”的调研活动，对1993级至2001级教育技术学专业毕业学生及其主管领导进行了访谈和问卷调查。目的是以工作适应性为导向，以社会调查为依据，科学调查教育技术专业人才的社会需求、专业结构能力的适应性、毕业生质量的社会评价。通过征询用人单位对本专业人才培养的要求和建议，准确把握市场人才需求信息，为本专业教学改革提供决策支持。通过调查研究，总结了以提高工作适应性为核心的专业教学改革的方向，即一是在课程设置和教学内容上强调要尽量体现学科发展的前沿，重视用人单位的实际需要；二是在教学方式上强调要培养学生的能力，特别是动手能力和学习能力；三是重视现代化教学手段的使用，强调教学效率的提高。

通过定期开展实地调查研究，构建了有效的教育技术人才培养模式，较好地解决了专业定位、人才培养规格和就业压力的种种矛盾，创出了一条特色明显的专业发展道路。2007年，浙江师范大学教育技术学专业被评为国家特色专业，该专业以学科建设与专业建设协调发展为基础，以构建教育技术人才培养模式为核心，完善课程体系与师资配置，强化实践教学特色，突出教育技术的应用性。通过广泛的调研，把握人才需求信息，在坚持教育技术专业发展的内在逻辑的基础上，完善教育技术专业课程体系；充分发掘潜力，调动校内外的各种资源，优化教育技术专业实践教学体系，以课程实验、短学期为基础，学科竞赛为突破，提升学生的实践创新能力；设计了贯穿四年三个短学期的、一体化的“教育技术产品设计与开发”实践性课程，并将此与常规课堂学习、学科竞赛结合形成一个完整的整体；改革教学模式，引入网络的、信息化的平台工具，突出教育技术作为应用性学科和教学学习手段的特性，让学生在充分使用和实践教育技术的过程中培养学生的教育技术能力。

近年来，浙江省在教育技术人才培养模式改革方面做了不少探索。例如，浙江大学将教育技术人才培养的职能划入现代教育技术中心，使得现代教育技术中心成为一个集教学、研究、开发、服务于一体的新型的教育信息化部门。目前，该中心有在编教职工近50人，主要机构包括：(1) 教育技术研究所，从事教育技术学专业本科、硕士/博士研究生教育、教育技术培训，以及教育信息化领域的科学研究；(2) 教学媒体开发中心，从事教育信息化相关的硬/软件设计与开发、各类电子教材以及数字化教育教学资源的开发；(3) 教学应用与管理中心，负责全校与多媒体教学相关的应用评估、技术维护与管理。

（三）师资队伍建设

教师是人才培养方案的实施者，一支高素质的师资队伍，是我们人才培养方案改革的基础。师资建设主要采取内部培养与外部引进两条措施。在浙江省教育技术学专业的师资梯队中，年轻教师人数多，可塑性强，学校领导和上级主管部门通过各种方式鼓励、支持教师以各种方式来提高自己；同时，浙江省教育技术学专业也充分利用浙江省与学校的政策，通过特聘教授的方式引进高素质人才。

在强化教师个体专业成长的同时，更加注重教学团队的建设。2008年以张剑平教授为首的浙江师范大学“现代教育技术课程群”教学团队被评为国家教学团队，大大提升了浙江师范大学乃至浙江省教育技术学专业在国内同行中的影响。现代教育技术课程群教学团队十分关注师范生的教育技术意识与态度、知识与能力、应用与创新以及社会责任的培养。坚持教学资源的建设，不断改善实验条件，形成了立体化学习资源、一体化培养模式、混合式教学方式、多元化学习评价以及多层次师资梯队等鲜明特色。

现代教育技术课程群教学团队围绕职前教师教育技术能力培养这个目标设计课程并组织教学，以国家精品课程“现代教育技术”为核心系统培养学生的教育技术能力、以学生兴趣点为导向设置后续选学课程，拓展和深化教育技术的专项技能，满足学生的进阶需求，例如“现代远程教育”(国家精品课程)、“多媒体技术”(省级精品课程)、“多媒体课件制作”、“网络教育应用”、“微格教学”、“信息化教学设计”等。现代教育技术课程群教学团队以教育技术学专业的教师为主体，另有计算机教育与应用、多媒体技术以及教学设计的专业教师，团队的知识结构、职称结构、年龄结构和学缘结构比较合理。

现代教育技术课程群教学团队始终坚持教学研究与改革，将科研成果应用到教学实践当中，实现教学与科研的紧密结合、相互促进。自2000年以来该教学团队共承担各类教学研究与改革项目 37 项，其中国家级 2 项，省部级 8 项；出版专著 5 部，编写教材 11 本，实验教材 2 本；承担国家级精品课程 1 门，省级精品课程 3 门，校级网络课程 6 门。教学获奖共 14 项，其中国家级 1 项，省部级 4 项，其他 9 项；承担科研项目 62 项，其中国家级 3 项，省部级 14 项，厅局级 18 项，校级 24 项，横向 3 项；发表学术论文 184 篇，其中有 77 篇学术论文被 EI、SCI、ISTP、CSSCI 索引共计 80 次。

（四）课程建设

课程建设始终是教育技术学专业发展的重心之一，具有特色和一流教学水平的优秀课程不仅是教学质量保证的关键，也是深化教学改革的必要载体。浙江省各高校教育技术学专业特别重视课程的建设，为教育技术学专业发展和人才培养提供了重要的基础和保证，其中浙江师范大学张剑平教授主持的“现代教育技术”于 2004 年进入国家精品课程，这也是浙江省属高校的首门国家精品课程；2005 年，浙江大学盛群力教授主持的“教学理论与设计”进入国家精品课程；2009 年，浙江师范大学周跃良教授主持的“现代远程教育”进入国家精品课程。

“现代教育技术”是高等师范院校教师教育课程体系中一门十分重要的公共基础课程，该课程以培养学生信息素养和教育技术应用能力为目标。浙江师范大学 1993 年起开设教师教育必修课程，在十多年的教学实践中，课程组对“现代教育技术”课程进行了多次教学改革，经历了从无到有，从选修课到公共必修课，从校级优质课、省级精品课到国家级精品课程的发展过程，形成了这门课程的三个特色：(1)“一体化”的培养模式：集教学、实验、创新活动为一体的新型“现代教育技术”培养模式。(2)“两个能力”的培养：支持学生充分利用现代教育技术实验环境和数字化资源进行自主交互式的学习，培养学生的教育创新和现代教育技术实践能力。(3) 三个“结合”的贯穿：课程内容的组织贯穿课堂内外相结合、职前职后相结合、教学与研究相结合，旨在培养能够胜任信息社会教学工作的新型合格师资。迄今为止，接受教育技术能力培养的学生多达 3 万余人，在 2003—2007 年的浙江省大学生多媒体作品设计竞赛中，课程组教师们指导的学生共有 118 人次获奖，其中一等奖 20 项，二等奖 20 项，三等奖 8 项，获奖比例名列全省首位。

“教学理论与设计”是教育技术学专业的主干课程之一。我国教育教学改革的实践呼唤着强有力的理论指导，盼望着教学理论贴近课堂实际，改变教学论中存在着的空洞抽象、板着脸孔讲道理的缺憾。同时,教育技术学的发展也要求合理吸收新的研究成果,开阔视野,注意学科交叉和学科融合。为此,浙江大学从上世纪90年代初起,就有意识地在原“教学论”课程中渗透应用性理论的成分,注重研究学生的心理需要,让学生喜欢这一课程,觉得学了管用。在此基础上建立的“教学理论与设计”课程,最根本的考虑是将教学理论定位于应用性理论或处方规范性理论,强化对教学策略、教学目标、教学任务分析、教学过程、教学评估等方面的讨论,形成教学理论发展新趋向,注重学生基本能力培养,注重教材和配套资料开发,实现教学与研究一体化。

“现代远程教育”作为教育技术学专业的主干课程,2000年被列入浙江师范大学教育技术学专业的培养计划;2004年,“现代远程教育”作为校级网络课程建设项目获得资助;2006年,为提高和改善本课程的教学专门设立了一台服务器,引进了著名的开源学习平台Moodle作为本课程教学、学习、教学评价以及学生实验的主要支撑系统;2007年,“现代远程教育”被评为浙江省省级精品课程,2009年被列为国家精品课程。“现代远程教育”根据人才培养目标设计课程内容,及时把远程教育领域的最新发展成果和教改教研成果引入教学,体现现代教育思想,符合科学性、先进性和教育教学的规律。恰当处理实验课程的技术性、综合性和探索性的关系,设计了Moodle系统的搭建与应用、网络课程设计与开发、e-tutor的角色与功能、虚拟学习环境(VLEs)调研、按国别调查远程教育的发展状况及其主要应用、远程教育在中小学以及企业中的应用等实验与调查项目,有效培养学生的实践能力和创新能力。提供丰富的课件、案例、习题等相关资料,为学生的研究性学习和自主学习提供了有效的资源支持;拥有国家实验教学示范中心,在实践教学条件方面能很好地满足教学要求。重视探究性学习、研究性学习,体现以学生为主体、以教师为主导的教育理念。重视教学方法改革,应用混合式学习、体悟式实践和多元评价相结合的研训体系,有效调动学生的学习积极性,促进学生学习能力发展。恰当充分地使用现代教育技术手段开展教学活动,并在激发学生学习兴趣和提高教学效果方面取得实效。

除了上述国家级精品课程外,浙江省教育技术学专业还有多门省级精品课程,例如浙江师范大学的“多媒体技术”、温州大学的“教学系统设计”等。

(五)实验室建设与学生能力培养

实验室的建设是关系高校发展战略的重要基础工程。该工程的实施不仅可以促进实验室设备体制和实验教学体制的改革，提高实验教学质量，有效地解决实验室设备及实验教学滞后的问题，而且还能创新教育教学体系，有效地培养高素质应用型人才，加强学科建设，发展科研与科技，不断提高投资效益和办学水平。近年来浙江省不断加大投资力度，努力为教育技术学专业学生建设一流的实验环境。

浙江师范大学信息传播实验教学中心是浙江省教育技术学专业实验室建设的一个典型代表。浙江师范大学于1978年成立校电教中心，1999年5月改名并扩建为校“现代教育技术中心”，2004年3月通过浙江省教育厅验收成为浙江省高校首个省级实验教学示范中心。2005年，以中心为主完成的“面向教师教育的信息化环境创建与应用”项目获得国家教学成果二等奖。2007年，中心的主体实验室与校新闻中心报刊编辑室、广播电台、电视台、网络编辑室一起迁入新建的科技实验大楼，将教育技术学、广告学、戏剧影视文学、艺术设计、数字媒体技术、动画等相关专业的实验室进行有机整合和充分共享，以信息传播的实验、实践与研究基地为建设目标，中心更名为信息传播实验教学中心。2009年1月被教育部列为国家级实验教学示范中心建设项目。近年来中心顺应信息传播技术的发展潮流，及时调整实验教学内容和方式，不断拓展工作领域和职能，逐步发展成为一个培养学生信息素养和信息传播技能并举的实验教学基地。

信息传播实验教学中心现有实验面积3500平方米，教学设备3000余台件，设备资产总值近3000万元。建有影像传播类实验室8个，多媒体与网络传播类实验室5个，信息传播实践基地5个；拥有400平方米的数字演播厅和先进的傲威虚拟演播系统；苹果机房配有苹果机125台。根据“专管共用”原则，中心与校新闻中心完全共享设备资源；各实验室均面向全校师生开放，面向合作单位开放，年均参加实验教学学生3000余人，年实验人时数约26万，承担教育技术学、广告学、戏剧影视文学、艺术设计、数字媒体技术等专业64门实验课程385个实验项目，同时承担大量学生课外科技创新活动的实验任务和全校研究生、本科生、成人教育学生“现代教育技术”课程的实验教学。中心还与金华电视台合作开办电视节目；从2001年开始，每年承办浙江省大学生八大学科竞赛之一的多媒体作品设计竞赛。

中心始终坚持“一体化、多层次、开放式”的实验教学理念，在具体实践中逐步形成了“实验教学、创新实践、应用拓展”三位一体的实验教学模式，构建了与理论教学有机结合、分层次的实验教学体系。以学生创新能力和实践能力培养为核心，促进学生专业知识、实践能力、综合素质协调发展。

综上，浙江省教育技术学专业的蓬勃发展，创出了国家特色专业、国家教学团队、国家精品课程、国家实验教学示范中心和国家教学成果奖，这一切都离不开南国农先生教育思想的引领。

第七节　登高见博：南国农先生关于研究生培养的教育思想与教育理念

首都师范大学　王　陆

记得 2006 年 3 月 14 日，我结束了对英国的短期访问，告别了风景如画的英伦三岛和兼具古老与现代双重之美的英国伦敦大学回到北京。翌日我决定师从西北师范大学的南国农先生和杨改学老师，攻读教育技术学博士。在经过一个月没日没夜的认真复习后，在虽已过了不惑之年，却仍然十分困惑的情形下，2006 年的初秋，我终于如愿以偿。满怀希望地踏上了新的征程，走进了书香飘逸、勤谨笃实的百年学府西北师范大学，开始了我生命中最有意义和最快乐的一段旅程。三年的博士学习，使我在大师的言传身教下，亲身体会到了南国农先生作为博士生导师及中国电化教育的奠基人对博士研究生的精心培养与倾心呵护。

刚刚入学，我有幸聆听到了南国农先生的老朋友、美国哥伦比亚大学校友、香港中文大学教育学院讲座教授卢乃桂先生在西北师范大学为博士生所做的精彩报告“登高见博”。三年的博士学习，我在南国农先生和杨改学老师的教导下，不断地感悟这四个字的内涵，逐渐悟出“登高见博”四个字最真切地反映出了南国农先生关于研究生培养的教育思想与教育理念。

一、做人是“登高”的基础与起点

南国农先生在 2007 年全国教育技术学博士生论坛的开幕式报告中曾经指出：“构建有中国特色的教育技术理论体系是当代教育技术学博士生的使命。”这一使命无疑意味着当代教育技术学博士研究生需要不断攀登高峰，并且通过不断“登高”而最终完成历史及老一辈电教工作者赋予我们的伟大而光荣的使命。

从西北师范大学教育技术与传播学院毕业的所有研究生都会对研究生的入学教育留下终生难忘的深刻记忆，其原因就是南国农先生总是亲自莅临并指导研究生入学教育，他非常重视给刚刚入学的研究生亲自讲授“如何做人”的第一课。

记得在2006年9月初的一个秋高气爽的早晨，南先生充满睿智与激情地给我们2006级全体新入学的研究生讲授了入学教育的第一课。南先生首先从“三个世界”讲起，南先生指出：研究生要注意在三个世界中学习，即在经验世界注重做中学习；在语言文字世界中向书本学习；在虚拟现实世界中进行数字化学习。南先生还明确指出，学科的基础、前沿与特色是研究生应该重点学习的“三个方面”，而自主学习、合作学习与探究学习则是研究生学习的重要的“三种方式”。

在讲授入学第一课的时候，南先生在课程的核心部分提出了“三种理念”即：(1) 知识的拥有与知识的应用都重要，而后者更重要；(2) 继承与创新都可贵，而后者更可贵；(3) 人生三件事：做人、做事、做学问都重要，但做人最重要。南先生进一步强调如何做人时指出，做人要如同陶行知先生的教导那样做“人中人”，特别要注意做人应该对他人和同事多一点尊重，少一点苛求；对社会和集体多一点奉献，少一点索取。

我认为做人是“登高”的基础与起点，因为世界上没有比人更高的山峰。而做“人中人”则是一种朴素而深奥的做人的核心价值观。“人中人”既普通，又非一般。从南先生给研究生的第一课中不难看出：“做人”是当代教育技术学研究生“登高”的基础与起点。我理解，做“人中人”是南先生在鼓励当代的研究生，特别是鼓励一直拥有较强社会优越感的博士研究生群体要做普通大众中的一员，既要平平凡凡、普普通通，也要堂堂正正、勤勤恳恳。做“人中人”绝对不是让研究生甘居中游，中途而废，而是要中道兴业，有益于民。当然，做“人中人”不仅要平等待人，服务大众，还要融入大众，与大家和睦相处，在和谐与协作中开展研究，在研究中促进和发展和谐。因此，“人生三件事”中做人是最最重要的事情。

二、做事是“登高”的过程与途径

做事是南国农先生告诫研究生“人生三件事”中的第二件事。作为南国农先生的学生，我在读博士期间感受最深的是南先生指导我们做事时的两大原则：第一是要尊重历史，第二是要中西交融。我认为南先生所指导的做事两大原则是研究生“登高”所必须的过程与途径。

清末启蒙思想家龚自珍有一句名言：“欲知大道，必先为史。”这句话言简意赅地说明，要掌握社会发展的“大道”，必须首先研究蕴含着社会发展“大道”的历史。孔子也非常重视对学生进行历史教育，尝谓“告诸往而知来者”（《论语·学而》）以及“温故而知新”（《为政》）。他还搜集周、鲁、宋、杞等故国文献，重加整理编次成《易》、《书》、《诗》、《礼》、《乐》、《春秋》共六种教本，供学生学习。

中国电化教育迄今已经走过了漫漫70年的艰辛发展历程，作为专修这门学问的研究生来说，我认为，我们的确应该如同各位先哲那样，尊重历史与敬畏历史，继而通过不断学习与修行后能够参与修史。我在跟随南先生学习的日子里已经逐渐懂得，一部中国电化教育史其近期目标是育人，而远期目标则是“资治”。正如胡锦涛总书记曾在中国作协和中国文联代表大会上发表的重要讲话中说：“推进文化发展，基础在继承，关键在创新。”要继承，就必须熟悉历史，中国电化教育史是我们电教人的“集体记忆”，是我们教育技术研究生应该引以为豪的无价的精神财富，是保证我们在“做事”时能够不断创新的智慧库与思想资源。而在此财富的基础上，不断根据变化中的形势，与时俱进，提出新的认识、理论与方法，才能不断创新，更完美地“资治”。

南国农先生在2008年全国教育技术学博士生论坛中曾经指出：“中西文化之同是‘以人为本’的精神，而中西文化之异在于：中华文化更重视个人义务，提倡集体主义，西方文化则更重视个人权力，提倡个人主义；因此，处理中西文化关系问题的思路是：兼容并包、以和为贵、和而不同、求同存异。”南先生也指出目前我们电化教育研究中存在着“重他轻我”的心理倾向。南先生对此还给出了我们在做事时如何做到中西交融的处方：既要发扬重视个人义务的传统，也要借鉴西方文化，尊重个人权力，实现中西文化之交融互补，以求协调发展。我认为这正如拿来“他山之石”是为了有利于“攻”自身“之玉”，而这个加工得更完美的玉，才能拿去推进我国的电化教育事业的发展。

三、做学问是“见博”的方法与策略

我体会南先生之所以将做学问作为“人生三件事”中的第三件事，是因为做人和做事是做学问不可或缺的两大基础与支柱，作为电化教育学人也只有在做人和做事上能够不畏艰险地努力“登高”，才能做好学问，拥有博见，并最终“见博”，实现“构建有中国特色的教育技术理论体系”的宏伟理想。

我在南先生身边读博士的三年中，体会到南先生指导我们如何做学问的最深刻的共有十二个字，这就是南先生曾经在讲演中送给研究生在学习和研究中要力求做到的八个字：“放胆、细心、拿来、拿去”，以及在我获得博士学位后，向南先生及杨改学老师辞行时，南先生语重心长地告诫：做学问最关键的是要不断“超越自己”。我以为：“放胆、细心、拿来、拿去”以及“超越自己”这十二个字是我们做学问的根本要义，也是研究生真正能够通过“登高”而达到“见博”的方法与策略。

南先生针对目前电化教育研究中出现的“题目过大多，内容充实少；表面议论多，科学方法少；提出原则多，可操作的少；提出误区多，解决办法少；名词概念多，问题解决少；引用他人多，注明出处少；介绍别人多，自己观点少；提出模型多，能实现的少”等现象，明确指出这是在研究态度上“重他轻我”，在研究方法上不善选题而造成的。南先生在2009年春于北京大学教育学院所做的题为“教育技术（电化教育）理论研究三十年的回顾与探索”的专题报告中指出：“目前在选题上出的问题，大多因为在选题时关注社会太少，贴近教改不够，不重视针对性和直接社会效益原则，或喜大嫌小，追求大而全，非小而深”，同时，还给出了做学问的新思路：“要以美国AECT′94定义为依据，要在不断总结本国理论研究和实践经验的基础上，实现两类理论体系框架的融合，建立具有中国特色的教育技术理论体系。”

我理解，所谓放胆与细心，就是在做学问的过程中要本着实事求是的原则，解放思想，大胆求证；而拿来拿去则是指在做事时要做到洋为中用。作为电化教育学人，我们在完成当代研究生使命时，只有在兼容并蓄、广收博览传统文化与西方文化的基础上，经过反复选择、不断吸纳的实践过程，不断超越自我，才能逐渐形成具有中国特色的教育技术理论体系，实现我们攀登高峰的理想。

四、结束语

作为电化教育学人，能够有幸跟随一代大师南国农先生读书学习，实属人生的莫大的幸福。三年的博士学习，让我从南先生那里认识到：“高”与“博”是“做人、做事、做学问”的追求目标；而“登”与“见”不仅是攻读博士学位的途径与方法，也是“做人、做事、做学问”应该具有的勇气与精神。南国农先生作为中国电化教育的创始人，言传身教、以身作则地为我们示范了“做人、做事、做学问”相统一的大家风范，让我懂得了“高”与“博”的实质是：做人要高风峻节、博文约礼；做事要高歌猛进、持之以恒；做学问要高瞻远瞩、博采众长。

“登高见博”意味着“做人、做事、做学问”一定是一个面对挑战与艰苦的奋斗的过程。南先生对中国电化教育的执著与奉献，不仅让我对以他为代表的老一辈电教人仰之弥高，更重要的是他们几十年如一日地对待事业的执著精神已经逐渐转化为了我对电化教育专业的热爱与坚定的专业愿景，从而使我具备了克服困难的勇气。

“登高见博”也意味着“做人、做事、做学问”的过程一定是一个拥有深刻幸福与无限温暖的过程。在南先生的指引和指导下，我在研修电化教育的道路上，虽然也能体会到进入王国维先生所描述的治学道路上的第一境界“昨夜西风凋碧树，独上高楼，望尽天涯路”的萧瑟秋意，但心中却一直如沐春风，倍感幸福与温暖。

在接受华南师范大学李运林教授的邀请开始撰写以上内容时，我一直诚惶诚恐，因为，显然以我目前的学识和水平是无法全面总结南先生这样一代大师关于研究生培养的教育思想与教育理念的。但我发现，在我反思我三年的博士学习过程以及南先生的谆谆教诲时，我又理解到：“登高见博”正所谓大学问者就要如同中国社会科学院李培林教授所说：首先要具备“独上高楼”的勇气与“终不悔”的决心，才能拥有“蓦然回首”的功夫。荀子在《劝学》中写道：“吾尝跂而望矣，不如登高之博见也。”孟子曰：“孔子登东山而小鲁，登泰山而小天下。”在我看来，电化教育学人就要如同南国农先生一样做一名勇者，需以不断攀登高峰为自己的生存状态。攀登时或许有一路风光美景陪伴，或许需要跋涉泥泞、穿越风雨雷鸣，但是唯有登高而望远、遍览而博闻才能够令勇者心旷神怡。正如同当有人问起登上珠峰第一人 George Mallory 先生“Why do you want to climb Mt. Everest?”时，Mallory 先生自信而坚定地回答：“Because it is there!”我以为，在南国农先生等我国电化教育前辈与专家的专业引领下，教育技术研究要面对问题，脚踏实地，用技术的手段去解决教育中的一些问题，用教育的视角去反思技术的应用。路漫漫其修远兮，吾将上下而求索。

参考文献

[1] 南国农．教育技术（电化教育）理论研究三十年的回顾与探索[R]．北京大学，

2009.4.
[2] 南国农. 信息时代大学生如何学习[R]. 天津师范大学,2009.4.
[3] 南国农. 参与历史研究共创美好明天[R]. 西北师范大学,2008.10.
[4] 南国农. 构建有中国特色的教育技术理论体系——当代教育技术学博士生的使命[R]. 北京师范大学,2007.10.
[5] 南国农. 在"中国电化教育发展70年座谈会"上的发言[R]. 北京:纪念中国电化教育70周年座谈会,2007.1.
[6] 卢乃桂. 登高见博[R]. 西北师范大学,2006.9.

第八节　与电化教育同成长

南京工程学院　吴中江

1978年我国实行改革开放政策,从此春回大地,巨龙幡醒,国家走上了快速发展的道路。也正是从那时起,我国电化教育事业重新起步,持续30多年大发展、大繁荣。现在,电化教育事业发达,学科繁荣,人才辈出。回忆上世纪80年代初电化教育创业的艰难,今天的成就使我们感慨、自豪。作为亲历者,此刻,我们每个人不能不说出一个名字——南国农。

南国农先生生于1920年,很有意思的是,我国最早的教育电影《盲童识字》、《养蚕》、《养真幼稚园》也于1920年由商务印书馆影戏部拍摄,可见,南先生与中国电化教育天生有缘。上世纪40年代,南先生由当时的国民政府选派,去到电化教育的发祥地美国专修电化教育,成为我国最早赴美学习,将电化教育的系统理论带到中国的少数几位前辈之一。回国后南先生一直致力于推广电化教育应用,研究电化教育理论,培养电化教育人才,发展电化教育学科,在电化教育界辛勤耕耘六十载,成绩卓著,桃李满天下,贡献巨大。纵观当今中国电化教育,活跃在电化教育研究前沿的众多专家学者,无不直接或间接受教于南先生,或以不同的方式受惠于南先生;回顾几十年来我国电化教育事业的发展、电化教育学科的诞生和成长,无不凝聚着南先生的心血和智慧,每到关键时候,无不是南先生高瞻远瞩,正确把握发展方向,迄今为止,影响中国电化教育发展第一人,南先生当之无愧!

中国电化教育的发展以两个重要的时间节点为标志大致可分为三个阶段,1949年以前为第一阶段,1949年至1978年为第二阶段,1978年至今为第三阶段。

纵观电化教育发展史，不难看出，1978 年至今的这 32 年才是中国电化教育事业和学科发展的黄金时期，这一时期，电化教育事业从百废待兴到兴旺发达，电化教育学术研究从零零落落到繁花似锦，电化教育人才队伍从寥寥无几到蔚为壮观，当今，电化教育事业已成为整个教育事业的重要组成部分，电化教育学科已成为整个教育学科不可或缺的学科分支，电化教育为中国教育现代化作出了不可替代的贡献。所有这些一方面是由于改革开放，国家实施教育优先发展战略，电化教育得到高度重视和极大支持；另一方面也与人类信息技术的快速发展，信息化时代的到来密切相关。电化教育遇到了前所未有的机遇，但外因要通过内因发挥作用，30 多年来，是几代电化教育人十分珍惜和充分利用了良好的外部环境，对电化教育孜孜不倦地追求，求知若渴地探索，默默无闻地奉献，才换来今日事业的辉煌和学科的繁荣。

在为电化教育发展作出巨大贡献的众多专家中，论贡献之大，引领电化教育时间之长，南先生无人可比！电化教育重新起步之初，是南先生和几位电化教育界的前辈通过举办研讨班，开设讲座和课程等方式宣传推广电化教育，使电化教育在中国有了第一批先行者和骨干，电化教育的概念、地位和作用被越来越多的人所认识，电化教育得以在中国逐步发展壮大；早期，电化教育学术研究没有自己的研究平台，是南先生积极创办《电化教育研究》杂志，使它成为改革开放后中国最早的电化教育学术刊物之一，经过多年的发展，它的权威性，它对电化教育理论研究的引领和贡献已为学界所公认；30 多年来，电化教育发展时常碰到各种理论难题和前进中的障碍，是南先生永葆学术青春，以睿智的思维、敏锐的目光、与时俱进的精神，在电化教育发展的关键时刻高瞻远瞩，为电化教育指明方向。南先生先后发表《论电化教育的特点和要求》、《当前电教理论与实践中的几个问题》、《我国电化教育的现状与展望》、《我们对电化教育知道多少》、《我国电化教育学科的回顾与展望》、《电教科研：90 年代的目标、课题和方法》、《教育技术学科建设：中国道路》、《信息化教育理论体系的形成与发展》等文章，在各个不同的历史阶段，从理论上精辟地分析、明确地阐释和系统地总结了电化教育的本质、定义、功能、研究对象、学科属性、教学原则和方法等一系列棘手的理论问题，以自己的远见卓识，对争论的问题一锤定音。南先生主编的《电化教育学》1985 年初版，到 2004 年第三版更名为《信息化教育概论》，20 多年来，多次印刷，成为“一部引领我国电化教育发展方向的著作”。

自1983年我国第一个电化教育本科专业在华南师范大学诞生，电化教育专业教育和学科建设步入快车道，至2008年，我国有44个教育技术学专科专业点；有224个教育技术学本科专业点；有83个教育技术学硕士学位授予点；有8个教育技术学博士学位授予点；有6个教育学教育技术学专业博士后科研流动站。其中，北京师范大学和华南师范大学教育技术学学科是国家级重点学科。在华南师范大学电化教育专业学科初创和发展的整个过程中，南先生全程参与，在从人才培养目标、标准、方案的制定，到课程体系的建立与教材编写等方面，都给予具体的指导；在早期的各校专业建设论证会，硕士、博士研究生的论文答辩会上都能看到南先生的身影。

1977年国家恢复高考，我有幸成为“文革”后的第一届大学生，1981年大学毕业留校参加工作，工作岗位是母校教务处电教组的电化教育教师，至今已近30年。这30年恰好是我国电化教育重新起步，快速发展的30年，回忆往昔，可以说，我与电化教育是一路同行，共同成长的，并且长期得到南先生等电教界众多前辈的关心和帮助。当年，我对电化教育闻所未闻，一窍不通，但很快就对新工作产生了浓厚兴趣，南先生主编的《电化教育》(《电化教育研究》的前身)杂志成了我的老师。我努力寻找相关书籍，积极参加本省举办的各种技术培训班，业务水平不断提高，当第一张彩色幻灯片在我手中诞生、第一套配音彩色幻灯组片制作成功、第一部教学电视片拍摄完成、在本校第一次开设“电化教育”课程、与同事合作出版第一本《电化教育概论》教材……若干个与全国电化教育界同步的“第一”实现时，我喜悦的心情难以言表。工作虽然取得了一定成绩，可是半路出家，基础不牢实所带来的缺少理论功力、没有发展潜力的问题日渐突出，1987年经过努力，我终于考入华南师范大学电化教育系攻读硕士研究生，师从李运林、李克东老师，从此，除了接受二位李老师的教诲外，还能够当面聆听南先生的教导(当时南先生长期居住在华南师大)。在华南师大，南先生给我们开设了很具理论深度和实践性的“学与教的理论”课程，我们还很幸运地经常参加南先生主导的学术活动和南先生的讲座。我的硕士毕业论文是关于人的生理心理指标与学习的相关关系研究，这是非常具有挑战性和学术前途的研究课题，师兄黎加厚带领我们课题小组克服重重困难，在李克东导师的指导下，艰难摸索。研究过程中我们经常向南先生求教有关问题，南先生在理论方向的把握、研究范围的确定等方面给予我们很大的帮助，还亲自担任我们的论文答辩委员会主席，使我们的研究得以不断完善，我的毕业论文最后得到答辩委员会很高评价。

毕业离开华南师大后，我仍然时常利用参加学术会议的机会当面向南先生请教，通过南先生不断发表的文章和著作学习南先生的电化教育思想。特别值得一提的是，1993年华南师大电教系隆重举行建系及创办全国第一个电化教育本科专业十周年庆典活动，感谢李运林老师的安排，我有幸陪同南国农、萧树滋、周君达、郭厚敦、佟力等电教界的老前辈、老领导考察珠江三角洲的学校教育和电化教育情况，十多天时间，我与老前辈、老领导们朝夕相处，我们同吃、同住、同行，足迹踏遍珠江三角洲的各大城市，这段不寻常的行程，使我了解到在其他场合很难了解的老前辈、老领导们的个人奋斗经历、为事业作出的贡献，以及电化教育发展中的历史事件，等等，从中领略他们崇高的思想品德，为事业无私奉献的精神，深邃的思想方法。这段经历成为我的心中不可磨灭的记忆，永远的精神财富。

由于工作关系，我已从事高校校级行政管理工作多年，但电化教育培养了我，我的根在电化教育，我对电化教育怀着一份深厚的感情，我永远感恩南先生、二位李老师等所有教育过我的恩师，只要有可能我将回到电化教育一线，继续从事我热爱的工作。

南国农先生九十大寿了，他将毕生精力投入我国的电化教育科学研究与实践，为推进我国的教育现代化不遗余力，作出了突出的贡献。他以严谨的治学态度、活到老学到老的学习精神，紧跟时代的步伐，不断接受和学习新思想、新观点；他以宽容、博大的胸怀，豁达面对人生，成为老一代知识分子中的楷模，永远是我们学习的榜样。在此，向他表示崇高的敬意，祝他健康长寿！

第三篇

南国农先生与中国电化教育事业及产业发展

第五章　概　　论

李运林　陈庆贵

南国农先生是新中国电化教育事业的开拓者和奠基人之一。他继承和发扬了老一辈电教工作者的意愿，在长期的电化教育实践中，辛勤耕耘，不断探索，形成了具有中国特色的电化教育理论体系，成为我国电化教育理论战线的一代宗师和学术泰斗，成为我国电化教育事业和产业发展的积极推动者和建设者。南国农先生为推动我国电化教育发展作出了重要贡献，他的成就是多方面的。前面两篇已经阐说了南先生在电化教育理论和学科专业建设方面的贡献和成就，本篇着重阐说他在电化教育实践中，为推动我国电化教育事业和产业发展所作出的贡献和影响。

中国电化教育的发展至今已有70多年的历史，在这历史的长河中，电化教育的发展不是一帆风顺的，有顺利，也有曲折。我国电化教育的发展，大致经历了：萌芽阶段(20世纪20年代)；起步阶段(20世纪30—40年代)；初期发展阶段(20世纪50—60年代)；停滞阶段(20世纪60年代后期—70年代前期)；迅速发展阶段(20世纪70年代后期以来)。从1978年到现在，是我国电教发展史上美好的年代。这是南先生对我国70多年电化教育发展历史分期的基本观点。众所周知，1978年是标志我国电化教育重新起步的关键年份。我们说南先生对我国电化教育事业和产业发展作出重大贡献和产生重要影响也是从这个时候开始的。

从历史角度看，南先生在我国电化教育发展进程中起到了承前启后，推进发展的历史作用。我国电化教育70多年的发展历史整体上具有持续性，实际上，在重要的历史分期是不连续的，有过停滞或间断。20世纪20年代，当时影音技术开始发展，如何把这些先进技术用于教育，为教育服务呢？我国第一代的电化教育工作者，在电化教育萌芽阶段是先开始做了把影音技术运用到教育中的这件事，尔后直到1936年才定名电化教育。20世纪50年代初期，我国电化教育的发展有过间断。随着新中国社会主义建设的快速发展，教育工作者又开始关注把科技手段运用于教育，在一些地区或有些领域的教育活动中，人们运用电影、幻灯、广播、录音等技术手段，提高教育的效果和质量，这样的活动和这样的事沿用了过去的电化教育称谓。这期间还先后成立了北京电化教育馆、沈阳电化教育馆、上海外国语学院电化教育馆等电教单位和机构。1978 年以前的一段时间，我国电化教育的发展总体处于停滞状态。1978 年，中国进入到改革开放的新时代，我国电教重新起步。当人们打开国门，走出国门的时候，惊恐地发现世界科技已经发展到了一个新的阶段，中国与世界强国之间已经有了很大的落差，急需要通过高科技手段来改革教育，扩大教育规模，提高教育质量，为社会发展培养和输送大量的高素质人才。教育部迅速组织和调集力量，来做一件事关未来教育发展的大事。要做的这件事冠以什么名称呢？国际上与此事相关的流行名称很多，诸如：开放教育、视听(觉)教育、远程教育、教育技术、教育工艺、教育传播与技术，等等。当时教育部的有关机构经过认真调研，并且在听取了南国农等一批专家、学者和老电教工作者的建议后，确定采用“电化教育”这一名称。南先生的建议是起了很大作用的。

简要回顾这段历史，着重是想说明：其一，我国电化教育从萌芽到快速发展，在几个重要的历史分期，都是因为先有电化教育这件事，才定电化教育这个名的；其二，1978 年教育部重新确定采用电化教育的名称是经过认真调研和深入思考的。南国农先生在谈到这段历史时，有过一段表述：近年来，出现了一些与此事有关的新名词，如现代化教学手段、教育技术以及视听教育、电化教学等。这些名词与电化教育有无区别，有什么关系？对于这个问题，有两种不同的看法。第一种认为，它们之间没有区别，好像医生和大夫、电动机和马达，是不同名词表达了同一概念；第二种看法认为，它们之间有区别。把它们作为同义语来使用，不够合适。我赞成第二种。目前，对于电教这个事，使用名词很多，使人颇有混乱之感。应该用哪个名词更好，我认为，暂时还是用“电化教育”。理由是，这个名词虽不理想，其他几个名词也不理想，而“电化教育”这个名词，涵义比较明确，在我国已经用了将近半个世纪，大家比较熟悉了，暂时还用它，等将来有机会审定学术名词时，再去讨论确定。

南国农先生的学术思想和人格魅力，是在长期的电化教育实践和探索中形成的，也缘于他深厚的学术功底、为人谦和的学者品格、助人为乐的待人哲学和求真创新的科学精神。本来，按照一般人的观点和做法，年逾花甲要全心而退或者逐步减少身上的负担，他却选择了活到老，学到老，求新到老，笔耕到老，生命不息，奋斗不止的人生道路；本来，地处偏远的大西北，交通等多有不便，他却人在西北，心向全国，哪里需要，到哪里去；本来，高校的专家教授，主要任务是教书育人做学问，他却除了当好专家教授、做好学问以外，始终关注中国电教的发展，为电化教育的发展建言献策指方向，为中国电教鼓与呼。翻开南先生30多年来发表的论文和专著，我们深深为先生的电化教育情节和不知辛劳、勇于探索的精神所折服！

电化教育是一项事业，一门学科，也是一种产业，这个事业、学科和产业之间是相互交融、相互联系、密不可分的。因此，我们要用系统的、整体的观点来看待和分析电化教育，同样我们也要用系统的、整体的观点来研究和对待南先生的电化教育学术思想。南先生电化教育学术思想的根是源于他的电化教育实践，他的电化教育理论与实践必然涉及电化教育的学科、事业和产业。因此，研究和分析南先生与我国电化教育事业和产业发展也必然要涉及他的电化教育的理论范畴。没有电化教育事业和产业的发展，何谈电化教育学科的建设与发展。在探索中国电化教育发展之路的过程中，南先生对我国电化教育事业和产业发展的贡献是多方面的，主要体现在以下方面。

第一节　坚定信念，走中国特色电化教育发展之路

南国农先生的建设有中国特色的电化教育是他学术思想的灵魂，也是他多年来一贯坚持、经常强调、不断探索、为之奋斗的事业。他的电化教育观念或者说他的电化教育思想，集中体现在他关于电化教育的名称、定义、本质、作用以及电化教育阶段发展和不断发展的系统论述中，通过这些论述，我们可以看到：坚定信念，走自己的路——建设中国特色电化教育，是他坚持不变的思想和观念。本节不是梳理南先生的中国特色电化教育是什么的问题，而是着重说明南先生坚持建设中国特色电化教育的思想理念对电化教育事业和产业发展的影响。

一、大电化教育观

南国农先生的大电化教育观，源于他的大教育观和他对电化教育本质的深刻认识。

1978年我国电化教育重新起步以后，南先生归纳电化教育有三个作用和四个突破。三个作用是：提高教育质量；扩大教育规模；增进教育效率。四个突破是：① 课堂教学的突破。电化教育深入课堂，能促进课堂教学从低效率转向高效率。② 教材建设的突破。电化教育深入课堂，将促进教材建设从单一化转向系列化。③ 教学形式、方法和手段的突破。④ 教学研究和教学管理的突破。当时，从中央到地方的电化教育机构的设置上看，有远程教育和学校电化教育之区分，但就其电化教育的功能和作用看，三个作用和四个突破是较为准确的归纳。

随着时代的发展，电化教育的形式也在不断的演化。特别是从1986年开始，卫星电视进入实用阶段，由于它覆盖面广、受益面大的特点，在大面积的教育活动中被广泛采用。南先生从大电化教育观出发，认为电化教育已经发展成由五个系统构成，即普通学校电化教育系统、高等学校电化教育系统、广播电视教育系统、卫星电视教育系统、电子计算机教育系统。

1986年前后，南先生在有些场合的报告和发表的文章中，畅想未来电化教育更美好。我国电化教育的未来将是什么样子，很难预言，但可以对一些大的趋势作一点预测。我国电化教育有八个发展趋势：① 明天将比今天更美好；② 社会电教迅速发展，学校电教稳步前进；③ 电教在师资培训和个别教育、继续教育中将显示日益重要的作用；④ 电教教材建设将向现代教材体系的方向发展；⑤ 一个媒传学校（远距离）系统将逐步建立；⑥ 电化教育的内涵和外延将不断扩充；⑦ 电教专业培训的范围将扩大；⑧ 电教科研将日益得到重视。南先生运用大电化教育观，大胆的思考和预测未来电化教育的发展。这些预言几乎都被言中了，有些随着社会的发展、教育的改革和人们对学习的需求将得以实现。

大电化教育观可以超越现象看到本质，透过现在看到未来，通过局部看到整体。如果我们只看到眼前，看不到未来，我们不可能畅想建立媒传学校系统的事业。现在出现的网上学校、资源超市、学习超市、移动学习、学习型社区等都是在社会发展中，人们对电化教育的发展提出的新需求。如果我们只看到局部，看到我们自己熟悉和管理的那一部分事业，就不可能实现机构或事业的改革、整合和重组。电教机构的改革和事业的发展也需要用大电化教育观审视，才能看到整体而不只是看到局部。同样，如果我们没有大电化教育观，我们也不会预测社会电教如此迅猛发展。南先生30年前就提醒，要关注农村电化教育和党员电化教育。如今，这两块教育受到党和政府的高度重视，并且已经取得丰硕成果。

二、整体发展观

在大电化教育观的视野下，电化教育要有整体的发展观。南先生强调电化教育是一门学科，一项事业，也是一种产业，一种特殊产业。电化教育是一门以教育为对象的软科学。它的主要对象是人，不是物。它所关注的，主要不是电光、电声、电控等现代技术本身，而是各种现代教育技术在教育教学中的应用。电化教育所追求的，不是教育的机械化，而是教育的最优化。电化教育又是一种事业。一种高速优质地培养人才的事业。电化教育也是一种产业，有投入与产出，有经济效益。它属第三产业，产品主要是人化的，也有物化的。

电化教育学科、事业和产业这三者之间密切相关，相互支撑，不可分割。从我国电化教育的发展历程和历史分期看，都说明我国电化教育是因为先有了电化教育这件事，才有了电化教育这个名，又有了电化教育这个学科，也才有了电化教育产业的发展。电化教育发展之初，事业、学科和产业是先后逐步发展起来的，电化教育发展起来以后，这三块既相对独立，又相互依存、相互支持、相互促进。

1993 年，南先生在《中国电化教育的新发展》一文中对整体观念作了阐述。整体观念就是要把电化教育看成一个整体，一个由教育者、教育信息、现代教育媒体并与传统教育媒体结合、受教育者等基本要素组成的有机整体。这种观念告诉我们，在观察、思考、处理电教问题时要注意：从整体出发，要把对部分的研究放到整体中进行，要重视系统结构的研究，发挥系统的整体功能。整体观念的兴起，对于纠正和防止电教领域中存在的某些弊端，如电与教的分离，脱离教育总体孤立考虑电教发展问题，只重媒体研究忽视系统、过程的研究，等等，可起到有益的作用。

三、实践探索观

我国电化教育的发展，要与本国的实际相结合，特别是要与本国教育改革和发展的实际相结合。电化教育是中国特色，要不断地解决电化教育发展中的问题，只有深入实际，发现问题，才能提出解决问题的办法。南先生就是在电化教育的实践中，不断地发现问题，解决问题，总结并形成自己的电教观念和理论的。

1985年,社会上有人议论中国电化教育向何处去。南先生的回答是:深入课堂,走向社会,搞好自身的改革与建设。深入课堂,就是深入学校课堂,包括第一课堂和第二课堂。走向社会,就是电化教育既要深入学校课堂,又不能局限于学校小课堂,也要走向社会大课堂。中国电化教育向何处去?就是要到实践中去,到实践中去寻找解决问题的答案。

到实践中去,是要到实践中发现问题,并提出解决问题的方法。南先生是提倡实践、善于实践、善于发现问题、归纳问题和解决问题的大师。他的许多报告或文章,都是从问题或现象入手,先提出问题,分析问题,再给出解决问题的方法。20世纪80年代初,南先生就提出:发展电教,必须积极从事电教实践。积极实践,才能积累经验,找出规律;才能显示电教的优越性,使人们信服,都来参与电教活动。

20世纪90年代,针对电教发展中的问题,南先生经常提出解决问题的新思路。1993年,电教发展中遇到最重要的三大问题:一是媒体问题,主要是软件媒体,即教材问题;二是经费问题;三是队伍问题。教材是电教发展的重点,经费是电教发展的难点,队伍是电教发展的关键。这三大问题解决了,电教的发展就有希望了。针对这三个问题,经过调研归纳,南先生提出解决问题的新思路是:① 解决教材问题的新思路。当时电教教材建设中的主要问题是:选题重复、力量分散、不成系列、不讲效益。南先生提出七条解决问题的办法。② 解决经费问题的新思路。南先生认为光靠国家投资不行,必须走多渠道筹集经费之路。并且提出了七种筹集经费的办法。③ 解决队伍建设问题的新思路。南先生针对电教队伍建设需要扩大数量和提高质量的问题,提出了五条意见。在《面向21世纪的中国电化教育》一文中,针对电化教育发展中出现的问题,南先生提出解决问题的思路:走科研兴电教之路。南先生的电化教育实践探索观为建设中国特色电化教育发展道路指明了方向。

四、以我为主的学术包容观

为电化教育取什么名,电化教育的概念、本质、定义,电化教育与教育技术、视听教育等概念的异同或区别等,不只是电化教育理论界关心的事,也不光是电化教育的学术之争,它是关乎我国电化教育发展全局的大事,与电化教育事业和产业发展也息息相关。南国农先生在事关建设中国特色电化教育的问题上,历来旗帜鲜明;在对待别人的不同观念和不同意见时,他能充分尊重。

1. 坚持特色——不盲目照搬

中国的电化教育与西方的教育技术存在显著的不同。早在20世纪80年代,南先生就提出:我国的电化教育,是以现代教育媒体的研究和应用为核心。它是运用现代教育媒体,并与传统教育媒体恰当结合,传递教育信息,以实现教育过程最优化。外国的教育技术,是利用一切教育资源(包括人力、物力、财力资源)和教育过程的各个组成因素,来实现教育最优化。它在研究中,对教育系统、教育过程的所有组成要素,同等对待,一视同仁。两者相同的地方在于所追求的目标是一致的,都是为了改进教育,实现教育最优化。两者不同的地方,电化教育是以现代教育媒体为核心,而教育技术没有核心。立足国情和电化教育的实践,南先生界定和分析了中国特色的电化教育概念、本质和定义以及与教育技术的异同。当然,任何事物都是在矛盾中发展的,在建设中国特色电化教育的过程中,不可避免地存在各种争议,但先生一向虚怀若谷,宽以待人,充分尊重他人的意见和表达权利,在提出自己看法的同时,客观公正地对待不同的意见,不盲目照搬,以自己的学术风范和人格魅力把全国电化教育学者团结在一起,营造了"全国电化教育是一家"的学科文化。

2. 探索前行——不盲目自信

在电化教育发展过程中,南先生最为关注的是中国特色电化教育建设问题。因此,20世纪末谈得最多的、思考得最多的是关于电化教育的名称、本质和定义以及与视听教育、教育技术的区别等问题。南先生指出,人们对电化教育、视听教育和教育技术存在着争议,争议产生的重要原因之一在于对电化教育的概念存在分歧,主要有三种不同的理解:第一种是视听教育的理解,即从媒体的角度来理解电化教育,主张用视听教育或信息媒体教育、教育信息媒体等名称,赞成手段工具说;第二种是教育技术的理解,即从整个教育系统、教育过程来理解电化教育,主张用教育技术、教育传播等名称,赞成新形态教育说;第三种是朴素电化教育的理解,即主要从现代教育媒体的角度来理解电化教育,主张保留电化教育这个名称,赞成教育方式说。

分歧就是矛盾,事物总是在矛盾运动中发展。我国电教界在理论探讨和学科建设中出现争议,这并不是坏事,说明我国电教理论和学科建设正在前进。

3. 包容并蓄——以我为主

在对待学术争议方面,南先生一向采取兼容并包的态度。在他主编的《电化教育研究》杂志,不同意见甚至相左的观点都可以在杂志上发表,有时还特意选择一些不同意见和学术观念的文章发表。南先生认为,学术观点的不同可以促进我国电化教育理论和学科建设的发展。在这个过程中,南先生一直结合我国电化教育的实际,对诸多不同观点和意见进行深入的分析和思考,采取包容并蓄以我为主的态度,学习借鉴而不盲目照搬。他对中国电化教育定义的界定:实践基础厚实,理论依据明确,研究对象具体,研究目标清晰,概念表达准确,被我国电化教育界普遍认可,对指导中国电化教育理论和实践的发展起到了十分重要的作用。

五、阶段发展和不断发展观

中国的电化教育是在实践中不断探索前行的。1978 年以后,电化教育也经过了几个不同的发展阶段。有人认为 1978—2000 年是一个阶段,2000 年以后是一个阶段;有人认为 1978—1993 年是一个阶段,1993 年以后是一个阶段;当然还有其他一些不同观点和看法。南先生认为,20 世纪 90 年代中期以前是一个阶段,是电化教育的前发展阶段,使用的名称是电化教育或视听教育;20 世纪 90 年代中期以后,是电化教育的后发展阶段,使用的名称是电化教育或信息化教育。视听教育是工业时代的电化教育,信息化教育是信息时代的电化教育。

电化教育有不同的定义,这是不争的事实;电化教育的定义随着电化教育的发展也是有所变化和需要调整的。这既是时代发展的需要,也是人们对电化教育认识不断深化的结果。事实上南先生在不同发展阶段对电化教育的定义充分反映出我国电化教育不断发展和阶段发展的特征。

我们知道南先生在 1985 年、1998 年、2004 年关于电化教育的几个比较有影响的定义。其实,南先生在这三个定义形成以前,对定义是有过不同表述的,这反映了一个事实:南先生对电化教育在不同发展阶段的深刻思考和严谨认真的治学精神。在不同的发展阶段,准确地定义电化教育,对于统一人们的思想,厘清人们的认识,对于推进事业的发展产生了极其重要的作用和影响。电化教育的阶段发展和不断发展的观念是建设中国特色电化教育的重要内容和思想方法。

第二节　求真务实,搞好电化教育的基本建设

中国电化教育要发展,除了要提高对电化教育重要性的认识以外,更重要

的是要求真务实，搞好电化教育的基本建设。1978年以后，南先生对电化教育事业发展关注度很高，除发表了大量的文章，到许多地方作过多场学术报告以外，还提出过许多建设性的意见。在这方面比较有影响的是强调抓好电化教育的基本建设。

20世纪70年代末，南先生就提出：电化教育，要以教育为主。办电化教育，要注意教育的因素，不能“电化教育里无教育”。电化教育，要在软件上下工夫：一要抓制作；二要抓交流；三要抓发行。在电化教学中，要注意多种媒体的综合运用。多媒体综合运用，是指各种电教媒体在教学中的综合运用，以及电教媒体与传统媒体的综合运用。在电化教学中，教师要起主导作用。有人说，开展电化教学，必然要削弱教师的作用，用各种教学机器上课，有了电子教师，现在的教师就可以不要了，这是误解。

1981年，南先生在回答下一步电化教育如何走的问题时提出：我们已经胜利地走了第一步，下一步该如何走？我认为，下一步应该抓三件事：第一件，教学软件的制作与交流。制作教学软件时，有四点值得注意：① 依靠两种人：各种任课教师；电教专业人员。② 做好四件事：选题；选媒体；写稿子；制作。③ 考虑三句话：先基础课，后专业课，有力量可齐头并进；单干不如协作；一片一题，最后成龙配套。④ 注意四要求：教育性；科学性；技术性；艺术性。第二件，电教人员的培训。电教人员是发展电化教育事业的决定因素。没有一支足够数量的优良的电教队伍，要发展电教事业是不可能的，而这支队伍不会自发产生，要靠培训。电教人员，主要包括这样四部分人员：技术人员；管理人员；教学人员；科研人员。第三件，电教科研和实验。要提高电教工作质量，必须把电教科研搞上去。电教科研课题广泛，有理论的、技术的、方法的、管理的，等等。在这方面，我们做的还不够。从现在起，应好好抓一下这个工作。

1983年，南先生提出：走自己的道路，逐步建立有中国特色的电化教育。建设有中国特色的电化教育要做的事情很多，当前，要搞好四项建设：队伍建设、教材建设、理论建设、法规建设。南先生提出建设有中国特色电化教育以后，他更加关注电化教育事业的发展和推进，以及事业发展过程中遇到的困惑和问题。1996年，他在《面向21世纪的中国电化教育》一文中，指出当前电化教育发展面临的问题是如何提高“三件”建设水平。

南先生认为走向21世纪的我国电化教育，面临的主要问题是要抓好“三件”建设，提高“三件”建设的水平。“三件”建设就是硬件建设、软件建设和潜件建设。硬件建设主要是设备、设施的建设。它的主要任务是建成电教系统工程。电教系统工程的内容,主要包括八室三系统。这是当前我国学校教育现代化建设的重点工程。软件建设主要是教材建设。它的主要任务是建立现代教材体系。现代教材体系由两部分构成:一是书本教材;二是非书教材。现代教材体系有两个明显的特点:一是成套化、系列化;二是多媒化。潜件建设主要是理论、方法建设。它的主要任务是建立电化教育理论体系、电化教育方法体系。

南先生对于电化教育事业发展的关注和推动,更多的还是在思想方法层面的指引和导向。1997 年他在《电化教育与学校教育现代化建设》中,提出学校教育现代化建设的两大任务:革除旧教育的五个弊端;完成本身的“三件”建设。在《对我国电化教育深入发展的思考》中,提出重新设计和建立电教者的形象。进入新世纪,南先生惦记着信息化时代建设中国特色电化教育还有许多事情要做,还有许多问题要研究,他更多的是关注信息化时代我国电化教育事业的发展。

第三节 重视应用,提高电化教育的应用水平和效果

电化教育的发展建设是基础,应用是关键。再好的装备用不起来,用不好,就会变成了摆设。大力加强应用和提高应用的效果,在电化教育发展的不同阶段都是受到各级教育行政部门和电教管理部门高度重视的。20 世纪 80 年代初,南先生提出:电化教育姓“教”不姓“电”,实际上就是强调电化教育的应用问题,避免产生重技轻教的现象。

一、电化教育三深入

电化教育要在教育教学中起作用,一定要深入课堂,深入学科,深入教学。看一个学校电教工作开展得怎样,标志之一是上电教课的数量和质量。1981 年前后,南先生就怎样上好电化教育课到各地去做报告和讲座。现在看到的比较早的资料,是南先生 1981 年在《电化教育研究》发表的《怎样上电化教育课》。南先生在这篇文章中介绍了:什么是电教课与传统课;电教课的类型与结构;电教课的准备;电教课如何进行;电教课如何评定。

现在,我们几乎每年都有不同规模和不同级别的优质课的评比活动,而且,

这些参评课例都运用了信息技术，也都叫电教课了，评课都有评价标准和具体要求。南先生在1981年对电教课的评价是：从传统课来说，好课的标准大致有六条：目的明确；内容正确；方法恰当；语言清晰；积极性高；组织得好。此外，要上好课，一定要记住两点：第一点，不要忘了学生。教学是教与学的双边活动，不能只记住教的一边，而忘了学的一边；只有教师的积极性，没有学生的积极性。如果那样是不能有好的教学过程的。教的好坏，最后得由学的好坏来衡量。第二点，不要忘了能力和思想品德的培养。教学不仅是传授知识，它的任务有三：传授知识；培养能力；形成科学的世界观。以上说的六条二点，对于电教课也是适用的。除此之外，评价电教课还需要注意：电教媒体的选择是否恰当？电教媒体的运用是否正确？与传统教法相比有无优越性？这就是30年前，南先生提出的电教课的评价标准。

二、重树"电教者"形象

我国电化教育要发展，要想更好地推进电化教育的应用，队伍建设是关键。20世纪90年代中期，南先生提出：重新设计和建立电教者的形象。历史上，在我国电化教育重新起步之后相当长的一段时期，电化教育工作者在人们心目中的形象只是一个"三子"(拍片子、放带子、修机子)的媒体服务员的角色。这种角色错位，严重影响了电教工作者的工作热情，阻碍了电教工作的健康发展。电教者的角色错位，已经不能适应电化教育和教育改革的深入发展需要。

南先生认为，电教者是一个比较大的概念，包括电教专业人员、学科电教教师以及所有从事电教科研、电教事业、电教产业的人。凡是以现代教育思想、理论为指导，运用现代教育技术进行教育教学活动的人，都是电教者。重树电教者的形象：电教者不应是单纯的媒体服务员，而应该是教育革新者。南先生站在时代的角度，结合电化教育改革和发展需求，深刻思考了电化教育工作者的新形象和新角色，以及角色重新定位以后的基本素质结构。重树电教者形象，提高电教者素质，对于促进电化教育的有效应用，推动事业发展起到了重要的作用。

三、推进"信息技术与课程整合"

进入新的世纪，信息化浪潮扑面而来。基础教育信息化提出三大任务：实施校校通工程、开设信息技术必修课、推进"信息技术与课程整合"。全面推进农村远程教育工程，把教育信息化提到了空前的重视程度。南先生根据教育信息化发展的形势，经常到有些地方做报告时指出：教育信息化建设工程的内涵可以概括为两点：第一，加快教育信息化基础设施、教育信息资源建设和人才培养，这是教育信息化建设工程的基本内容；第二，全面提高现代信息技术在教育系统的运用水平。怎样才能做好这两件事情，这就需要解决“两个问题”，做好“一件事情”。所谓解决“两个问题”：一个就是要解决“观念”的问题，改变这些年来我们在教育信息化建设当中出现的相当普遍的一种观念——重硬轻软，重建轻用；另一个问题就是解决五个不足（资金不足、网上资源不足、专业人员不足、技术支持不足、理论指导不足）。

做好“一件事情”：广泛深入地开展信息技术与课程整合实验。整合不是“混合”，而是“整合”，是把两者融合在一起，成为不可分割的整体。南先生举重若轻地比喻：整合不是上面是菜、下面是饭，吃的人可以光吃菜，也可以光吃饭。整合不是“盖浇饭”，那应该是什么饭呢？整合应该是“扬州炒饭”。“扬州炒饭”就是把米饭、鸡蛋、火腿、葱花弄到一起，吃的人要把这些都吃下去，而不能像吃盒饭那样的光吃菜、或者光吃饭。更重要的是，整合不是简单地将信息技术运用到课程教学里面，它必定要伴随着教学思想、教学方式的变革，它不是简单地将信息技术运用到课程教学里面即可得以实现，而是要通过整合，使教者和学者的教学思想、学习思想、教学方式、学习方式有所变革。

第四节 言传身教，发挥电化教育宣传效益

在我国电化教育的发展过程中，电教宣传发挥了极其重要的作用。南先生在我国电化教育发展的各个不同时期，言传身教，身体力行，宣传推动电化教育，促进了我国电化教育的健康发展。

一、主动请缨办杂志

20 世纪 70 年代末，我国电化教育重新起步之初，各地迸发出开展电化教育的巨大积极性，电化教育形势发展很快。特别是在邓小平同志倡导“通过发展电视、广播等现代化手段的措施来多快好省发展教育事业”的讲话精神鼓舞下，电化教育事业进入到一个蓬勃发展的时期。从中央到地方各级电化教育机构迅速建立，电教设备和设施开始配备，电教应用、电教教材制作、教师培训、电教研究、开办电教专业等工作相继提到议事日程，与此同时，创办电教报刊

的呼声和要求也更加急切。1979年，时任西北师范大学（原甘肃师范大学）教育科学研究所所长的南国农教授主动请缨，创办《电化教育研究》杂志，并担任主编。经过一年多的筹备，1980年9月创刊号编辑出版，开始向国内外公开发行。

回想30年，《电化教育研究》从无到有、从弱到强、从季刊到月刊、从名声不大到享誉盛名，杂志走过的每一步都凝聚着南先生的辛劳和汗水！他是真正的主编，在杂志主编岗位上一干就是30年，坚持每期稿件主审后出版；他是杂志的主笔，有时在平静的湖面上投进一块巨石，掀起波澜，导演学术繁荣；有时在纷争的局面中，拨开迷雾，引领发展方向；他又是杂志的主心骨，把握杂志的办刊方向、经营方向和发展方向。《电化教育研究》是理论的园地、学术的窗口、成果展示和经验交流的平台；它积淀着电化教育30年发展的历史，它承载着电化教育时代发展的责任；它是电化教育工作者自己的杂志。

南国农先生做人、做事、做学问的人生哲学和工作作风，在《电化教育研究》的办刊过程中得到很好的体现。他待人宽厚、办事认真、治学严谨。他虚怀若谷，善于倾听不同的声音，发表不同意见和观点的文章；他重视实践、不拘一格，善于培养和发现新人；他思维敏捷、眼界高远，善于把握时代发展的脉搏。南先生担任《电化教育研究》主编30年，为推动电化教育理论和应用研究，推动电化教育事业和产业发展作出了重要贡献。

二、著书立说显特色

什么是电化教育？如何开展电化教育？如何建设中国特色电化教育？如何推进电化教育事业和产业的发展，等等，这些都是需要在电化教育实践中去探索、去思考、去总结的问题。它们没有现成的答案可寻，照搬国外的可能会引起水土不服。如何在电化教育发展的不同时期或不同阶段去总结、去宣传、去推动，除了办杂志进行宣传以外，著书立说也是很重要的工作。著书可能是学科建设、理论建设或教学的需要，南先生的著书更主要的是为了立说，是为了建设中国特色电化教育的需要。

南先生著作的《电化教育学》一版（1985）、二版（1998）、三版（2004更名为《信息化教育概论》），反映了电化教育学在实践中不断发展、不断完善的过程，反映了电化教育理论来自于电化教育实践的这个事实，实际上也集中反映了南国农电化教育学术思想的形成过程。在电化教育发展过程中，南先生还与人合作编著或主编出版过《教育传播学》和电化教育丛书等，既是为了教育教学的需要，也是为了指导和推动电化教育事业和产业发展。30年来，南先生在各类不同的报刊上发表了大量的文章，有些是电化教育理论建设的需要，有些是指导电化教育实践的需要，有些是为了推动事业发展和坚持特色电化教育建设。

南先生一向从不轻言，凡是署名文章或著作，都是经过深思熟虑，认真研究加工后才发表。南先生著书立说是为了电化教育学科建设，为了中国特色电化教育理论体系建设，为了宣传推动电化教育事业发展。

三、倡导电教万里行

1992年，南国农先生倡导并主持了"万里行"活动。考察活动主要由《电化教育研究》杂志社负责组织，考察组从1992年5月23日开始至7月11日结束，历时50天，途经甘肃、四川、陕西、河南、湖北、湖南、广西、广东、福建、江西、安徽、江苏、山东、河北、北京、内蒙古、宁夏等17个省市，行程12850千米。"万里行"活动，在我国电化教育发展史上留下了浓重的一笔，在宣传电化教育，扩大电化教育的影响等方面产生了广泛的影响。

1992年的春天，邓小平南巡并发表了重要讲话，全国人民学习和贯彻邓小平同志南巡讲话，到处呈现出生机勃勃的改革局面。为了加快发展步伐，进一步贯彻落实邓小平同志讲话精神，实地考察我国电化教育事业发展现状，了解电化教育工作的新情况、新问题，宣传并推动电化教育工作，南先生老当益壮，精心策划并组织了这次有意义的"万里行"活动。

考察活动得到各地政府、教育行政部门、电教馆及学校等的大力支持和帮助，考察组运用访谈、实地观察、问卷调查、录音录像摄影等方法，如实记录各地电教的实际情况。同时，与各地教育界同志充分交流信息，宣传电化教育取得的典型经验和成果，探索新形势下加快电化教育发展的新思路。

"万里行"是一次大规模的电化教育的宣传普及活动，是高等学校电教专业建设对社会的一次大考察，也是电教专业期刊一次别开生面的受众调查活动，南先生策划并参与了这次活动的全过程，保证了活动的效果和质量。万里行活动比较集中地体现了南先生对中国电化教育事业的关心和大力宣传、加快推进电化教育发展的迫切心情。

四、应邀报告促发展

我们现在可能无法统计，南先生从我国电化教育重新起步以来，应邀到过多少地方，做过多少场报告。30多年来，他到过许多高校、到过许多省市、到过许多基层的学校、到过边远民族地区、到过农村，参加过许多机关、事业单位和协会等组织的活动。大家都有一个共同的感觉：南先生的报告是精彩的、有分量的、有思想见地的、有水平的。在这种感觉的背后，除了反映出南先生本身的素质和水平以外，更重要的是南先生对待每一件事、对待每一场报告都讲认真二字。凡做报告，都要问清对象，问清邀请方的意图，都要做精心准备，从不马虎。做一次容易，几十年如一次就不容易了！就在最近两年，他还到过几个地方，参加过几次大的活动，做过几场精彩的报告。

1988年，为了提高全国电教馆系统电视教材人员的制作水平，中央电化教育馆在北京举办电视教材编导、制作人员高级研修班，请了众多这方面有影响的专家，但是听众感觉效果不好。组织者纳闷！请来南先生，做了《我们对电化教育知多少？》的报告，结果大受欢迎。几场报告对比反映强烈！组织者感悟：大专家报告，也要认真研究听众需求和听众心理才行，否则水平再高也可能报告内容不对路子、不受欢迎。1997年7月，全国教育科学"九五"规划课题《电化教育促进中小学由应试教育向素质教育转变的研究》，在北戴河举办课题培训会，组织者没有想到会有400人参加会议，南先生到会，做了场《我国电化教育深入发展的思考》的报告，由于会场容纳不下400人，结果会场内外的楼道上、过道上，都坐满了人，没有凳子大家就席地而坐，几百人的会场，在南先生做报告时，针尖掉到地上都能听到响声！这样的报告效果不言而喻了！步入21世纪时，南先生选择了"信息化教育学"来代替"电化教育学"，并领导其学术团队系统规划学科发展之未来。2009年10月在无锡江南大学召开的学科建设研讨会上，南先生对学科建设发展的一系列想法，其报告的眼界、气势，尤其是体现出的内在心态，确实显得比年轻学者更年轻。南先生应邀报告太多了，这方面的例子也不胜枚举。做一件事就把这件事情做好、做出影响来，南先生言传身教，以身作则，处处为宣传和推进电化教育作贡献。

第五节　追求卓越，推动电化教育实验研究

我国电化教育的发展史，是在不断实践、不断研究与探索、不断总结的过程中前行的，研究工作对于电化教育的发展具有基础性和先导性的作用。南先生在推进和指导我国电化教育实验研究工作方面作出了积极贡献！

一、初步探索

20世纪80年代初，在我国电化教育重新起步的阶段，南先生就指出：电教研究是一项开发性的工作，它是在向未知世界开战。它的目的有两个：一是发现电教过程的规律；二是建立系统的电教理论。电教研究一般分为基础研究和应用研究两种，前者的目的是建立理论，后者则以解决现实问题为出发点。对于电教科学的发展来说，这两种研究都不可缺少。我们要建立具有中国特色的电化教育科学体系，既需要基础研究，也需要应用研究，两者是相辅相成的。

20世纪80年代后期，我国电化教育研究得到比较快的发展。南先生又提出电教科研向新的更高层次迈进。他认为80年代前期的电教科研，主要是构建理论体系的框架，建立了由七论构成的电教理论体系的雏形。80年代末电教科研有了新发展，主要表现在教学设计原理及其应用，成为近年来电教研究热点之一。基础研究和应用研究相结合，以应用研究为重点，直接为电教改革和发展服务的指导思想日益明确；重视从整体出发，用系统论的观点与方法来分析研究问题；研究课题的深度和广度以及研究水平在不断提高。南先生同时也认为，电教实验研究也取得了新进展。20世纪80年代电教实验研究经历了媒体对比实验阶段和专题实验研究阶段。进入20世纪90年代，电教实验研究将日益广泛、深入，研究的层次不断提高，由单科单项研究为主进入到整体综合研究为主的更高层次。

二、提出新要求

进入20世纪90年代，经过广大教师和电教工作者的共同努力，我国电化教育研究呈现出繁荣的景象。为了进一步推进电教研究工作，南先生提出电教科研的新目标，并在《电化教育》上发表《电教科研：90年代的目标、课题和方法》。20世纪90年代，我国电教科研的主要奋斗目标是：争取在电教发展所提出的重大理论和实际问题的研究上，取得突破性进展。在此基础上，初步形成中国特色的电化教育理论体系。电教科研的指导思想是：以现代教育媒体的理论和应用研究为核心，以构成电教的四大系统（学校电化教育系统、广播电视教育系统、卫星电视教育系统、计算机网络教育系统）的研究为范围，以五种教育（普通教育、高等教育、成人教育、职业教育、继续教育）的深化改革服务的研究为方向，以农村电教的研究为重点。

三、什么是现代教育技术实验

20 世纪 90 年代后期，教育部实施"全国中小学现代教育技术实验学校"工程，全国有近 1000 所中小学参加了这项实验研究活动。如何搞好 1000 所学校的实验研究活动呢？南先生发表了《现代教育技术实验及其理论基础》，对现代教育技术实验学校工程的实施起到了很好的指导作用。

什么是现代教育技术实验？南先生指出：现代教育技术实验，就是在现代教育思想、理论的指导下，用三种技术，做两件事情，实现一个目标。

1. 现代教育思想、理论

现代教育思想主要是指与现代教育技术实验关系较直接、较密切的六种现代教育观：素质教育观、终身教育观、双主体教育观、创新教育观、情商为主教育观、四大支柱教育观。

现代教育理论主要是指与现代教育技术实验关系较直接、较密切的三个三种学与教的理论：三种学习理论（行为主义、认知主义、人本主义学习理论）；三种教学理论（赞可夫的发展教学理论、布鲁纳的结构—发现教学理论、巴班斯基的教学最优化理论）；三种传播理论（拉斯韦尔的"5W"理论、施拉姆的双向传播理论、贝罗的 SMCR 理论）。

所谓在现代教育思想、理论的指导下，主要是指在上述六种现代教育观和三个三种学与教理论的指导下开展实验工作。

2. 三种技术

（1）现代媒体技术，即教育教学中应用的现代技术手段，也就是现代教育媒体，是一种物化形态的技术。

（2）现代媒传技术，即运用现代教育媒体进行教育教学活动的方法，也就是媒传教学法，是一种智能形态的技术。

（3）教学设计技术，即优化教学过程的系统方法，也就是教学设计，是一种应用广泛的智能形态的技术。

上述三种技术综合起来，就是现代教育技术。现代媒体技术、现代媒传技术、教学设计技术是组成现代教育技术的三个基本要素。所以，用三种技术，也就是运用现代教育技术。

3. 做两件事情

（1）开发、利用教学资源，包括教学信息、教学媒体、教学人员、教学环境，等等。在实验中，要积极开发、充分利用的教学资源，最主要的是现代教材资源和现代教学技术环境资源的开发、利用，也就是现代教材体系和电化教育系统工程的建设和利用。

(2) 优化教学过程。就是使教学过程各组成要素(教学任务、内容、手段、方法、效果等)及其相互关系，都处于良好的状态，做到整体优化。

4. 实现一个目标

实现一个目标，就是建立适应素质教育要求的，以教学模式为核心的现代教学体系。

四、电化教育实验研究的经验

南先生总结我国电化教育十多年来的研究经验，提出五条成功开展电化教育实验研究的经验。

(1) 成功的电化教育实验，必须要有现代教育思想、理论的指导。成功实验应在上述六种现代教育观和三个三种学与教的理论指导下进行，才能保证实验成果的科学性、适用性、先进性、精品性。各种学与教理论都有它的优势与不足，我们可以根据电教实践的需要，运用不同的学与教理论，解决不同的学习与教学中的问题。

(2) 成功的电化教育实验，必须要有三种技术的支持。① 必须重视教学设计，为学生保证良好的学习条件。在进行教学设计时，主要抓四个要素，解决三个问题。四个要素是指教学目标、教学资源、教学策略、教学评价。三个问题是：一是让学生学习什么？即解决目标；二是为达到目标，需要使用什么教学资源和采用什么策略？即解决资源和策略问题；三是如何评价教学结果？即解决效果的评价问题。② 必须重视现代教育媒体的正确应用。用现代教育媒体建立新模式、新策略，要求体现两个内容：一是新媒体是必不可少的，不是可有可无，不是“旧模式＋新媒体”的加法模式；二是要体现以学为出发点，教为学服务的观点。③ 没有一种人人适用，处处适用的万能媒体。每一种媒体都有它的长处，对某种学习特别有效。教学需要多种媒体来配合。

(3) 成功的电化教育实验，必须有明确的目标和恰当的选题。

(4) 成功的电化教育实验，必须要有认真的评价。

(5) 成功的电化教育实验，必须要有创新的精神。

南先生在实践中总结出来的成功电化教育实验的经验，在以后的电教科研实践中产生了广泛的影响，受到了电教研究者的青睐。

第六节 整体推进，电化教育产业是事业发展的重要组成部分

电化教育发展需要电化教育产业，电化教育产业是电化教育事业发展的重要组成部分。信息化时代的电化教育产品或者说信息化教育的产品科技含量更高、更新换代周期更快、产品分类更细化，推进信息化教育产业的发展，有许多问题需要研究。信息化教育产业面临着市场竞争、政策导向、产品质量、产品价格、产业服务等多重因素的影响和制约，如果我们在思想意识、理论导向、产品开发、应用研究等方面，不能跟上市场经济发展的需要，不能跟上信息化教育产业发展的需要，信息化教育的事业发展将会受到严重的影响。中国的市场经济发展还需要有个不断完善的过程，这个过程有些产业已经开始，有些产业才刚刚开始，要用健康的心态和发展的眼光对待信息化教育产业的发展。

南先生的电化教育整体发展观，就已经阐明电化教育产业是电化教育事业的重要组成部分，实际上就已经形成了电化教育的产业发展观。电化教育的产业发展是贯穿在电化教育发展的全过程中。电化教育的硬件建设、软件建设、教师队伍建设等都充满着商机或者说充满着电化教育产业发展的机会。南先生在20世纪90年代初再一次明确提出，20世纪80年代以来，我国电化教育的发展出现了不少新事物，正在形成一种新思维，正在形成几种新观念：整体观念、效益观念、双主体观念、多元发展观念、优化观念、市场观念。关于效益观念，南先生特别强调：电教领域要讲三种效益：教学效益、社会效益和经济效益。电教工作应有一定的经济效益，电教投资是生产性投资，又具有社会公共消费的性质。作为社会公共消费，应由国家支付。作为生产性投资理应与物质投资一样，得到一定的偿还和相应的经济收益。效益观念的兴起，对于克服做事不讲效率和效益、制作教材不计成本、制作与使用不挂钩等问题，有着积极的意义。关于市场观念，南先生指出：市场观念就是电教工作要与市场搭界，要关注市场的供求状态，适用市场优胜劣汰的运转规律。电化教育既然是一种产业，就有投入和产出，就需要市场。电教的投入要考虑市场，产出的产品（人化的和物化的）要进入市场。电教工作者不能没有市场观念。电教教材制作、科学研究、技术开发，要围绕市场寻找课题。所有成果，要作为商品进入市场，并力争以优取胜，不断扩大市场占有率。电教专业要参照市场需求来制

订课程计划，设置研究方向，确定发展规模。市场观念的兴起，有利于激发竞争意识，积极调动电教工作者的积极性，推动电教学科建设和电教产品的商品化、社会化，促进电教事业的快速发展。

南先生经常谦虚地说："我对电化教育产业发展说的不多，做得不够。"其实，在电化教育发展进程中，南先生是经常关注电化教育产业发展的。他调研过投影和幻灯厂家，到过视听设备企业，指导过软件企业的发展，考察指导过电子白板厂家，对协同教育产业的兴起给予过充分肯定和支持。

南先生非常赞同教育技术专业开展的产、学、研结合的办学模式，也支持并赞同电教馆系统开展教师队伍培训和加强软件资源建设，赞同信息化教育产业发展的五个阶段的划分。他认为，在信息化时代教育产业将要进入一个新的发展阶段。最近一个时期，他还到过电子白板企业参观调研，认为"电子白板将有利于课堂教学质量的提高和现代教育思想的实现"；他还指导过课堂教学录播系统的开发，认为这样的系统有利于微格教学，提高教师的教学水平；他还参观指导过国内正在兴起的协同教育产业，指出：协同教育是未来教育的主流，其产业发展大有作为。

我国信息化教育已经进入一个新的发展阶段，其产业发展和市场规模将会有巨大的潜力。在推进教育信息化的过程中，政策导向和标准化建设显得尤为重要，需要在今后的信息化教育的实践中引起重视并不断加强。南先生关于信息化教育的整体发展观对新时期电化教育的发展将会起到十分重要的指导作用。

参考文献

[1] 教育现代化发展的必由之路[M]. 北京：高等教育出版社.
[2] 庄为其. 南国农与萧树滋——我国电教开拓者与奠基人[J]. 电化教育研究.
[3] 中央电教馆. 中国电化教育70年文集[M]. 北京：中央广播电视大学出版社.
[4] 李运林. 论信息化教育产业[J]. 电化教育研究，2010(4).
[5] 南国农. 信息化教育理论体系的形成与发展[J]. 电化教育研究，2009(8).

第六章 专　　论

第一节 民族的才是世界的

——南国农先生中国特色电化教育思想的本土化研究

中央电化教育馆 晓 晨

南国农先生是我国电教界的学术泰斗，是我国电化教育的旗手，也是我国电化教育的主要开拓者。今年是南国农先生90华诞，我为南先生倾情一生、坚持不懈地为探索建设中国特色电化教育的精神所感动。在回顾南先生孜孜探索的奋斗历程的时候，我们会感到：当一种思潮袭来的时候，他能够不为所动，永立潮头，捍卫旗帜，有人说他像一名战士；当电教学科建设需要开拓的时候，他辛勤耕耘，艰苦探索，耄耋之年学习与笔耕不辍，表现像一个开拓者和建设者；当电教事业发展顺利的时候，他为人们鼓与呼；当事业发展遇到困难的时候，他谆谆善导指方向。南先生的这种高尚情怀和大家风范源于他的电教情，民族根，报国志！当把他的这些情怀和志向汇集到一点，显现出的最耀眼的思想光芒，就是建设中国特色电化教育。

建设中国特色的电化教育，是南先生为之奋斗的事业，也是新时期广大教育工作者和电化教育工作者十分关心的事业。我们要深刻理解建设中国特色电化教育的时代背景和重大意义，以及怎样才能更好地建设中国特色电化教育。中国特色就是中国化、本土化，就是中国制造、中国创造。中国化了的东西可能吸收了世界上的一些先进的思想、先进的理念或者先进的技术，但是，已经在发展的过程中中国化了、本土化了，最终形成了中国特色。中国的也是世界的，中国特色的电化教育走向世界才会更加精彩。

中国特色决不是拿来主义，当然，拿来主义也可以形成中国特色，这可能要经过吸收、消化、加工、创造的过程。这可能是教育技术在中国要走的路。坚持走这条道路的人，可能是经历过电化教育实践的人，也可能是没有经历过电化教育实践的后来者，他们可能认为电化教育不科学、不方便、已过时，还是美国的教育技术好。殊不知在探索中国电化教育发展道路的过程中，探索者们付出了多少心血！在初步构建起电化教育大厦的时候，换成一个外来名字替代，或者干脆把大厦推倒重建，电化教育的设计者和建设者的心情是可以想象的。南先生高举中国特色电化教育的旗帜，坚持探索建设中国特色电化教育之道路。其执著的精神，科学的态度，实干的作风，取得的成就，实在令业界称颂！

一、中国实践，电化教育的本土化特色

电化教育是中国特色，这个词和这件事都是中国特有的。20 世纪 20 年代，影音技术有了发展，如何把这些新技术用于教育，于是就先有了运用新技术于教育这个事。到 20 世纪 30 年代才定了这个名。我国电化教育萌芽和起步阶段的这段历史已经梳理得比较清楚了。应该说 20 世纪 20—30 年代，在影音技术发展的初期，教育界的有识之士提出电化教育的概念，已经具有相当超前的意识了。第一代的电教人已经看到或意识到了教育电气化、电子化、现代化的曙光。

20 世纪 50—60 年代，直到 1978 年，我国的电化教育在一些地区、在一些高校、在一些领域(军事、医疗卫生等)得到运用。为什么到了这个阶段、到了中国社会遇到重大转型的新阶段，人们没有忘掉电化教育这个词，电化教育这件事，而且仍然要发展电化教育。因为电化教育在那时还是时代的最强音，它代表了先进的思想、先进的技术，以及这些先进思想和技术在教育中的有效应用。其中比较有影响的、有代表性的就是 1958 年北京电化教育馆成立，1964 年沈阳电化教育馆(此前 1959 年成立沈阳教育电影制片厂)成立，1972 年上海外国语学院电化教育馆成立等。这个时期，电影、幻灯、投影、录音、广播等现代化的教育手段在一些地区和学校得到应用，电化教育的概念和电化教育这件事在这个时期得到传承。

以 1978 年为重要转折点，之后我国电化教育得到快速发展。中国社会经过“十年动乱”以后，百废待兴，电化教育重新起步。教育部以程光为代表的一批有识之士，他们打开国门，走向世界，贯彻邓小平同志用科技改变教育的讲话精神。用技术改革教育、改变教育、促进和推动教育的快速发展，在当时很快形成了人们强烈的思想共鸣，并且汇聚成巨大的力量。把技术用于教育这件

事叫什么事呢？也就是为这件事起个什么名呢？1978年上半年，教育部电教组为这个事业定名，确实动过一番脑筋，做过认真的调查研究。在当时有许多相关的名字，如：电化教育、电化教学、教育技术、教育传播与技术、视听（觉）教育、教育工艺，等等。在这些名字中，电化教育、教育技术、视听（觉）教育比较接近要做的事。把技术用于教育，用技术来改革教育、促进教育的发展，在中国还是用电化教育好，因为，这样既可以继承过去，当今（时）又不落后，还可以开创未来。1978年重新为这件事定名，应该说中国电化教育过去的发展历史和南先生等一批电化教育的前辈们的意见起了重要的或决定性的作用。

1978年中国电化教育重新起步，也是先有想做这件事的愿望，从先做这件事开始，才想到起个什么样的名称更好。教育部成立中央电化教育馆，也正是在这样一个背景下产生的。为什么叫“馆”呢？当时的认识，就是开展电化教育，要运用先进的技术手段，如：运用电影、录音、广播、投影、幻灯、电视录像等，要有存储电影片、录音带、投影片、幻灯片、录像带等的地方，当然，还需要有其他的功能用房，教育部要建这么一个场所为全国服务，这个“馆”就是这么产生的。

随着电化教育事业的发展，人才培养问题提到重要的议事日程，于是就有办电化教育专业这件事，华南师范大学1983年正式成立电化教育系，此后，全国许多高校都办起了电化教育专业。电化教育事业、产业、学科在电化教育的实践中得到蓬勃发展。这就是电化教育的中国实践，她充满了本土特色的芳香。

二、学会借鉴，才能更好地建设中国特色电化教育

电化教育的发展是在探索中前行的，没有先例可循；电化教育的发展不是一帆风顺的，也遇到过许多挑战和争议。其中，争论最多的是关于电化教育的名称问题、本质问题、定义问题、作用问题，等等。南先生对这些问题进行了长期深入的研究和思考，并多次回答了这些问题。在电化教育实践中，大家认识到，只有不断学习借鉴别国先进的东西，才能不断地丰富和发展中国特色电化教育。故步自封不行，因循守旧更没有出路，必须敞开胸怀拥抱先进。

1. 学习借鉴——首先从技术引进开始

1978年电化教育重新起步以后，为了迅速打开局面，把先进技术用于教育，更好地推动电化教育工作，就电化教育技术和设备而言，我们早期引进的痕迹较重，经历过“引进—消化—模仿—制造—创造”的发展过程。正因为此，在电化教育产业发展方面，我们少走了很多弯路。先进技术的引进改变了人们的思想观念，使得电化教育迅速进入快速发展的轨道，并且走到了世界的前列。我们现在看到，我国信息化教育产业，在技术层面上，我们已经有许多领先的甚至超前的信息化教育的技术或产品，有许多中国制造的产品出口到发达国家。但是，要知道 30 年前，我们电化教育的设备几乎都是靠进口，就连盒式磁带录音机我们都没有生产。正是通过学习借鉴，在技术上走了“引进—吸收—创造”之路，我们才有了今天的技术领先和技术腾飞的格局。

2. 学科建设——在实践中发展，在借鉴中提高

学科的理论体系一般由理论基础、基本理论和应用理论三部分构成。从 1983—1986 年期间，我国电化教育的学科理论体系已初步构建。在我国电化教育学科理论体系构建过程中，业界与时俱进，在实践中不断加以补充和丰富，并且学习借鉴引进了美国教育传播和教育技术方面的理论。比较有影响的有：传播理论和教育传播学、教学设计理论和建构主义学习理论等。这些理论的引入，对于正在发展中的电化教育理论体系的构建产生了较大的影响。特别是 1993 年电化教育学更名教育技术学以后，我们又引入美国 AECT′94 定义，业界很快组织出版了《教育技术学》等 8 本学科专业的主干课程教材，起到了充实和丰富学科理论体系的作用。我国一批年轻的教育技术专家在实践中得到锻炼并迅速成长。

3. 理论建设——以我为主，兼容并蓄

在电化教育事业和电化教育学科迅速发展的基础上，电化教育的思想和理论也在不断发展和成熟。在这方面，大家关注比较多的是关于电化教育的定义问题，也即电化教育的本质问题。一个事物的名称与定义或者说一个事业的本质特征，可以随着人们对它的认识的升华不断进行修改、调整，美国教育技术的定义是这样，中国对电化教育的认识与定义也是这样。有关电化教育的定义各种版本描述的太多了，以权威的学术定义而言，南先生在 1985 年高等教育出版社出版的《电化教育学》的定义：运用现代教育媒体，并与传统教育媒体恰当结合，传递教育信息，以实现教育最优化。为了说明中国的电化教育与外国的视听教育和教育技术的异同，他多次提到：我国的电化教育是以现代教育媒体的研究和应用为核心，这是我国电化教育的最大特色，也是我国电化教育与外国的视听教育和教育技术等的最大区别之处。

同时，南先生十分注意从别国的教育技术和视听教育等理论和观念中吸取有用的精华。1995年以后，南先生对电化教育定义进行了修订：电化教育，就是在现代教育思想和理论指导下，运用现代教育技术，进行教育活动，以实现教育过程的最优化。南先生认为，我国电化教育主要是在本国理论研究和实践经验的基础上建立理论体系框架，同时，积极吸纳了美国教育技术的核心理论——教学设计，作为自己的组成要素。坚持学习借鉴，以我为主的中国实践，经过交融互补后的电化教育理论更加完善。

三、创新发展，中国特色电化教育建设的不竭动力

创新是一个民族发展的源泉，创新也是一个事业发展的不竭动力。建设中国特色电化教育，必须要有继承和创新的观念，兼容并蓄的观念，阶段发展和不断发展的观念。否则，我们这个事业就会失去活力和生机！

中国特色电化教育的建设，涉及事业发展、产业发展、学科发展。进入本世纪我国教育信息化得到了快速发展，特别是信息化在推进教育公平或促进教育均衡发展方面效果显著。今后10年，我国教育信息化将要进入一个更加快速的发展阶段，国家在教育信息化方面将会加大投入力度，一系列重大工程项目将要组织实施。面对新的发展形势，将有许多新问题摆在我们的面前，需要我们去探索和解决。统一思想认识，以"和"为贵，和而不同，求同存异，继续开拓创新，是我们应取的态度和方法。

建设中国特色电化教育，本土化的发展方向是必须坚持的，没有本土化或不经过本土化改造就没有中国特色。但是，在中国特色电化教育发展过程中，必须回应诸如：电化教育红旗打多久、电化教育有没有理论等问题。好在南先生在电化教育实践中，已经清晰地形成了自己的中国特色电化教育思想与理论体系，明确提出不赞成使用教育技术，因为教育技术不等于中国的电化教育。南先生认为，20世纪90年代中期以前中国的电化教育是工业时代的电化教育，20世纪90年代中期以后进入信息化时代，信息化教育是信息化时代的电化教育。2004年，南先生修改《电化教育学》第三版，并改为《信息化教育概论》，提出信息化时代，信息化教育与电化教育可以并用。这就在继承和创新上取得了突破，也为中国特色电化教育在新时期的建设明确了方向。

新时期，电化教育的本土化建设，仍然需要吸收和引进国外先进理论和先进技术，无论是信息化教育的事业发展、学科建设还是产业发展，都需要更多的打开国门，打开学术之门。引进是为了更好地发展中国特色信息化教育（电化教育）。

本土化是南国农先生建设中国特色电化教育的思想基础和核心内容，是南先生电化教育思想的灵魂。中国电化教育已经在世界上产生了较大影响，中国特色的信息化教育也必将在世界上产生更大影响。民族的就是世界的，民族的才能更好地走向世界！

参考文献

[1] 钟志贤.教育现代化的必由之路——南国农电化教育论文集[M].北京：高等教育出版社，2000：102-111.

[2] 中央电化教育馆.中国电化教育 70 年文集[M].北京：中央广播电视大学出版社，2006.

[3] 中央电化教育馆.中央电化教育馆大事记[M].北京：中央广播电视大学出版社，2008.

[4] 南国农.信息化教育理论体系的形成与发展[J].电化教育研究，2009(8).

[5] 何克抗.关于发展中国特色教育技术理论的深层思考[J].电化教育研究，2010(5).

[6] 李运林.论信息化教育产业[J].电化教育研究，2010(4).

[7] 李运林.论中国特色的电化教育（教育技术）学科理论体系的建立与发展[J].电化教育研究，2009(9).

第二节　培训电化教育人才，推动事业发展

——从“黄埔班”到千所校长培训纪实

中央电化教育馆　周君达

事业要发展，人才是关键。南国农先生为中国电化教育事业发展的人才队伍建设倾注了大量心血。1978 年，我国电化教育重新起步，百废待兴，一支崭新的队伍从无到有，从小到大，很快壮大起来。这支队伍的特点是比较年轻，富有热情，不足之处则是基础薄弱，亟待提高。提高电教队伍的素质，加快电教人才的培养，电教机构和管理部门当然有责任来抓这项工作，但是作为电教界的知名教授——南国农先生，并不是消极等待，也不仅仅是积极配合，而是拿

出办法主动请缨，争取电教行政主管部门的支持而付诸实施。

今天看来，全国已有 200 多所大学设立了教育传播与技术学院（名称类似，大同小异），每个学院都拥有自己的专家队伍，有自己的教授、副教授、博导、硕导等。可 30 年前，全国还没有一所本科、专科院校有电化教育学院或科系，除南国农等几位老教授外，还没有一位我们自己培养的教授。

1978 年以后，当我国电化教育形势发展迅猛，越来越多的电教媒体进入学校教育教学领域，但电教专业人员和教师却非常匮乏，成为电教事业发展的瓶颈。为尽快缓解这一局面，教育部电化教育局（中央电化教育馆）在兰州召开专门座谈会，座谈研讨对各种电教人员的培训、师范院校电化教育课的开设、电教专业的设置等问题，并委托西北师范学院南国农先生和萧树滋先生主持全国首次“电化教育培训班”。这次座谈会对促进师范院校电化教育课的开设和各种电教人员的培训工作起了积极的作用。1979 年 6 月至 8 月，首期电化教育培训班在西北师范学院正式开班，学员有来自北京师范大学、华东师范大学、东北师范大学、华南师范大学、上海外语学院等 37 所高等院校的 50 余名教师。培训班的授课教师除南先生和萧树滋先生外，还有老一代电化教育专家孙明经、廖泰初、杨名甲等，南先生在这次培训班上主讲了“电化教育概论”。培训班学员认真学习和讨论了电化教育的基本概念、基本理论，讨论了电化教育的理论体系框架的构建等。随后，在首期电化教育培训班成功举办的基础上，在教育部电化教育局的支持下，于 1980 年和 1981 年在西北师范学院又举办了两期培训班。

实际上，举办首批电化教育培训班的倡议是南国农先生首先提出来的，而且建议这个班就以西北师大为依托，在他们那里举办。当时教育部电化教育局同意了这个倡议。回顾 30 年前在西北师大举办的这几期培训班，可以说真让人感慨万千。那时二三十岁的年轻人，今天虽然大都已是电教战线上的老兵，相当多的人已是教授、博导、系主任、院长，甚至还有不少人已经退休，当他们回忆起当时戏称为黄埔一期、二期的电化教育培训活动时，个个都津津乐道，记忆犹新。

“黄埔班”是名副其实的一次骨干培训，是电教种子的传播，这批电教骨干朝夕相处，一起听课，一起生活，彼此之间不仅沟通了情况，交流了经验，还建立了深厚的个人感情，在日后相当一段时间里，能够做到互通有无，亲如一家。培训班因为开办较早，为日后的许多培训活动确立了很好的不成文的规定。本来各地、各校来的学员都有一种如饥似渴的感觉，希望能够多听专家们讲课，但电教的培训班决不能光在那里干讲，必须把听课、研讨活动、学员动手操作紧密结合起来。讲课的人也不仅局限在几位教授，而是强调能者为师。当时还没有评职称，有些人连副教授还没评过，但因为确有真才实学，也安排专题主讲，效果也很好。

南国农先生牵头主持了这几期培训班，为各地逐级培训开了一个好头，在培训班的组织形式、教学形式、教学内容等方面都有很好的借鉴参考价值。同时这次办班也为日后在高等学校开设电教课、开办电教专业打下了一个很好的基础。南先生除了把主要精力用于安排好学员的学习之外，还非常关心学员的生活，亲自为安排学员生活的方方面面而奔忙。当时，南先生已逾花甲之年，由于电教事业的发展，他心花怒放，热血沸腾，多少年的少年志、强国梦将要变成现实。从此，他把自己的后半生与中国电化教育事业的快速发展紧密地联系在一起。

1988 年，我国电教业重新起步已届 10 年，随着电教业的蓬勃发展，电教教材已有一定数量的积累，但电教教材的质量还有待于进一步提高。此时在电教队伍中，已有一些人满足于现状，认为自己已经干得蛮不错了，该知道的也知道了，该掌握的也掌握了，总之，自己已经完全适应电教教材制作这一行当的要求，似乎不需要再学习什么新的东西了。针对这一情况，中央电教馆在连续几年各地各部门先后举办数十期编导制作讲习班的基础上，举办了一次具有提高性质的讲习班。如何“提高”？大家都缺乏经验，于是把内容定在了解和在一定程度上掌握与电教教材编导制作相关专业的知识上。这次讲习班在内容安排上和师资阵容上堪称空前绝后。讲习班共办三周，18 天，每天上午讲课，下午或观摩、或研讨，参加讲课的有：教育部办公厅主任讲教育发展的形势和需要，教育部教学仪器研究所所长从教学仪器的角度讲与电教教材的关系，中央电视台副台长、著名撰稿人讲人物专题的编制和解说词的撰写，还有北科影厂长、总编，新影厂长，农影总编等，分别讲述他们拍片的经历和体会，北影名导，广播学院教授，电影学院教授等除了讲他们的经验和体会之外，还要求他们每个人都要联系到他们认为的教学片应该是什么样的？如何把他们所讲的内容运用到教学片创作实践中去。

事情果不出组织者的预期，阵容如此强大的讲课班子，竟然没有得到应有的重视和响应，这与 20 世纪 80 年代初人们急于学习提高、充实自己的热情简直无法相比。为了让这些相关专业专家的讲课更加实用，组织者除了向专家们交代办班的目的，学员的程度和需要外，在讲课的内容安排上还作了一个特别的安排，那就是请电教界的顶级专家南国农教授来讲第一讲。在向南先生说明意图之后，他确定了讲题："我们对电化教育知道多少"。这一讲题乍一听起来似乎不成问题，我们都是电教的专业工作者，都是电教教材的编制者，对电化教育虽不敢说是十分的精通，但起码是粗通。南先生的报告在与会者中引起了强烈的反响和震动。记得南先生的这次报告讲了五个问题：第一，电化教育姓"教"不姓"电"。电化教育姓"教"还是姓"电"？这是一个关系着我们办电教的方向和出路的大问题。前几年，我们的不少同志对于这个问题的认识是模糊的，有的甚至是错误的。南先生的报告一般从问题和现象入手，在向电教教材的编制者提出一系列问题之后，他们深深感到：别看我们都已经是电教的专业工作者了，原来我们对于电化教育并不是很精通，或者说知之不多，甚至是知之甚少，真得好好的学习。第二，我国的电化教育是以现代教育媒体的研究和应用为核心。以现代教育媒体的研究和应用为核心，是我国电化教育的最大特色。走什么道路，决定于客观需要，而不是人们主观意志所决定的。我国的电化教育，走着以现代教育媒体为核心的发展道路，也就是走先集中精力着重研究现代教育媒体的教学、教育功能与效能的道路，这是由我国国情决定的，也是发展我国教育事业的需要，发展我国教育科学的需要。我国教育事业要进一步发展、走向现代化，必须广泛开展对现代教育媒体的研究和应用，充分利用它的优势，以迎接教育人口激增、知识激增向教育提出的挑战。南先生还详细分析了外国视听教育和教育技术与我国电化教育的联系与区别。这是一个事关我国电化教育的实质问题，又是一个与媒体制作关系密切的问题，自然引起了与会者的兴趣和高度关注。第三，电化教育学是一门综合性学科，它的理论体系由七论构成。南先生指出：电化教育和电化教育学是两个不同的概念，前者是事业的名称，后者是学科的名称。电化教育学是电化教育的理论形态，是电化教育实践的理论化。在我国，是先有电化教育这个事，后有电化教育这个名，再有电化教育这个学。电化教育学的性质，从它的来源说，它是教育科学的一个分支；从它本身来说，它是属于交叉学科中的综合学科。它的理论体系由七论构成，即：本质论、功能论、发展论、媒体论、过程论、方法论、管理论。南先生对七论作了详细的说明和解释。第四，几点来自实际工作中的认识。第五，我国电化教育的明天将比今天更美好。南先生博学多才，他的电化教育思想对电化教育的发展客观地起到了引领作用。参加培训班的学员深深地感到：需要不断地在电化教育实践中充实自己，也需要不断地学习，才能胜任电教教材编导制作者的职责。同时，大家也感到，锐意进取，把电视教材的质量提高到一个新的高度，就更要博采众长，向相关领域的专家学习，为我所用。南先生作为电教界的知名专家，长年奔走于各地讲坛，但针对教育电视制作者语重心长的讲话这却是难得的一次。

1996年，我国电化教育又进入到一个新的发展阶段。教育部开始实施"全国中小学电化教育实验学校"工程（后改为"全国中小学教育技术实验学校"工程）。实验学校如何建设？如何发挥实验学校的示范和辐射作用？教育部全国实验校工作领导小组和专家指导委员会认为，要加强对实验校校长和教师的培训，以提高校长们的信息化领导力和教师的专业水平。在广东省东莞市樟木头镇政府的大力支持下，在原国家教委电教办的领导下，办起了"国家教委电教办樟木头培训中心"（后又改称教育部电教办樟木头培训中心，教育部电教办华南师大培训中心）。从1996年春天到2002年春天，共举办包括全国各省、自治区、直辖市中小学校长、主任、骨干教师为主要对象的培训班共89期，参加培训的人员达4422人。

搞好一项培训活动，讲课班子至关重要，在相对固定的主讲教师中，南国农先生是颇受欢迎和爱戴的一位长者。南先生特别重视对中小学校长的培训，所以每期培训班他都争取参加讲课，以致七年间广东成了他参与活动的主要场所，每年要多次往返于兰州和广州之间。在89期培训班中他参与讲课的就有80期，十分难得。南先生主讲的内容是：电化教育与学校教育现代化建设。在这个主题报告中，他着重讲了五个方面的内容。第一，什么是教育现代化。教育现代化就是建立适应现代社会、经济、科技发展需要的，以培养创造型的人为目标的新型的现代化教育体系。它包括教育思想现代化、教育内容现代化、教育方法现代化、教育技术手段现代化、教育实施现代化、教育管理现代化等，是一项系统工程。南先生概括现代化教育的基本特征：① 现代化教育是全民教育，全民教育的内涵包含教育的民主化和教育的普及化；② 现代化教育的主要功能是发展，而非挑选；③ 现代化教育强调的是素质教育，而非应试教育；④ 现代化教育是三化教育：信息化、多媒化、多元化；⑤ 现代化教育是三高教育：高效率、高效益、高质量；⑥ 现代化教育是终身教育。第二，什么是电化教育。电化教育就是在现代教育思想和理论指导下，主要采用现代教育媒体和媒传教学法，进行教学活动，以实现教育过程的最优化。南先生对电化教育的定义较过去又作了调整。正确理解电化教育这个概念，还需要注意以下几点：

① 电化教育是现代教育思想、理论与现代教育技术相结合的产物。它的完整公式是：电化教育＝现代教育思想、理论×现代教育技术。② 电化教育是一门学科，一项事业，也是一种产业。③ 电化教育的服务对象是各种教育。④ 电化教育是一个大系统，它由五个子系统构成，即普通学校电化教育系统、高等学校电化教育系统、卫星电视教育系统、广播电视教育系统、计算机教育系统。⑤ 电化教育具有三种功能：教育功能、社会功能、经济功能。其中，教育功能是它的最基本功能。第三，学校教育现代化的两大任务。包括：① 革除五个弊端，即忘了学生、忘了能力的培养、忽视现代教育媒体的应用、上学与谋生不搭界、教学上的注入灌输死记硬背法。② 完成“三件”(硬件、软件、潜件)建设。第四，电化教育是实现学校教育现代化的必由之路。第五，如何深入开展电化教育。南先生强调做好三件事：① 举办教师电教培训，增强教师的电教意识和能力；② 开展电教系统工程建设；③ 进行学科电教实验。这样的一个主题要讲80场，还要大家都爱听！南教授讲课十分认真，每次都要经过认真准备，都要补充不少新的材料。讲课时纲目清晰、嗓音洪亮、条理分明、概括性强，又自制了投影片，便于学员笔记和记忆。怕学员记不下笔记，还把投影片上的纲目复印发给大家。南教授不仅讲课的内容对学员有启发、有帮助，他的精神状态对学员也是很有震撼力的。南教授讲课从没有坐着讲的习惯，精神饱满，贯彻始终，对学员有很强的感染力。在课间休息时许多学员都到讲台前要求合影，他们说，原来读过许多南教授写的书和文章，就是没机会见到本人，这次能跟咱们电教界的祖师爷合影真是太难得了。

从“黄埔班”到千所校长培训纪实，说的是南先生在我国电化教育推进过程中，重视人才培养，重视专业队伍建设的几件真实的事情，实际上，近30多年来，南先生在各个不同场合所做的报告、演讲、讲座等活动已经不计其数了。直到现在已经耄耄之年的南先生还受邀参加活动、做报告，其思维仍然敏捷，声音仍然洪亮，是什么精神力量在支撑和鼓舞着他，是他倾情终身并为之奋斗的建设有中国特色的电化教育事业。衷心祝福南先生健康长寿！

第三节 南国农先生的大电化教育观与中国的电化教育事业

中国教育技术协会 潘克明

记得在一次中国教育技术协会的年会上，面对台下来自我国各级电教机构、各级各类高等院校、大中专院校、广播电视大学、网络学校、相关教育技术产业机构、教育教学研究部门和中小学校的代表，南国农先生明确提出：在座的不管是教育系统的代表还是来自企业的代表，都是电化教育工作者，所以都叫电教人，天下电教人是一家！因为我们的目标是相同的，那就是利用我们的教育技术推进我们的教育改革、推进教育的发展、促进人的发展！南先生还明确提出：要实现这个目标，我们必须牢固树立大电化教育观。

这已经是十多年前的事情了，那时听了先生的话觉得很是振奋，但是对先生的大电化教育观的认识，还是相当肤浅。现在，当南先生已经九十高龄的时候，想起先生这些娓娓道来的话语，倍感先生的高瞻远瞩、语重心长。感到在教育技术已经由视听技术发展到数字技术阶段的时候，当教育的功能正在逐步回归到促进人的发展的本质属性的时候，广大教育技术工作者特别应当认真学习、深入研究、深刻理解先生的大电化教育观，并在这种新观念、新思想的指导下，将电化教育做大、做深、做好！

三十余年的电化教育实践，使我体会到南先生所倡导的大电化教育观。从内涵的角度讲，就是要将电化教育的核心功能，放在促进人的发展的高度与广度来认识和发掘；从外延的角度讲，就是要将电化教育研究与实践的内容和对象，扩展到有利于促进人的发展的策略、模式、方法、技术手段、硬件与软件等更为广阔的范围和领域；从人员和队伍建设的角度讲，就是要将所有与推进现代教育技术有关的人士，不管他是专业的教育技术工作者、教育部门的行政领导，还是各级各类学校的教师、学生、家长、社区工作者或相关产业部门的领导和技术人员，都作为“电教人”和推进教育技术现代化的主体和基本力量来建设与依靠。

南先生的大电化教育观，从电化教育的内涵、外延、对象和队伍等多方面，为我们指出了深入推进教育现代化必须明确和解决的理论与实践等诸多问题。在迎来南先生九十华诞的时候，在我们深入探讨南先生与中国电化教育发展相关学术问题的时候，我们有必要运用南先生所倡导的大电化教育观，深入审视中国的电化教育。

一、大电化教育观下的电化教育核心功能——促进人的发展

人类产生的同时就产生了教育，教育产生伊始就将更好地解决人的生存、成长和发展问题作为核心的功能。当教育从人类的一种自发行为，发展为一种

相对独立的社会活动的时候，这种促进人的发展的功能便愈发明确。尽管在人类历史上，教育的功能经历了由促进所有人的发展的自为教育（原始社会）——促进统治阶层及其后代发展的自在教育（奴隶社会、封建设会、初期资本主义社会）——以人为本、促进人类发展的面向全人类的终身教育（现代社会）等不同阶段，教育的对象（全体——部分——全体）有所不同，但是教育促进人的发展的核心功能却是完全相同的。

翻开中国电化教育发展的历史我们可以看到：电化教育始终都是围绕提高全民的科学文化知识与技能展开的；电化教育作为一种新的教育活动（现代教育理论＋现代教育技术＋现代教育形式），其促进人的发展的核心功能是毋庸置疑的！

1896 年上海徐园的“又一村”开创了我国放映电影的先河。1904 年北京琉璃厂丰泰照相馆的创办人任庆泰用法国造的木壳手摇摄影机和 14 卷电影胶皮自行拍摄京剧片断纪录片《定军山》，这是由中国人自己摄制的第一部电影。这一年也因此被公认为是中国电影的诞生日。1917 年陶行知从美国学成回国后，积极投入平民教育运动，先后在长沙、烟台、嘉兴举办大规模的千字课教学试验。在嘉兴试验时，用了幻灯。1922 年金陵大学农学院举办农业专修科，设立推广部，从美国农业部买了幻灯片、电影片，配上留声机或口头讲解，组成放映、宣传、示范队到各地向农民宣传介绍科学种棉的知识和科学种田的方法。1924 年，上海长城画片制造公司成立，开始制作动画影片。1934 年镇江民众教育馆在城西设立分场，规定时间，轮流放映教育影片，并配合放音乐唱片和教育幻灯片。同年，范谦衷先生在金陵大学理学院编的《科学教育》第一卷第四期发表的《视觉教育》一文中指出：“在中国庞大之民众，欲普及教育，促进民智，提倡科学，唤起民众，舍教育电影及其他视觉材料外，实无更善之辅助。”1934 年 4 月陶行知先生在“培养小先生规划”中率先提出并使用了“电化教育”一词。1936 年当时的教育部和金陵大学联合举办“全国电化教育人员训练班”，从此“电化教育”这个名称和现象便被广为认可并沿袭至今。

在中国电化教育发展的初始阶段，电化教育的对象始终是围绕着对“广大民众”的教育展开的。

新中国成立后，电化教育迅速从对“广大民众”的教育转向各级各类学校中的学历教育。1958 年后，北京、沈阳相继成立了地区性专业电化教育机构——电化教育馆。1960 年国务院副总理陆定一在第二届全国人民代表大会第二次会议上所做的报告《教育必须改革》中指出："必须采用新的教育工具，如唱片、录音、幻灯、电影、广播、电视……新式教具"改革教育教学方法。1972年在上海成立了上海外国语学院电化教育馆。这些专业电化教育机构成立伊始，就将主要任务确定为"大力开展电化教育，为提高教育质量服务"。

1978年4月，在国务院召开的全国教育工作会议上，邓小平同志明确指出"要加速制定加速电视广播等现代化手段的措施，这是多快好省发展教育事业的重要途径，必须引起充分重视"之后，随着中央电化教育馆的建立，各省、自治区、直辖市也纷纷建立了区域性的专业电化教育机构。当时这些专业机构的工作重点是推进学校的教育现代化。1978年2月开始筹建、1979年2月6日正式开学的中央广播电视大学，则将教育目标确定为面向全民开展各类学历教育。为了解决中等技术人才短缺问题，中央广播电视大学还开办了农业广播学校、电视中专和电视师范学院。进入21世纪后，依托于互联网的中小学网校、网络学院、社区教育网站，纷纷以数字化信息技术的时代风貌加入了电化教育的行列。

回顾中国电化教育70余年的发展历程，我们可以清楚地看到：70年来中国的电化教育经历了由文化娱乐手段向普及科学文化知识手段发展；由面向社会的教育手段向面向学校教育的技术手段发展；又由面向以学历教育为主的教育手段和形式，向促进全社会的人的终身发展的技术手段和教育方式方向发展的历史沿革。这条历史轨迹清晰而明确地告诉我们：过去，我国的电化教育从一开始就是将推进广大国民素质的提高为己任的！今后，我国电化教育的发展也必须继续坚持这一基本方向！

《国家中长期教育改革和发展规划纲要（2010—2020年）》（以下简称《纲要》）中规定，我国教育发展的战略目标是"到2020年，基本实现教育现代化，基本形成学习型社会，进入人力资源强国行列"。在这个战略目标的指导下，《纲要》又规定了从学前教育到高等教育的学校（园）教育、形成惠及全民的公平教育体系、构建体系完备的终身教育等具体战略目标。这些具体战略目标非常明确地告诉我们：从国家和社会的角度看，教育的对象是所有的社会公民；教育的功能就是使所有的社会公民都能够通过良好的学前、学历和终身教育，获得终身发展的知识、技能和智慧。《纲要》还提出要"大力发展现代远程教育，建设以卫星、电视和互联网等为载体的远程开放继续教育及公共服务平台，为学习者提供方便、灵活、个性化的学习条件……"这一规定，从教育技术的技术特征的角度，再次强调了电化教育的核心功能必须是、也只能是为全社会的学习者服务！

《纲要》的这些规定也对电化教育提出了新的要求，这就是：作为现代化教育手段、教育形式和教育现象的电化教育，必须在突出学校教育现代化、促进学校教育教学改革这个重点的同时，迅速强化促进人的终身发展的功能。使我国的电化教育不仅能够更好地为促进各级各类学校的教育改革和发展发挥作用，而且能够更好地为推进全民的发展服务，使我国迅速建成学习型社会，尽快由人口大国变成人力资源大国。

南先生的大电化教育观，从本质上讲就是要求我们在推进电化教育事业发展的时候，一定要牢牢把握电化教育促进人的发展的核心功能，只有把握住了这个核心功能，电化教育的应用才能符合人的认知规律；电化教育的推进才能满足人的不断发展的需要；电化教育才能以其观念与技术的先进性，对教育的改革和发展起到革命性的推动作用！

二、大电化教育观下的电化教育实践与研究内容的扩展与延伸

南先生对电化教育实践与研究内容的扩展与延伸的学术思想，也是先生大电化教育观的具体体现。同样值得我们认真地学习、研究与实践。

1985 年在《电化教育学》一书中，南先生曾给电化教育下了这样一个定义：电化教育就是“运用现代教育媒体，并与传统教育媒体恰当结合，传递教育信息，以实现教育最优化就是电化教育”（高等教育出版社出版，1985 年版，第 1 页）。

在这个定义中，南先生从技术功能的角度，突出了电化教育的基本技术功能是“传递教育信息，实现教育最优化”。

美国的 AECT 1994 年曾给教育技术下了这样一个定义（也称为 AECT′94 定义）：教育技术学是对学习过程和学习资源所做的系统的设计、开发、运用、管理和评价的理论与实践。

随着教育技术进入了数字化阶段，南先生对电化教育实践与研究内容进行了扩展与延伸。在南先生与李运林教授、祝智庭教授共同编写的《信息化教育概论》中，南先生提出：“信息化教育是在现代教育思想和理论的指导下，主要利用现代信息技术，开发教育资源，优化教育过程，以培养和提高学生的信息素养为主要目标的一种新的教育方式。”

美国的AECT也在2005年对教育技术重新给予了新的定义(称为AECT′05定义):教育技术是通过创造、使用、管理适当的技术性的过程和资源,以促进学习和提高绩效的研究与符合伦理道德的实践。

何克抗教授编写的《教育技术学》在对AECT′05定义与AECT′94定义进行了对比分析的基础上,提出了关于教育技术学的新定义,即:"教育技术学是通过设计、开发、利用、管理、评价有合适技术支持的教育过程与教育资源,来促进学习并提高绩效的理论与实践。"这个定义实际上是在AECT′94定义与AECT′05定义基础上融合形成的。

我列举了上述观点的目的不是为了研究这些定义的异同和相互关系,而是为了说明这样一个问题:从学科建设的角度看,"电化教育"的名称已经逐步演变为"教育技术"(在这里我们不去研究这种演变的科学性、合理性和必要性),电化教育的实践与研究范围,也必然会由对优化教育教学过程的应用研究,扩展到对有利于促进人的发展的策略、模式、方法、技术手段、硬件与软件等更为广阔的范围和领域的实践与研究。也就是说,我们的研究与实践领域将更加宽广、我们的工作范围将更加开阔、我们的工作任务将更加艰巨!

我们可以将这些领域、范围和任务大致分为三类。

第一类:现代教育技术的应用理论、应用模式、应用方法和手段。

第二类:能够使上述理论、模式、方法和手段得以实现的硬件技术环境。

第三类:能够使上述理论、模式、方法和手段得以实现的软技术环境。包括工具、技术平台和应用课件。

(1) 在电化教育的初始阶段,我们将电化教育研究与实践的重点集中于第一类领域和任务之中。这很正常,因为在大面积普及现代教育技术的时候,需要这些理论和应用方法的指导。就是教育技术由视听技术发展到数字技术之后,对教育技术的应用理论、模式、方法和手段的研究,仍然是我们的主要研究范围和主要(甚至是永恒的)研究任务。

《纲要》指出,必须"强化信息技术应用。提高教师应用信息技术水平,更新教学观念,改进教学方法,提高教学效果。鼓励学生利用信息手段主动学习、自主学习,增强运用信息技术分析解决问题能力。加快全民信息技术普及和应用"。

因此,我们要在开展信息技术与课程及学科教学整合的实践与研究的基础上,将电化教育的实践与研究拓展到对农村和经济欠发达地区的信息技术应用研究、对远程教育以及远程协作和探究性学习、对改变学生的学习方法等方面。

(2) 随着科技的进步与教育改革的深入，我们越来越感觉到仅仅解决过河的方法问题不行，还要解决桥或船等工具问题。于是就有了专门从事教育技术硬件设备、设施与环境的研发、生产的实业的产生。例如：从当初的以音视频设备为主的教育幻灯机、幻灯银幕、录音机、广播器材、电视制作与播出设备等制造厂商，到现今的计算机、路由器、服务器、网络集成等 IT 产业的生产的企业和制造商。在这些现代教育技术研发、生产、集成企业中的从业的专业人员，或者本身就出自教育技术系统；或者经过长期的实践，从不自觉到自觉地融入教育技术领域；或者无可奈何地被卷入到教育技术领域。

在《纲要》中对现代教育技术的硬件环境建设也有明确规定。例如：第五十九条中就提出要“加快教育信息基础设施建设。信息技术对教育发展具有革命性影响，必须予以高度重视。把教育信息化纳入国家信息化发展整体战略，超前部署教育信息网络。到 2020 年，基本建成覆盖城乡各级各类学校的数字化教育服务体系，促进教育内容、教学手段和方法现代化”。

将电化教育由专业电化教育工作者和教师促进教育教学过程最优化的理论、技术、方法和手段，扩展到对支持这些方法和手段的设备、设施和技术的研发、生产、集成与流通，为电化教育的发展奠定硬件环境基础和提供技术保障，既是电化教育工作者的历史重任，也是我们应对不可抗拒的市场经济洪流必须采取的有效措施和手段。

在这个扩展过程中，我们应采取的策略是：

第一，组建教育系统自己的公司，研发生产相关设备、设施，如，清华同方、北大方正。

第二，通过多种方式(如共同研发、开展课题研究)与相关产业部门合作，使之研发、生产出来的产品更加符合教育教学的需要。我们与国内外的语音实验室、交互式电子白板、互动技术、平板电视开发、生产商(包括微软、英特尔、戴尔这样的国际著名企业)的合作就产生了很好的双赢成效(我们有了物美价廉的好产品，他们有了广阔的市场和较好的效益)。

第三，向这些产业机构输送经过我们培养的专业人才，使教育技术专业人才的现代教育理念、方法、经验，与产业部门的技术优势相互补充、融为一体，以保证产业部门生产出来的产品更加符合教育教学的需要，这也是双赢。

第四，通过制定技术标准、技术规范和政府采购目录，利用政府导向和市场竞争两种机制，引导开发商的生产和经营。

(3) 无论南先生、美国的 AECT，还是其他教育技术领域的著名专家学者，都将教育技术的软技术环境，包括工具、技术平台和应用课件建设，作为电化教育实践与研究的重要领域和重要任务，加以扩展和延伸。

在《纲要》中对此也有明确规定。例如：在第六十条中就规定，要“加强优质教育资源开发与应用。加强网络教学资源库建设。引进国际优质数字化教学资源。开发网络学习课程。建立数字图书馆和虚拟实验室。建立开放灵活的教育资源公共服务平台，促进优质教育资源普及共享。创新网络教学模式，开展高质量高水平远程学历教育。继续推进农村中小学远程教育，使农村和边远地区师生能够享受优质教育资源”；第六十一条中规定，要“构建国家教育管理信息系统。制定学校基础信息管理要求，加快学校管理信息化进程，促进学校管理标准化、规范化。推进政府教育管理信息化，积累基础资料，掌握总体状况，加强动态监测，提高管理效率。整合各级各类教育管理资源，搭建国家教育管理公共服务平台，为宏观决策提供科学依据，为社会公众提供公共教育信息，不断提高教育管理现代化水平”。

从我国大规模开展电化教育开始至今，软技术环境和应用软件(教学课件)的建设，从来都是电化教育工作者义不容辞的重要任务；同时，也一直是制约电化教育广泛深入发展的障碍。在高质量教育资源严重紧缺的现实中，电化教育工作者必须将自己实践与研究的领域，扩展到对软技术环境和应用软件(教学课件)资源的建设领域之中。我们应采取的方法有：

第一，联合教学研究部门和教材编写部门，制定与现行大纲、现行文字教材配套的多媒体教材的技术规范和开发规划，指导教学课件的研发工作。

第二，通过政府招标的方式，组织具有开发能力的部门与单位，按照技术规范、开发规划、市场规律和机制，共同开发教育教学软件。

第三，组织电教系统的开发部门，针对教学急需，但是系列教材中缺少或质量不高的资源进行填平补齐的开发。

第四，组织师生多媒体课件创作大赛，发动广大师生共同开发教学资源、共同享用教学资源。

第五，采取政府埋单和市场机制两条腿走路的策略，使学校尽快得到所需教学资源。

第六，利用数字技术拓宽流通渠道。例如：建设学校资源库或地区性资源库群（如广东）；建设主题学习网站；建设地区性资源网（如上海）；在地区性城域网上搭建网上资源超市（如北京、广西）等。

南先生所倡导的大电化教育观，要求我们在开展电化教育的实践与研究的时候，不仅要将视野扩展到大教育，而且要求我们将实践与研究领域，由技术的应用拓展、延伸到技术支持和保障领域。只有这样，电化教育才能得到科学、健康、快速的发展。也只有这样，电化教育才能为促进教育改革的深入开展、为促进人的发展发挥应有作用。

三、大电化教育观下的电化教育队伍的拓展

随着电化教育内涵和外延的不断扩大和延伸，我国电化教育队伍也在不断壮大。这种壮大表现为：电化教育队伍已经从那种严格意义上的、在教育系统所属的电教机构从事电化教育工作的专业人员，扩展到与电化教育有关的各级各类机构、事业单位和产业部门的教育工作者。这正如南先生所言：不管是教育系统的代表还是来自企业的代表，都是电化教育工作者，所以都叫“电教人”，天下电教人是一家！

成立于1991年的中国教育技术协会（CAET），是经教育部批准、民政部备案的国家一级社团组织。协会设立学术委员会，由中国知名教育技术专家、远距离教育专家组成。协会下设广播电视教育、中小学电教、外语、体育、金融、高校工科、高校文理科、教育技术学、期刊、出版、微格教学、煤炭、机械、中医药、职业技术、中学远程教育、医学等28个专业委员会。这些专业委员会的成员不仅覆盖了高等教育、基础教育、职业教育、成人教育、学前教育等五大领域，还包括了多元智能技术、实训仿真技术、互动反馈技术、微格教学、实践教学、远程教育等应用技术与应用方法的研发人员。

仅从这一点看，我们就可以清楚地看到，我们的电教队伍，已经由各级各类学校和各级各类专业机构中的电化教育专业人员，迅速扩展到了现代教育技术的理论研究者、教学者、应用者、管理者、技术保障者、新媒体新技术的研发、生产、流通者。

究竟如何将这样一支结构复杂、领域宽广的队伍组织起来，为推动我国的教育现代化服务。根据南先生“我们都是电教人”、“天下电教是一家”的思想，我感到我们要做的事情主要有：

第一，要通过学习、教育、交流与合作，帮助广大电教工作者牢固地树立“电教人”和“天下电教是一家”的思想。所有的“电教人”不管是处于电化教育的什么位置，都应当为实现电化教育工作者的共同任务和目标——利用电化教育推进教育现代化，促进人的更快、更好发展而奋斗！

第二，在不同岗位上的电教人，要各司其职、分工合作，形成电化教育系统的整体优势。万万不可各自为政，过分强调自己的特殊性和利益而忽视或牺牲了电化教育发展的大局。产业部门在运用市场机制开展竞争的时候，更要重视电化教育产业链的建设和爱护，万万不可互相倾轧。

第三，要在电化教育系统对“电教人”进行务实教育。研究人员要深入教学第一线，了解现代教育技术的应用状况与存在的问题，并开展有针对性的研究与实践，帮助一线教师找到解决问题的方法。软件开发人员要深入钻研大纲、深入钻研教材、深入教学第一线，以使自己开发出来的教材能够更好地满足一线教学的需要。硬件研发人员也要深入学校、深入教学第一线、深入用户，以找到自己开发的产品的技术缺陷，明确产品的研发和改进方向。技术人员在坚守岗位保障网络畅通的基础上，也要深入一线了解用户对网络运行的意见和建议，以改进自己的工作。目前，在我们的电化教育队伍中，功利主义抬头，浮躁之风渐起，这是非常不利于电化教育事业发展的。此风不可长！

第四，要加强电教队伍的建设。对于处于应用层面的一线教师，我们必须加强现代教育理论、观念和教育技术技能的培训，提高他们的应用水平。对于高校教育技术专业的学生，则必须加强教育技术的职业道德教育和教育技术实践能力的教育教学工作，为他们毕业后能够顺利地承担起专业“电教人”的重任奠定基础。对于教育技术设备、设施、技术平台和应用软件的研发者，则要加强对他们的教育教学实践培训和爱岗敬业培训，强化他们的服务意识，提高他们的服务效率与水平。

第五，开展电化教育工作也需要一个指挥和统领全局的司令部，这个司令部是由各级教育部门的领导干部(包括政府的官员、教育行政部门的领导、学校的领导)组成的。领导干部的认识与决策，决定了现代教育技术发展的命运、前途与速度。我们必须积极主动地向各级领导汇报、宣传电化教育，积极主动地争取领导们的认可与支持。这是我国开展电化教育工作的基本保证，在全球也一样。

第六，我们的电教队伍中还有一支特殊部队，这就是学生家长和社区的其他社会成员。加强这支特殊部队教育的方法是：① 在学校开设家长学校，向家长宣传现代教育技术对学生发展的促进作用，求得家长的支持与帮助。② 利用“家校通”的网络建立起学校和家长之间的热线，这样，一方面使家长能够通过这条热线及时获得学生在学校学习和表现的情况；另一方面，也使家长通过自己的使用亲自感受现代教育技术的优越性，进而积极支持现代教育技术的普及与应用。③ 积极协助社区构建社区网站，利用社区网站组织社区成员开展各种有益的活动，使广大社会成员也能够在亲身感受信息时代的魅力基础上，发自内心地支持信息技术的应用。

南国农先生大电化教育的观念与思想的内涵与外延都十分丰富，要深刻理解和掌握先生的这些思想还需要我们更加深入的学习与实践。在南先生九十华诞之际，就将自己对南先生大电化教育思想的肤浅认识描述于上，权且作为对先生九十华诞的祝贺，又作为自己对先生大电化教育观研究的开始。

参 考 文 献

[1] 吴在扬. 中国电化教育发展简史[M]. 北京：高等教育出版社，1994.

[2] 许浅林. 中国电影技术发展史[M]. 北京：中国电影出版社，2005.

[3] 南国农. 电化教育学[M]. 北京：高等教育出版社，1985.

[4] 南国农，李运林，祝智庭. 信息化教育概论[M]. 北京：高等教育出版社，2004.

[5]《国家中长期教育改革和发展规划纲要(2010—2020 年)》，2010 年 5 月 11 日新华社发布。

[6]《美国教育协会(AECT)关于教育技术的定义及其特征》(摘自 SINA Gelley 的 BLOG，2007-03-31 16:50:24).

[7] 中央电化教育馆. 中国电化教育 70 年纪念文集[M]. 北京：中央广播电视大学出版社，2006.

第四节　“万里行”活动对我国电化教育工作的深刻影响

上海师范大学　黎加厚

“日出江花红胜火，春来江水绿如蓝，能不忆江南？”在纪念南先生九十华诞的日子里，回顾当年南先生组织全国电化教育万里行考察活动，学习和总结 20 世纪 90 年代中国电化教育改革发展的经验，具有十分重要的历史意义。

1992年的春天是我国社会主义现代化建设史上关键的时期，全国人民学习和贯彻邓小平南巡讲话，到处呈现出生机勃勃的改革局面。

为了积极贯彻落实邓小平南巡讲话精神和中央关于“抓住有利时机，加快改革开放步伐”的精神，实地考察我国电化教育事业发展现状，了解和总结电化教育工作的新情况、新问题、新经验、新成果，推动全国电化教育事业蓬勃发展，受国家教委电教司的委托，在南国农教授主持下，《电化教育研究》杂志编辑部举办了“万里行”活动。

“万里行”参加人员有：南国农教授（考察活动主持人，《电化教育研究》杂志主编）；杨改学（西北师大电教系副主任，现为西北师范大学教育信息传播学院教授）；张小红（《电化教育研究》杂志编辑部副主任）；黎加厚（西北师大教育科学研究所博士研究生，现为上海师范大学教育技术系教授）；冯锐（西北师大电教系摄像教师，现为扬州大学教育技术学系教授）。

考察活动从1992年5月23日开始至7月11日结束，历时50天，途经甘肃、四川、陕西、河南、湖北、湖南、广西、广东、福建、江西、安徽、江苏、山东、河北、北京、内蒙古、宁夏等17个省市，行程12850千米。

“万里行”是新中国成立以来我国教育界举行的第一次驱车万里实地考察活动。它沿途宣传邓小平南巡讲话的新理念，传播改革开放发展电教的新经验，使考察组的每个同志受到了一次中国特色的社会主义现实教育，促进了思想观念的大转变。

“万里行”是一项大规模的教育科学研究活动，它汇集了包括普通农民、乡村干部、基层电教人员、中小学和幼儿园的教师、专家教授、电教老一辈、电教行政领导等各方面同志的集体智慧，共同研究中国电化教育在新形势下如何发展的课题。

“万里行”是高等学校电教专业建设对社会的一次大考察，使我们了解到中国电教实践需要什么样的人才，为电教专业的建设和改革搜集到大量来自基层的信息。

“万里行”也是电教专业期刊的一次别开生面的受众调查活动，《电化教育研究》编辑部与全国广大读者、作者直接见面交流，大量宝贵的意见和建议帮助刊物进一步改革。总之，万里行考察本身就是一次电化教育改革开放的实践，它在中国电教发展史上留下了一个光辉的记录。

一、万里行考察的启动

1991年,在南国农教授的领导下,《电化教育研究》杂志社组织了一次全国范围的电化教育知识大奖赛,在这次成功举办全国活动的过程中,《电化教育研究》杂志社的同志们感受到了这种全国性的活动对促进电化教育知识普及的意义。这期间,张小红老师遇到了成都大地汽车公司的领导,谈起"万里行"一事,得到了成都大地汽车公司的支持。公司提出赠送给杂志社一辆"大地"牌越野汽车,并派一名经验丰富的驾驶员邓富兴同志驾驶。南先生得知此事后,十分高兴,当即与电教系陶立志主任、任书记商量方案,并报西北师大校长和党委。很快,"万里行"的方案在学校行政会议上讨论通过。临出发前,南先生和系领导亲自做"万里行"红旗,一直工作到凌晨1点多。同时,杨改学教授亲赴北京,找到当时国家教委电教司的领导,最后,"万里行"考察全国电化教育一事,确定为由国家教委电教司委托,《电化教育研究》杂志社承办,由南国农教授主持实施。国家教委电教司专门为"万里行"考察队出具了公函,让各地公安民警放行,各地电教馆支持。

1992年5月23日上午8点半,西北师范大学隆重举行了全国电化教育考察启程仪式,学校校长、党委书记、南国农教授在启程仪式上做了热情洋溢的发言,校长和党委书记亲自为考察队授旗。在师生的热情欢送中,标有醒目的"全国电化教育考察"的大地汽车缓缓驶出西北师大校园,朝东方驶去。

二、第一次考察在西安

1992年5月26日上午,"万里行"考察队参加了陕西省电教馆召开的电教设备厂家座谈会。陕西计算机厂、省教公司、陕西磁带厂、机电部69研究所、西安交通大学、陕西幻灯制片厂等单位的代表就如何发展电化教育产业,沟通电教产品信息等提了很多好建议。会上,我们第一次对电化教育产业的发展有了认识。会后,西安交大的庄为其教授带领我们去交大采访刘甘娜。在我们的汽车里,我们采访了庄教授。

庄教授说,电化教育发展了13年,我们学校的电教从无到有取得了很大成绩。现在,许多老电教工作者,一些热心电教理论研究的同志相继退休,队伍出现更新换代的新局面。20世纪80年代初,国家大量投资购置的许多电教设备,已进入老化和故障期。现在国家不可能像过去那样大量投入,学校电教经费紧张,电教必须依靠自身的努力和创收来维持。

最近，庄教授正忙着通过老年退休职工科技协会把各系退下来的教师和科技人员组织起来，成立了“凯达新技术公司”，从事新技术开发，新产品试制、生产和销售，公司业务涉及计算机、电教硬件、软件等，庄教授任公司总经理，“六一”开张。我们被庄教授的情绪感动了，向全国电教界的同志介绍退休教师办公司的新经验，这为老一代退休的电教工作者把自己的知识和才能贡献给社会开拓了一条新的路子。

在西安交大校园教工宿舍区，我们拜访了我国第一本《计算机辅助教育》（高等教育出版社，1988 年）的作者刘甘娜教授。

刘甘娜教授是我国 20 世纪 80 年代初期的计算机辅助教育的研究者之一，当时，西安交大教务处成立了学校计算机辅助教学中心，刘甘娜教授和各系搞 CAI 研究的老师们联合开展研究工作，她们的工作在国内高校中走在前沿。

刘甘娜教授的书房，临窗一张写字台上放着摊开的书和本子，墙边的书架上堆满了计算机类书籍，另一边是两个旧单人沙发椅，中间是一张小桌，门旁的墙边是一张小床。房间显得狭小拥挤。这是 20 世纪 90 年代一间极为普通的大学教师的宿舍。在这里，刘教授热情地介绍了她目前从事的人工智能课件开发情况。还告诉我们，她将在 1992 年 6 月 12 日去广州参加李克东教授主持的计算机辅助教育丛书审稿会。后来，刘甘娜教授调动到了大连海事大学，积极从事“积件”多媒体辅助教学平台的开发，曾获得全国的大奖。

1992 年 5 月 27 日，“万里行”考察队离开古城西安，沿八百里秦川向东驶去。很巧，考察组的杨、张、冯三位老师都是甘肃人，一路上特别能吃苦耐劳。为了节省有限的考察经费，途中吃饭尽量简单，晚上住宿从不去高档招待所，即使路过大城市和著名风景区如阳朔、桂林、黄山、泰山、长城也不去游玩，把全部时间都用于工作。大西北人的精神使我深受教育，这是我人生的一个生动的课堂。

三、农村电化教育巨变

20 世纪 90 年代，中国经历了农村城镇化的历史剧变进程，社会各方面发生的变化给电化教育的发展带来了深刻的影响。

1992 年 5 月 30 日下午，我们去开封马市街小学考察，这是一所村办小学，没要国家一分钱，全由村民集资办起来的。接待我们的校长、主任都是本村本乡 50 多岁的女同志。

整齐、干净的校园和砖瓦楼房教室、房顶上的卫星电视接收天线、班班都有的投影器、录音机、电视机、闭路电视系统及学校拥有的摄像机，不由得让我们睁大了惊奇的眼睛。

校长笑眯眯地说：从 1985 年起，县上号召集资办学，开始是一角两角，后来是一元十元。先是由家长集十元买录音机，然后大家又捐钱买广播。村支书、村长带头捐。学校每决定一件大事，都要开家长会，让家长参加。家长看到教师用录音机、投影器上课教学效果好，孩子喜欢，就向学校再交钱。现在电教设备基本上配齐了，学校就希望能买到适合教学使用的软件，但他们与外界信息闭塞，不知道到什么地方去买这些好的软件。

在参观马市街小学的过程中，我们一方面为村民关心子女学习和集资热情所感动，另一方面又为学校缺乏软件的现状担心。我们不知道像马市街小学这样的学校还有多少，但我们的电化教育应该怎样深化改革，才对得起父老乡亲那一双双期待的眼睛呢？

5 月 31 日，在信阳地区电教馆一间简易的制作室里，正在编辑农业科技推广的电视片。他们过去只搞学校电教，现在面向农村，制作的录像节目为当地推广杂交水稻，培训种植板栗、葡萄、茶叶、烟叶技术起了很大作用，为农村经济发展作出了贡献。

"《百年忧患》放一遍，一次集资几十万"。馆长深有感情地向我们介绍了电教工作配合集资办学的成就："我们一共放了 300 多场，每放一遍，收看的群众和师生都感动得痛哭失声，纷纷集资捐款。"

馆长还给我们介绍了一个故事，在革命老根据地大别山区，一个村里开会议论集资办学，正在村干部带头捐款时，一位老大娘提着一篮鸡蛋挤进会场，说她过去在战争年代用一个鸡蛋救活了一个战士，现在办学为啥不叫她，当她为办学捐了一篮鸡蛋时，人们都流下了眼泪。

《百年忧患》是山西电视台根据山西临汾地区教育局会计秦市义筹资兴教的事迹创作拍摄的电视连续剧，它在中央电视台播放时，正逢河南省筹资办学高潮时期，省教委、省电教馆用这一生动教材发动群众，激起人们的教育危机意识和筹资兴教热情，在全省各地、市、县层层复制播放。据介绍，全省几年来共放映《百年忧患》三万多场次，收看者上千万人，不少群众边看边流泪边捐款，《百年忧患》成了河南省一次最大规模的电化教育活动，它为集资办学、改善办学条件起了重大作用。

1992年6月5日，万里行考察队来到了长沙市砂子塘小学。该校创办于1963年，是一所农村村小，当时校园是一片荒野，校舍十分简陋。经过学校的第一、二任校长和教师们勤奋努力，使学校在60年代就颇有名气。80年代后，随着工业化、城市化的迅速发展，这里也由乡村变为郊区，由郊区演变成了繁华的市区。开始是周围厂矿把子女送来上学，后来逐步发展成厂校联办学校，各单位来子弟、来教师，集资办学。其中学校附近的卷烟厂一次出资200万元修建教学大楼，中药厂出电教经费8万元用于购买电教设备。在60年代、70年代、80年代各修一幢教学大楼，这三幢楼房从红砖房到马赛克贴面，相映成趣，成为教育随时代变迁的历史见证。

1988年以后，砂子塘小学进行全方位教育改革，努力实现了办学条件规范化、教师素质标准化、教育质量全优化、学校管理科学化。学校的校舍、图书、仪器、体育、美育、卫生等设施达到省一类标准。40个教学班都配备了幻灯、投影、屏幕、吊扇。学校修建了一个可供60个学生上课，160人参观的大型公开课电化教室。这是一个阶梯形学术厅结构的现代化教室，配有电视录像、音响、电影放映机等，成为全区经常举行教研观摩活动的教室。

在砂子塘小学校园里，我感到这个学校有许多值得注意的特色。在少先队大队部，有一个由孩子们自己办的“小白鸽广播站”，每天课间时候播放少先队员们自己编写和录制的节目，同学们特别喜欢听。在校史陈列室，从第一任校长到现在的校长，都有大幅照片介绍他们为学校的发展作出的贡献。使人感到这是一个前仆后继的事业，感到学校坚持社会主义办学方向，永远追求让学生全面发展的办学理念。

从20世纪90年代到21世纪，直到2010年后，砂子塘小学几十年来一直站在教育信息化的前沿，成为当地教育改革与发展的模范。

1992年6月7日，“万里行”考察队从长沙到新邵。新邵是湖南的一个贫困县，全县年收入尚不及发达地区的一个村。新邵县电教站的同志们想方设法从县财政中挤出钱来购置必要的设备，一切土建工程和吊装、焊接、安装工作，则全由电教人员自己干。建成了七座教育电视台，基本覆盖了全县乡村。下午，县委刘书记带领我们参观了高桥乡的农民电化教育。

高桥乡地处丘陵地区，一眼望去，绿油油的秧苗把整个大地装扮成美丽的绿色地毯。远处的农家墙上，写着醒目的标语：“为官一任，兴教一方”，“再穷不能穷教育，再苦不能苦孩子”。刘书记解释说，省上明文规定，各级政府干部的任职考核中，办好教育是一项重要指标，各级党委都要把抓教育放在头等重要的地位上。高桥乡政府在中心小学建立了教育电视台，向周围农民宣传党的方针政策，传授科技致富的经验，推广科学种田、发展养殖业和多种经营的知识，受到农民群众的欢迎，为科技兴农起到了重要作用。

1992 年 7 月 1 日，我们离开济南去青州访问，大地汽车沿着宽阔平整的柏油马路在山东半岛奔驰。早就听说山东人“要想富，先修路”的响亮口号，山东的公路建设真是名不虚传，是我们经过的十多个省中最好的。

在山东青州，我们参观了市电教馆、实验小学。益都镇满族学校，所到之处，深深感受到青州市政府和人民积极发展电化教育，教育为当地经济建设服务的气氛。

在青州，我们参观了北城满族学校、青州市实验小学，我们看到，许多教师在精心地绘制投影片，学校为教师建立了电教档案袋，里面存放着教师自己制作的电教教材。

农村电化教育的发展变化，反映了正在中国这块土地上发生的现代化过程，这是一个伟大的历程，是一部人类社会发展与变迁的史诗。

四、历史变迁中的电教馆

在“万里行”考察过程中，我们访问了陕西、河南、广东、福建、山东、北京、内蒙古、宁夏等多个省市县电教馆，看到了在改革开放的历史潮流中，电化教育的组织机构经历了变化与适应的转型过程，逐步实现了人员结构的变化、知识结构的变化、组织结构的变化、工作任务的变化、经营模式的变化。

记得在 1992 年 5 月 29 日上午，我们参加了由河南省电教馆馆长和各部门负责人组成的座谈会，在会上电教馆馆长全面介绍了全省电教情况。

5 月 29 日下午，我们访问了郑州工学院电教中心和郑州大学电教中心。这两所大学电教中心都只有七八个人。郑州工学院建立了校内外语电视台和调频广播电台，每个学生都可随时收听外语节目。郑州大学电教中心已退休的前主任筹集了 13 万元资金开办电教技术开发中心，把退下来的老同志组织起来搞实体搞开发。由于学校经费很紧张，电教中心今年没有设备费，也没有维持费。他们的摄像机是 1978 年买的，已老化急需更新。面对困难，大家团结奋斗，经常加班加点忙通宵，他们要靠自己的努力筹集资金发展电教。

5 月 30 日上午，我们参加了河南省馆组织的电教设备厂家座谈会，与生产

“少林牌”投影器的郑州照相机厂进行了讨论，然后去省馆的《教育影视》编辑部访问。编辑部在新修的河南省馆大楼里，宽敞明亮，进门左边的桌子和墙上是一些美术作品，显然，这是美工人员的位置。右边的地上堆放着新出的杂志，放满稿件的办公桌边，一位青年在忙碌着。我们与他交谈起来，从《教育影视》谈到办电教杂志的甘苦，从电化教育谈到传播学的研究，从社会的变迁谈到电化教育的改革与发展……

1992 年 6 月 2 日，我们访问了湖北省电教馆。省馆即将搬迁。湖北省政府、省教委大力支持发展电教事业，花费巨资在市中心广场兴建了科教大厦，这座 17 层楼高的大厦有 7000 多平方米供省电教馆使用，已计划再用外汇 75 万美元和人民币 260 万元为大楼完成配套工程和内部装修。湖北省电教馆已成为当时全国修建最好的电教大楼。

“促进、发展、适应、服务”，是湖北省电教馆发展电化教育的八字方针。全省已建教育电视台 45 座、140 多个接收站、2100 多个放像点，一个自上而下的电教网络已经在湖北省形成。全省中学已基本配备语言实验室，县一级有几千小时的录像带。省馆从本省情况出发，积极抓好落实《湖北省国民经济和社会发展十年规划和“八五”计划纲要》，配合省政府提出的要求：“在‘八五’期间为全省每个农户培养一个科技致富的带头人，掌握一至两项先进适用的农业技术。”把电教工作的重点放到县、乡以下去。通过三依托（一是依托农民文化学校，培训农民掌握一门实用技术；二是依托村办小学普及农技知识；三是依托初级中学向在校学生传授当地农村实用技术），为培养农村人才，提高劳动者素质，振兴湖北经济服务。

1992 年 6 月 12 日下午，南国农教授和我们一起去广东省电教馆采访座谈。

广东毗邻港澳，有华侨之乡的誉称，处于对外开放的前沿，拥有天时地利人和的有利条件。但广东的情况也不平衡，他们实事求是，不搞一刀切，将全省的电教分为四种类型，坚持分类要求，分类指导。

① 经济特区：教育投资多，享受特区的优惠政策，有条件加快发展步伐，实行高起点高要求，普及常规电教设备，发展录像、语言实验室、电子计算机等高档设备，重点抓好外语、电化教育和计算机辅助教育。

② 珠江三角洲地区：近年来发展迅速，很快富裕起来，有条件跟第①类地区一样加快电教发展。

③ 中等地区：指除①、②两类地区以外的广东省大部分地区，可以创造条件、因地制宜地逐步发展。但一定要量力而行不搞形式主义。

④ 贫困地区(指粤北山区、粤西边远农村)：这些地方还处于相对贫困落后状况，不可能快速发展，电化教育只能随整个地区经济和教育的逐步发展而起步。

发展学校电化教育，要坚持大胆探索，适当超前发展。搞卫星电视教育，也需要因地制宜搞多种模式，有的地县可以建立教育电视台，有的地方则借用有线电视台的频道，有的采用建设放像网点，巡回放映的办法。

发展电化教育要实事求是、因地制宜，走多元化模式道路的思想已逐渐在广东人的心目中形成共识。

“万里行”考察离开广州后，从深圳，经惠州、梅州、漳州去福州，千里海岸线一片热气腾腾的景象。我们的摄像机记下了一个个激动人心的镜头……

在福建电教馆会议室，正在福建参加全国卫星电视教育会议的国家教委电教司邢纯洁司长会见了“万里行”考察组全体同志。杨改学主任代表考察组向邢司长汇报了“万里行”考察的情况，邢司长认真听取了汇报，对电化教育在新形势下的发展，高校电化教育专业的建设和万里行考察做出了指示。最后，邢司长为我们签名留念，一起在“万里行”汽车边合影。

福建省电教馆方澄馆长说：“要加强机遇意识。我省的小康工程(福建省的“农科教兴闽计划”)就是机遇，一对上口，电教就上了。”“电教不讲效益，浪费投资的梗结在于体制，个人不对投资负责。电教机构的体制改革是当前改革的核心，而电教的改革只有在全社会改革的基础上才能实现。”方馆长一席讲话纵横天下，有实际有理论，使我们对许多改革的热门话题豁然开朗。

1992 年 6 月 29 日，我们在山东省广播电视大学访问。山东电大的发展体现了改革开放的机遇与教育发展的关系。十多年前，党的十一届三中全会揭开了中国现代史上改革开放的序幕，社会生产和改革造成了人才的空前紧缺，给电大造就了第一次大发展的历史机遇期。当时，刚刚诞生的山东电大迅速发展，适应了当时人才短缺的社会需要。1985～1987 年，改革的迅猛发展形成了电大发展的第二个高峰时期。后来因大环境的许多因素，电大招生逐年下滑。1992 年春，邓小平南巡讲话激起了气势磅礴的改革新潮，我国的改革开放又上了一个新的台阶，社会经济建设的外部环境为人才需求造成了新的机遇，为电大的大发展带来了第三次黄金时期。为配合山东半岛的经济从内向型向外向型转轨，电大加强了工科、外经外贸、英语、日语、朝鲜语的专业教学，扩大招生人数，为乡镇企业、合资企业等培养高层次人才，加快了电大的建设和发展。

1992年7月4日，我们访问了北京市电化教育馆。马成杰馆长代表电教馆介绍了邓小平南巡讲话后，北京市电教馆进一步完善"一馆三制"（三制是指全馆的管理体制采用经营、业务、行政三种方式）的改革方案，加强内部管理，实行优化组合，提高两个效益的情况。当时，北京市电化教育馆共有编制100人，分为8个工作部门：

（1）电教研究指导部：负责全市中小学电教研究、培训、宣传工作。

（2）电教教材制作部：负责电教教材编制，有4个摄制组，每年有1000多小时的节目制作量。

（3）电教资料信息部：以录像资料为主，负责资料的开发、组织、管理，对各区县提供服务。

（4）普教音像出版社：面向中小学、幼儿园、家庭、社会，开展音像出版、发行。

（5）北京教育幻灯出版公司：于1992年5月建立，是全国第一家专业教育幻灯制作公司。

（6）电教教材总编室：面向全市的电教教材的协调、规划、研究、制定选题、评选优秀等工作。

（7）办公室

（8）行政科

马馆长用地道的北京语音，述说电教馆改革的新举措，他那极富哲理的思想强烈地吸引着我们。

几度春秋，岁月飘逝，当年的故事的主人公已经更换几番：深圳教育局长已经几易其人，当年的全国"明星"馆长——福建省电教馆方澄馆长已经退休，福州三中的谢阜东校长也退休了，教育部电教司邢纯洁司长也退休了。2000年后，马成杰馆长退休，但仍然活跃在教师信息技术培训工作中。北京电教馆还在北京厂桥老馆地址，但是，随着网络时代的到来，北京市教育局已经根据时代的发展，将原北京电教馆与网络中心合并，重新组建了现代信息技术中心……

人们将永远记得他们这一代人为中国电化教育事业的发展所做出的努力。

五、高校电教专业建设的经验

“万里行”还访问和考察了在邓小平南巡讲话后，我国电化教育专业建设的发展情况，我们一路访问了陕西师范大学、华中师范大学、华南师范大学、福建师范大学、安徽师范大学、内蒙古师范大学等高等院校的电化教育专业，亲身感受到改革与发展中的我国电化教育专业建设。

1992 年 6 月 3 日，万里行考察队到了华中师大电化教育系参观学习，系主任傅德荣教授热情地向我们介绍了华中师大电化教育系专业建设的经验。

华中师大电教系有教职工 39 人，其中教授 2 人，副教授 10 人，讲师 6 人。他们建立了自己的电教理论课程体系，目前正在进行加强基础、精简课程、改革实验的教学改革，开设的主干课程为电子线路基础、幻灯与摄影、计算机辅助教育、电视编导与电教教材制作、教育信息处理、教学设计等。该系特别加强了学生实验，开设了电子技术基础、电视原理、计算机原理、CAI、摄影等实验 94 个。他们培养的本科电教专业毕业生，绝大部分在中等学校和高校电教中心从事电教工作，除本科教育外，还有三个硕士点，培养硕士研究生。并面向全国举办大专层次的各种培训班。

邓小平南巡讲话传达后，系领导和教职工决心抓住时机，发展电教系，开发电教产业。系里成立了现代教育技术研究所专门搞开发，各教研室、系的工厂作为后援单位。目前准备生产语言实验室学生应答分析系统等。没有启动资金，系里就向全系教师募集股金，1000 元为一股，很快就干起来了。

系教学楼里一间间整齐的实验室装备着各种电子仪器，一些老师和同学正在进行研究。这里十分重视计算机辅助教育，他们编有《计算机与教育》、《微机原理与电化教学》、《摄影与幻灯制作》等教科书，还开设了有关的课程和基础实验。在“七五”期间，担任了国家级课题 8 项，开发了一大批 CAI 软件。

在华中师大电化教育系，我们深深感受到这里充满着生命的活力，实验室建设、教材建设、师资队伍建设、科研项目等都给我们留下了难忘的印象，他们办电教专业的经验值得学习。

我们接着参观了武汉工业大学（原武汉建材学院）电教中心和电教函授学院。

武汉工业大学电教函授学院是我国高校电化教育中的一个创举。该校将电教中心、电教函授学院、成人教育学院、国家建材局职工电教中心和资料中心四合一，一套班子，共用电教设备、电教教材和资料，以本校师资队伍为后盾，面向校内教学和全国26个省的71个函授点服务。函授点一直办到基层厂矿。招3年制大专和5年制本科在职函授生，学习建材与工矿企业管理等专业课程。每个函授点配有放像机、电视机和保管室，还聘有兼职辅导教师。函授学院办有函授报纸，定期发放文字教材，60%的课程请本校优秀的教师讲授，由电教中心制作录像、复制、发行。基层一些大型厂矿将教学录像带在闭路电视上放映，供全厂函授学员学习。

该校电教中心做到了不要学校投资，自己养活自己。每年仅发行教学录像带就创收200万元，近6年来，总计创收上千万。有的同志开玩笑称电教中心的杨主任为“杨百万”。

1992年6月8—10日，万里行考察队从湖南新邵去邵阳，经阳朔、梧州、肇庆去广州。

6月10日晚上8点多，我们从广佛高速公路进入广州环城高架公路。望着可并行6辆汽车的凌空高速公路，一排排路标在车灯照射下发出耀眼的光，汽车如梭，汽车尾灯如一条红色的长龙，令人惊讶不已。

我们在佛山市通过直拨电话与华南师大取得了联系。当我们费尽周折到达华南师大时，南先生和电教系办公室张秀歧主任早已等候在招待所大门口。

南先生是提前赶到广州参加研究生学位论文答辩会的。第二天，我们在华南师大电教系小会议室召开了“万里行”考察组工作汇报会，我们向南先生汇报了前一段“万里行”考察的情况，一起研究了存在的问题和下一步行动的方案。当我们汇报了我国电化教育在邓小平南巡讲话传达后出现的新形势和新特点后，南先生向我们提出了新的问题：“大家讨论一下，电化教育深化改革和进一步发展，需要在哪些方面更新观念？”当时，我们面对改革大潮骤起的绚丽多彩的情况，还来不及梳理，一下子很难回答南先生的问题。但是，我们已经感到南先生已经站在时代潮流的前沿，思考着电化教育在新形势下如何发展的宏观理论问题。

6月11日下午，“万里行”考察组向华南师大电教系主任李运林教授进行正式采访。当我们用南先生的问题开始访问时，李运林教授笑着说：“这是一份新的考卷。”

华南师范大学电教系是十一届三中全会后我国高校最早创办电教专业、招收电化教育硕士研究生的单位之一。该系在十年改革开放中创造的教学、科研、生产三结合举办电教专业的成功经验，成为国内高校电化教育专业的学习榜样。

华南师范大学电教系实行教学、科研、生产三结合的做法是：

(1) 建立"三结合"的组织体制：电教系、电教中心、教育技术研究所是三块牌子，一套班子。下设十个室一级单位，除了四个教研室外，还有研究室、应用室、三个生产单位(实验工厂、维修部、制作部)、一个行政办公室，分别负责教学、科研、生产三方面的工作。

(2) 在教学、科研、生产三方面与国内外有关部门或个人实行多层次的横向联合。

(3) 结合电教学科特点进行多层次科技开发。

(4) 科研项目绝大部分直接为教学服务。

(5) 实行有利于三结合的管理体制与奖惩制度。包括工作量制、承包责任制、按工作量与承包合同的完成情况进行奖惩等。

教学、科研、生产的三结合，带来了可喜的成果。使教师的教学、科研能力得到较大的提高；使学生的培养提高了质量和效率；利用科技开发和服务所获得的经济效益，为进一步发展打下了物质基础；高校电化教育专业的发展面向全国，为社会服务，加强了多层次的横向联合，扩大了电教专业影响，取得了良好的社会效益。

邓小平南巡讲话后，华南师大电教系领导和全体教职工反复学习讲话精神，确定了一系列实际的改革步骤和措施，进一步完善过去已被证明卓有成效的管理体制和改革办法，扩大面向社会、面向全国的全方位多层次的服务，走社会大电化教育的广阔道路，在社会效益和经济效益两方面都上新的台阶。还准备将原来的电教系扩大为传播与教育技术学院，在更深远广阔的社会舞台上探索电化教育的新内涵、新发展。

1992 年 6 月 22 日，在福建师范大学物理系电化教育专业，曾火焕主任热情地欢迎万里行考察队，他说：西北师大是 1978 年后中国电化教育重新起步的发源地，那时来西北师大学习的同志号称是中国电教的"黄埔一期"，现在他们已经是各省市、各高校电化教育事业的骨干力量。福建师范大学从 1978 年就开始试办电化教育专业，79 年正式在物理系办电教专业，到目前已经有 13 年多了，但由于仅作为物理系内的一个重点专业，在人员、经费、设备等方面限制了发展。在邓小平南巡讲话精神鼓舞下，他们最关心的是如何发展专业建设。

1992年6月24—25日，考察队离开福州，经宁德、江山、屯溪(现改名黄山市)，越过武夷山的迷雾，穿过江南丘陵山区的茶坡、竹林，到达芜湖，找到安徽师大电教系王国斌教授。王教授热情洋溢地介绍了安徽师大电教系的发展情况。

6月26日，我们采访了安徽师大电教系郭主任。1987年，安徽师大成立电教专业，到现在已毕业四届学生共182人，这些学生毕业后充实到电化教育第一线。电教系还为全省举办了各类培训班，仅马鞍山市一个地区，就专门办了一个电教训练班，各中学都配备了专职电教人员。还为省司法、公安、民政、旅游等部门举办摄影大专班，为这些部门培养了一大批专业人才。谈到教育改革，电教系郭主任不无感慨地指出：过去我们是就教育办教育，缺乏教育为社会经济发展服务的思想，路越走越窄。全国各省的师范大学，大多数是老大学，但相比其他新成立的工科大学却远远落后了。原因是什么？是苏联模式的师范教育的影响。只有突破苏联办学模式的影响，师范教育才有出路。具体说，就是要走“师范教育综合化、综合大学师范化”的全方位开放发展的路子，师范院校在保证师范专业教育的基础上，大力兴办为社会各行各业服务的新专业。

这是一个变化的时代！当年，安徽师大郭主任凭着自己多年的实践经验，提出师范教育要突破旧的模式，走综合化发展的道路。今天，以北京师范大学为代表，师范教育正在向综合化方向迅速发展；以北京大学、清华大学为代表，综合性大学正在着力发展教师教育。“师范教育综合化、综合大学师范化”的变革已经成为现实。

1992年6月30日下午，我们访问了山东师范大学物理系电教专业。山东师大物理系从1985年开始招收电教专业专科生，1987年后招收本科生，1991年开始招收硕士研究生，开设了电教硬件、电视教材编导、计算机辅助教育等三个方向。该系的现代教育技术研究所设计生产的地面卫星接收设备，除了供应本省教育系统外，还向全国教育系统供货。

山东师大的老师告诉我们，目前设置电教专业的学校感到最大的问题是教师紧缺、人员组成断层现象，这几年硕士研究生不愿意来高校工作，都去公司，我们招不到硕士生，高校缺青年教师，学校只好留本科生任教，再送出去定向培养。

从山东师大和福建师大电教专业发展历程可以看到，如果电教专业在高校仅仅是隶属于物理系下面，将会限制专业的发展。2000 年后，福建师大和山东师大的电教专业都独立成立了教育技术系和二级学院，先后申报建立了教育技术的硕士点。实践证明，电化教育专业一定要独立（系或者学院）发展，才有可能成长壮大起来。

1992 年 7 月 7 日，我们来到内蒙古师范大学电教系。李龙主任一见面就像久别的朋友一样兴奋。他说："50 多年前，孙明经先生就在呼和浩特这一带万里行，我细读过《电化教育研究》杂志连载的孙先生回忆录，你们从北京过来就是沿着孙先生当时走过的路来的，后来孙先生去过包头，你们也要走这条路，但你们是新时代的万里行。"

李龙教授接着介绍，他们从 1978 年 12 月成立电教科，1983 年开始办电教班，1987 年办电教专业，培养全区电教骨干的历史。在学校贯彻邓小平南巡讲话的学习中，他们提出了加强教育理论研究，从整体深化教育改革的方案思考校内院系改革，将教育系、电教系、计算机系合并成立教育技术学院，调整教学专业设置，将科研、生产、开发和高技术产业等结合起来，走一条大气势、大动作、新思路、全方位发展的路子……

2010 年，在纪念南国农教授九十华诞的日子里，我们十分怀念"万里行"的活动，这次活动比较集中地体现了南先生对中国电化教育事业的关心和引领作用，这次考察活动行程 1 万多公里，沿途为全国电化教育改革开放的宣传起到了推动作用。南先生组织"万里行"考察提出的考察报告，对改革开放时代的中国电化教育发展起到了指导作用。

当年我们访问的一些老同志大部分已经退休。一大批年轻的骨干教师和领导干部成长起来，越来越多的教育技术专业硕士、博士走上了教学科研第一线。

在全国为电化教育事业发展中作出卓越贡献的教师中，人们永远记得，南国农教授是其中最有影响、最有代表性的典范，是我们事业的创始人、奠基者和全国电教界最崇敬和最喜欢的人。

参考文献

[1] 电教万里行考察组. 全国电化教育万里行考察报告[J]. 电化教育研究，1992(4).

[2] 黎加厚. 万里大地尽风流——“万里行”随记(1992 年 5 月 20 日—7 月 11 日)[J]. 电化教育研究,2002(7-12).
[3] 南国农. 中国电化教育的新发展[J]. 电化教育研究,1993(1).
[4] 电化教育研究编辑部. 漫漫考察 路 悠悠回访情——“万里行”十年回访编发侧记[J]. 电化教育研究,2002(5).
[5] 冯秀琪. 教育技术学科建设任重而道远——纪念“万里行”10 周年[J]. 电化教育研究,2002(6).
[6] 彭绍东. “万里行”所蕴含的精神财富[J]. 电化教育研究,2002(5).
[7] 冯锐. 全国电化教育万里行考察活动十周年回顾[J]. 电化教育研究,2002(5).
[8] 黎加厚. 中国电化教育面临跨世纪的战略调整[J]. 中国电化教育,1998(10).

第五节 倡导电化教育实验研究 推动电化教育事业发展

华南师范大学教育信息技术学院 谢幼如

作为我国电教开拓者与奠基人,南国农教授从理论和实践上树立起了“电化教育”这面旗帜,激励着一代代的电教人为之不断奋斗。在电教研究中,南教授非常重视电化教育实验研究,他认为只有在电教实验上不断下工夫,我国的电教理论才能立于不败之地。在不同的历史时期,南教授不断总结电教实验的基本经验以形成理论成果,同时还及时发现并指出电教实验中存在的问题与不足,指导电化教育研究者努力做出成功的电化教育实验。

多年来,南教授对中国电化教育实验研究给予了高度重视,为之付出了不少精力并作出了莫大的贡献。

一、重视电化教育实验研究的理论指导

南教授十分重视电化教育实验研究的理论指导,他专门针对电化教育实验做了一些理论研究,以使我们的电化教育实验研究有充分的理论依据和指导力量。他提出了现代教育技术实验的理论基础,并且详细解释了现代教育技术实验的基本内涵。

(一) 现代教育技术实验的理论基础

南教授认为,现代教育技术实验的理论基础,主要是四大现代教育观和三个三种学与教的理论。

1. 四大现代教育观

(1) 现代教学观。现代教学观认为,教学是教会学生学习,帮助学生发展。它有四个任务:传授知识,发展能力,培养思想品德,促进体力发展。

(2) 现代师生观。现代师生观认为,在教学中,教师和学生都是主体,是双主体。师生之间是民主、平等的关系。

(3) 现代人才观。现代人才观认为,学校培养的应是智能型、创造型人才。

(4) 现代学习时空观。现代学习时空观认为,所有生活空间都可以是学习的场所。学习是从生到死持续不断的过程。人的一生都可以学习,应将学习的时间和机会分配在人的一生。

2. 三个三种学与教的理论

三个三种学与教的理论是指三种学习理论、三种教学理论和三种传播理论。

其中三种学习理论包括行为主义学习理论、认知主义学习理论和人本主义学习理论;三种教学理论包括赞可夫的发展教学理论、布鲁纳的结构—发现教学理论和巴班斯基的教学最优化理论;三种传播理论包括拉斯韦尔的传播理论、施拉姆的传播理论和贝罗的传播理论。①

(二) 现代教育技术实验的基本内涵

电化教育实验又叫现代教育技术实验。所谓现代教育技术实验,就是在现代教育思想、理论的指导下,用三种技术,做两件事情,实现一个目标。②

1. "在现代教育思想、理论的指导下"

这里的"现代教育思想、理论"是指六种现代教育观和三个三种学与教理论。

具体来讲,六种现代教育观分别是素质教育观、终身教育观、双主体教育观、创新教育观、情商为主教育观、四大支柱教育观;三个三种学与教理论。

2. "用三种技术"

技术是把理论应用于实践的手段和方法的体系,可分为物化形态和智能形态的两类,前者又叫硬技术,后者又叫软技术。

这里所说的三种技术指的是现代媒体技术、现代媒传技术和教学设计技术。现代媒体技术,即教育教学中应用的现代技术手段,是一种硬技术;现代媒传技术,即运用现代媒体进行教育教学活动的工作方法,是一种软技术;教学设计技

① 南国农.教育现代化的必由之路——南国农电化教育论文集[M].北京:高等教育出版社,2000:304.

② 南国农.80年代以来中国电化教育的发展[J].电化教育研究,2000(12).

术，即优化教学过程的系统方法，是一种应用广泛的软技术。现代媒体技术、现代媒传技术和教学设计技术是组成现代教育技术的三个基本要素，这三种技术合起来就是现代教育技术。所以，用三种技术，也就是运用现代教育技术。

3.“做两件事情”

开展电化教育实验研究要做好两件事：一是开发、利用教学资源；二是优化教学过程。

开发、利用教学资源，包括教学信息、教学媒体、教学人员、教学环境等。南教授指出，在实验中，最重要的是现代教材资源和现代教学技术环境资源的开发与利用，也就是现代教材体系和电化教育系统工程的建设和利用。

优化教学过程，就是使教学过程各组成要素（教学任务、内容、手段、方法、效果等）及其相互关系，都处于良好的状态，做到整体优化。

4.“实现一个目标”

电化教育实验研究要实现的目标就是建立适应素质教育要求的、以教学模式为核心的现代教学体系。适应素质教育的要求，就意味着我们的实验一定要有助于学生的全面发展、全体发展、个性发展。

二、推动电化教育实验研究的阶段发展

我国有组织、有计划地开展电化教育实验，始自 20 世纪 80 年代后期，南教授把当时我国的电化教育实验归为媒体对比实验和专题实验两类，其中以媒体的对比研究为主，主要目的是论证电教媒体的优越性。进入 90 年代后，电教实验日益广泛深入，由媒体对比与专题为主的实验阶段，进入到整体、综合为主的实验阶段，主要目的是探索电教规律，这个时期的电化教育实验逐渐成为推动电教发展和促进学校教学改革深化的重要动力。①

在每个时期，南教授都会对过去的电化教育实验研究做深入的回顾与反思，一方面积极总结电化教育实验研究取得的经验以形成理论，方便指导未来的电化教育实验研究；另一方面又善于发现并提出电化教育实验研究中存在的问题。这对我国的电化教育实验研究有极大的推动作用。

每每看到电化教育实验研究取得了一些成绩，南教授都会充满喜悦。1996 年，南教授在《面向 21 世纪的中国电化教育》一文中，回顾了自我国电教重新起步以来，电教领域做的比较成功的几件事。南教授一共数出了五件事，其中有两件是电化教

① 南国农. 90 年代以来我国的五大现代教育技术实验[J]. 电化教育研究，1999(6).

育实验研究，分别是“电化教育促进中小学教育优化”课题实验和高等学校课程电化教育试验。

在后来的论述中，南教授指出，在20世纪90年代以来开展的现代教育技术实验中，主要有五个规模较大、影响较广的实验，它们分别是：①“电化教育促进中小学教育优化”课题实验；②小学语文“四结合”教改实验；③电化教育促进中小学由应试教育转向素质教育的实验研究；④全国1000所中小学现代教育技术实验学校教改实验；⑤高等学校课程电化教育试验。这五大实验都取得了优良的成绩，对我国学校教育现代化建设起了重大的促进作用。

通过多年的电化教育实验研究，尤其是上述五大实验研究，我国广大教师和电教工作者积累了不少有益的经验。南教授将这些基本经验总结如下：

(1) 成功的实验，必须要有现代教育思想理论的指导；

(2) 成功的实验，必须要有三种技术（教学设计、现代教育媒体、媒体教学法）的支持；

(3) 成功的实验，必须要有明确的目标和恰当的选题；

(4) 成功的实验，必须要有认真的评价；

(5) 成功的实验，必须要有创新的精神。①

这些经验的总结对电教研究者来说是一笔财富，它为以后的电化教育实验研究提供了指引，可以让研究者在实验研究中少走弯路，从而更容易走向成功。

我国的电化教育取得了很大成绩，但也存在不少问题，面对这些问题，南教授提出要“走科研兴电教之路”。“走科研兴电教之路”的基本内涵，主要是做好两件事：一是实现电教工作的重心转向教学研究型；二是广泛开展电化教育科学研究，特别是学科电化教学实验研究。这一解决办法的提出，再次表现出了南教授对电化教育实验研究的重视。

三、强调电化教育实验研究的方法应用

南教授强调，从事电教科研像做其他任何事一样，要想取得成功，就必须注重方法。他曾在一篇论文中指出我国电化教育研究存在的三个问题，其中一个问题讲的就是电化教育科研使用的研究方法较旧。

多年来，南教授始终重视研究方法的运用，他多次从多个层面上提出了电化教育研究在方法上应注意的问题。

---

① 南国农. 90年代以来我国的五大现代教育技术实验[J]. 电化教育研究，1999(6).

（一）关于研究的方法

南教授在一般意义上提出了电化教育研究的两种方法：科学的方法和民主的方法。

1. 科学的方法

如果逻辑方法使用的比较多，数学方法用得比较少，就会出现在道理上能自圆其说，但说服力却不够的情况；而如果数据满篇，却分析不当，同样也得不出应有的结论。由此，南教授强调，在进行电化教育研究时，应注意使用科学的方法。

所谓科学的方法，这里主要是指逻辑方法与数学方法的结合。这两种方法各有所长，前者的长处在于说理，后者的长处在于准确。交叉使用，可以互相补充，割裂使用，就难免失之偏颇。

2. 民主的方法

所谓民主的方法，这里主要是指个人研究与协作研究的结合。电化教育是多种学科互相交织的综合性学科，因此应该提倡各方人士的广泛协作，特别要争取广大教师的积极参与。当然，提倡协作研究，并不排斥个人研究，没有个人的深入钻研，协作研究也难望有成，对一些小的课题，还是要以个人研究为主。①

（二）关于研究的基本原则

南教授不止一次提出电化教育研究应遵循的基本原则，在不同时期提出的原则会有所不同，但其中多数是从研究方法和态度方面来讲的。电化教育研究可采取的方法多种多样，如调查法、实验法、比较法、内容分析法、因素分解法等，不论采用哪种方法，都应当遵循如下四个原则：

(1) 坚持严格的客观性。在电化教育研究中，要采取严格的科学态度，忠实地反映客观现实，对所研究的对象和问题不抱任何偏见或成见。要正视客观事实，反映客观事实，一切以客观事实为依据。

(2) 坚持系统观点。把所研究的对象看成是一个系统，这个系统是由两个以上的要素构成的，各要素是彼此互相联系、互相作用的。

(3) 研究方法、手段的最优化。在进行电化教育研究时，采用的方法、手段应当是当前条件下最有效的。各种研究方法和手段，有各自的特点和功能，某种方法、手段，对这一项研究是有效的，对另一项研究就不一定有效，没有一个万能的方法或

① 南国农. 教育现代化的必由之路——南国农电化教育论文集[M]. 北京：高等教育出版社，2000：294.

手段。

(4) 定性研究与定量研究相结合。电化教育研究应该从定性研究和定量研究两个方面入手,二者是相互促进的,必须使它们结合起来。[①]

(三) 关于研究的设计

南教授分析了电化教育实验进行的步骤及其设计的基本模式,并且从研究方法的角度,对电化教育实验提出了几点要求。具体如下:

(1) 在实验过程中,对非实验因素要尽量加以控制;

(2) 在实验过程中,必须时刻注意使实验对象的行为确实保持常态,实验的结果才有科学价值;

(3) 在实验过程中,要做精确、详细的记录;

(4) 在实验的各阶段,应进行准确有效的测验;

(5) 实验应从小规模开始,或先进行一些试验性的实验;

(6) 实验工作的长计划与短安排要结合,实验的总体设计与单项实验要结合;

(7) 规模较大的综合性的实验,在组织上要有一个强有力的指挥系统与团结协作的教师集体;

(8) 要创造一个互相研究、互相学习、互相支持的实验环境,需要各方共同努力;

(9) 从事电化教育实验,要有持之以恒的精神。[②]

四、总结电化教育实验研究的特色与创新

20 世纪 90 年代初,在电化教育实验发展的新阶段,通过对一些实验报告和论文的了解,南教授总结了这个阶段电化教育实验研究比较有特色的地方,并概括出电化教育实验研究的四个特点:

(1) 电化教育实验结合教改进行。电化教育实验同深化教育改革紧密结合在一起,把电化教育实验纳入到教改的轨道,使之成为深化教改的一项重要举措,这是电化教育发展新阶段的一个明显的特色。

(2) 实验比较规范,一般都能按实验的步骤要求开展实验工作。实验研究有

---

① 南国农.教育现代化的必由之路——南国农电化教育论文集[M].北京:高等教育出版社,2000:288.

② 庄为其.南国农与萧树滋——我国电教开拓者与奠基人[M].兰州:电化教育研究杂志社,2000:47.

选题、提出假设、进行设计、实际操作、分析效果五个步骤，许多实验都对这五个环节做得很认真、很规范。

(3) 实验很重视理论的指导，许多实验报告都提到非常强调认知学习理论的指导。南教授指出，强调认知学习理论的指导是正确的，但是同时不能忽视或否定行为主义学习理论，学习是多种多样的，没有一种学习理论能解决所有的学习问题。

(4) 重视教学设计，一般都能按照教学设计的要求去做。无论是目标设计、媒体设计、过程设计，都做的比较周密，具有较高的可行性和科学性。[①]

南教授从理论的高度提出了电化教育实验研究的内涵及其理论基础等问题，以审视全局的眼光概括了电化教育实验研究在各个历史阶段的研究重点和特色，凭借敏锐的洞察力不断发现电化教育实验研究中存在的问题。总之，从理论到实践，电化教育实验研究无处不渗透着南教授倾注的心血，饮水思源，电化教育实验研究取得的成绩离不开南教授的指导和持续的推动，电化教育实验研究的繁盛离不开南教授的灌溉。

第六节　陇上奇葩　风华正茂

——南国农与《电化教育研究》三十年

《电化教育研究》杂志社　张小红

今年9月，是南国农教授的九十华诞；今年9月，也是《电化教育研究》创刊30周年。30年，筚路蓝缕，拓荒前行；30年，泼墨春秋，铭刻足迹；30年，风雨兼程，奔腾不息；30年，风华正茂，与时俱进。伴随着《电化教育研究》的成长，笔者以两鬓霜华亲历其创业之苦，探索之辛，成功之甘；见证其风生水起，浪遏飞舟，一往直前。在主编南国农教授九十华诞之际，谨以在南先生身边工作和在《电化教育研究》杂志做编辑的些许感悟，与电教同仁同庆同贺，以志纪念。

一、应运而生：创刊背景

20世纪70年代后期，“文革”结束，中华大地冰融雪化，乍暖犹寒；国门洞开，

---

① 南国农.教育现代化的必由之路——南国农电化教育论文集[M].北京：高等教育出版社，2000：296.

万里神州春潮涌动，春意盎然，改革开放成为当时的时代主旋律。特别是1978年4月邓小平在全国教育工作会议上强调要通过发展电视、广播等现代化手段的措施来多快好省发展教育事业的重要讲话，在全国教育界引起极大反响，使得电化教育事业进入了一个蓬勃发展时期。同年，指导全国电教工作的中央电教馆成立，并由教育部组织召开了我国电化教育史上的第一次盛会——全国幻灯教学汇报会，电化教育工作在全国如火如荼地展开。在党的十一届三中全会以后得以迅速发展。首先是建立各系统、各层次的电化教育机构，组成了拥有10万人之众的电教大军，使电化教育发展有了可靠的组织和人员保证；其次是购置了相应的电教设备和器材，使之有了基本的物质保证；再次是创立了电化教育学科，开办电化教育专业，培养电化教育专门人才。电化教育走上了学科化和科学化发展之路。

电化教育事业的迅猛发展，提出了创办电教报刊的急切要求；电教报刊的出版，又为电教事业的发展提供了理论依据和有益的经验。当时的电教工作一方面需要总结来自电教第一线的鲜活经验，回答电教进程中的各种问题；另一方面电教学科的创立和电教专业的开办，面临电教学科理论体系的建构和教材建设两大紧迫任务。尽管有全国性、区域性的研讨会和各种培训班，但毕竟难以担负电教发展初期百废待兴的历史重任，也难以跟上电教信息和电教经验传播的速度。就是在这种机遇和挑战并存的背景下，我国电化教育事业的开拓者和奠基人南国农教授高瞻远瞩，审时度势，促使《电化教育研究》季刊应运而生。

二、风生水起：创刊过程

《电化教育研究》筹办于1979年，由时任西北师范大学（原甘肃师范大学）教育科学研究所所长的南国农教授发起。1979年6月教育部电教局委托西北师范大学举办“电化教育研讨班”，参加座谈会与学习班的37所院校的代表随后在北京发起成立了“中国电化教育研究会”，推选教育部电教局局长程光为会长，南国农、萧树滋、孙明经、廖泰初为理事，并决定由研究会与西北师范大学联合创办《电化教育研究》季刊，由南国农、萧树滋教授负责筹办，聘南国农教授为主编。经过一年多的筹备，报经上级主管部门批准，1980年9月创刊号编辑出版，开始向国内外公开发行。

《电化教育研究》杂志的主办单位为中国电化教育研究会和西北师范大学教育科学研究所，主编为南国农，编辑部主任为李怀仁，编辑人员有周庆红、吕婉中。编委由6人组成：南国农、吴在扬、孙明经、廖泰初、扬名甲、萧树滋。《电化教育研究》创办时为季刊，逢季度末月在甘肃兰州出版。

三、漫漫求索：发展历程

三十年风雨兼程，《电化教育研究》从无到有，从稚嫩到成熟，从季刊到双月刊再到今天的月刊，一步一个脚印，每一步都凝聚着全国电化教育工作者、主编南国农教授和《电化教育研究》杂志全体工作人员的智慧和心血。30 年来，《电化教育研究》出刊 200 期（截至 2009 年底），刊载 4000 余篇文章、上千条信息和书评，总字数将近 4000 万字，总发行量在 400 余万册，以其思想性、学术性、可读性、权威性享誉电化教育理论界和学术界。作为改革开放后我国第一家电化教育理论学术刊物，《电化教育研究》从一个侧面见证了改革开放以来我国电化教育研究发展的脉络与走向，对建立电化教育学科理论体系、促进电化教育理论创新和实践应用，推动教育教学改革作出了重要贡献。

（一）内外兼修，与时俱进：自身的变化

1. 适时调整办刊宗旨，引领电化教育研究方向

主编南国农教授站在电化教育发展的风口浪尖上，始终脚踏中国实际，关注研究前沿，吸纳时代成果，构建中国体系。《电化教育研究》杂志结合工作实际，坚持与时俱进，在保持大方向不变的前提下，适时微调办刊宗旨，密切关注电化教育事业发展。

20 世纪 80 年代的宗旨是：研究电化教育理论和方法，探讨电教实践，宣传电教方针政策，促进教育改革，培养“四有”新人，推动“四化”建设。

20 世纪 90 年代的宗旨是：宣传国家电化教育方针政策，研究电化教育理论，探索电化教育实践，推动教育改革，培养新时期建设人才。

21 世纪 10 年代的宗旨是：研究现代教育前沿问题，服务全国教育教学改革。

2. 适时调整期刊形式，紧跟信息社会发展脚步

坚持顺应时代发展和电教事业的需要，《电化教育研究》除在刊物内在质量上精益求精外，对刊物的版面等也进行了一系列改革。主要变化如下：

1980 年总一期（创刊号），封面为双色，内页为单色。

1981 年总三期，封面为双色，内页为单色。

1982—1998 年为季刊，封面为双色，内页为单色，1988 年后每期为 80 页。

1999 年为双月刊，开本变为大 16 开，封面彩色印刷，内页为单色，每期 96 页。

2000 年以后为月刊，其中 2000—2006 年每期内页为 80 页，2007—2008 年每

期内页为 96 页,2009 年以后每期内页为 120 页。

(二) 引领学术,硕果累累:获得的荣誉

光阴荏苒,星移物换。华夏刊林几千树,陇上奇葩一枝妍。

1996 年,北京大学图书馆编辑出版的《中文核心期刊要目总览》,从全国 600 多家教育类刊物中筛选出了 23 种核心期刊,《电化教育研究》排名第 10 位。

1997 年,《电化教育研究》被选入《中国学术期刊(光盘版)》,进入权威部门的学术期刊数据网,使本刊以印刷版和光盘版两种出版形式向国内外公开发行。

1998 年,《国家级学术刊物名录》公布,教育类国家级学术刊物共 14 家,《电化教育研究》荣列其中并被排名第 9 位。

1999 年,《电化教育研究》被甘肃省新闻出版局组织专家考评为"甘肃省一级期刊"。

2001 年,《电化教育研究》被中国社会科学评价中心列为"CSSCI 来源期刊"。这是一个动态的检索阵列,每两年重新评价遴选一次。《电化教育研究》2001 年、2003 年、2005 年、2007、2009 年连续五次稳居其中,且排名靠前。进入这一阵列的甘肃期刊目前只有《电化教育研究》等数家。另据中国学术期刊(光盘版)电子杂志社文献检索分析中心最新提供的《中国学术期刊综合引证年度报告》显示,2005 年《电化教育研究》总被引频次达 741 次,"影响因子"和"他引率"均接近 0.9,两年的 Web 下载量达 17391 次,整体排名靠前。2008 年 12 月 28 日,南京大学中国社会科学研究评价中心公布了 2008—2009 年 CSSCI 来源期刊,《电化教育研究》名列入选的 37 种教育类杂志第四名。《电化教育研究》比上届 CSSCI 来源期刊的排名提前了 8 名。另据中国知网公布的《中国学术期刊综合引证报告》文献评价数据,《电化教育研究》在基金论文比、总被引频次、他引总引比、影响因子、五年影响因子、即年指标、被引半衰期、Web 即年下载率等期刊引证指标一直居本学科杂志前列。《电化教育研究》所发文章被《人大复印资料》等权威报刊收录或摘编的数量逐年增加。

2007 年,《电化教育研究》被评为"北方优秀期刊"。

2008 年,《电化教育研究》被评为改革开放 30 年"甘肃省品牌期刊"。

2008 年经过武汉大学中国科学评价研究中心课题组经过对中国内地近万种期刊广泛检索,反复比较和认真研究,从中挑选了 6170 种纯学术性期刊和半学术性期刊参与评价。共有 1324 种学术期刊进入核心区,其中权威期刊 311 种,核心期刊 1013 种。《电化教育研究》杂志入选《中国学术期刊评价报告——RCCSE 权威期刊排行榜》(2009—2010),获得"RCCSE 中国权威学术期刊"称誉。

鉴于此,《电化教育研究》杂志曾经连续三届被甘肃省新闻出版局遴选确定为"国家期刊奖"提名期刊。杂志社多名编辑被评为"甘肃省优秀编辑工作者"。

这一系列的成绩的取得和《电化教育研究》杂志科学的管理模式、积极开展多种经营和探索刊物的市场化运作等措施密切相关,从而使《电化教育研究》在学界更加彰显其权威性,在全国期刊界首开不吃"皇粮"的先河,受到社会和业界的高度关注与好评。

四、矢志不移:办刊理念

30 年来,《电化教育研究》坚持立足西北,面向全国,秉承西北师大优良的学术传统,彰显百年老校的文化品位和学术品格。30 年来,《电化教育研究》坚持正确的办刊方向,追求学术品位,讲究学术规范,关注时代问题,突出理论深度,开展学术批评,展示电化教育的新理论、新观点、新方法、新技术、新成果,呈现出理论联系实际、学术结合时代、学科引领前沿、编排创新形式的特色,为中国电化教育研究提供了一个高起点的学术平台。南国农教授主编的《电化教育研究》,30 年来坚持的办刊理念和学术贡献在于:

1. 坚持正确导向

在不断的探索中,《电化教育研究》办刊方向明确定位为坚持"四化",争创一流。"四化"——本土化:努力建构有中国特色的电化教育理论体系;国际化:以更加开放的胸怀放眼世界,既要借鉴,更要超越,在广阔的国际视野中,确立自己的历史与时代方位;专业化:不断在国内外的电教专业领域达到新的高度和水平;人文化:丰富和深化电化教育学术的伦理意蕴,不断提升其人文情怀与人文境界。尽一切可能为全国电化教育工作者提供学术平台,反映各地电教工作的经验与教训。同时,也从理论与实践的各个角度,反复宣传,充分讨论,从而明确思想认识,保持刊物的正确导向。一流——争创和保持教育领域的一流学术理论刊物。

电化教育事业的发展是迅速的,但其经历的道路并不是笔直的。电化教育事业重新起步后的 30 年,有赞同的声音,也有反对的声音,有激励人心的高峰期,也有让人怀疑和迷茫的低谷期。《电化教育研究》始终站在风口浪尖上,不断阐明电化教育的重大意义。30 年来,电化教育经历过疑虑期。每遇到这些情况,《电化教育研究》便结合当时实际,组织适量论文,深入阐述开展电化教育工作的重大意义,实事求是地研究电化教育在推动教育改革、促进教育现代化进程中的巨大作用。并加强调查研究，发现问题，分析问题，提出解决的办法，这样意义明了，认识高了，难题解了，信心更大了，意志更坚了。

2. 崇尚理论建树

失去理论指导的实践是盲目的实践，脱离实践验证的理论是空洞的理论。基于这种认识，《电化教育研究》在理论研究方面，既重视基础理论研究，又注重应用实践的探索，其理性思考是对教育本身的自觉追问和真诚呼唤；其实践探索体现了鲜明的教育个性、展示了不同的教育经历和教育体验。与全国电教工作者一道，运用理论指导实践，通过实践发展理论。

30 年来，《电化教育研究》用较大的篇幅倾注于电化教育的基础理论研究，对学科的名称、属性、概念、定义、作用、地位、对象、任务、理论体系、发展方向等都进行了广泛深入的研究，不同程度地提高了人们对电化教育的认识，加深了对这门学科的理解和认同，在理论研究的广度、深度和创新与发展等方面，都有新的突破和建树。应该说，《电化教育研究》在市场经济的大背景下，面对杂志所处的西北地域偏僻和经济水平较低的劣势，能够耐住寂寞，始终保持理论研究的纯洁性，将主编崇尚理论建树的指导思想一以贯之，实属难能可贵。

理论在争论中发展，在争论中创新。相关理论也随着技术的开发而产生、发展，而后又在理论的指导下更深入地发展，更有效地被应用于教学。在应用研究方面，30 年来《电化教育研究》积极投身于鲜活的电教应用研究领域，对电教教材和资料的研制、电化教学法的探索、电化教育管理、学校电教、电教专业、社会电教、网络教育和远程教育、农村电教、民族电教等，都给予了较大容量的关注。

从《电化教育研究》30 年所刊发的文稿可以追溯勾勒出中国电化教育发展的整体脉络，可以说，200 期《电化教育研究》本身就是一部有中国特色的电化教育学术研究史。

3. 关注学科前沿

《电化教育研究》杂志从一家蜗居西北的小刊物，一步步成长为"中国教育类核心期刊"、"CSSCI 检索源期刊"、"RCCSE 中国权威学术期刊"，这其中很重要的一点就是主编南国农教授始终给刊物一个准确的定位——关注学科前沿，引领专业发展。

随着电教事业的发展，电教理论体系的形成，电教专业的创办，《电化教育研究》时时关注学科发展的新动向，关注电化教育领域的新发明、新技术、新工艺、新产品的介绍及研究，关注电化教育各方面的敏感问题和热门话题的讨论。

纵观30年《电化教育研究》关注的热点与前沿，理论方面的经验之塔、建构主义、CSCL理论与方法、信息技术与课程整合、主导—主体教学模式、混合学习等，技术方面从原来的幻灯片、录像带的制作到计算机、CAI、多媒体技术、Intranet与Internet的引入，等等。可以说，每一次新理论、新技术的引入和研究讨论，主编南国农教授都通过有关学术会议和《电化教育研究》这一学术平台最早感知并积极践行。并且在不同的时期，根据电教事业和学科发展的动向，及时组织相关稿件，开展专题研究讨论，引领学科前沿，推动事业发展。如20世纪80年代初电教事业发展的主要问题是硬件环境建设和使用问题，《电化教育研究》就用大量篇幅，介绍和研究电教设备的有关问题，以促进电化教育工作者想方设法提高电教设备的利用率。进入90年代，《电化教育研究》指出当时要做好三件事：第一，立足现实，面向未来，胸怀世界。第二，狠抓三项建设。即电教理论体系的建设，电教队伍的建设，电教教材的建设。第三，做好电教理论研究工作。进入新世纪，《电化教育研究》更是紧跟时代脚步，为新时期的教育教学改革把脉开方，把视角瞄向整个大电教，关注网络信息时代的教育变革。进入新世纪，南国农教授率先发表《新世纪电教工作者的使命》等署名文章，探索信息化教育的发展之路。2008年，主编南国农教授发现由于教育技术研究方法的混乱而导致的学科和事业发展中出现的一系列问题，《电化教育研究》特地开辟了“研究方法论坛”，组织刊发针对当前教育技术领域内研究方法现状的反思以及关于教育技术研究方法的认识短文，以提升领域内关于研究方法的认识和研究水平，借此推动学科和事业的发展。

4. 营造学术氛围

民主讨论，是集中智慧、辩明事理的良方，也是汇集力量、开拓前进的善策。特别在理论研究、学术讨论中更应该广开言路，各抒己见，尊重百家之言。有学者认为，兼容并蓄，博采众长，是南国农教授典型的学术人格，这很贴切。南先生的学术人格也充分体现在他主编的《电化教育研究》刊物中。《电化教育研究》坚决贯彻“百花齐放，百家争鸣”的方针，对电化教育的基础理论、应用理论、实践经验，都展开充分讨论，悉心研究。南国农教授认为，哪怕是看法不同，观点互异，甚至针锋相对的论点，只要论文能自圆其说，见解独特，杂志也要腾出版面，鼓励争鸣。这里既有传统观念的延续，又有时代色彩的创新，这样既开拓了思路，又提高了认识，还在不少问题上统一了看法，促进了事业的进一步发展。

在讨论中，编辑部从不拿出任何框框，去制约甚至束缚大家的思路，30年来编辑部几乎没有刊发过“编者按”之类的引导性观点，而是坚持让作者自由探索，让读者自己鉴别。讨论的时间越长，凝聚各家的远见卓识就越多，这样铸成的理论基础就会更坚实，由此而产生的指导力量就会更强大。

在杂志的审稿工作中，在南国农教授的提议下，30 年中一贯坚持所有稿件盲审，盲审稿件一律处理掉作者信息，让审稿专家公正评判，不唯学历资历，不管名人普通人，给所有作者一个宽松和谐的投稿和讨论环境，从管理环节上营造相对公平的学术氛围。

5. 倡导创新精神

南国农教授站在时代发展的高度，提出了中国教育要开放，要虚心学习全世界的先进教育理念，要学习西方国家的教育技术的丰硕成果，要放胆、细心、拿来、拿去。教育技术学科建设，要学习、借鉴他国的优良经验，积极吸收人类的一切先进文明成果。“他山之石，可以攻玉”。对于外国的一切好的东西，可以采取拿来主义，把它“拿来”。但是，不能止于“拿来”，而应在“拿来”的基础上有所创新，使它变成“拿去”，既要借鉴，更要超越。同时，中国的电化教育发展要本土化，要推陈出新，为中国的教育改革服务。这是《电化教育研究》杂志和主编在继承与创新、引进与本土化问题上的基本原则。

创新精神，是《电化教育研究》赖以生存和发展的强大动力，也是刊物自我形象塑造的时代特色。回顾已经出版的 200 期杂志，不论是内容还是形式，都可发现创新的轨迹。从每一期刊物的总体布局与文章重心、从栏目的设计与变换、从容量的扩大与提高、从封面的色彩与构图、从装帧设计到印刷用纸，无不体现出主编和编者的良苦用心，顺着时间的长河，流淌出来的是《电化教育研究》的创新精神，摆在我们面前的已是自成一家、风格独特的学术大刊。

主编南国农教授认为，作为学术刊物的编辑，必须要有调查研究的意识，必须要有社会担当的责任。所以在 20 世纪 90 年代初，由南国农教授主持策划和实施了旨在“普及电教知识，寻求社会支持”的“首届全国电化教育知识大奖赛”和“万里行”活动。电化教育考察是一项大规模的教育科学研究项目，考察活动结束后，考察组为国家教委电教司呈上了一份三万字的考察报告，为邓小平南巡讲话后我国电化教育事业的发展提供了决策的重要依据。这次活动在我国教育史上留下了一个光辉的记录，被业界和媒体称为“中国电教史上的一次壮举”。是壮举也是创举，这两次由刊社组织的大型活动，向全国人民宣传了电化教育知识，宣传了电化教育学科和电化教育事业，在一定程度上推动了事业的发展。如果说创新精神是刊物生存的灵魂，那么“大奖赛”、“万里行”则是内联外合，寻求扩张，在活动以后的多年里，这种开门办刊的后期效应仍在显现。这种内外结合、相得益彰的思路与实践，为《电化教育研究》的迅速占位和超前发展写下了浓墨重彩的一笔。同时为加强杂志向全国的辐射性和扩大发行，编辑部在全国各省、市、自治区和地、州、市组建了近200人的特约通讯员队伍，这一群体活跃在全国各地电教工作第一线，对《电化教育研究》的编、印、发起到了极大的促进作用。

在刊物创新方面，《电化教育研究》尽其所能，在不同时期针对电教工作的需要，广开渠道，搭建信息平台，传播专业信息，对电教新理论、新技术、新成果、新软件、新专业，对电教学习材料、电教先进人物、电教学术会议、电化教育产业等进行了多方位的报道。作为学术研究刊物，《电化教育研究》辟出四封，设立"中国信息化教育系列报道"栏目，对各地各级各类人才培养进行连续宣传介绍，记载了我国现代教育技术的发展历程，从而成为杂志的独有名片，也使得《电化教育研究》成为教育技术专业青年学子的主要学习参考资料，成为电教专业院校和学子之间的桥梁。

抚今思昔，《电化教育研究》依然保持了对内自省自警、对外敏锐而犀利的目光，使自身在复杂的媒体竞争环境中依然保持了一种不断创新、奋然前行的姿态！

6. 培育人才摇篮

一本好的学术刊物，是一方孕育学术人才的肥沃土壤，又是一个启迪学子的开放式课堂。人们往往把学术刊物当成没有课堂的老师，没有条文的学术规约。大凡成功的刊物，无不拥有自己基本的作者队伍和读者群体，对莘莘学子给予学术上的哺育和滋养。有些老作者数十年如一日不离不弃，不求回报，一有好的研究成果就欣然送上，俨然已和刊物融为一体；有些老读者从工作岗位退休了还在自费订阅刊物，真可谓读的不是杂志而是一种精神寄托。《电化教育研究》30年里积聚的这份人脉资源已成为刊物进一步发展的无价之宝。有人做过检索和统计，教育技术学专业的教授几乎都在《电化教育研究》上发过文章。全国各地的不少作者和读者后来已成为刊物的特约通讯员，成为刊物信息反馈和与读者联系的纽带。一长串芬芳的名字陪伴这本杂志走过了30年——南国农、孙明经、萧树滋、杜维涛、余也鲁、何克抗、桑新民、李运林、李克东、徐福荫、黎加厚等都曾光耀它的作者队伍。30年来，《电化教育研究》坚持百花齐放、百家争鸣的方针，不仅肯定名家，而且扶持后学，主编南国农教授对一些专业骨干总是采取提携的态度，对不够发表水平的稿件让作者反复修改，帮助他们达到发表的要求；对持不同学术观点者，有些哪怕是反对意见者，主编和刊社也积极促成发表，以利于学术交流。主编南国农教授认为，一本学术期刊如果总是一种声音，那它不会有大的发展，这个学科也不会有大的建树。因此,《电化教育研究》多年来一直辟出版面发表争鸣文章,鼓励开展教育技术评论,在批评和讨论中促进学科的进一步发展。

《电化教育研究》立足西北,放眼全国,30年来走过了一条曲折而辉煌的道路,在甘肃以至全国学术期刊界成为成功的范例。在经济落后、信息闭塞的甘肃,竟然能打出一面电教理论的旗帜,这是电教界不少人的难解之谜,有人甚至称为继《读者》后崛起于甘肃的学术期刊的成功范例。品牌价值,估评若干;价值影响,岂止30年!试想,一家编辑力量相对薄弱、家底一贫如洗的刊社,能在荒漠斗室间开辟出一片阳光灿烂、鲜花簇拥的电教学术园地,这需要多大的气魄和付出多么艰辛的劳动!我们感慨为风雨兼程30年!当年以南国农教授为班长的一班期刊人如今或已驾鹤九霄,长眠地下;或已满头华发,颐养天年。已经退休或离开编辑部工作的领导和专家为杂志的开拓、耕耘和薪火相传默默无闻地奉献,这30年创业的艰辛只有电教人知道。三十度春风秋雨,一万余白昼夜晚。30年的坚守,这是需要甘于寂寞的奉献精神的!主编南国农教授一生执著于中国特色电教事业的发展,仰之弥高,钻之弥坚。老人虽出生在南国,可到大西北一转眼就是60年,南国生北志,暮年志更远。他一生食无求饱,居无求安,敏于事而慎于言,博学于文,约之以礼,早已是“从心所欲,不逾矩”。试想,一位90岁的老人,一位将自己的一生都交给了祖国的电教事业的老人,还有何求?有人说,“创业难,守业更难。”我们还要补上一句,要让事业进一步发展同样难。山外有山,天外有天。环顾当今传媒业界,新媒体强势出击,老品牌直面挑战。百舸争流,逆水行舟,不进则退,慢亦难安。回首是纪念,回首也是激励。我们电教人越是艰险越向前!我们一班期刊人会继承传统,发扬特色,解放思想,创新求变,精诚团结,锐意发展。不断提高刊物质量是对本刊创办三十周年最好的纪念,是对主编南国农教授高尚品质和学术精神的最大发扬!

我们会努力将《电化教育研究》越办越有生命力,在跨世纪的历史画卷中,与我们这个伟大时代的学术事业交相辉映!

我们会和南国农教授共同迎来《电化教育研究》更加辉煌的40周年纪念!

第七节　南国农学术思想对湖南电教工作的影响

湖南教育音像出版社　詹道佳

南国农先生十分重视电化教育(信息化教育)产业的发展,他从奠定信息化教育发展基业的战略角度，指出信息化教育的发展需要学科、事业和产业三驾马车并驾齐驱，三者相互支撑才能稳固基础。信息化教育是一项系统工程，它的成长和持续发展是建立在学科、产业和事业的基础之上的。南先生把学科、事业和产业三者共同组成的信息化教育系统称为大电教，由此可见南先生的胸怀和志远，把信息化教育的学科、事业和产业共同发展好，是他的信息化教育的宏大蓝图和理想。我们是南国农先生信息化教育产业思想的实践者，他的信息化教育理论和人格魅力影响了湖南信息化教育资源产业的发展，也培育了一批信息化教育产业的开拓者。

一、南国农先生对湖南教育资源产业的关注和悉心指导

1993 年湖南省教育厅决定：湖南教育音像出版社（现名为湖南教育音像电子出版社），不再与湖南省电教馆实行两块牌子一套人马的管理体制，独立建制湖南教育音像出版社，实行企业化管理。重视电教产业发展的南国农先生特别关注这件事，第二年（1994 年）他就来到湖南教育音像出版社考察调研，对湖南省教育厅用市场方法发展音像教材的举措给予充分肯定和很高的评价，他认为湖南教育音像出版社独立建制并实行企业化管理，对电化教育的发展将会产生深远的影响。当时我们的困难很大，完全依靠借贷发展，蜗居在租借来的一间小屋里，办公、生产、仓储全部用房一共只有不足 80 平方米。他勉励我们，一定要勇敢地面对现实，一定要挺起腰杆好好地干，一定要创造出经验来。

要把工作搞好，重要的是信心。独立建制之初，信心不足是普遍现象，不但别人怀疑这些只搞过教育的青年人能否搞好产业，就连我们自己也没底，特别是对自己的音像出版物还缺乏信心。南老师好像摸透了我们的心思，不久他来信说他有个亲戚在美国，小孩正学习中文，能否将社里出版的音像制品寄去，供学习用。我们知道，我社的出版物还很不成熟不够这个格，是南先生想通过这件事来提高我们的自信，是对我们工作的勉励和鞭策。当时，我们的确从中获得了信心，获得了走向成功的动力。大家齐心协力，艰苦奋斗，刻苦钻研，努力创新。缺少资金买不起当时主流的音像制作设备，我们就大胆采用新技术少花钱多办事办好事，在全国音像出版界率先使用当时还不够成熟的数字化技术制作音像出版物，我们还用数字化技术改造投影片制造工艺，创造了印刷法制作投影片的方法，申请了国家专利。歪打正着的穷办法，却让我们在技术上站在一个高起点上，从而大大提高了出版物的编制水平。电化教育，姓“教”不姓“电”，要编制出版质量上乘的音

像教材(信息化教育资源)光依靠技术是不够的,我们还要加强教育理论的学习和开展电化教育的应用研究。南先生对我们的研究活动,二十年来一直给予坚定的支持,不断为我们指出研究的方向,并亲自参加课题研究成果的鉴定。今年(2010年),我们向国家新闻出版总署申请动漫教育资源的出版选题,南先生不但坚决支持,九十岁高龄的他还亲自撰写了专家意见,极力推荐,让我们感动万分。

湖南教育音像出版社在独立建制时没有从电教馆带走一件设备和一分钱资金,国家也没有拨付开办费,真正做到"自主经营,自负盈亏,自我发展"。今天,已拥有一万三千平方米面积的办公楼,年销售码洋近亿元,年创利润逾千万元;经过十几年的创业,培养了一批优秀的人才,有教育厅的十佳青年、省直优秀共产党员、省教育系统优秀教育工作者、全国百佳出版工作者等先进个人;单位也获得以下光荣称号:先进基层党组织、重合同守信用单位、优秀财务单位、优秀音像出版社,并被省人民政府授予双文明建设单位称号。这些骄人的成绩的取得,当然是教育厅领导的结果,是全社职工努力工作、不断创新的结果。但是,如果没有南先生电化教育的理论和他的悉心指导,湖南教育音像出版社的产业发展也可能不会这么顺利。

二、南国农先生"三深入"理论对教育资源编制的影响

南国农先生强调,电化教育(信息化教育)要深入学科、深入课堂、深入教学。我体会"三深入"的理论要点,一是强调信息化教育的实践性,一切信息化教育的经验和理论产生于实践活动并指导实际工作;二是强调信息化教育的本土性,一切引进的理论要符合我国教育的实际并为实践所检验。"三深入"的目标,就是要把现代信息技术成功地改造为教育的适用技术,使信息技术手段成为常用的教育技术手段,使信息化成为教育的条件、教育的环境。我们把这些认识,贯穿到湖南教育音像出版社编制教育资源的始终,是我社的教育资源出版价值观的核心。

我们需要开发什么样的音像电子教学资源?这是我们一直在认真思考的问题。深入实际调查,我们发现有许多音像电子教育资源,经专家认定是好的,但并不受教师青睐。专家认为是好的教育资源,往往只在公开课、竞赛课和教研活动中用一用,在日常教学中并不怎么用,甚至根本就不用。教师反映说,教育资源好是好,但使用不方便,不好用。有了"好"的东西却"不好用",因此不能在教学中使用,这不能说不是个大问题。那么,教学资源好的标准究竟是什么呢?

教育资源的编制要有新的突破,必须找到问题的症结所在。黑板和粉笔是常

用的教育技术手段，虽有人认为它们落后，但在目前仍然是欲罢不能，因为使用起来实在是太方便了。纸和笔是信息技术手段，引进教育后，根据教育的需要改造变成了黑板和粉笔，才变成了教育技术手段。由于黑板和粉笔使用简便，很实用，于是成为课堂教学常用的教育技术手段。可见，信息技术手段引进教育，要按教育需要改造才能成为教育技术手段。使用方便，才会乐用，乐用就能常用。教学资源好的标准应从两个方面去考虑：一是内在质量好；二是好使。过去我们重视前者而忽视了后者。从应用角度看，能使用好即“好使”更重要，教学资源要“三深入”，就必须是好使的。

为了编制出好的教学资源，我们继续调研深入考察课堂教学。课堂上，教师在用自然的口头语言引导学生学习，用口头语言讲不清或有要强调的问题，他就会在黑板上写写画画，仍有解决不了的问题则通过实物、实验、电化教育或参观展示，在教学过程中音像电子教学资源往往起到某种不可替代的作用。教学过程中使用的多种形式的教材，教学研究人员统称为立体教材。受此启示，我们把使用立体教材时使用的教学语言，称为立体教学语言。立体教学语言以教师的口头语言为主线，融入了其他传播媒体的语言，比如影视的蒙太奇语言。音像电子教学资源只有能极方便地提供“字”、“词”、“句”或“段落”，才能与口头语言有机结合融合成立体教学语言。可见，音像电子教学资源所提供的在一般情况下不应是完整的教学内容，而应是片断性的内容，以方便教师组合运用。我们用“教学资源碎片”来描述这些片断性的知识，碎片的大小根据教学需要来决定，可大可小，其大小以方便教师解决他当前的教学任务为标准，在编制教学资源时可通过分析课程标准来预先设定教学资源碎片的大小。课堂教学资源碎片并不是杂乱无序的，它根据学科的知识结构和教学规律按知识点、事实或教学段落来切碎，碎片的内部有知识自身的逻辑结构，碎片外部又可按某种逻辑扩充为更大的碎片。因此，教学资源碎片碎而有序。从学生学习的角度看，教学资源碎片有利于学生构建自己的知识结构；从教师教学的角度看，教学资源碎片有利于动态形成适合当堂学生需要的教学方案和课程。这两点都是课程改革所倡导的。课堂教学资源存在的基本形式是碎片，这些教学资源碎片是多媒体的，是可以非线性地点播的，是一点即呈现适合课堂使用的。

我们认为，“适用、便捷、交互”是研发音像电子教学资源的基本原则。只要操作方便、适用又好用，师生就会乐于使用，就会经常使用，这样的教学资源就能“三深入”。“适用”，就是适合教学使用，能与口头教学语言方便地组成立体教学语言的音像电子教学资源，才是适用的教学资源；“便捷”，就是获取和呈现教学资源要方便快捷，一有需要就可以点击，一经点击就呈现；“交互”，就是人机交互，只有实现人机交互才能激发教学资源的使用价值，使用价值一经激发，工具性的交互就会转变为生成性的交互，生成性的交互更能适应课堂上瞬息万变的教学需求。按照这样的编制思路，我们开发 VCD 教学资源时，就将其改造成了多媒体 VCD 教学资源。由于具备“适用、便捷、交互”的特点，广受欢迎。多媒体 VCD 还通过了教育部审查，进入了全国农村远程教育工程教育资源目录，在全国多个省区中标，累计发行量达千万张光盘。DVD 播放机在学校广泛装备后，我们又按照同样的编辑思路，推出了交互式 DVD 教学资源，现在又在开发 DVD-ROM 非线性教学资源。一句话，在南国农先生信息化教育“三深入”理论的指导下，我们提炼出了音像电子教学资源的编制指导思想，不断推出新产品，服务教育满足教育不断增长的需求，带动了产业的快速发展。

三、南国农先生重视电教研究的思想对教育资源产业的影响

南国农先生十分重视电化教育的实践和研究，并在实践和研究的基础上构建了电化教育的理论体系。我们从 1979 年起就一直是这个理论的学习者和实践者。受南先生的影响，我们也热忱地投身于电教研究之中，20 世纪 80 年代在全国有一定影响的湖南电教实验，我们是主要的设计者和参加者。湖南教育音像出版社独立建制，我们把这种重视电教研究的认识带到了出版社。

刚到出版社时，我们只是朴素地认为：研发音像电子教学资源，只有通过研究掌握其规律，才能把握发展的主动权。我们用从南先生那里学到的开展电教研究的知识，应用到信息化教育资源产业的研究领域，从促进产业发展的角度参加了电教课题的研究。全国第一个有较大影响的课题《电化教育促进中小学教学优化》，我是总课题的主要成员，同时我又实际牵头承担《课题研究成果的推广应用》的研究，充分利用湖南教育音像出版社这个平台，及时把《电化教育促进中小学教学优化》课题的研究成果转化为音像出版物，然后推广应用到广大学校，进一步实践和落实南先生电化教育“三深入”的理论。这种课题研究的实施模式，使电教研究确确实实地促进了产业的发展。根据科学技术是第一生产力的科学论断，我们体会到电教科研也是第一生产力。这个认识得到卓晴君研究员的肯定，卓晴君时任全国教育科学规划领导小组秘书长、中央教育科学研究所所长。2001 年，她评论说：几年来，湖南的同志一直紧紧地追踪电化教育促进中小学教学优化课题研究的成果，结合湖南省的实际，及时地将这些研究成果转变为音像教材，经过省教委审定后，在全省推广应用。这样，教育科研的成果就及时地转变为教育的生产力。我们回过头来看这件事，准确地讲电教研究的成果是及时地转变为教育资源产业的生产力，通过产业的发展促进了电化教育的发展。

尝到了电教科研的甜头，开展电教研究的自觉性更高了。之后，我们又独立承担了全国教育科学“九五”规划教育部重点课题《义务教育音像教材建设的理论和实践》的研究。我们还是按“研究、转化、推广”的办法去实施课题研究。经过几年的努力，课题研究取得了较丰硕的成果，由全国教育科学规划领导小组办公室组织的课题研究成果鉴定组认为，《义务教育音像教材建设的理论与实践》课题研究成果“有多项开拓性的研究贡献”，“为拓宽教育时空，解决好教育信息的无限增长与教学时空有限的矛盾提供了新途径，为加强义务教育课程建设提供了新思路”。南国农先生参加了课题成果的鉴定，他特别赞赏课题组总结的“课题研究，成果转化，形成产业”三位一体的音像电子教材建设的运行模式，以及以科研来带动教育音像电子出版社发展的办社模式。该课题研究产生了较大的影响，教育部副部长邹时炎同志调阅了课题研究材料，2001 年 7 月 6 日约我到北京专门汇报课题研究情况。邹时炎副部长认为：“课题研究取得的成果是丰富而先进的”，“富有时代特点和创新精神”，“课题研究积累的经验，具有先进性与实效性，值得在今后普及教育中借鉴”。他说：“课题研究已经开花结果，结出了优良的果子，果子还需要进一步繁衍优化，就像袁隆平杂交水稻的推广应用一样去繁衍优化。”7 月 10 日邹时炎同志又给我寄来一封信，在来信中再次表示对课题研究“取得的丰富成果高度赞赏，对本课题组与湖南教育音像出版社的创新精神深感钦佩。为此，谨致信向课题组和出版社的同志们表示衷心地祝贺!”我们按邹时炎同志的要求对成果“繁衍优化”，进一步开发出了多媒体 VCD 和交互式 DVD 教育资源。之后，一系列的研究课题不断地投入研究，《基础教育教育资源的开发应用研究》、《数字化教育资源的研发和应用》、《教育资源中的动漫开发应用研究》等，产业的快速发展催促课题研究蓬勃发展，产业发展和电教科研形成相辅相成的互动促进。

当我们通过实行企业化管理在市场里渐入佳境时，终于发现：从产业的角度去思考，电教研究的确也是产业发展的有力手段，电教研究的能力可以通过迁移成为服务于产业发展的重要能力。信息化教育资源产业是一个产业链，出版仅是产业链的一个环节，产业链应该尽可能地向上下游延伸。向上游延伸，进入产业基础环节和技术研发环节，向下游延伸，进入市场拓展环节。教育资源的研发和市场拓展都必须遵循教育规律，这是教育资源产业与其他产业的不同之处。信息化教育资源产业重视电化教育研究是应有之义。有了电化教育研究成果做基础，信息化教育资源产品研发和市场拓展两者都会如鱼得水。教育资源产业的发展，由从业者对教育规律的把握程度决定。在市场竞争中，教育资源产业虽也会有杂音，有些业者可能会采用非正当手段来谋求发展，但从根本和长远来看，教育资源产业的发展是受控于教育规律所决定的教育需求的，谁重视教育研究、谁重视教育研究成果的转化和推广，谁就会在竞争中取胜。这就是产业化促进信息化教育资源事业发展的内在原因，也可以说是教育资源建设的一条规律，顺之者昌，逆之者亡。正是基于对规律的认识，我本人十分重视电教研究，在我退休之后，李超英社长和其他社领导人伍国保、李业文、唐峰等同志，更加重视电教科研，他们成立了专门的研发机构"教育资源开发与应用研究所"，专事电教研究和教学资源研发。

服务，市场，科研，是湖南教育音像出版社发展和壮大的三大基石。"服务教育，市场导向，科研带动，持续发展"是湖南教育音像出版社的发展思路，这个发展思路的形成，受益于南国农先生重实践和重研究的思想，并通过实践逐渐形成了湖南教育音像电子出版社自己的特色。

第八节　学术舵手与人格魅力

——南国农教授的学术思想对江苏高校电教的影响

南京大学　刘万年　辛显明　南京师范大学　张增荣

舵手是轮船上把握航向的人，如果航行偏离了方向，轮船就会南辕北辙，就会有触礁的危险。有人说方向比努力更重要，国家是这样，民族是这样，一个事业、一个学科何尝不是这样？

南国农教授在我国电化教育于1978年重新起步、发展过程中，无疑起到了舵手作用。在事业发展之初，人们只注重硬件投入而轻视教学应用的时候，他及时提出"电化教育姓'教'不姓'电'"；在人们只关注学校电教的时候，他提出了"大电教"的概念；在人们对电化教育的名词、术语争论不休的时候，他及时对电化教育做出了精辟的定义并提出了"电化教育＝现代教育思想、理论×现代教育技术"；在电化教育深入发展阶段，他陆续提出加强"三件"(硬件、软件、潜件)建设、"电化教育是一门科学，一项事业，也是一种产业”、要加强电教实验，即在现代教育思想现代教育理论的指导下，用三种技术，做两件事，实现一个目标、从“三子”（拍片子、放带子、修机子）转变为“三深入”（深入学科、深入教学、深入课堂）、电教工作者要“磨练内功”，要具备“六个三”（即三种语言、三种理论、三种媒体、三种技术、三种方法、三种品质）的条件，后又提出了应具有“士”字型的知识结构、走科研兴电教之路、要从传统教育的“三中心”（以书本为中心、以课堂为中心、以教师为中心）转变为“三结合”（书本知识与直接经验相结合、课堂教学与实践活动相结合、教师的主导作用与学生的主体作用相结合）……南国农教授在不同时期创立、建设、总结、概括的这些电教理论和实践体系，对我国电化教育的发展起到了舵手的作用。不仅引领着全国电化教育学科和事业的发展朝着正确的航向前进，对江苏高校的电化教育同样起到了积极的指导和推动作用。

南国农教授一直重视电教理论的研究，并提出“走科研兴电教之路”。早在1981年12月他在南京做报告时就提出：“电教理论还是一块处女地，需要我们认真地去垦荒。”“我们要建立自己的电教理论体系。”1985年11月他在南京大学做报告时又提出：“电化教育要深入课堂，电教工作者要学些教育理论，摸到教育的规律。”在他的思想影响下，江苏高校的电教理论研究工作一直抓得紧，抓得实。20世纪80年代初期，我省举办了各种各样的培训班、讲习班，在此基础上，我们又举办了一系列的理论研讨班、研讨会。先后有：1983年全省高校电视教材制作技术研讨会和在我省举办的全国高校电视教材制作技术研讨班、1984年举办的全省高校电教教材编制理论研讨会、1986年我省和上海联合举办的首次全国高校电教教材编制理论研讨会、1986年全省高校电教管理改革研讨会、1987年全省高校电教概论课教学经验交流会……此外，我省高校还举办了多次电教论文评比，其中1985年的论文评比有政府颁发获奖证书。在80年代中后期以后的十多年间，江苏高校电教工作者就发表论文1200多篇，自编讲义20多种，出版专著30多本，参编著作16本(其中有些就是由南国农教授主编的)。江苏高校电教理论的研究工作和取得的这些成绩，在全国也有一定的影响。南国农教授也曾在多种场合对我省高校的电教工作给予肯定和赞誉。佟力、郭厚登、李奈、邢纯洁等时任中央电教馆、教育部电教局的领导对江苏高校的电教工作都十分肯定，并十分信任地将一些全国性的重大活动委托给江苏举办。

好的舵手总是以优良的品行而得到他人的敬重，从而使他能一呼百应。有这样一件事在全国的影响是巨大的。1981年暑假期间，教育部原电教局在杭州召开全国电教教学研究会议。会上,南国农教授与辛显铭、周君达等商议举办全国高校电视教材编导班。这是根据当时的教学需要、软件建设需要、事业发展需要和编导人才匮乏而提出的。当年10月、12月两次在苏州主办,召开了编导班筹备会议,南国农、萧树滋、高汝森、李运林、李克东等教授出席,会上确定了举办编导班的地点、讲课教师、讲课内容、工作班子等。次年3月、5月、10月先后在广州、南京、上海举办了三期全国高校电视教材编导讲习班(期间在东北举办了一期普教班)。这次编导班学习人员之多,影响之大,在我国电化教育史上具有重要的现实意义和深远的里程碑意义。这三期编导班(人们戏称黄埔一期、二期、三期)为全国各省市培养了一批种子人才。经过一段时间的实践和提高,各省市又陆续举办了相应的培训班和其他各种类型的训练班(我省仅在80年代,特别是中后期就举办各种培训班、讲习班、专题报告会等20多期、次),以及电教教材的评比。这一系列的举动,不仅在全国涌现出一批教学软件编制人才,在某种程度上也稳定了电教队伍;不仅使全国电教教材建设有了一个量的飞跃,更在质上有了很大提高。80年代中后期在全国出现了一大批实用的教学优秀软件,甚至在国外都有了影响(如江苏高校有多部电视片在日本评比中获奖,南京大学的教学片在美国AECT年会上获得高度好评)。

好的舵手应熟知过去,面对现在,发展未来,这样才能对优良传统发扬光大。1981年底,南国农教授在南京大学做报告时就说:"我们写中国电教的历史,还是要从南大写起。"(指早期金陵大学的电教工作,金陵大学是南京大学的前身之一)在他的指导和影响下,南京大学先后举办了多次活动,取得了一定的成效。

1988年5月举办了全国性的"纪念金陵大学电化教育专业成立50周年学术研讨会",来自全国的新老电教工作者50多人参加了会议,其中有金陵大学校友18人,年龄最大的近80岁。有当时参加创建电教专业的教师,有当年的电教工作人员,有金陵大学电教专业毕业的校友,还有金陵大学电教专业后期主任许国梁教授。当年金陵大学影音部主任、影专主任、《影音》主编孙明经教授送来了"电影是如何进入中国大学的"书面报告。

1998年10月举办了"金陵大学电化教育专业成立60周年纪念会"。到会的基本上是全国各高校的新时期的电教工作者。大家就如何继承和发扬金陵大学优良传统,办好学科专业和做好教学应用进行了广泛的研讨。

2005年11月召开了"金陵大学电化教育史研讨会",江苏及周边高校学科教师和电教工作者就学科建设及合作事宜进行了研讨。尤其是南京市文化局的陈智老师在会上以充分的历史史料证实了我国获得第一部国际奖的影片是金大制作的《农人之春》,为金大辉煌的电教成就添上了重重的一笔。

2006年12月召开了“探索影视教育的中国之路——纪念中国电化教育定名70周年学术研讨会”暨网络视频会议。会议的重要意义在于后辈们为纪念1936年正式启用“电化教育”名称70周年而召开了这样的会议。会议通过网络视频,使得远在兰州的南国农教授以及其他专家参与了会议并发言。这种形式是有史以来的第一次。

对金陵大学电教史的研究特别是桑新民教授2004年来到南京大学工作以后,更是上了一个新的台阶,先后有3名硕士研究生和博士研究生从事电教史的研究,发表了若干篇相关研究论文,出版了专著。目前又参加了由南先生主持的全国重点课题电教史的研究工作。可以说,南京大学对我国电教史的研究工作一直没有间断过。

好的舵手不仅要知道自己(指我们所从事的工作)的长处,还要清楚自己的不足,同时要了解队友,团结队友,告诫队友,鼓励队友,激励队友,这样才能在关键时刻赢得胜利。南先生就是这样一个舵手。

1981年12月他在南京大学做报告时说:我们的电教工作主要是教学、科研、制作、服务四方面,但是要做好这四方面的工作必须具备四种精神:“钢杆”精神、创新精神、协作精神、为他精神。这是他针对当时电教队伍中有人怕苦、有人因循守旧、有人单枪匹马、有人只想教学不愿服务而提出的。其实南先生本人就具有这样的精神。他为我们做了一个很好的楷模。在他的影响下,江苏有一批具有这些精神的“钢杆”。有的虽已退休,但人退心不退,各种活动仍积极参加;有的从1978年参加电教工作,至今还在兢兢业业,孜孜以求。

任何工作总有高潮和低潮,任何队伍总有积极和消极,电化教育也是这样。1985年11月南先生在南京大学做报告时,面对当时有人提出“中国电教的旗帜到底能打多久”的问题,南先生总结出当时的四种人(四派):悲观派、谨慎的悲观派、乐观派、谨慎的乐观派。他希望大家应该成为“谨慎的乐观派”。因为四化建设需要电教,教育改革需要电教;知识激增给教育带来的难题需要电教去解决,人口激增给教育带来的难题需要电教去解决;电教自身的建设已经取得一定的成效,电教的成效可以为教育作出更大更好的贡献。不过要解决好电教当时存在的三大问题(即开展电教靠“三材”):媒体问题——即电教教材建设,这是重点;人才问题——即电教队伍建设,这是关键;经费问题——即电教事业建设,这是难点。南先生对这三大问题逐个解剖,详细分析,认为“三材”解决好了(后来又提出要加强“三件”即硬件、软件、潜件建设，电教要“三深入”等），“电教的明天会比今天更美好”。

好的舵手不仅有很高的造诣，而且总是为人谦和，这样他才有凝聚力，才便于让人亲近。南国农教授就是这样。尽管他学术造诣很高，但仍然平易近人，和蔼可亲，从没有高高在上，也从没有让人感觉他不可亲近。20 世纪 80 年代初期，有人对他的学术观点有不同看法，甚至比较尖锐，有的在公开场合提出反对意见，但他十分宽容，在他主编的学术刊物上曾发表过多篇与他有不同观点的文章。

作为晚辈，能得到南先生的赠书感到十分荣幸，而让我们感到惭愧和不安的是，南先生总是提款写上“指教”、“指正”之类的谦词；作为晚辈，逢年过节给先生送张贺卡是十分应该的，可南先生哪怕再忙，总是每收必回。

南先生的才华出众和很高的逻辑思维能力、分析概括能力也是众所周知的。大家的座谈、研讨，有时候会理不出一个头绪来，但经他一提炼、一升华，思路清晰，十分明了，而且让人记忆深刻。就连萧树滋先生都钦佩他的为人为学：“老南是个才子，为人好，能力强，口才文笔才华双全。他分析问题透彻，善于总结、归纳，思路敏锐，是难得的人才。”

南国农教授虽已九十高龄，但如今仍然奋斗不息，活跃在教育战线上。在学术上，他起到了引导、指导、领导作用；在为人上，他德高望重，为人谦和的人格魅力是我们的一面旗帜。他是中国电教事业的舵手，电教的学术大师，是我们的幸福，是我们事业的幸运。我们江苏电教人都是在聆听着南先生的谆谆教诲和在南先生的影响下一步步成长、成熟起来的。

第九节　积极倡导电化教育产业发展

广东外语艺术职业技术学院　邓文新

一、南先生关于“电化教育也是一种产业”的思想

1997 年，南国农先生提出“电化教育也是一种产业”的思想。在 1997 年第 12 期《电化教育研究》中，南先生撰写的《对我国电化教育深入发展的思考》一文中，他明确提出“电化教育是一门科学，一项事业，也是一种产业。电化教育有投入与产出，有经济效益。它属第三产业，产品主要是人化的，也有物化的”①。

---

① 南国农．对我国电化教育深入发展的思考[J]．中国电化教育，1997(12)．

南先生关于“电化教育也是一种产业”的思想来源于他对电化教育的概念界定和电化教育整体发展的深入思考。20世纪末，世界处在新旧世纪之交。面向崭新的21世纪，我国的电化教育应如何深入发展？南先生提出：首先，要全面、正确理解电化教育的概念，其中也包括“要重视电化教育也是产业”这一论断。目前，电化教育作为一种产业，正在形成电化教育（教育技术）“研究、生产、应用”相结合的可持续发展的机制，使信息化教学资源的建设走产业化的道路，以产品和技术服务支持教育信息化。①

南先生关于“电化教育也是一种产业”的思想对于电化教育（教育技术）学科、事业和产业的发展都产生了重要的影响，对于推动电化教育（教育技术）的全面发展具有十分重要的意义。中国电化教育（教育技术）由电化教育学科、事业和产业共同构成一个“三位一体”的整体。电化教育（教育技术）的整体发展，学科、事业、产业三个方面不可分割。电化教育产业对事业、学科的发展有着至关重要的支撑作用；反过来，电化教育学科专业和事业发展对具有中国特色的电化教育产业具有重要的指导和引领作用。

二、南先生积极倡导电化教育产业创新

1.“拿来拿去”论引领电化教育产业创新

中国电化教育（教育技术）自建设之初就面临一个问题——中国教育技术学科建设道路应该怎么走？对于这个问题，南国农先生提出“拿来拿去”论，并在多篇文章中作出过详细的阐述。《中国教育技术学专业建设的发展道路》一文中指出：继承与创新都可贵，而后者更可贵。在学习和研究中，可以采取拿来主义，但不能止于拿来，要在拿来的基础上，有所创新，使之变成拿去。② 另外，《教育技术学科建设：中国道路》中提到：教育技术学科建设，要学习、借鉴他国的优良经验，积极吸收人类的一切先进文明成果。教育技术学科建设的发展，只有通过创新、超越，才能实现。③

对于中国电化教育产业的发展，南先生认为同样要遵循“拿来拿去”论，即国内电化教育产业应该走一条“引进—吸收—创新—出口”的发展道路。南先生曾多次亲临典型的电化教育企业、公司指导其发展工作。国内多家知名的电化教育

① 李龙．加强史学研究，促进学科发展（二）[J]．电化教育研究，2006(12)．

② 南国农．中国教育技术学专业建设的发展道路[J]．电化教育研究，2005(9)．

③ 南国农．教育技术学科建设：中国道路[J]．电化教育研究，2006(1)．

企业正是遵循南先生的这一论点，并融入企业的研发、营销和文化建设之中，走出了一条具有中国特色的电化教育产业发展道路。

典型案例

来自深圳巨龙科教公司

深圳市巨龙科教高技术股份有限公司成立于1995年，是一家专业从事教育现代化设备和教育信息化系列产品研发生产的高科技企业。TOP2000多媒体教室系列产品的推出，奠定了巨龙科教在国内教育信息化领域的领导地位，并成为业内知名品牌。[①] 随着国家教育信息化程度的逐步提高，TOP2000已很难支撑企业的发展壮大。加拿大SMART科技公司在1991年首先向市场推出第一块互动智能白板。1996年，我国从SMART Board公司引进了第一块电子白板。巨龙科教以此为契机，从开始做电子白板的代理商，逐步转向自主研发。南先生高度赞赏深圳巨龙科教公司的创新意识，并以“拿来拿去”论指导巨龙公司通过吸收国外技术，进一步创造自身的核心技术，打造电子白板自主品牌。在南先生的指导下，巨龙科教推出具有自主知识产权的电子白板产品——IP Board交互式电子白板，并在交互电子白板的核心技术方面拥有多项发明专利。以此为新的起点，巨龙科教公司逐步推出电磁感应式、压感式等不同技术的交互式电子白板，成为国内电子白板研发的领军者。

近年来，巨龙科教主推的IP Board交互式电子白板通过了教育部鉴定和CE认证，并批量出口欧美市场。[②] 巨龙在拓展海外市场过程中始终坚持南先生所提倡的两条战略——引进来和走出去。[③]

典型案例

来自广州奥威亚公司

广州市奥威亚电子科技有限公司（简称AVA）成立于2005年1月，是一家以

① 巨龙科教在线教育资源网. http://edu.julong.com.cn/about.htm.

② 巨龙科教在线教育资源网. http://edu.julong.com.cn/about.htm/index.com.

③ 专访深圳市巨龙科教高技术股份有限公司董事长金瑜山[J]. 中国教育技术装备，2009(12).

IT 产品为主，集研发、生产、销售为一体的新兴高科技企业。公司致力于先进的流媒体技术、网络控制技术、多媒体音视频切换及传输技术。AVA 是国内最早进行录播系统研发生产的企业之一。从引进国外的双向视频会议系统到逐步建立自己的教育视音频产品体系，广州奥威亚公司在这一过程中遇到了难以逾越的“鸿沟”。2007 年，南先生利用在广州开会的空隙亲临 AVA 指导工作，提出要在充分消化吸收当前市场上的双向视频会议系统关键技术的基础上，结合高校精品课程建设和中小学优质课录制的实际需要，开发新型的教学视音频录播系统。在南先生“拿来拿去”论的指导下，AVA 潜心改良和创新教学录播系统的关键技术，研制开发了品质优秀、操作简易的全自动智能化录播系统。最近，AVA 又研发出了包括四路高清信号的智能录播系统，极大地满足了学校教学视音频资源录制和网络点播的需要。作为录播系统行业的领航者，AVA 在产品功能、技术工艺、设计理念等方面不断创新，成为众多录播生产企业争相模仿的标杆企业。目前，AVA 的录播系统产品已经开始销往海外，并受到了海外市场的高度重视。

2. “一定要创造电化教育产业发展的中国经验！”

南先生提出国内电化教育产业整体的发展思路应该是走一条“引进—吸收—创新—外销”的发展道路，也就是一定要创造电化教育产业发展的中国经验。在电化教育产业中，产品的研发是至关重要的一个环节。我国电教企业从宏观的角度上可以分为硬件和软件两个类别，这两种类型的产品研发模式又有一定的区别，但都形成了具有中国特色的产品研发模式。

软件类产品主要采取的是自主研发的模式，吸收国外先进的技术和理念，并在此基础上进行创新，开发出适合国内教师和学生使用的教学软件。在软件的开发阶段，我国走过不可避免的弯路，并在此过程中找到了具有中国特色的产品研发模式。

我国早期在引进国外技术之后，采取的方式是教育部直接拨款给高等院校，由他们来组织开发团队，进行产品的研发，典型的有国家“九五”科技攻关 96—750 项目。这些软件和资源在使用过程中对教学起到了帮助作用，但是也在一定程度上存在着技术不过关，操作不方便等问题。教育部吸取经验，调整为由企业来开发教学软件和资源，这种举措虽然克服了技术上的问题，但是教学性又大大下降，教学实用性不强。由此，我国电教软件类研发转向由高等院校、实验学校以及软件开发企业三者合作，进行产品研发，实现“产、学、研”三结合，从而推动了电教软件类产业转型升级迈出坚实一步，让电教产业走在了科技前沿。电化教育产业软件类产品的研发、销售模式如下图所示。

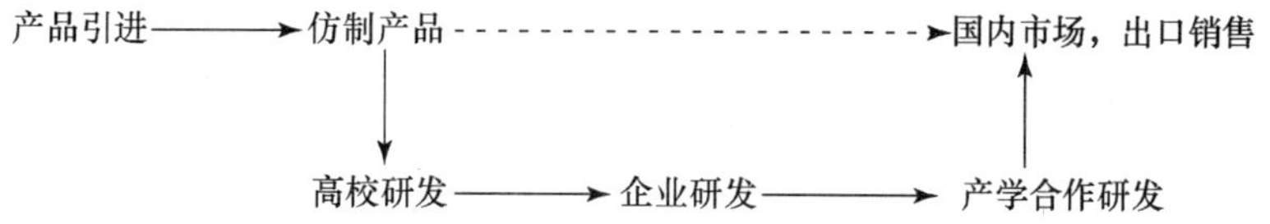

图　电化教育产业软件类产品的研发、销售模式

中国电化教育产业的硬件类产品的研发模式遵循了南先生提出的“拿来拿去”论。国外新的硬件技术引入中国初期，国内的企业基本上是采用代理的模式，在此过程中，逐步吸收产品的技术，并尝试自己研发生产。之后，在原有国外产品的基础上，进行创新，开拓自身产品，并逐步发展壮大产品销往海内外。

三、倡导电化教育产业与学科专业合作双赢

1. 指导华南师范大学教育技术专业开展校企合作

华南师范大学教育信息技术学院前身是电化教育系，是在创办电化教育（教育技术）学科专业的基础上发展起来的。这是由李运林、李克东先生等创办的国内第一个教育技术专业，在专业的建设过程中得到了南国农先生的大力支持和帮助。

电化教育（教育技术）学科是一门技术性很强的综合性学科。专业教学必须具有与课程配套的实验室与实践基地才能培养高素质的专业人才。为此，在 20 世纪 80 年代，华南师范大学教育信息技术学院建成了四大实验室：常规电教媒体实验室、电视电声技术实验室、电视教材编制实验室以及计算机实验室。另外，为了提高学生的学科专业综合技能与实践能力，还与社会结合建立了三大实践基地：一是电教设备维修基地。包括有：与香港信兴机构合作在广州开设日本松下、乐声牌和 JVC 电器维修中心（开幕时省长叶选平剪彩）；与香港和记集团合作开设了先锋和山水电器维修中心。学生在四年学习中，必须有六个星期时间在这里学习各种电器的维修技术。二是电教教材制作实践基地。电视教材方面与广东电视台与广州电视台共建，学生在电视台六周，参与或主持做一个以上的专题节目。三是学科专业教学与实验研究实践基地。选定广州附近的一批实验学校，

学生在这里做为期六周的教育教学实习或毕业论文研究工作。[①] 经过上述的专业实践，大大提高了学生的专业综合技能，培养出符合社会需求的学科专业人才。

在南先生倡导"电化教育产业与学科专业合作双赢"思想的指引下，华南师范大学教育信息技术学院一直秉承着"产学研"三结合的理念，不断和相关企业进行校企合作。近年来，教育信息技术学院与广州市奥威亚电子科技有限公司、鸿合乐知软件公司、明博教育科技有限公司等行业的知名企业合作。

2. 指导广东外语艺术职业学院现代教育技术专业开展校企合作

南先生曾多次指导广东外语艺术职业学院信息技术系的学科建设和专业发展，并提出无论是本科教育还是高职教育，都应注重专业和产业的合作双赢。

产学研结合是高职院校增强自身办学活力、主动适应市场的需要，是高等职业教育发展的必由之路。高职院校的培养计划实际上就是产学研合作的人才培养计划，它是高职院校人才培养工作的总体设计和实施蓝图。因此，高职院校只有密切结合地方需求，走产学合作之路，才能为地方经济社会的发展提供人才支持和技术服务，从而为自身获得生存和发展空间。[②]

广东外语艺术职业学院已与三家企业进行联合办学，分别为广州市金禧信息技术服务有限公司、广州乐知软件技术有限公司、中国协同教学集团。双方的合作方式是以场地来换取资源，引企入校，即广东外语艺术职业学院为三家企业提供公司办公场所，企业接纳学生和教师到企业实习，为学校提供实训基地，达到双赢。

广东外语艺术职业学院在校企结合方面有以下四方面成果：

(1) 校企合作，共同建设和改善专业实训条件

广州市金禧信息技术服务有限公司为广东外语艺术职业学院信息技术系提供了实训所：IT 运维实训所、软件开发实训所、培训实训所等。广州乐知软件技术有限公司为为广东外语艺术职业学院信息技术系提供了五个实训所：未来课堂教学系统展示体验实训所、教育技术设备使用与维护实训所、教育技术资源开发实训所、动漫设计与制作实训所、小学信息技术课程研究实训所。

(2) 校企合作，开展课程教学改革

---

① 李运林，李克东，徐福荫. 华南师范大学教育技术学科专业建设历程 ——纪念教育技术(电化教育)学科专业创办 20 周年[J]. 电化教育研究，2003(11).

② 广东外语艺术职业技术学院信息技术系主页. 广东外语艺术职业技术学院专业特色报告. http：//www.gtcfla.net/cai/sfzy/zywj/xdjyjs/Files/zhengyetesebaogao/zytsbg_1.htm.

广东外语艺术职业学院在进行课程改革过程中邀请相关企业的管理人员共同参与编写专业课程教学方案、课程标准等。这样做一方面能够根据企业的需要来调整人才培养方案，另一方面也有利于企业在学校中选拔人才。

(3) 校企合作，共建“双师”型的专业教学团队

为提高学校教师的教学和技能水平，建立“双师”型的专业教学团队，学校组织教师进入企业实践，同时聘请企业工程师来学校做兼职教师，指导学生实践操作。

(4) 校企合作，开展教科研项目研究

广东外语艺术职业学院和企业共同开展相关的课题研究，并在研究过程中锻炼教师的教研能力和学生进行科研的能力。

四、倡导电化教育产业在参与教学改革中创新发展

目前，学科教学改革成为学校工作主旋律。教改以教师和学生为核心，在此过程中很多先进的教学理念要付诸实践还需要相关技术的支持。南先生指出，电化教育产业可以参与到学科课程改革过程中，并以此来推动产业不断向前发展。以移动学习为例，电教产业在这种学习方式的变革过程中发挥了巨大的作用。

随着移动通信技术与计算机技术的融合，出现了一种新型的学习技术与方式——移动学习。20世纪末，利用移动通信设备开展学习活动的研究开始兴起，短短几年时间，移动学习已经成为远程教育与数字化学习领域中的一个研究热点。[①] 移动学习方式已经逐步被中小学教师和学生所认可，成为中小学教学改革中的一个重要的部分。

南先生提出，移动学习资源以及移动学习媒体的开发对中小学教学方式的变革有非常重要的意义。

在南先生的指导下，中国协同教学集团(中山新学友教学用品有限公司)自主研发了电子书包移动学习媒体以及配套的移动学习资源网站(www.515best.com)。

电子书包是用以支持移动学习的设备，学生可以利用电子书包进行随时随地的学习，电子书包中生动的多媒体教材可以激发学生的学习兴趣；配合多维互动课堂，提高了教学效率和学习效果；同时移动学习媒体将家庭、学校和社会紧密地联系在一起，有效地指导学生学习。配合电子书包的教育网中提供大量的名师课

---

① 叶成林，徐福荫，许骏. 移动学习研究综述[J]. 电化教育研究，2004(3).

堂实录及专题指导，帮助学生形成科学的学习方法；教育网中的精编题库、模拟考场，可以让学生随时随地的在家庭、课堂进行练习、模拟测试。教育网充分整合学校、家庭、社会学习资源实现协同教育，培养学生的问题意识和创新精神，真正做到活学活用。

五、积极倡导电化教育产业研究

1. 指导中国电化教育产业研究课题

2006年底，由南先生牵头开展《中国电化教育（教育技术）发展史研究》（全国教育科学“十一五”规划教育部重点课题）。其中，南先生亲自确定“中国电化教育产业发展历程研究”作为该项目的一个子课题，专门研究中国电化教育产业发展的历程和经验。

中国电化教育诞生70多年以来，电化教育产业伴随我国电化教育学科和事业而蓬勃发展。南先生希望通过该子课题研究，能够梳理中国电化教育（教育技术）产业发展的基本线索和历程，揭示电化教育产业对于中国电化教育学科和事业发展的支持作用，介绍和分析我国典型的电化教育产品，总结电化教育产品在教育教学改革中的成功应用的经验和典型案例，为我国电化教育（教育技术）产业的进一步发展提供理论和实践的指导和帮助。

2. 指导广州市协同教育科学技术研究院开展电教产业研究

根据我国当前信息化教育学科、产业、事业的发展，需要有一个将学科研究、产业开发和事业发展联结起来，互相促进，共同发展的机构。李运林先生等一批教育技术专家结合南国农先生的电化教育产业观的精神，与中国协同教学集团(China Interactive Education Inc.，简称CIE)在国内的全资公司——中山市新学友教学用品有限公司合作，经上级主管部门批准成立广州市协同教育科学技术研究院，致力于研究协同教育与信息化教育的理论与技术问题。

南先生对协同教育研究领域中的电教产业研究非常重视，持续关心与支持研究院组建和研究工作，并为研究院题写院名和贺词。南先生在贺词中特别提到，希望通过研究院的工作“引领现代教育科技研究潮流，促进信息化教育事业、学科、产业共同发展”。

六、结语

中国电化教育产业的蓬勃发展，离不开全体电教人的不懈努力，更离不开南国农先生的大力支持和悉心指导。南先生提出了一条具有中国特色的电化教育产业发展道路，我们希望中国电教产业能够在南先生的指引下迈向更加辉煌的未来。

第十节 南国农先生的电化教育产业观对广州市协同教育科学技术研究院建立的影响

华南师范大学教育信息技术学院 刘繁华
广州市协同教育科学技术研究院 张 瑜

一、南国农先生的电化教育产业观

电化教育产业是电化教育发展的重要组成部分，是现代教育思想和现代信息技术高度结合的产物。南国农先生在《对我国电化教育深入发展的思考》一文中提出："电化教育是一门科学，一项事业，也是一种产业。电化教育有投入与产出，有经济效益。它属于第三产业，产品主要是人化的，也有物化的。"南先生关于"电化教育也是一种产业"的思想来源于他对电化教育的概念界定和电化教育整体发展的深入思考。

南国农先生的电化教育产业观是南先生电化教育思想的重要组成部分，是电化教育学科、事业和产业建设与发展的需要。电化教育学科与事业的发展，催生新兴的电化教育产业，而电化教育产业的兴起又会对电化教育学科与事业的进一步发展起到支持与促进作用。南先生的"拿来拿去"论为电化教育产业发展指明了方向。电化教育产业经历了"引进、吸收、创新、外销"的发展道路，并在此过程中逐渐发展壮大。

在电化教育事业与产业的发展过程中，存在企业注重技术开发，缺乏教学研究和应用推广的能力，高校专业发展缺乏技术支撑和实践环境的情况。南先生创新性地提出，研究部门不仅可以建立在高等学校中，还可以建立在企业中。因此，搭建电化教育学科、事业和产业之间的桥梁是当前电化教育发展的需要。

二、广州市协同教育科学技术研究院的建立

1. 建立背景

随着网络技术、多媒体技术和移动通讯技术的发展，信息技术在教育中得到广泛的应用。《国家中长期教育改革和发展规划纲要(2010—2020 年)》明确提出：要加快教育信息基础设施建设，把教育信息化纳入国家信息化发展整体战略，超

前部署教育信息网络，同时要加强优质教育资源开发和应用，加强网络教学资源库的建设。在这大背景的指引下，我国电化教育学科、事业和产业必将取得更大的发展。

为了适应电化教育的发展需要，李运林教授等一批教育技术专家结合南国农先生的电化教育产业观，与中国协同教学集团(China Interactive Education Inc.)国内全资子公司中山市新学友教学用品有限公司合作，成立了广州市协同教育科学技术研究院。这是一家致力于将电化教育学科、事业和产业发展联结起来，实现互相促进，共同发展的机构。

2. 发展方向

研究院通过课题研究、技术开发和应用培训等渠道，使产业部门、研究部门和应用部门之间相互联系，实现电化教育学科、事业和产业共同发展，引领电化教育产业由生产型向服务型转变，形成与国际接轨的研究、生产、应用相互协同的发展模式，如见图所示。

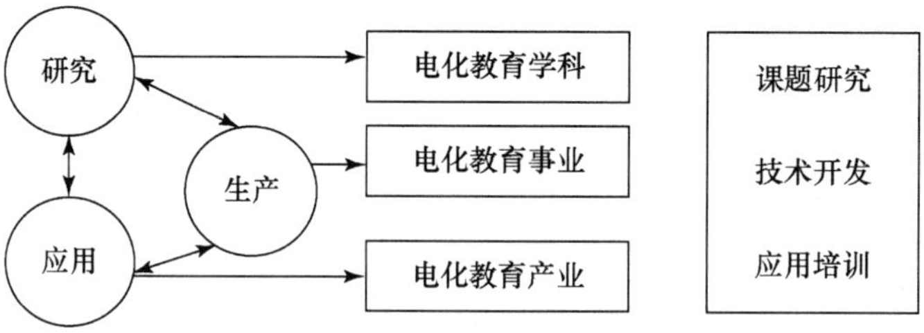

图　研究院的发展模式

根据研究院的发展模式，确立了研究院的具体工作方向：

(1) 协同教育理论与实践研究。研究院将进行协同教育理论、协同教育通道、协同教育模式、协同教育效果等方面的研究，使研究院成为最具权威的协同教育理论与实践研究机构。

(2) 移动学习媒体在协同教育中的应用研究。基于移动学习媒体开展学校、家庭和社区之间的协同教育是一个崭新的研究课题，移动学习媒体在协同教育中的应用，可以扩大协同教育的范围，加强协同教育的效果。研究院将在国内率先开发移动学习终端设备和移动学习资源，开展移动学习模式的实验研究和移动学习行业标准的研究。

(3) 协同教育"班班通"应用研究。研究院将积极探索协同教育"班班通"的应用模式，开发协同教育"班班通"教学设备、应用平台及资源。在协同教育理论的指导下，将学校教育、家庭教育和社会教育三大教育系统紧密联系起来，构建协同教育“班班通”的应用策略。

（4）培训与应用推广。研究院的专家团队将设计和开发信息化教育新理论、新技术、新模式系列课程和教材，并面向教育管理部门、学校及产业部门提供培训。为电化教育产业服务，转变领导观念、提高教师信息素养、促进教师专业发展服务。

3．组织结构

研究院采用理事会领导下的院长负责制，设有理论研究部、产品策划部、应用推广部、教学实践基地、信息化教育培训中心、《电化教育研究》广州办事处等六个部门，建立了适应开展理论研究、产品开发、应用推广和学科实践的组织结构，如下图所示。

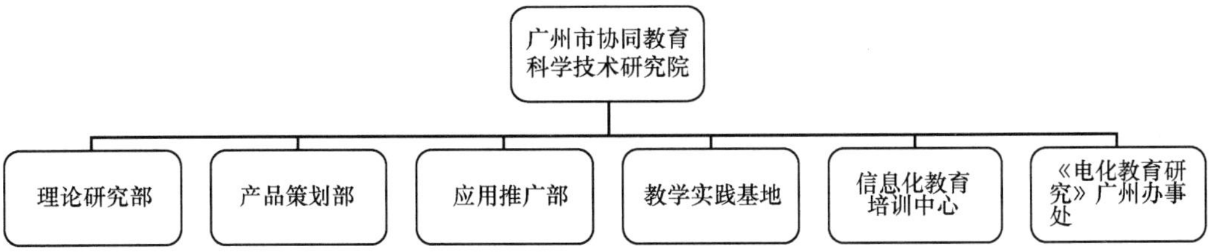

图　广州市协同教育科学技术研究院组织结构图

（1）研究院邀请国内的知名教育技术专家，开展理论研究，申报国家、部、省级研究课题。通过课题研究的组织实施，形成丰富的理论研究成果，为产品开发及应用推广提供有力的指导。

（2）研究院在理论研究的基础上，开展新产品的研发策划，引领教学设备、教学资源的开发方向，促进新型信息化教学应用模式的构建，建立新型的教师信息技术培训模式。

（3）研究院整合了国内电化教育产业的优质产品，为各级学校提供开放式的教学实践基地。研究院的专家为高校学生和学科教师提供专业实践指导，实现社会协同学校教育。

（4）研究院下属的培训中心将开发信息化教育的“新理论、新技术、新模式”系列课程与培训，为提高高校、中小学学科教师的信息技术素养、教学研究能力提供服务。

（5）研究院与《电化教育研究》杂志社合作建立广州办事处，为高校电化教育研究成果、教育管理部门及中小学校的信息化教育改革成果提供服务。

4. 阶段性成果

研究院成立以来，在南国农先生等著名教育技术专家的支持和指导下，在理论研究、产品开发及应用推广等方面取得了一定成果。

(1) 研究院承担了中央电化教育馆协同教育专项课题《移动学习媒体在协同教育中的应用研究》、广东省电化教育馆课题《互动多媒体系统创新教育应用的模式及策略研究》等课题的研究工作。在中国教育核心期刊《电化教育研究》等杂志上发表了《协同教育是教育传播与技术研究的新领域》、《家校协同教育通道的研究》、《论信息化教育产业——再论“信息化教育”》、《协同教育“班班通”应用策略研究》等论文。

(2) 研究院在协同教育理论指导下，策划开发了新型移动学习媒体——“五好学生”儿童电子书包、少儿电子书包等系列产品；设计和开发适合移动学习(M-Learning)的电子图书、动漫、视频等教学资源，开展学校、家庭、社会之间的协同教育。研究院提出了协同教育“班班通”解决方案，策划开发了协同教育“班班通”网络应用平台和教学资源，开发了系列学校信息化教学设备，包括电视白板一体机、交互式电子白板、智能录播系统、仿真实验室、应答反馈系统等产品，为实现教育部“班班通”工程提供特色解决方案。

(3) 研究院联合高校和产业部门，共同编写了《信息化教育：新理论、新技术、新模式》系列培训教材，采用“讲授＋参观＋操作”相结合的培训模式，立足新技术、贴近信息化教育应用前沿，为各级教育管理部门及教学单位提供服务。

三、南国农先生对广州市协同教育科学技术研究院发展的影响

1. 为研究院指明方向

协同教育是指学校教育系统、家庭教育系统和社会教育系统中某一系统的要素或信息进入另一个系统，并与另一系统的要素相互联系与作用，产生协同效应，影响了该系统的教育功能的现象。南国农先生一直以来非常重视协同教育的研究，认为协同教育是教育传播与技术研究的新领域，是未来教育的主流，并提出了协同教育的四大支柱：全新的理念、先进的平台、有效的方法、规范的管理。南先生的协同教育理念为研究院的发展指明了方向。研究院基于“产、学、研”的协同模式建立服务平台，整合学校、家庭、社会教育资源，为培养具备社会生存能力、社会生活能力、社会工作能力和社会创新能力的适应性人才提供服务。

2. 对研究院的关心和指导

南先生一直非常关心广州市协同教育科学技术研究院的发展，希望研究院成为电化教育产业创办的民办研究机构代表，探索中国特色的“产、学、研”的协同模式，为电化教育产业服务，为电化教育学科服务，为电化教育事业服务，推动未来教育的改革和发展。

南先生多次亲临广州指导研究院的组建工作，牵头邀请了国内知名的教育技术专家加入研究院成为高级顾问，共同探讨研究院的整体规划与定位、研究方向、研究目标和研究内容，为研究院的发展出谋献策，并亲自为“广州市协同教育科学技术研究院”题写院名。

3. 对研究院的期望

南先生对研究院寄予厚望，并希望研究院具有超前的眼光和勇气，在协同教育理念的指导下，开展课题研究、产品研发和应用推广工作，引领电化教育产业由生产型向服务型转变，成为中国教育 IT 行业的领跑者。

同时，南先生还为研究院的揭牌仪式题写贺词：“引领现代教育科技研究潮流，促进信息化教育事业、学科、产业共同发展，为缩小数字鸿沟，实现教育公平，提升教育质量，构建学习型社会而努力。”

广州市协同教育科学技术研究院是新形势下，用现代教育思想、理念、方法和形式，推动协同教育的研究和实践，提高教育效果和质量，推进信息化时代的教育改革。研究院成立的宗旨和未来发展方向，与《国家中长期教育改革和发展规划纲要(2010—2020)》的精神相一致。信息化时代的协同教育有许多问题需要我们去研究和探索，好在今后的发展有纲要精神的指引，有过去多年积累的基础和经验，有南先生等一批专家的支持和关爱，我们一定能创造出更多的研究成果服务于信息化时代的教育革新。

第四篇

南国农先生电化教育的理论与实践对未来教育发展的影响

第七章　概　　论

李运林　陈庆贵

2010年，我国已发布《国家中长期教育改革和发展规划纲要》，今后10年我国教育改革和发展要贯彻优先发展、育人为本、改革创新、促进公平、提高质量的方针。信息技术对于促进教育改革和发展的革命性影响已被提到空前的认识高度，我国教育信息化将要进入一个新的快速发展的时期。

新时期，我国教育信息化将会在基础设施建设、软件资源建设与共享、教师队伍建设与教师专业发展、教育管理平台和基础数据库建设等方面作出全面的规划和部署，信息技术成为推进各级各类教育教学改革和发展的重要支持平台，南国农先生他们所追求的信息化时代的电化教育的重要作用已被全社会广泛认同。

第一节　中国电化教育事业发展的展望

一、中国电化教育事业发展⟹中国教育信息化

新时期，中国电化教育事业发展要围绕贯彻《国家中长期教育改革和发展规划纲要》精神，着力推进教育信息化，用教育信息化带动教育现代化。南先生提出的，信息化时代的电化教育就是信息化教育，两者是一回事、是同一个概念，可以在信息化时代通用。这就从思想和认识上为新时期电化教育的发展明确了方向。

我们要深刻理解和把握教育改革和发展20字方针的内涵和要义，才能更好地贯彻实施《国家中长期教育改革和发展规划纲要》，推进新时期的教育信息化工作。第一，把教育摆在优先发展的战略地位，逐步增加对教育的投入，到2012年达到4%的水平。这是从国家战略发展的层面，把教育摆在优先发展的地位，对于完善中国特色社会主义现代教育体系，对于加快教育信息化都

会产生重大影响。第二，把育人为本作为教育工作的根本要求，尊重教育规律和学生身心发展规律。要以学生为主体，以教师为主导，充分调动学生学习的积极性、主动性，把促进学生成长成才作为学校一切工作的出发点和落脚点。第三，把改革创新作为教育发展的强大动力，健全充满活力的教育体制。第四，把促进公平作为国家基本教育政策，保障公民依法享有平等受教育的机会。坚持教育的公益性和普惠性，建成覆盖城乡的基本公共教育服务体系，努力办好每一所学校，教好每一个学生。合理配置公共教育资源，向农村地区、贫困地区和民族地区倾斜，逐步缩小城乡差距、区域差距和校际差距。第五，把提高质量作为教育改革发展的核心任务，为国民提供更加丰富的优质教育。新时期教育改革与发展的方针，与信息化教育密切相关，因此，新时期的教育改革和发展是可以也应该大有作为。信息化教育就是新时期的电化教育，我们对电化教育的作用以及如何推进电化教育已经十分熟悉了，我们要在过去的基础上，研究新形势下的新问题，跟上时代发展的步伐，推进新时期的教育信息化。

二、中国教育信息化的政策

在《国家中长期教育改革和发展规划纲要》精神的指引下，中国教育信息化的政策将要作出相应调整。特别是围绕重大教育信息化项目的实施和推进，将要制定和出台一些推进教育信息化发展的新政策。南先生在20世纪80年代电化教育发展初期，谈到电化教育建设任务时，多次强调在不同的发展时期，制定电化教育的法规和政策的重要性。新时期，教育信息化的发展要靠政策引领、项目推进、标准规范。实践上，中国教育的改革在很大层面上，都涉及政策层面的改革。比如：高考制度改革、招生考试制度改革等等，都涉及千家万户。

广播电视教育，扩大了教育规模，承认了学历，解决了许多社会矛盾；网络学院，也可以扩大教育规模，提高教育质量；卫星电视教育，也可以大规模地普及教育，甚至随着技术的发展实现双向互动；网络学校或者南先生曾经提出过的办网上传媒学校的设想，这些都是技术支持教育、技术促进教育改革的先例，都是能够实现的，关键是政策是否支持。新时期，同样会出现技术促进教育改革的新需求和新方式。如果说信息技术为促进教育均衡发展，不只是送优质资源下乡，而是送教下乡，采用网上网下相结合的教育方式，学生可以走班、走教，这是一个什么样的新教育模式？现在，已经有学者提出这些问题了，这些问题都涉及教育政策层面的问题，关系到教育信息化的未来发展。

教育信息化的政策问题，是一个复杂的大问题，它涉及诸多因素和具体问题。政策和策略是党的生命，一个政策的好坏关系到一个事业的兴衰和成败。我们要关注新时期教育信息化的政策研究。

三、学校教育信息化的前景

现在，信息化教育在各级各类教育中都得到了广泛的应用。就基础教育而言，2000 年在中小学信息化教育方面提出三大任务：校校通工程建设、开设信息技术课、开展信息技术与课程整合，三项任务都已经比较好地完成了。2003 年开始，用 5 年时间，国家实施农村远程教育工程，这是对农村地区的学校实施的最大的信息化普及工程。现在，各地又提出"班班通"工程，许多地方已经开始结合各地实际，推进这项工程的实施。技术的发展是永无止境的，技术用于教育的话题也永远是常提常新的话题。信息化教育就是信息化时代的新话题。

新时期，国家主导下的学校教育信息化的发展，更多的项目和资金将会投入到促进教育公平上、关注农村教育和弱势群体教育上。但是，均衡不是绝对的，均衡也不是静止的，学校的发展是永远的，是无止境的。在我们提倡教育公平或教育均衡发展，关注农村教育、关注农村普及信息化教育的时候，沿海有些经济发达地区提出学校教育信息化高位均衡的概念。原因很简单，均衡是相对的、变化的，不是静止不变的。不可以用低标准或低配置限制别人的发展需求。也就是不能用低位均衡来限制别人快速前进的步伐。在教育信息化推进过程中，需要在公平教育思想的指导下，加强规范化、标准化建设，同时也需鼓励个性化发展，办特色教育。

教育信息化的发展对学校的影响已经日益显现出来，它的影响不只是环境建设、资源建设、队伍建设和应用问题，教育信息化的发展将会对学校的发展产生全面的影响，包括教育思想、教育方式、课程形态、教育环境、教育管理、学校德育、学校文化、教师素质、教育质量和学习质量等方面。全面推进学校教育信息化是时代的主旋律，它是实现教育现代化的必由之路。

四、现代远程教育的前景

按照信息化教育的定义和大信息化教育观，现代远程教育属于信息化教育的范畴。要超越信息化教育目前的管理体制和各自的隶属关系，才能够看得更远些。信息化教育的机构设置，有因人设置的，有按性质不同因事设置的，也有站在更加宏观的角度设置的。我们要跳出目前的机构设置现状看未来现代远程教育的发展。

随着教育信息化的推进,国家主导的三网合一的通讯模式将会加快发展速度,很快进入应用阶段。卫星通讯方式和传统的广播电视方式的现代远程教育模式将会融入更多的新技术,从而得到发展。同样,依靠先进技术和现代通讯传输方式发展起来的现代远程教育将会继续在今后的高等教育、继续教育、社会教育、终身教育等方面发挥越来越大的作用。人们对现代远程教育的需求会越来越高,不会满足于现在远程单向传输内容的传输方式,双向互动的、随时可以选择学习内容和方式的、随时随处可以选择学习的现代远程教育模式将会兴起,根据需要提供学习、满足不同人群学习的需求是未来远程教育发展的方向。

第二节　中国电化教育产业发展的展望

一、中国电化教育产业发展⟹信息化教育产业

信息化时代,信息技术已经成为现代生产力发展的主要因素,信息产业的崛起必将推动社会的变革和发展,信息化教育产业的崛起也必将推动教育的变革和发展。信息化教育与电化教育是一脉相承的,在信息化时代这两个概念是可以互用的。但是,信息化时代人们将习惯运用信息化教育的概念。电化教育产业的概念为信息化教育产业的概念所代替。信息化教育产业的特征将会进一步显现:产品更新换代周期更短,传统与现代交相辉映;产品生产将呈现规模化态势,产业融合与重构成为变奏二重奏;信息的商品特性将更加明朗,信息制作与生产服务将市场化等。信息化教育产业主要根据人们对学习、教育和管理的需求得到发展。目前,中国信息化教育产业发展还处于初级阶段,市场发育也很不健全。在产业管理、产业规模、产品开发、产品生产、产品质量、后期服务、版权意识等方面与发达国家存在着差异。因此,信息化教育产业发展空间很大,需要研究的新问题也很多。

二、信息化教育产业开发

信息化教育产业开发存在着与用户市场或用户需求相脱节的现象。未来信息化教育产业的产品开发将趋向国际化、自主化和实用化。产品开发关键是

人才和产品质量。产业要发展，要能留得住人才，留得住一流人才。企业要造就留得住一流人才的环境。像许多产业部门就成立了研究院，来引领产业的发展。信息化教育产业是现代教育思想与现代信息技术高度结合的产物，它的开发者与推广应用者也是信息化教育领域的专家。

三、信息化教育产业服务

信息化教育的产业服务是一个发展方向，任何一个不重视服务的信息化教育产业都不可能持续发展。产业的服务理念必须得到加强。信息化教育的产业、信息化教育的事业、信息化教育的学科建设是一个整体，在新时期，仍然具有相互促进、相互发展的作用。信息化教育产业能促进信息化教育事业的发展，缺少信息化教育产业，就没有实现教育现代化的基础与条件。信息化教育产业能促进信息化教育学科建设。信息化教育产业的一切成果，也是信息化教育学科建设的重要部分。

第三节 中国电化教育学科专业发展的展望

电化教育是先有事业，后有学科；电化教育学科专业的发展源于电化教育的实践探索；电化教育学科专业经过多年的发展，形成了专科、本科、硕士研究生、博士研究生、博士后工作站的人才培养模式。1993 年，我国电化教育学更名为教育技术学，电化教育学科专业改为教育技术学科专业。电化教育学科名称更名后引起了一些争议。有人以为学科名称与事业发展关系不大；有人则以为：名不正，言不顺。现在，教育技术专业的高等学校有 200 多所，名称不下数十种。不同的名称有着不同的内涵和外延，有着不同的学科专业发展方向和办学理念。教育技术学科专业从二级学科升格为一级学科是中国电化教育学科专业在新时期的发展目标和努力方向，需要学术界的智慧和学科理论体系建设的完善。

第四节 中国电化教育学科理论发展的展望

在中国特色电化教育学科理论体系建立上，学术界主要存在两个观念、两种声音，形成了两个学派。两个学派的产生、发展、主要学术思想和观念都很清楚。一个是本土派，也称电化教育派，它的学科理论体系在电化教育实践中逐步建立和发展起来。经历了电化教育实践——建立起电化教育学科理论体系——建设中国特色电化教育学科理论体系——向着信息化时代的新目标：建设中国特色信息化教育学科理论体系。一个是依据美国 AECT'94 定义建立的教育技术学理论体系框架。经历了电化教育实践——建立起教育技术学科理论体系——发展中国特色教育技术学科理论。

在教育信息化推进过程中，南先生于 2009 年 8 月发表《信息化教育理论体系的形成与发展》，系统地阐述了信息化教育理论体系的形成和建立过程，提出了新理论体系重构的设想。

南先生指出：重构新的理论体系是本学科理论研究的第一主题。应以科学发展观为指导思想，以“和为贵，和而不同，求同存异”为总原则，以“你我不同，你我都好”为发展理念。在信息化时代，在教育信息化迅猛发展的时期，构建符合中国信息化教育发展实际的学科理论体系显得尤为重要。

参考文献

[1] 国家中长期教育改革和发展规划纲要.

[2] 南国农.信息化教育理论体系的建立与发展[J].电化教育研究，2009(8).

[3] 李运林.论中国特色的电化教育(教育技术)学科理论体系的建立与发展[J].电化教育研究，2009(9).

[4] 李运林.论信息化教育产业[J].电化教育研究，2010(4).

[5] 何克抗.关于发展中国特色教育技术理论的深层思考[J].电化教育研究，2010(5).

第八章　专　　论

第一节　理论·实践·方法

——21 世纪第二个 10 年中国教育技术研究的趋势展望

华东师范大学　任友群

如果以上世纪 20、30 年代在南京、上海、无锡、苏州等地进行的电化教育实验为肇始，我国的教育技术研究已经走过了近一个世纪的历程。其中，以南国农先生为代表的老一辈研究者作为领域的奠基者、开拓者和重要的推动力量，为我国教育技术研究的学科建设与发展作出了巨大贡献。难能可贵的是，这些可敬的学界前辈们至今仍在关注、关心着我国教育技术研究的现状与发展前景。以南先生为例，近几年，先生在近九十的高龄还接连发表了《信息化教育理论体系的形成与发展》[①]、《教育技术理论体系的重构：路线图》[②]、《教育技术理论研究的新发展》[③]等多篇文章，深入的理论阐发之中表达出了先生数十年如一日对我国教育技术学科发展的殷殷之心和关切之情。

在南先生面前，我是不折不扣的学界晚辈。当新世纪的第二个 10 年开始之际，在感叹着我国教育技术研究发展至今取得的显著成就时，我还同时感受到了南先生对学科未来发展的期待。我认为，梳理南先生的学术轨迹、思想体系、历史贡献无疑是感谢先生的最佳方式，而带着先生的期待，沿着先生已开启的对于教育技术学科未来发展的新思考继续展望将来的研究道路，同样也是向先生致以敬意的重要形式。这里，我谨抛砖引玉，从理论发展、实践发展、方法发展三个角度浅谈我对教育技术研究的未来发展趋势的一点看法，不当之

---

① 南国农. 信息化教育理论体系的形成与发展[J]. 电化教育研究，2009(8)：5-9.

② 南国农. 教育技术理论体系的重构：路线图[J]. 现代教育技术，2010，20(4)：5-7.

③ 南国农. 教育技术理论研究的新发展[J]. 电化教育研究，2010(1)：8-10.

处，敬请南先生和各位方家不吝指正。

一、理论发展趋势：从纷争走向融合

我一直认为，教育技术领域应该是一个对各种变化和新生事物保持高度敏感的领域，这不仅仅表现在对层出不穷的新媒体、新技术的热心追踪上，也表现在对丰富纷呈的学术理论和发现的迅速汲取上。与教育学这个一级学科下的其他二级学科相比，教育技术学科对新理论的态度更为积极。我们可以清晰地看到，伴随着上世纪 90 年代以来世界范围内的学习理论及其研究范式的变革，我国教育技术研究的理论基础和思考方式也迅即发生了深刻的转变，多元智能、建构主义、情境认知、分布式认知、混合学习等若干理论相继被作为教育技术学科的潜在的支柱性理论而得以反复讨论与研究。但在纷繁不断的理论探讨过程中，理论之间的相互竞争不可避免，以建构主义为例，且不谈关于建构主义本身的不同理解之间的争论，单就建构主义与认知主义、人本主义、行为主义、结构主义之间孰优孰劣的论辩就为数众多。有时理论之间的纷争甚至达到了一种“不破不立”的局面。在国外，理论上的纷争还表现在教育技术和学习科学两个领域之间，甚至导致了一些院系分裂成学习科学和教学系统两个部分。[①]

从学科的发展着眼，从纷争走向融合应该是教育技术研究领域理论发展的主流趋势，而且只有这样才真正有利于教育技术学科自身的发展。所谓的“融合”有两层含义。一是不纠结于理论争论的输赢，以兼容并包的心态对待过去的积累和新近的发现。在这一点上，我非常赞同南先生提出的“和为贵”[②]的思想。因为任何一种理论的产生和存在都有其合理性，我们切要避免在尚未理清理论背后的认识论或现实基础的情况下就急于推行或否定某种理论，例如，在否定建构主义时需要反思的是自己是否真正理解了建构主义，或者自己所反对的是“谁的建构主义”。同时，我们也要看到，许多理论本身也处在不断改进、完善的过程之中，例如，行为主义向新行为主义的发展就弥补了早期行为主义无视有机体的内部过程的局限。所以，未来的教育技术研究应该是从现实问题解决的实际出发而适应性地采纳、融合性地运用包括建构主义、认知主义、行

① 任友群，宋莉，李馨. 教育技术的领域拓展与前沿热点——对话 AECT 主席 J. Micheal Spector 教授[J]. 中国电化教育，2009(11)：1-6.

② 南国农. 教育技术学科建设：中国道路[J]. 电化教育研究，2006(1)：6-9.

为主义等在内的各种已有的或新涌现的理论。事实上，教育技术研究领域已经开始了寻找一种方案来解决相互竞争的建构主义和行为主义、认知主义学习理论的范式大战的努力①。

“融合”的第二个含义是在兼容并包的基础上融合发展出适合教育技术学科自身特点的、能够促进学科发展的理论基石。坦率地说，教育技术发展至今，尽管逐渐显示出其独有的学科特征，但其发展过程中有关研究对象、方法、体系等的分歧以及不断的定位和重定位也显示出教育技术学科脱离教育学母体，走向独立的力度不足。② 其中，缺乏自主的核心理论体系是一个重要原因，这应该是今后学科发展的着力点。

一个可以预见的大趋势是教育技术与学习科学的领域间融合。尽管就教育技术与学习科学之间的关系问题曾经出现过一些论争，但两者日益走向融合已是不争的事实。我在对美国 AECT 主席 Michael Spector 教授作访谈时发现③，越来越多的教育技术研究者和学习科学研究者正走到一起，共同致力于利用技术促进学习与绩效提升的研究。目前，Spector 教授和麦基尔大学的 Susanne Lajoie 教授正在与著名的学术出版机构 Springer 合作，从 2010 年起共同推出一套为期三年、共计 13 卷的“探索学习科学、教学系统和绩效技术”（Explorations in the Learning Sciences, Instructional Systems and Performance Technologies）系列丛书，该丛书旨在阐述学习科学、教学系统和绩效技术三个学科领域之间的联系，从而促进跨学科的对话以及学习科学与教育技术研究者之间的学术交流。丛书顾问委员会委员来自多个领域，其中有多位作者同时从事跨学习科学和教育技术领域的研究工作。

特拉华大学教育学院学习科学领域的青年研究者 Chrystalla Mouza 博士也是“探索学习科学、教学系统和绩效技术”丛书的参编者之一，最近我与她进行了多次交流。她及她的同事 Nancy Lavigne 博士负责的是《面向课堂学习的新兴技术：学习科学的视角》一书。该书将呈现当前出现的一些探讨如何运用数字技术来创设有效的学习环境从而支持改进性的学习与教学的实例，旨在提

① 郑太年，任友群. 教育传播与技术的研究基础——《教育传播与技术研究手册》(第三版)第一部分述评[J]. 远程教育杂志，2010(1)：18-24.

② 任友群，詹艺. 第三只眼睛看教育技术[J]. 电化教育研究，2009(12)：5-9.

③ 任友群，宋莉，李馨. 教育技术的领域拓展与前沿热点——对话 AECT 主席 J. Michael Spector 教授[J]. 中国电化教育，2009(11)：1-6.

供技术创新的案例以及促进教育者对如何运用技术展开深度理解、协作、创新、发明及反思。Mouza 博士非常明确地承认，事实上这些案例本身受到了来自学习科学、教学技术以及其他学习技术领域研究共同体的多元的理论与方法的影响。①

在 2009 年 8 月徐州的“教育技术国际论坛”上，我也曾提出以学习科学和学习技术作为教育技术研究的学科前沿，联结教育技术与学习科学研究的观点。我认为，这不仅仅是因为两个领域之间共享着很多研究兴趣和理论观点，更重要的是对教育技术学科而言，以学习科学研究者为代表的众多“移民”的纷纷涌入，正说明了领域自身的吸引力和蓬勃生机，也孕育了领域未来发展的极大潜力。当然，除了学习科学之外，教育技术学科还应该广泛拓展自己的理论基础，与技术哲学、计算机科学、人工智能、绩效技术、社会学、传播学等领域积极互动，并融合纳入相关的理论研究成果。

二、实践发展趋势：从技术应用走向技术设计

过去和当前的教育技术的实践研究在很大程度上可以归结为“技术应用导向”，最主要表现为将各种新兴技术直接应用于 K-12 教育、高等教育、职业教育、终身教育、特殊教育等领域。这一方面与信息技术的迅猛发展密切相关，另一方面也与唯媒体技术论长期占据教育技术研究主流②的现象有关。例如，在某种新兴技术（如，Web2.0、交互式电子白板、云计算）出现之后，围绕该技术的各种应用性研究便纷拥而出。但应用导向的教育技术实践在消耗了大量资金、背负了过多期待之后却并未对实践产生多少根本性的影响。正如《剑桥多媒体学习手册》主编 Richard E. Mayer 博士所指出的那样，媒体/技术中心的研究思想导致了 20 世纪教育技术的发展形成了一个“被寄予对教育进行革命的巨大期望 → 在学校中大规模实施尖端技术 → 数十年后被证明期望落空”的怪圈。③

“技术应用导向”观下的实践并非一无是处，但是当我们将技术视为变革的代理，期望它能够有效地解决教育教学问题，并推动实践的创新时，我们需要

---

① 2010 年 6 月 19 日与 Chrystalla Mouza 的个人交流。

② 杨开城. 对我国教育技术研究领域发展现状的反思[J]. 北京师范大学学报(人文社会科学版)，2000(4)：39-44.

③ Mayer, R. E. (2005). Introduction to multimedia learning. In R. E. Mayer (Ed.). The Cambridge handbook of multimedia learning (pp. 1-16). New York: Cambridge University Press.

“技术应用导向”之外的其他实践范式。可喜的是，随着研究焦点从媒体/技术中心向学习中心的转移以及对人作为学习和教学活动的主体的日益关注，实践中逐渐出现了一种新的取向，我将之称为“技术设计导向”。这一导向背后的技术观从传统的将技术看做组织学习活动或设计学习环境的中心转变为将技术看做学习的支撑性工具、资源或者条件，而强调从问题解决的实际需求出发，以及从技术所面向和服务的客户的特点及需求出发，适应性地设计技术、定制技术乃至发明新的技术。

换言之，尽管我们已经拥有了众多具有美好的潜在应用前景的技术，但是当我们走进具体的学习和教学场景之中时，我们还需要思考如何通过设计将技术整合进具体的场景之中。这也是我参加 AERA2010 年会的一个深刻感受，例如，有研究者开始从生态学的角度来解读技术进入到一个教学场景后可能遇到的问题，如，信息技术是如何影响课堂的交互形态的，如何影响和改变教师的教学策略，对学生和教师分别会产生什么影响。[①] 研究者认为，新兴的信息技术进入到教学环境中，必然会对这个教学环境产生影响，就像一个新物种进入到种群中可能被视为入侵者而排斥，也可能被接纳。从生态的视角能帮助我们理解学生、教师和管理者对待新技术对教学所产生的影响。[②]

在 AECT 的 2009 年会上，“设计”不仅出现在澳大利亚悉尼大学 Peter Goodyear 教授的主旨报告《探究型教学和设计型教学》中，也出现在很多分会主题中。以 Goodyear 教授的报告为例，他更为关注的便是如何设计技术支持的学习，他特别认为教师的“设计”应该成为学习的支架，因而需要讨论如何设计好的任务、学习环境（学习空间、工具、资源）以及学习关系（与学习相关的社会关系）。[③] 而早在 2008 年，乔治亚大学的 Lloyd Rieber 教授在“教学设计与技术教授年会”的主旨报告中就提出了教育技术学专业建设三要素：学习、设计、技术，昭示着教育技术的研究从实验研究走向设计研究，从技术应用走向技术

① Lee, J. K., Hollebrands, K. F., Spires, H. A., Young, C. A., Wiebe, E. N. Toward a New Learning Ecology in 1：1 Learning Environments：Theory Into Practice. Paper Presented at the Annual Conference of the American Educational Research Association, April 29- May 5, 2010, Denver, USA.

② Lei, J. The Ecology of Ubiquitous Computing：What Can Be Learned From a Longitudinal Study. Paper Presented at the Annual Conference of the American Educational Research Association, April 29- May 5, 2010, Denver, USA.

③ 顾小清. 应对挑战：促进学习的整合途径——美国“AECT2009 年会”综述[J]. 开放教育研究，2010，16(1)：24-33.

设计，“学习”为了教育技术研究关注的核心。①

以设计的眼光对待技术，还意味着我们不能仅仅关注技术的外在功用，更要分析它背后的内涵，尤其是作为一种认知与学习的新工具所带来的革命性意义，从而避免实践中对技术的误用。事实上，这样的误用并不少见，例如，将交互式电子白板仅仅用作内容呈现的工具。密苏里大学的David Jonassen教授曾经将这种技术误用的实践现象称之为“从技术中学习”(learning from technology)，亦即，技术成为传统教师角色的替代，学生原先是从教师那里获取知识，现在只不过变成了从技术那里获取知识。② 但未来我们更多的是要“用技术来学习”(learning with technology)，这里的“用”同时暗含着设计、改造、调整和发明的意义。

当我们采用“技术设计导向”的实践观时，甚至可能会同时收获实践的改进和理论的发展。因为“技术应用”的思想通常会导致我们忽视技术与具体场景的对话，更加注重技术本身而忽视了学习或教学。当然，实践中很多技术应用于课堂的案例通常都是“工具驱动”的，因而无法在技术运用与关于教学设计及学习研究的已有成果之间建立起一个强有力的联结。③ 但当关注点从“技术应用”转向“技术设计”之后，我们便可以更多地去关注技术设计所服务的对象、环境，从而更适当地将技术与具体场景中的学习、教学整合起来，解决具体的实践问题，生成适用于该具体场景的技术解决方案和技术产品，同时促进相关理论的发展。

三、方法发展趋势：从简单走向科学

从教育技术研究的发源地美国来看，实证研究一直是该领域的主要方法。在我国，与教育学一级学科下的其他学科相比，教育技术学领域的实证研究还不算最弱，而与发达国家同行相比则差距甚远。这一方面与我国教育研究的大环境有关，另一方面也和教育技术学科始终未能在学科性质、对象内容、理论框架、方法范式等方面形成准确定位有关，因而在概念辨析、理论阐发、观念澄清上着力较多，对具体实际问题的科学研究不够，方法运用上较为简单乃至

① 任友群，詹艺. 第三只眼睛看教育技术[J]. 电化教育研究，2009(12)：5-9.

② 戴维·乔纳森，等. 学会用技术解决问题——一个建构主义者的视角(第2版)[M]. 任友群，等译. 北京：教育科学出版社，2007：11-13.

③ 2010年6月19日与Chrystalla Mouza的个人交流。

粗糙。

尽管方法上的不足可以从我国教育研究的学术大环境和教育技术学科自身发展上找原因，但无论如何，在这样一个知识经济的全球化时代，要想促进学科的国际交流，促进教育技术学科建设的国际化，教育技术研究应该努力遵循与国际一致的科学的研究标准和方法。换言之，一方面，我国的教育技术研究理所当然应该走符合中国国情的、有中国特色的道路，教育技术研究的问题应该是我国教育技术理论与实践的具体问题，但另一方面，研究方法应该具有国际通约性，否则无法更好地与国际教育技术研究的学术共同体展开对话和交流，也无法在各种国际学术交流的平台上发出来自中国的有力声音。

根据这几年我国学者参加 AERA 年会和 AECT 年会的亲身经历和体会，我感到国际教育研究对方法的要求总体在提高，特别强调基于证据的(evidence-based)研究和设计，重视对以科学方法搜集的证据的分析、甄别、判断、建模，以及在此基础上的设计、开发和实践改进。的确，尽管研究方法应该由要研究的问题来决定，但实证研究无疑是提升教育研究科学性的重要途径。在美国国家研究理事会出版的与《人是如何学习的：大脑、心理、经验与学校》比肩为“两本轰动教育界、影响学术界的好书”[①]的《教育的科学研究》一书中，研究者们一致认为“实证证据是对研究结果的不同解释进行正确排除的基础，也是得出合理推论从而积累新知识的基础”[②]，并提出了对我们的教育技术研究极富借鉴意义的六条原则：提出有意义并能通过实证来研究的问题；将研究与相关的理论相结合；使用能对研究问题进行直接研究的方法；进行有条理的、明确的逻辑推理；实施重复验证和研究推广；发表研究结果，鼓励专业人士的审查与评论[③]。

与对实证证据的追求相伴随的是研究工具和技术的不断改进与更新。研究者们开始更多地运用各种定性和定量的测量与统计软件，如分层线性模型分析软件(HLM)等。[④] 另一个趋势表现为对认知神经科学和心理科学的最新工具的借鉴，例如，将功能性磁共振成像(fMRI)、脑电记录系统(EEG recording

① 理查德·沙沃森，丽萨·汤，主编. 教育的科学研究[M]. 北京：教育科学出版社，2006：7.

② 理查德·沙沃森，丽萨·汤，主编. 教育的科学研究[M]. 北京：教育科学出版社，2006：10.

③ 理查德·沙沃森，丽萨·汤，主编. 教育的科学研究[M]. 北京：教育科学出版社，2006：49.

④ 任友群，鲍贤清，王美，张海燕. 规范与交叉：教育技术发展趋势分析——美国 AERA2009 年会述评[J]. 远程教育研究，2009(5)：3-14.

system)、经颅磁刺激系统(TMS system)引入教育科学研究之中，寄希望于设计出既能够解决教育问题同时又能满足实证研究标准和要求的科学实验。这也是当前正在兴起且备受关注的教育神经科学的专注目标。我相信这些趋势对教育技术领域的研究同样也会产生影响，而这也预示着未来的教育技术研究一定会广泛吸纳来自多学科领域、拥有不同专长的研究者。

另外，为教育技术学科寻找一种适切的方法论这一努力在未来应该仍会继续，因为成熟的方法论和各种相关的可靠研究方法通常是一个成熟学科的标志。在这方面，我们应该继续关注并致力于“基于设计的研究”(DBR)的研究，并进而探讨其作为教育技术研究的方法论的可能性。

行文至此，我更加确信，教育技术研究的未来充满了挑战和机遇，发展前景无限美好。感谢南先生等一代前辈为我们开拓了这一极富魅力和潜力的研究领域，并为领域的发展积累了丰富的知识基础和坚实的研究基础。同时，南先生“老骥伏枥，壮心不已”的科学研究精神也为我们这些学界晚辈提供了榜样。祝愿先生九旬高寿“体健身强宏开寿域”，期待我们“十年再进百岁盛觞”。

(王美博士为本节撰写承担了很多工作，特致谢意!)

第二节　南国农学术思想对电化教育(信息化教育)产业发展的影响

中央电化教育馆　丁　新　许　林

在我国的电化教育发展历程中，我们始终不会忘记南国农先生的名字，大家公认南国农先生是我国电教界的一面旗帜，是他把全国电教界的同志们团结在一起，发扬“全国电教是一家”的精神，共同推动了电教事业和产业的发展，创建了“电化教育学”。我国电教事业重新起步后的三十多年，创造的辉煌业绩可与先进国家同步比肩。今天，当我们在贯彻落实《国家中长期教育改革和发展规划纲要》的时候，当我们处于用信息化带动教育现代化、全面推进教育改革和发展的新的历史时期，南先生在长期实践中形成的电化教育思想和理论仍然会起到极其重要的导向作用。

南先生学术思想的灵魂是他的实践性、民族性、先进性以及不断发展的观点，因此，他能始终引领着电化教育事业的全面发展。他认为电化教育由电化教育事业、电化教育学科和电化教育产业三大部分组成，三者之间有着必然的联系和相互促进的规律。他一贯强调电化教育产业是电化教育的重要组成部分。新中国成立后的一段时期，电教事业处于起步阶段，谈不上电化教育产业的发展。1978年以后，我国电教事业的发展才促进了电化教育教育产业的飞速发展，近三十年中国电化教育产业的发展经历了国外电教器材引进阶段、电教教材产业阶段、硬件产业阶段、系统工程产业阶段、研发与出口产业阶段①，逐步形成了今天的产业状态。其间，离不开南先生的卓越贡献。

一、南先生的学术思想和其他因素一起，催生了电化教育产业，形成了当前的产业形态、产业功能与产业格局

我们知道，产业的形成与发展，是以用户需求为核心的，并反映了用户的需求。电化教育产业中的用户需求源于：

1. 用户自发的需求；

2. 政府组织引导的需求；

3. 企业引导的需求。

从电化教育的发展看，起初只是小范围少数用户在某些多行业通用的产品层次上具有需求，如电化教育事业萌芽期对幻灯机和电影的需求，或是20世纪90年代初对高成本PC机的需求等，还不足以促成电化教育产业的出现与发展。只有当用户规模能为生产和经营活动增值，并具有独立的行业特征时，才能催生出一个产业，并进一步促成产业的发展与繁荣。规模化的用户需求是如何产生的呢？在用户对自身的需求尚不明确，需要更新理念、改变行为习惯的时候，用户很难自发地产生超越自身认识的需求。这就需要对用户的需求进行引导。政府组织和企业是直接引导用户需求的有力主体。

对政府组织而言，可以归结为"国家意志、政府导向"，即：面对不可避免的全球化、信息化，国家既然已经做出了积极应对的战略决定，推进教育信息化则是国家责无旁贷的任务和使命，因而政府积极推动各项工作，并引导社会各界加快教育信息化步伐。② 然而，政府的决策离不开学术组织在理论研究和实证研究方面的支持，离不开学术巨擘的积极推动。同样，企业可能在技术或是经营方面享有优势，但是如果其产品所蕴含的教育理念与学术成果相左，则难以得到用户的认可。因此，企业虽然可以通过市场手段引导用户需求，但前提是企业的产品理念必须经得起学术角度的评测；而明智的企业也往往追踪学术

① 李运林.论信息化教育产业——再论"信息化教育"[J].电化教育研究，2010(4).

② 张进宝.我国教育技术扩散系统特征及推广策略研究[J].中国电化教育，2009(7).

的步伐，在产品的策划立项期和推广期，寻找学术上的支持。说到底，政府和企业对用户需求的引导，都是以学术巨擘的研究成果为支撑的。专家学者的学术思想一旦被政府组织所采纳，一旦被企业敏锐的市场嗅觉所捕捉，无疑将成为产业发展的催化剂。

南国农先生在20世纪80年代中期，提出了“大电教”的概念，并随着技术的发展和研究的深入，将电化教育的媒体从最初的视听媒体发展到基于现代信息技术的媒体，强调电化教育是以现代教育媒体的研究和应用为核心，现代教育媒体的研究和应用是建立在整体电化教育理论体系的逻辑起点上的[①]，这就从理论上明确了电化教育产业的视域。南先生通过讲学、著述、会议演讲、访谈等多种途径，积极倡导用户变革传统教学手段、创建新型信息化教学模式，加强教育测量与训练信息化等，使众多用户受到直接或间接的影响，逐渐萌生使用电化教育手段、尝试信息化教学模式和信息化测量训练方式的意愿。同时，为帮助用户实现意愿，信息化教育硬件、信息化教育软件、信息化教育资源系统等形态[②]的产业应运而生，并在产业功能上满足“变革传统教学手段、创建新型信息化教学模式，加强教育测量与训练信息化”[③]的需要，形成了当前的产业形态、产业功能与产业格局。

二、南先生的学术思想对电化教育产业未来发展的影响

南先生已九十高龄，仍然探索不止，笔耕不辍。他最近既论述教育技术理论研究的新发展[④]，又为教育技术理论体系的重构，提出了一张路线图[⑤]。他的一些思想、观点必将影响我国未来电化教育产业发展之路。

1. 产业发展应求同存异，和谐共赢

南先生在信息化教育理论体系重构时以“和为贵”为理念，以“和而不同，求同存异”为策略，体现了兼容并包、尊重差异、交融互补、文化共享的情怀与智慧。这样的理念与策略，不仅具有伦理价值，还具有思想方法、工作方法和处世哲学的意义，值得产业的管理者、经营者和其他从业者思考和借鉴。特别是在激烈的市场竞争中，在国际交流日益频繁的情势下，产业群体要达到“和”的

① 钟志贤.南国农先生的电化教育学术思想及其特点[J].电化教育研究，2000(10).

② 李运林.论信息化教育产业——再论“信息化教育”[J].电化教育研究，2010(4).

③ 同上。

④ 南国农.教育技术理论研究的新发展[J].电化教育研究，2010(1).

⑤ 南国农.教育技术理论体系的重构：路线图[J].现代教育技术，2010(4).

目的，就需要多视角、多元化的思维，通过沟通来建立共赢的目标，避免文化冲突、恶性竞争和行业垄断，使产业链条中的每一环节、每一企业都能“致中和”，找到自己的生存和发展之道，各美其美，美人之美，美美与共①，在产业群中作出不同的贡献，共促产业繁荣发展。

2．加强产业间的融合，推动产业格局的重构

进入新世纪以来，两个理论框架即以美国 AECT′94 定义为依据建立的理论体系，和有中国特色的信息化教育理论体系，交融互补，向重构一个新的理论体系的方向发展。突出的表现是，我们吸纳了美国教育技术的核心理论——教学设计。教学设计是一个系统工程，需要在先进的教育思想和理论指导下，围绕设计过程的信息技术支持和教学实施过程中的信息技术支持来进行。设计过程更多的是需要查询资料，制作教学过程中所需的媒体文件，教师需要输入、输出设备，需要网络、需要应用软件和数字资源；而教学过程有可能是远程教育（如广播电视大学）或是远程教学与传统教学的结合，传统教学主要在课堂内，也会延伸到课外，这就需要教室中具备信息化教学的环境，需要学生有可操作的信息化设备与数字资源，需要有系统支持师生间同步或异步的交互，需要有能对各类信息有效管理的系统平台……显然，硬件、软件类产业如果各自为政，将不能满足用户的关联性、整合化应用需求；过于零散的产品或是空洞的方案，将会用户无所适从；而产品之间缺乏先天的关联，系统集成商也将无能为力。随着“信息化教学手段、教学模式与测评练习”在操作层面更具系统性的设计，原有的产业功能必须作出与之相适应的调整，创生新的产业，形成新的产业格局。

传统的电化教育产业在新形势下，将扩展自身产品，或为相关产品提供开放而标准的接口，谋求产品间的合作，或进行不同产业间的融合。产业间的融合可能发生在资金层面、技术层面、产品层面、市场运营或者是服务增值层面中的一种或多种。不论哪一种融合，都是通过市场实现资源的优化配置，更好地适应和满足用户需求，从而促进产业健康发展。

我们已经看到很多 PC 机或手持学习设备预装操作系统、预装教育资源，看到 PC 机与大型显示设备融合成新型的产品，看到大型网络运营商与教育数字内容提供商的深度合作，看到传统教材出版行业与 IT 企业的整合……总之，

① 费孝通．多元一体，和而不同[J]．人民日报海外版，2000-7-27.

电化教育产业间的融合已悄然进行，并将成燎原之势。

3. 增强民族自信，提高产业的国际竞争力

南先生的学术思想关注了中国传统文化经典的现代化，提出要防止和消除“依附理论”的影响。[①] 教育依附理论是20世纪70—80年代在国外兴起的，它的基本观点是：发展中国家对发达国家在教育和学术领域存在不可避免的依附甚至依赖。[②]不仅在学术领域，在商业领域，我们同样能看到对发达国家在资金和技术上的依附甚至依赖。合理使用外资与技术，当然无可厚非，但业界人士时刻不能丧失民族自信，不可只顾眼前利益，而使中国的企业沦为外资的劳动密集型产品的加工厂，同时为使用外资的版权、专利支付高额费用，并为西方强势的意识形态所掳。

在教育产品所附着的意识形态方面，应体现出中国传统文化中有价值的思想内涵和能指导本土实践的教育理论；在产品技术和外形设计方面，应提倡核心技术的自主产权和我们自己的设计专利；在产品（服务）品质方面，应做精做细，力争形成有影响力的国产品牌、国际化的品牌。政府组织和行业协会对有利于民族产业良性发展的技术攻关与产品推广，应予以政策和资金方面的扶植，并引导用户全民一心，自信自立，使我们的电化教育产业减少对发达国家的技术依附，增加高附加值的出口业务，在国际环境中，获得较高的成本效益比。

4. 重视教育传播学研究成果在产品设计和产品推广中的应用

20世纪90年代以来，我国教育技术界学者对本学科理论基础的研究，主要集中在教育学和心理学方面。近几年来，这种情况开始有所改变，有些人的研究兴趣和热情在逐渐转向教育传播学。[③] 传播学有相对成熟的理论体系和应用价值，传播学与教育学的有机结合，形成了教育传播学。师生间的交流互动是彼此互为信源与信宿的信息传播过程，为达到有效传播，需借助适宜的媒体对信息进行编码或解码。电化教育产业服务于教育教学，就不能不从教育传播的过程、模式、符号、媒体和传播通道等方面设计相关的产品与服务。而为了快速有效地推广产品，业界还可以从传播学所提出的创新推广理论等获得操

① 南国农. 教育技术理论体系的重构：路线图[J]. 现代教育技术，2010(4).

② 潘懋元，陈兴德. 中国高等教育学科建设之路[N]. 中国教育报，2004-9-3(4).

③ 南国农. 教育技术理论研究的新发展[J]. 电化教育研究，2010(1).

作层面的启发。总之，业界应扩展理论视野，汲取多种教育基础理论的研究成果，特别是曾经被忽略或被弱化然而其实又很有价值的理论成果，将其融合在产品设计和产品推广工作中。

5. 发展现代信息技术条件下的“协同教育”方式，增强社会服务能力，构建满足终身教育体系的电化教育产业集群

协同教育是一种新的教育方式，它是联合对学生有影响的各社会机构的力量，对学生进行教育，以提高教育的效果、效率和效益。现代信息技术环境下的协同教育，不是一般的协同教育，而是指联合学校、家庭、社区的力量，三位一体合作利用现代信息技术对学生进行教育。[①] 此处的学生是一个广义的概念，既包括儿童，也包括成人；既包括在职人员，也包括职前、退休人员，总之是指一切应接受教育的、自身有受教育意愿的人群。

南先生从学术角度指出，成功协同教育的四大支柱为全新的理念、先进的平台、有效的方法和规范的管理。[②] 从实践的角度，平台的搭建、各类教育内容的研制及其在平台上的发布、各类师资和辅导人员的培训、网络平台的运营维护和众多用户的服务与管理等，不仅需要电化教育产业的深入参与，同时也需要电化教育产业以外的社会力量的支持，比如面向社区服务的网络运营商、面向公众的数字图书馆和传统图书馆、博物馆、展览馆、工厂、方便各类职业培训的企业等。当然，很多社会资源还需要根据实际需要进行重组与再开发，使社会资源有的放矢地服务于终身教育体系。这些社会组织、其他行业的企业等，与电化教育企业一起，将形成支持协同教育方式的、面向终身教育体系的产业集群。

6. 防止产业腐败，加强产业监管与产业自律

南先生治学严谨，在追求大师自身学术高度、学术风范的同时，反对学术腐败[③]，这引起笔者对电化教育产业中不良现象的反思。好在产业中的些许腐败问题、盗版问题等不能动摇产业良性发展的根基。尽管如此，业界的每一成员都应有防止产业腐败的决心与行动，维护正版权益，加强产业自律，恪循职业操守。在未来教育信息化推进过程中，在教育信息化产业发展的新时期，需要

① 南国农.成功协同教育的四大支柱[J].开放教育研究，2006(5).

② 南国农.成功协同教育的四大支柱[J].开放教育研究，2006(5).

③ 南国农.教育技术理论体系的重构：路线图[J].现代教育技术，2010(4).

加强并完善有关制度和立法工作，政府职能部门需要加强对产业引导和监管的力度，使信息化时代的电化教育产业通过他律与自律，更好地发展。

三、结语

南先生的学术思想影响了我国电化教育产业发展的过去和现在，在未来信息化教育产业发展中仍将有着长远的影响。《国家中长期教育改革和发展规划纲要》已颁布实施，未来十年是我国实施现代化建设“三步走”战略的关键阶段，在新的历史起点上加快推进教育改革和发展，对于建设人力资源强国、满足人民群众接受良好教育的需求、全面建成惠及十几亿人口的小康社会具有重大战略意义。今后十年我国教育改革发展要贯彻优先发展、育人为本、改革创新、促进公平、提高质量的方针，信息技术将要起到重要的支撑和保障作用。纲要把信息技术对今后教育改革和发展的作用提到了空前重要的高度，提出：信息技术对教育发展具有革命性影响，必须予以高度重视；把教育信息化纳入国家信息化发展整体战略，超前部署教育信息网络。我们看到无论在国家教育信息化的基础设施建设、资源建设、教师队伍建设、基础管理平台建设上，还是在促进各级各类教育改革和发展等方面，信息技术都将参与重大战略部署和发挥重要作用。我国电化教育产业发展在新时期遇到了重大的战略机遇，我们看到了电化教育产业参与的契机，那是商机更是使命——借助信息化手段，是实现国家教育改革和发展规划目标的重要途径。在南先生人格魅力的感召下，在南先生学术精神的鼓舞下，在南先生学术思想的指导下，我国电化教育产业伴随着教育信息化发展的进程，必将走得更远，飞得更高、更快。信息化时代的电化教育产业将会大有作为。

参考文献

[1] 国家中长期教育改革和发展规划纲要.

[2] 南国农.教育技术理论研究的新发展[J].电化教育研究，2010(1).

[3] 南国农.教育技术理论体系的重构：路线图[J].现代教育技术，2010(4).

[4] 费孝通.多元一体，和而不同[N].人民日报(海外版)，2000-7-27.

[5] 潘懋元，陈兴德.中国高等教育学科建设之路[N].中国教育报，2004-9-3(4).

[6] 李运林.论信息化教育产业——再论“信息化教育”[J].电化教育研究，2010(4).

[7] 张进宝.我国教育技术扩散系统特征及推广策略研究[J].中国电化教育，2009(7).

[8] 钟志贤.南国农先生的电化教育学术思想及其特点[J].电化教育研究,2000(10).

第三节 书写历史 引领未来

——我心目中的南国农先生

南京大学 桑新民

为九十高龄的南国农先生写贺寿之作,其实同样是为中国电化教育写历史反思与未来畅想之作。在本书“未来篇”中,我们不应该割断历史,需要将南国农先生的学术贡献放到中国电教历史的长河中进行客观评述。

一、中国电化教育(教育技术)发展的三个15年

中国电教的历史如果从1936年算到2009年,总共不过73年,如果减去中间28年左右的“冬眠期”,真正健康发展的只有45年。对领域和学科历史阶段的划分可以见仁见智。我个人将这45年发展期划分为3个15年:

第一阶段:1936——1951年;

第二阶段:1978——1993年;

第三阶段:1994——2009年。

中国电化教育诞生于1936年,这是中国电教的学科创始人、金陵大学孙明经先生的观点。经过大量的历史考证和探讨,基本已取得共识。

教育的发展与变革与社会政治、军事、经济的变革是不同步的,这在全世界范围内都是普遍规律,因为在急风暴雨的社会大变革时期,政治家们必须将主要精力集中于解决社会的主要矛盾,等社会基本稳定了,才有可能思考和解决教育问题。这决定了教育变革必然要滞后于政治经济变革。1952年全国院系调整时,金陵大学影音专修科、影音部全体教职员及在校学生整体调到北京,组建后来的北京电影学院。这种效仿苏联的专业化高等教育体制,决定了我国影音专业人才和师范院校、综合性大学电化教育专业人才分道扬镳的历史命运。其有利的方面是保证了新中国急需的电影、广播事业迅速发展和专业人才培养,不利之处则是使15年来在综合性大学文化土壤中孕育、发展起来的影音教育(电化教育)专业人才脱离了多学科交叉的肥沃土壤,作为一门应用学科的“理论根系”和“文化生态”也由此受到严重损害(比起在院系调整中被撤销的社会学、遗传学等学科来说，电化教育学还算幸运的）。此后，我国电化教育的实践在个别省市的电教馆继续发展，作为指导教育的专业则只能在个别师范院校艰难地求生存，进入了漫长的“冬眠期”。

1978年中国电化教育事业和专业全面复苏，并在恢复中进入“快车道”。此后30年的历史如何划分，有不同见解。有的以2000年为界，有的认为不必再分。我却认为1993年应该是一个重要的分界线，因为这一年我国电化教育专业被国务院学位委员会正式确立为教育学科中独立的二级学科，学科命名为“教育技术学”。至此，才获得了设立博士点之资格，这对于一个学科的建设发展来说显然是至关重要的里程碑。另外还需要强调的是，1993年美国确立了“信息高速公路”战略，标志着国际互联网开始迅速应用和普及，成为国内外教育技术专业发展的一个强大技术杠杆。电化教育（教育技术）的发展显然离不开信息技术更新发展的推动。从以上3个15年发展阶段的划分可以看出，第一个15年的技术基础主要是电影、广播技术；第二个15年主要是电视技术；而第三个15年则是多媒体和互联网技术。这是学科历史分期的另一个依据。

二、尊重历史：为学科建设承前启后

九十高龄的南先生在电化教育这片热土上辛勤耕耘了一辈子，他培养出的弟子恐怕已超过三代。在学科建设上更是呕心沥血。其中最令我钦佩和感慨的有以下三方面。

其一，“文革”后率先恢复了电化教育专业建设和人才培养，并使西北师大和华南师大这两大学术重镇携手并进。

其二，坚持不懈地推动学科基础理论建设，主持了电教领域“学术第一刊”。

其三，以历史见证人的威望和使命感倡导和引领着电教历史研究的不断深入。

我和南先生结识较晚，但最近13年来我在华南师大推动教育技术基础理论建设（6年多），在南京大学创建教育技术学专业、挖掘中国早期电教历史资源（6年多），从各方面深切地感受到了南先生在学科建设中持久不衰的影响力，感受到其人格与智慧的魅力。下面仅想从电教史的研究入手，与各位分享我的这些感受。

对领域与学科发展的历史研究、现状反思、未来展望，是各门学科都不可缺少的基础理论研究，这种反思的深度广度，是学科理论发展是否成熟的一个重要标志，而对历史的误解、遗忘、扭曲，则不仅是学科发展和学科创始人的悲剧，而且是民族文化与历史的曲折和悲剧。

一门学科的建设发展不仅同社会政治、经济、文化、教育大背景密不可分，而且往往同学科创始人、学术掌门人之命运紧密相连。中国电化教育的历史沉浮深刻地展现了这一历史规律和历史教训。

中国电化教育产生、发展的历史至今还不足百年，却经历过一段不短的历史曲折。早期中国电教曾有过十分辉煌的历史，其标志是以金陵大学孙明经教授为代表的第一代电教人在创业之路上留下的一个个里程碑：世界上第一部彩色日全食影片，第一部航拍日全食影片，第一部在世界上获奖的中国电影作品，中国第一部彩色纪录影片等，这些作品即便在今天看来仍然具有极高的文化教育价值、社会历史价值和影视艺术价值，被誉为“胶片上的清明上河图”。仅从数量来看，上世纪三四十年代，金陵大学先后拍摄了120多部教育电影，这在当时世界各国的大学中显然是绝无仅有的！在学科理论建设上，孙明经在蔡元培、宗白华等文化泰斗的直接指导下，开始研究和创建“电影哲学”①；在电教培训上，1936年金陵大学受当时教育部委托，举办了首届“全国电教人员培训班”②，“电化教育”这一名称由此在官方文件中被正式采用和确认。高校第一个专业化的电影教室也于1936年诞生在金陵大学理学院的应用科学馆内。全国培训班连办了3期，成为孕育中国第一批电教专业人才的摇篮，并在此基础上创办了中国水平最高、课程体系最完善、连续举办了14届的电教专修科，成为全国最有影响力的电教专业。该专业抗战期间内迁到重庆，不仅推动了电影、广播事业在西南和全国的普及，而且为远离本土的美国军队提供了许多高水平的培训服务，抗战胜利后美国副总统华莱士访华期间专门为此感谢金陵大学电教专业，并赠送了一批教育影片……以上业绩足以显示出中国早期电教事业之辉煌。遗憾的是这样的历史后来不仅中断了，而且由于孙明经教授等学科带头人被错划为“右派”，电化教育在中国高校进入了将近30年的“冬眠期”，致使了解这段历史的人越来越少……如此辉煌的中国早期电教史不仅被“边缘化”、被“尘封”起来，而且被大多数人遗忘了。

---

① 孙明经回忆，孙明经之子孙建三先生提供。在此感谢孙建三先生的帮助与支持。

② 教育部电化教育人员训练班第一期毕业同学录．南京：中国第二历史档案馆，金陵大学历史档案，卷宗号：649，案卷号：0281，1936年．

但南先生没有忘却、也不愿意看到这段历史被埋没。他虽然没有参与这段历史，却历史地承担起让这些学科之珍贵财富重见天日的使命。1978年，命运选择远离中国文化教育中心的西北师院在拨乱反正后的当年就举办了“文革”后首届“全国电教人员培训班”，并邀请孙明经授课。西北这一声“春雷”带来了全国电教的满园春色！这一历史壮举的发生首先应该归功于时任西北师院院长的著名教学论专家李炳德教授之远见和胆略，但具体操办和策划则应该归功于南国农先生和萧树滋先生。

南京大学电教中心的创办人辛显铭先生是金陵大学理学院学生，当年还曾聆听过孙明经的电教课程，他多次向我介绍南国农先生对研究和挖掘中国早期电教历史的关心和支持，南先生还专门在论文中提出并在许多场合强调“写中国电教的历史，还是要从南大写起……”[①]。

近十年来，南先生虽已年迈，但却以更大的热情全身心投入到中国电教历史资源的研究和挖掘工作中，投入到专业建设和人才培养的辛勤耕耘中。其所思所为业内皆知，无须赘述。其成果与精神感人至深，其中最让我难忘和感动的是推动和促进了中国电化教育诞生70周年的一系列纪念活动，这是孙明经先生生前最大的心愿和遗憾。1992年孙明经先生在去世前的一次谈话中提出：1996年应该纪念中国电化教育60周年，如果那时我活着，就一定要遵照蔡元培等恩师的嘱托，把中国早期电化教育的历史资料和历史经验整理出来，留给后人。[②]正是由于南先生的竭力呼吁和多方努力，孙明经先生的愿望才在14年之后终于得以实现。孙先生在天有知可以瞑目了……

南先生出自中山大学和美国哥伦比亚大学这样的教育名门，亲自聆听过20世纪教育泰斗杜威之教诲，其深厚的学养决定了他对历史的尊重、对学术的执著、对学科建设的使命感……这是学贯中西的老一代中国知识分子具有的学者风范，是我们这代学者所缺失、并应该深刻自省和尽力弥补的。

尊重历史、并为历史的传承作出过贡献的人，历史是不会忘记他们的。

三、引领现实：与时俱进开创未来

对历史的研究绝不仅仅是为了记载和保存史料，更重要的是要以史为镜，

---

① 南国农.做好电化教育工作　深入学科教学改革——在江苏省高校电教研究会组织的座谈会上的讲话[J].江苏电教，1982(1)：9.

② 探索影视教育的中国之路——纪念中国电化教育七十周年学术研讨会综述[J].电化教育研究，2007(1).

认识和把握历史的必然性、规律性，以此来指导现实，更加自觉、明智地选择未来、创造未来。这是学科建设之基石，也是学科掌门人、掌舵人的责任、使命和应该作出的贡献。在这方面，南先生堪称楷模。

在学科发展的后两个15年中，德高望重的南国农先生始终活跃在学科建设发展的前沿阵地，成为中华电教战线一棵挺拔苍劲的“不老松”！

1980年之后，按照常理已过“花甲”之年的南先生应该进入准备退休的年龄了，至少也应该逐步减轻身上的重负了。然而，南先生却作出了相反的选择。他十分珍惜电教领域来之不易的发展机遇，将压抑、积攒了近30年的创造热情，在此后30年的人生道路上强烈、持久地抒发出来。他扎根西北，眼光却关注着中国改革开放的前沿华南，有一段时间还长驻广东。正是在南国农先生的辛勤耕耘和人格魅力影响下，中国电化教育的两大学术重镇——西北师大和华南师大亲如兄弟、携手并进，与北师大和华东师大这两所中国师范院校的“旗舰”共同指挥着近30年来中国电化教育学(教育技术学)舞台上跨越式发展的时代交响曲。

在学科发展的第三个15年中，本学科存在着“电化教育”和“教育技术”的学术争鸣。南先生始终是“电化教育派”的旗帜。他不反对使用“教育技术学”的名称，但却在各种场合反复强调电教姓“教”不姓“电”、也不姓“技”。我非常理解南先生的学术立场和良苦用心。当各种层出不穷的新技术令人眼花缭乱、并带来各种眼前利益的诱惑时，他能坚持技术为教育服务的本质不动摇，这充分体现了一个真正的学科掌门人一以贯之的学术根基和学术信念。你可以不同意南先生的学术观点，但却不能违背他所坚持的原则立场，因为只有这样的原则立场，才能保证至今还很不成熟、却变化发展十分急剧的教育技术学专业不致降格为随波逐流的“雕虫小技”，迷失了服务教育、创新教育的大方向。

步入21世纪时，南先生选择了“信息化教育学”来取代和超越“电化教育学”，并领导其学术团队系统规划学科发展之未来。2009年10月在无锡江南大学召开的学科建设研讨会上，我聆听了南先生对学科建设发展的一系列想法和规划，其报告的眼界、气势，尤其是体现出的内在心态，确实比我们这些晚辈学者更年轻、更精彩。尤其令我感动的是，将近九十高龄的南先生那天还专门坐在台下认真听了我一个多小时的学术报告。正是在这次报告中，我提出中国教育技术工作者必须认真思考和规划今后10年、20年、27年的可持续发展，具有这样超前的眼界和行动，我们才有可能在2036年中国电化教育的百年庆典时，无愧于时代，对得起历史。这些观点在前一天晚上我就向南先生进行了汇报，得到了他的支持和赞许，这可能是他坚持第二天下午要来听我报告的一个重要原因。我想，这恐怕不仅是对我的一种支持和鼓励，更表现了他对未来的憧憬……这种对学术的执著、对晚辈的关心、对信息化教育的赤诚，是南先生永葆学术青春活力的“灵丹妙药”！

南先生是一位能让晚辈学者在他面前如沐春风的学术带头人，这恐怕正是他九十高龄依然能以年轻的心态活跃在学术探究征途上，并得到电教领域各家各派尊敬的奥秘之所在。

在此，我衷心祝福可敬可爱的南先生青春常驻，始终活跃在幸福、康乐的学术生涯之中。

第四节　谈南国农电教理论体系中的“和”

北京师范大学教学行为研究所　李　芒

梁漱溟老先生说过，人必有知识见解而后能起作用。这作用还是不大的。必得在宇宙人生上有所透悟而后乃能起伟大作用于世。换言之，起伟大作用于历史者必是哲学家，不论他以哲学闻名或否。南国农先生就是这样一位哲学家，一位思索者，一位君子。人的思索总是在人生之中的，我们可以在南先生90年人生的思索之路上，深切感受到这位思索者关怀人类命运的古道热肠和大家风范，可以体察到这位思索者坚忍的、义无反顾的学术精神，也仰望到南先生“至大无外”、“照之于天”的崇高境界，还能触摸到南先生温和敦厚、谦虚和蔼的君子气质。正可谓：纯粹如精金，温润如良玉。君子所求，以自谦为终极的宗旨。这些垂范后世的宝贵人格财富必定会嘉惠后学。

一、南先生的人生感悟和追求

笔者关注到，近年来，南先生常常提及《论语》中的“和为贵，和而不同”，再加上“求同存异”，并且将这些话作为教育技术研究的理念。南先生的解释是，“和”是中国文化的基本价值取向和基本精神。“和而不同”的内涵是：“和谐而又不千篇一律，不同而又不相互冲突，和谐以共生共长，不同以相辅相成”（温家宝）。在《论语》中，“和为贵”的“和”是指恰到好处、恰如其分的意思。“和而不同”的“和”是指不同性质的各种因素的和谐统一，协调分歧，达成和睦一致。

"同"是指单调一律,人云亦云,盲从附和。"和"则承认不同,而把不同联合起来成为和谐一致。冯友兰教授说,保有至高的和谐,就是大吉大利。这也使我想起了宋代哲学家张载所说的名句:"有象斯有对,对必反其为;又反斯有仇,仇必和而解。"并解释说,"和"不但能容"异",而且必须有异,才能称其为"和"。实际上,"仇必和而解"是客观的辩证法,现代社会是按照这个辩证法发展的。可以说,"和"是人类的最高精神境界,是中国文化的精髓,也是人类的最终归宿。因此,南先生关于教育技术"和"的思想,值得我们认真学习。

2005年以来,中国教育技术学人开始了重构具有中国特色的教育技术理论体系的神圣工作。若想圆满完成这项艰巨的工作,则必须处理好一些基本问题,提出一个核心理念,以便遵循。南先生说:"我们提出的这个理念包含了我的信奉和推崇,包含了我对人生的追求。在我的人生中,很信奉儒家的'和为贵'和'中庸之道'。我不赞成在做事情中搞极端,不同意采取你死我活的斗争方式解决问题。如果采取这种方式,那么,就会出现'死者死不绝,活者活不好'的结果。我们应该和谐共事,和而不同,求同存异。"有人生信奉和推崇的人,是幸福的人。

二、教育技术领域中的中西文化关系

近代以下,随着中华民族的整体性衰落,西学日炽,形成了西学东渐之势,"师夷长技以制夷"成为有识之士的基本策略。此时,就出现了本民族文化特色的问题,很多情况是学了别人,丢了自己,甚至出现了"汉奸文化、汉奸学术"。我们应该使用自己的脑子思考我们自己的问题。以"和而不同"的理念为指导,思考这个长期存在于学术界的关系问题,南先生收到了比较理想的效果。

美国人阿尔特巴赫教授认为,发展中国家对发达国家在教育和学校领域存在不可避免的依附甚至依赖。这样一种文化和学术领域的"国际格局",短时内不可逆转。我们认为,这种现象不应该是中国教育技术学科的宿命,我们也不应该"被依附"。中国文化从来都没有被"同化"过,也从来没有出现过断裂,更没有被外族驾驭过,中国文化是世界上唯一一个系统完整地传承下来的大文明。

南先生一再强调"走自己的路",指出教育技术领域存在着"重他轻我"、"西方中心主义"、"依附心理"等问题,学术研究以西方为标准,如果与西方理论、方法有差异，这个研究就是“非科学的”、“不成熟的”，从而失去了对本土文化的自信，导致主体性的迷失，盲目追求国际时尚和潮流，忽略对其理论和方法的深度反思与改造以切合己用。南先生还引用了李铁映同志的话：“中国的事情只能由中国人自己提出的理论解决。马克思主义也解决不了中国问题。”

南先生曾经从研究取向、研究重心和研究范围等方面，十分精辟地分析了中国和美国教育技术的不同之点，以及美国教育技术给予我们的启发和消极影响，指出目前“依附心在削弱，自信心在提升；言必 AECT′94 定义的时代基本过去，走自己道路的呼声日益增强”。南先生还指出：“中美教育技术是两种植根于各自文化土壤的不同类型的研究，各有自己的特色，各有长处和短处，彼此不存在谁先进或落后、谁科学或不科学、谁现代或传统的差别，都非至善至美，应互相借鉴，平等对话，共同发展。”这是一段十分重要的观点，也是我们十分赞同的观点，借鉴不同于依附，学习是双向的。在二者之间分出高下，分出轩轾，是不明智的，与“和而不同”相悖。

有美国教授不解地对到美国学习教育的中国留学生说，为什么要到美国来学习教育理论，美国就没有什么教育理论，真正的教育理论是在你们中国。是啊，中国早就有句老话，远来的和尚会念经。赵勇教授曾经说过，AECT′94 定义在美国根本就没有什么人知道。呜呼，就连个学科定义，都要以洋人的想法为马首是瞻，美国人视为很平常的事情，却被中国人如获至宝，进而又如数家珍。

其实，就从 AECT′05 定义上看，美国人也并非不打盹，不胡闹，不强词夺理。美国人的东西也并非都是好东西，不能盲目崇拜美国学术。特别是在社会科学或人文科学方面，更不能掉以轻心，随便拿来。因为社会科学和人文科学领域不存在世界第一，只存在差别和影响。中国有不尽如人意之处，美国也存在很多毛病，这就叫做“美中不足”。目前，中国人应该研究自己的教育技术学问，真正的教育技术学者应该具有自己的教育技术理论。

17 世纪的中国科学家徐光启指出，欲求超胜，必先会通。何兆武教授也指出，全盘抛弃或砸烂本民族的文化传统是不可能的事，但死抱住旧传统不放而排斥一切外来的思想文化也是行不通的。这也许就是“和”的真谛吧。

三、不同学术观点共生共荣——“你我不同，你我都好”

在 2009 年 12 月云南师范大学主办的教育技术高峰论坛的开幕式上，南先生向与会代表提出了殷切的期望。南先生说，希望参加这次论坛的所有代表，都能够大胆地、无所顾忌地说出你想要说出的话，说出你的观点，使这次论坛营造出百花齐放、百家争鸣的学术情景。教育技术学重建的工作已经开始几年了，现在是开始写论文的时候了，这篇论文需要大家一起写，希望大家都给予关心。我们现在所做的一切研究工作与写这篇论文都有关系。不论是从理论领域，还是从实践应用领域，是从微观的角度，还是从宏观的角度，进行研究得出的成果，与这篇论文都有关联。

由于中国封建社会长期实行思想统治的影响，社会变为了"单向度"社会，造成了严重的思想畸形，"脑瘫"现象普遍存在，严重影响着中华民族的整体创新力的提高。在这样的环境中，不论是人文科学还是自然科学都会受到影响，能够做到胡适先生所说的"宁鸣而死，不默而生"，能够做到"不同，求异"，坚持自己的学术观点和思想，是何等的不易。实际上，人文社会科学本身具有很强的主观性特征，不大可能存在一个什么"大一统"的观点。王国维先生强调，科学研究应该"感自己之所感，言自己之所言"。

在此应该说明，建立一套具有中国特色的、合适的、科学的教育技术学科理论体系是十分重要的。但是，建立学科体系的工作不是一般人所能及的，搞实际应用研究的人员、初涉理论研究的人员，还是应该首先把具体工作干好，把小事情干好，在做小事情的同时，想大问题。不可大搞全民运动，人人争先建立中国的教育技术理论体系，这样，既无必要，也无可能。

四、继承与发展的"和"

南先生提出了中华传统文化经典的现代化问题，认为对祖国的精神文明财富重视不够。我们对自己祖先的宝贵遗产、精神财富关注得太少了，知道得太少了，研究得太少了。我们继承和发展中华文明的表现，还不如一些外国人。应该重视对中华文化的传承。

德国哲学家雅斯贝尔斯提出过一个"轴心时代"的观念。他认为在公元500年前后，古希腊、印度、中国和以色列等地几乎同时出现了伟大的思想家，他们对人类关切的根本问题提出了独到的看法。这些看法经过2000多年的发展已经成为人类主要的精神财富。"人类一直靠轴心时代所产生的思考和创造的一切而生存，每一次新的飞跃都回顾这一时期，并被它重新燃起火焰。"这个观念告诉人们，人类必须不断回顾自己的历史，重新梳理传统，从中得到启示，才能不断创新。我们的体会是人类社会的发展以极其相似的模样螺旋式上升，现实中看似是新的问题，其实历史上已经以另外的形式出现过了，并已被先人们完满地解决了，只不过当时没有如此华丽的外衣而已。

在新与旧的问题上，学术积累和以往产出的知识产品，有些是具有永久意义的，有些是应该改变的。我们应该着重分清楚哪些是有永久价值的，哪些是可以改变的。每一个学科，都有永久性的东西。首先应该传承，然后才能创新和发展。没有历史感的人，是不可能有创新的。我们不能盲目地求新伐古，古的不一定就是坏的，而新的更不一定就是好的。我倒认为，能够经过千百年时间考验流传下来的人类文化经典，具有很强的生命力，具有很强的可靠性。而当前新的东西，拍拍脑门就脱口而出的东西，没有经过实践考验的东西，轻飘肤浅的东西，追偏追奇追玄的东西，超现实或超人文的东西，则具有极强的不可靠性，必须加以严防。

五、中国教育技术学科特色的“不同”

南先生指出，教育技术的学科特色，也即学科的个性，可以用“三强调”概括。强调以现代教育媒体的研究与应用为中心，强调以现代教育思想理论为指导，强调实现现代信息技术与现代教育思想理论的融合。这就是教育技术学科与相关学科，如教育学、教学论、学习论等最明显的不同，也是中国的教育技术与美国、日本教育技术最明显的不同之处。中国的教育技术始终以现代教育媒体的研究和应用为核心，这是一条走出教育学和教学论的路线。如果采取美国的路线，就有可能走进教育学或教学论，也许就会自我灭亡。南先生所担心发生的状况，不是没有可能的。

作为一门学科，必须具有集团特色，必须具有合法性和存在的合理性。媒体的应用，确实是教育技术学科的看家本领。这项本领早已被教育科学中的兄弟学科所认同：教育技术就是搞网络教学的，就是做教学网站的。留给兄弟学科的这种印象，不知是祸是福。从目前来看，教育技术学科的学科地位并没有想象的那么高，在许多学校里，体现不出应有的学术尊严，学术地位也并不稳固和高扬。从另一个方面来看，实践证明，现代信息技术的教学作用是十分有限的，我们也不可被现代教育媒体作用的有限性所束缚，教育技术学科应该，也一定能够发挥出更大的教学作用，特别是在教学方法和策略层面上，会有更大的作为。再者，最大限度地发挥现代教育媒体的教学作用，除了必须以现代教育思想理论为指导，还必须了解如何做，也就是必须具有教学设计、教学实施的方法和策略。南先生提出的教育技术学的基本理论体系、现代教育媒体理论、现代媒传教学理论、现代教学设计理论，是很有说服力的。

我们认为，教育技术学科的特征是最前卫、最活跃、最主动、最实用、最富有生命力。教育技术学科的性质是杂技之学、方法之学、器物之学、实践之学、操作之学和行为之学。我们不认为教育技术学科是原理之学、观念之学和思辨之学。

六、作为伪概念的"教师中心"与"学生中心"

上个世纪末，产于西方的建构主义哲学思潮刮入我国。受到建构主义哲学思潮的影响，教和学的理论又发生了一些变化，这种左右摇摆式的理论支点的变化，在教学实践的历史上，已经不知反复了多少次，我们将它视为"钟摆现象"。

以建构主义为指导的学习理论强调以"学生为中心"，排斥"接受学习"，夸大学生"活动"的作用。南先生指出，建构主义破除了一个"三中心"，又带来了另一个"三中心"。而不论推行哪个"三中心"，都难以保证教学、教育质量。这话说得太好了，抓住了事物的本质，建构主义破坏了"和"，就犯了大忌。一个不合时宜的东西，被另一个更不合时宜的东西所替代，到头来还是个不合时宜，也许情况会更糟。因此，它给人们带来了诸多烦恼，就很好理解了。

我们认为，以谁为中心的教学是不存在的，因此，"教师中心"和"学生中心"是伪概念。谈到以谁为中心，就已经大错特错了。建构主义的学习理论所倡导的价值取向，早已经不是什么新鲜玩意儿了，在人类教学史上早已有之。在教学实践中，没有革命，没有全新。

其实，在教学一线的广大教师，根本就没有把建构主义当做一回事，也就更不可能将建构主义作为我国学校教育的指导性理论，就连主导理论都谈不上。建构主义只是作为一个概念，被研究者炒来炒去，少有实践效能。

南先生提出的"淡化中心，强化结合"是很有意义的。

七、两翼说的"和"

南先生认准了两个重要内容是教育技术的核心支柱。一个是现代教育思想理论，一个是现代信息技术，据此，提出了"两翼说"的理论。南先生认为，电教要发展，要依靠两只翅膀，一只翅膀飞不起来。电化教育要成功，必须要有现代教育思想理论的指导，必须要有现代技术媒体的支持，两者不可缺一。他还巧妙地使用了一个公式加以说明：现代教育思想理论×现代教育媒体＝电化教育。这里是乘法，而不是加法，表现了南先生的良苦用心。思想理论和媒体的和谐交融的状态，产生了千变万化的教育技术图景，才使得教育技术可以充分发挥教育教学作用。

最后，我用孔子学生议论孔子的话结束这篇文章。

高山仰止，景行行止，仰之弥高，钻之弥坚。

第五节　南国农先生学术思想对电化教育未来发展的影响

东北师范大学　钟绍春

我国从上世纪30年代开始，在高等学校设立教育技术专业，至今已经走过80个春秋。在这80年间，电化教育在学科理论研究、学科专业建设、人才培养等各个方面都取得了重大发展，对我国教育的改革和创新产生了积极、深远的影响。这期间，电化教育学科发展的历程是艰苦而又卓绝的，凝聚了几代电化教育专家学者，特别是开拓者们的智慧和努力。

在我国电化教育领域，南国农先生就是尤为令人钦佩的开拓者、奠基人之一。南先生在学术上勤奋严谨、兼容并包、务实务精，在与人交往上谦和大气，他的学术思想不仅对中国特色学科专业发展和人才培养起到了举足重轻的作用、产生了深远的影响，而且，在未来必将对电化教育专业发展、人才培养以及产业发展产生更深层次的影响。

一、对专业未来发展的影响

南先生提出以科学发展观为指导，实现教育思想理论与现代信息技术的融合，走深入发展教育技术学专业建设的道路①，这条路既不是依附西方，也不是自我封闭，而是从国情出发与国际接轨的自主创新之路②；他倡导“大电教”，将电教从学校教育向社会教育延伸（“三农”、社区、行业），电教的服务对象不应

① 南国农.中国教育技术学专业建设的发展道路[J].电化教育研究，2005(9)：6-8.

② 南国农. 在纪念中国电化教育发展70年座谈会上的发言[J].电化教育研究，2007(3)：9-11.

该仅仅是大、中、小学生，而应是社会上所有需要受教育的人①；他提出了教育技术理论体系重构的路线图：遵循“和为贵”的理念，采取“和而不同，求同存异”的策略，主要通过“三重”、“三化”、“三防”三种途径，促进已有两类理论体系框架的更多融合，最终形成具有中国特色的信息化教育理论体系②。

南先生治学严谨，提出七论、六种教育观、三个三种教与学理论、三种技术、两件事、一个目标等学术思想，对中国电化教育的命名、逻辑起点、学科定位、学科历史等一系列理论建设内容进行全面阐述③④⑤⑥，并对相关概念进行了辨析和区分；在学科专业发展方面提出信息化教育建设公式、五大支柱、三大实践领域等学术思想，对何为中国道路、学科专业建设方法等内容进行了深入的阐释⑦⑧⑨，使得电教人明晰了电教专业及其发展的去向和方法。

我们理解南先生电化教育学术思想的精髓就是，教育技术专业不能仅局限在某一方面或几个方面思考专业建设问题，而应从对社会全方位服务、全过程服务、全范围服务等方面思考专业建设。教育技术专业未来应重点围绕如何运用现代技术手段促进各专业/学科学习方法创新、构建学习过程有效支撑环境等方面的问题开展研究。

在运用现代技术手段促进各专业/学科学习方法创新方面，应首先研究，对学生而言一个学科/专业、一门课的学习，在学生大脑当中到底要建立什么。显而易见，绝不是简单地将教材的内容映射到学生的大脑当中，而是在教材知识基础上，帮助学生建立知识之间的关系、能够解决问题的体系以及应用方法，并转换为解决问题的能力。要做到这一点，就需要系统研究学科本体，包括概念本体、方法本体及应用本体，研究清楚学科知识点及相互之间的关联关系，在此基础上，系统研究每类本体的学习规律及理想学习过程。

---

① 南国农. 参与历史研究共创美好明天——在第四届全国教育技术学博士生论坛上的讲话[J]. 电化教育研究，2008(11)：8-11.

② 南国农. 教育技术理论体系的重构：路线图[J]. 现代教育技术，2010(4)：5-7.

③ 南国农. 90年代以来我国的五大现代教育技术实[J]. 电化教育研究，1999(6)：42-45.

④ 南国农. 从视听教育到信息化教育——我国电化教育25年[J]. 中国电化教育，2003(9)：23-35.

⑤ 南国农. 对我国电化教育深入发展的思考[J]. 中国电化教育，2007(12)：5-9.

⑥ 南国农. 信息化教育理论体系的形成与发展[J]. 电化教育研究，2009(8)：5-9.

⑦ 南国农. 教育技术学科建设：中国道路[J]. 电化教育研究，2006(1)：6-9.

⑧ 南国农. 教育信息化建设的几个理论和实际问题(上)[J]. 电化教育研究，2002(11)：3-6.

⑨ 南国农. 教育信息化建设的几个理论和实际问题(下)[J]. 电化教育研究，2002(12)：20-24.

在构建学习过程有效支撑环境方面，应重点研究学习、备课与教学、测试与评价等支撑环境及管理环境，从支撑平台、虚拟教学及资源等不同角度分别研究。

对备课与教学而言，应重点研究如何让教师将精力投入到创新教学方法和组织学习活动上，而不是用大量时间去构建教学环境。为帮助教师解决这一问题，目前看，应重点做两件事。一是建设资源，二是开发教学工具及虚拟软件。教学资源由课件、素材等构成，应按照整合点的需要来组织。教学平台和虚拟软件是根据学科共性、基础性整合点的需要设计开发，为教师提供基础性支撑工具。如物理学科，教师做起来困难、教学又需要的整合点包括：学科符号、公式、元器件图、实验装置图，教材规定的演示实验、探究实验原理、微观现象等的展示与讲解，以及仿真实验动态构建等。应为教师研究支撑上述整合点的教学工具，这类工具最好采用PPT样式。

对于学习而言，应针对“学生为什么愿意到网上来学习”的问题思考定位。应重点研究如何构建问题驱动式的虚拟学习环境，使学生在某一问题不会时，能够有机会学会知识，形成解决此类问题的能力。主要以问题驱动方式支撑学习活动，为学生提供理解知识并能形成解决问题能力的支撑环境。构建网上学生学习系统，是课堂学习的延伸。

二、对人才未来培养模式的影响

在人才培养模式方面，南先生提出最佳能力四要素、现代化教育的六化三高、创新人才的五个基本素质等学术思想，对能力结构、能力培养、创新人才培养等关键问题进行了深入分析①②③④⑤，使得电化教育人才培养模式和方法有据可依，队伍不断壮大和发展。

南先生的思想和观点是前瞻性的，对电化教育学科专业人才培养起到了积极的推动作用。南先生提出，应该从自身发展需要和社会需求来进行人才培养。信息化教育工作者不是单纯的媒体服务员，而是教育革新者，他们的使命

---

① 南国农．能力的结构与培养[J]．西北师大学报(社会科学版)，1982(2)：106-110．

② 南国农．世纪之交，电教者的使命[J]．电化教育研究，1998(1)：3-7．

③ 南国农．新世纪信息化教育工作者的使命——推进14345工程[J]．电化教育研究，2003(12)：1-4．

④ 南国农．信息技术教育与创新人才培养(上)[J]．电化教育研究，2001(8)：42-45．

⑤ 南国农．信息技术教育与创新人才培养(下)[J]．电化教育研究，2001(9)：14-18．

不仅是支持和服务教学、教育，而更是改革和发展教学、教育①。教育技术学专业要培养的是本学科领域的既懂教育又懂技术的创造型人才。主要包括教学人员、技术人员、科研人员以及管理人员四类②。

按照南先生人才培养的基本思想，电化教育专业人才应具备：信息化学习环境规划与设计的能力、信息化环境下创新教学方法的能力、信息化环境下对学科教师组织与开展教学活动的引领及指导能力、主讲信息技术课程的能力等。

要培养学生这些方面的能力，按照传统的高等学校人才培养模式是很难实现的。应采取应用、研究、开发、学习一体化的人才培养模式，才有可能完成上述人才培养目标。首先，在学科研究上，应准确定位、思路清晰、方法科学。如果专业研究方向不正确，方法不科学或思路不清晰，所培养的学生就不可能具备上述能力。其次，应遵循先进的教育理念，系统研究学科本体，根据本体特点研究教学方法，让学生在清晰的框架下学习，构建能力体系③。第三，应使学生有机会参与科学实验过程，开展同课异构、定期教研、赛课等行动研究，在实验中总结方法，使学生在学科知识积累的同时形成能力的转化。

三、对产业发展未来的影响

南先生倡导“大电教”，将电教从学校教育向社会教育延伸，指出电教的服务对象是社会上所有需要受教育的人。这些观点与思想，对电化教育产业的发展起到了重要的引领作用。

按照南先生倡导的“大电教”，电化教育产业从产品线角度讲，应当涵盖基础教育、高等教育、职业教育、幼儿教育、社区教育等各个方面。从服务的对象看，应当包括教师、学习者、管理者。产品类别应当包括终端设备、网络设备、系统软件、应用软件等。因此，电化教育产业结构应当是多元化的、有序的、相互衔接的。既有竞争，又有合作。这些产业的发展，应以有效支撑学习方法创新为宗旨。在支撑创新的前提下，根据每类学习的实际需要，确定所需要的软件，再以应用软件来确定系统软件、终端及网络设备等的需求。

未来的电化教育产业发展，在软件产品方面，主要方向应当是数字化学习

① 南国农. 发展现代远程教育：中国之路[J]. 中国远程教育，2005(2)：5-8.

② 南国农. 中国教育技术学专业建设的发展道路 [J]. 电化教育研究，2005(9)：3-8.

③ 钟绍春，王玉玺，钟永江，王伟. 基础教育信息化内涵发展的思考[J]. 中小学电教，2009(10)：6-8.

环境及其构建工具类型软件，包括各类学科（或专业）的学习或教学平台及其构建工具，重点是工具软件和虚拟软件，特别是学生学习的问题驱动式虚拟学习软件。在终端设备方面，以移动、交互、集成为主要发展方向。核心竞争力是高质量、低成本。在市场推广方面，产品销售将逐渐被以软件为基础所提供的网络服务取代。

在未来电化教育产业发展中，无论是产品还是服务，都应在方法创新基础上，根据理想学习过程中整合点的需要设计开发。产品或服务的研究与开发，应通过调研、分析、设计、实践、反馈、提升等螺旋式步骤，教育专家、一线教师、信息技术专家、软件开发技术人员紧密合作，共同完成。在这一过程中，应深入贯彻南先生所提出的电化教育要“深入教学、深入课堂、深入学科”的思想。

作为政府主管部门，未来应重点研究产业合理布局，正确引领电化教育产业方向，使电教相关生产要素、主要产业机构能够在一定主题、地域上实现优化组合，避免盲目性和恶性竞争，使相关组织、机构权责分明，分别按照功能定位、发展方向进行发展，同时能够共同和谐、健康、有序、高效地发展。

第六节　南国农先生学术思想对民族地区电教发展的影响

宁夏大学　张　玲

中国电化教育的开拓者南国农先生今年九十高寿了，中国教育技术协会、中央电化教育馆、西北师范大学、华南师范大学等单位，在今年8月联合举办南国农先生电化教育学术思想研讨会，作为扎根于西部回族地区从事电化教育的工作者，需要梳理一下南国农先生对民族地区电教发展的影响。

一、在南国农先生的鼓励与支持下，民族地区电化教育得到快速发展

20世纪80年代初，正值中国在全国范围内推广电化教育（教育电视）的时期。在乔立恭先生的带领下，宁夏大学拍摄制作了第一部电视教学片“布朗运动告诉我们什么?”。这种新的教学形式取得了很好的教学效果，反响强烈。这一成功的尝试，促使他们在次年编导制作了基础物理课程中有关光学、电磁学内容的多部电视教学片并立即应用于教学实践中，取得良好的教学效果。在总结这些工作的基础之上，1982年底完成了宁夏首篇关于电化教育的学术论文《电视教学片的物理教学功能》。上述情况标志着回族地区电化教育研究工

作的起步，其方向就是解决教学中的现实问题，这一方向也奠定了民族地区电化教育发展的工作导向。

1994 年，乔立恭教授与年轻教师合作，编写制作了宁夏大学第一个互动式 CAI 课件，在教学中取得良好的效果。并在 1995 年第 2 期《电化教育研究》上发表了《计算机辅助教学（CAI）及其教学功能》。以此为契机，他们不但发表了十多篇与教育技术学相关的专题论文以及专著《教育技术学概论》，甚至在该书中提出了自构建学习理论这一概念体系，最后还将此概念体系当做信息化教育的基础。

乔立恭先生回忆，他们在研究的历程中，多次得到南国农先生的关心、鼓励、支持和点拨，正因为如此，民族地区电化教育研究才得以继续展开直至取得今日的成就，这里向前辈学者深深致谢。

二、南国农先生多次到宁夏讲学，影响了一批人进入电化教育的工作领域

1985 年 6 月，全国西北电化教育理事会在宁夏举办年会，南国农先生在会上针对西北地区电化教育的发展趋势作了专题报告，参加会议的人员包括当时宁夏七所高校的电化教育工作者和全区中小学从事电化教育的工作人员。

2000 年 6 月，宁夏回族自治区人事劳动厅和高校师资培训中心联合举办首届宁夏高校教师的现代教育技术培训，南国农先生作了关于电化教育三件（硬件、软件、潜件）建设对高校教育信息化的影响的专题报告，参加培训班的和汇、张玲、侯建军等老师后来成为了宁夏大学教育技术学科建设的中坚力量。这个报告也影响了宁夏大学对现代教育技术的政策，学校连续举办了五期现代教育技术培训，参加培训并拿到合格证的老师每月可以得到学校教育技术应用的补贴，教师评定职称时必须通过现代教育技术培训。这项政策有力地促进了现代教育技术在民族地区高校的普及和推广。

2003 年 9 月，南先生为宁夏大学首届教育技术本科生和研究生上了第一课：学会数字化学习，学会创新——新世纪大学生的使命。83 岁的老先生坐了一夜火车，第二天下午坚持站着为学生讲课，他还制作了图文并茂的 PPT，坚持用多媒体向学生传播数字化学习的理念。

三、南国农学术思想对宁夏大学教育技术学专业建设的影响

宁夏大学教育技术学学科建设的起步比较晚。2002 年开始筹建，在专业建设的筹备过程中我们遇到了前所未有的困难与挑战、疑问和困惑。2003 年

7月，正值宁夏大学教育技术专业学科建设的冲刺阶段，在乔立恭教授的带领下，我们几个担当学科建设的年轻人前往西北师范大学拜访了我国电化教育的开拓者与奠基人南国农先生，以期就宁夏大学教育技术专业学科建设中遇到的问题得到南先生的帮助和指引。南先生不顾7月兰州的高温和酷暑欣然接受了我们的拜访，并就教育技术学科建设与发展、教育技术研究领域等相关问题进行了深刻的剖析，八十多岁高龄的南先生见解独到、洞察力敏锐，他的人格魅力和求真务实的精神就像涓涓细流一样汇入了我们每个人的心田，令我们受益匪浅。

南先生主要从以下几个方面提出了他对当时教育技术学科建设中若干问题的一些看法，并给宁夏大学教育技术学的学术研究、学科建设以及人才培养等问题提出了建设性的意见和建议。

1. 关于AECT′94定义

南先生首先提到AECT′94定义，认为它只是美国一个非官方协会的一些对此类问题感兴趣的研究者做出的研究成果。而AECT′94定义、“美国国家教育技术标准”等，在我国教育技术界却被炒得沸沸扬扬。不可否认AECT′94定义有其积极意义，但它是否完全适合我国的国情，还有待我们进一步明确AECT′94定义的含义，即解读“外经”。如果完全按照AECT′94定义解读其内涵的话，不难看出，它确定了两大领域、两大范畴，但与中国实际不能完全符合，美国的教育技术同中国的电化教育不能完全等同。南先生进一步指出：按照AECT′94定义，课程教学论的内容应该很大，而网络建设却不在教育技术AECT′94定义的范围之内。为了适应我国社会对电教人才的需求，为了促进我国教育教学的改革与发展，我们在保持自身特色的同时，可吸取美国教育技术中的有益成分，如强调教学设计并提出现代教育技术的概念。因此，我们对AECT′94定义有必要采用拿来主义的策略，结合国情自创“内经”。

宁夏大学教育技术学专业的建立，正是把握了南先生关于AECT′94定义内涵的深刻分析，充分认识到了AECT′94定义与我国电化教育的不同。因此，我们的学科建设在课程设计、人才培养等问题上紧紧把握宁夏的区域特色，始终以服务当地民族教育为宗旨，用教育技术手段提高教学效能，促进民族偏远地区教育事业的发展。

2. 教育技术的定位、名称和过渡的问题

南先生强调教育技术的定位是教育技术的关键，因为，定位决定方向，方向决定课程，课程又决定课程内容体系的建构等一系列问题。

（1）关于定位的问题

南先生不赞成采用"全部物化形态＋全部智能形态"技术定义的教育技术定位。因为，这种定位把整个教育领域都当做了教育技术，教育技术学这门学科失去了它特定的研究对象，也就难以存在下去了。南先生赞成我国的现代教育技术定位为现代教育思想理论与现代信息技术的结合。

（2）关于名称的问题

南先生不赞成用"教育技术"这个由美国引进的名称来代替电化教育。因为 AECT′94 定义下的教育技术，其内涵与我国这一领域的实践有差异，南先生赞成用"国产"的名称，即电化教育、信息化教育。这二者名称虽不同，实质却一样，可以互相换用。其实质可用两句话来表述：强调以现代教育媒体的研究和应用为核心；强调现代教育思想、理论的指导。

（3）关于"电化教育向教育技术的过渡"问题

南先生提出当前学界的普遍观点是：电化教育只管幻灯、投影、电视片等，而计算机技术、网络技术不在其管辖范围内。南先生认为这是一个很大的误解，我国电化教育在技术手段的应用方面 20 世纪 70 年代以前以幻灯、电影为主；20 世纪 80 年代以后，以投影、录音、电视为主；20 世纪 90 年代以来，正在步入以计算机多媒体和网络系统为主的新阶段。

南先生认为：优化教育教学过程，开发教育教学资源，这是电化教育要做的最主要的事情。他强调要在现代教育思想的指导下，运用现代信息技术来做好这两件事情。

关于"电化教育向教育技术的过渡"问题，南先生明确提出不赞成"电化教育向教育技术过渡"的提法。如果非要谈过渡，或许"视听教育到信息化教育"比"电化教育向现代教育技术"名称的过渡更为准确。

通过南先生关于教育技术的定位、名称等问题的分析，我们深刻地意识到关于教育技术的定位、名称不仅仅是简单的更换名称的问题，它应该含有更深层的学术思想差异。如果我们对国外的概念不加消化地、教条地直接引用，将会导致我国电化教育研究脱离我国的实际，最终走向歧途。

3. 现代教育技术的"三件"同步、"四代"同堂的问题

南先生在和我们座谈的过程中特意提到了现代教育技术的"三件"同步、"四代"同堂的问题。所谓"三件"是指："硬件"（八室、一站、三系统），它是教育

技术的基础；"软件"(课程建设、教材、资源库)，它是教育技术的关键；"潜件"(潜件建设主要是电教理论和方法的建设)。只有"三件"建设同步发展，教育技术才能为教育提供一个良好发展空间。事实证明，那种重"硬件"轻"软件"的做法是错误的。那种自认为"有了路就有车"的观点最终会导致"有路无车，有车无货"的尴尬局面。

南先生认为教育技术"四代"(幻灯、投影、电影和电视、计算机与网络)同堂的观念更适合我国的国情，并且以军械工程学院现代教育技术应用为例进行解释。他说：军械工程学院不仅是课件开发与应用做得好，而且所有的教师都能够使用传统媒体技术和计算机网络技术。另外，他们并没有将传统媒体弃之不用，而是很好地将计算机技术、网络技术与传统媒体技术进行了有效地整合。

正是受到南先生这一学术思想的影响，我们充分认识到：现代教育技术不等同于先进技术，也不等同于计算机技术、网络技术。所以，只有真正解决了教育技术的"三件"同步"、"四代"同堂的问题，教育技术才能在教学中发挥巨大的效能。宁夏大学教育技术学科发展高度重视"三件"建设的同步问题，充分挖掘老一代电教人积累的教学经验、开发的教学资源，避免了资源的浪费，最大限度地合理分配和利用教学资源，提高了我们的办学效益。

4. 教育技术专业学科建设的问题

南先生还为我们回顾了我国电教专业的发展历程，电教专业目前又称为教育技术学专业，分为专科、本科、研究生三个层次，研究生层次包括硕士学位研究生和博士学位研究生，人才培养已经形成一个完整的体系，这在世界各国都是少有的。我国的电教专业不仅是多层次的，而且是多方向、多性质的。多方向，是指专业设置的方向有：教育技术学基础理论；教育电视；计算机、多媒体、网络技术教育应用；现代远程教育；等等。多性质是指有师范性的(多数)，也有非师范性的和半师范性的。

关于教育技术专业学科建设，南先生特别强调只有实现现代教育思想理论与现代信息技术的融合，才能有成功的教育技术专业，即：现代教育思想理论×现代信息技术＝成功的教育技术专业。现代教育思想理论与现代信息技术的关系，是"相乘"的关系，而不是"相加"的关系。要办好教育技术学专业，最重要的是要按照上述认识和思路，做好学科专业建设的三件大事：确定培养目标、建立课程体系、制定办学原则和教学策略等关键问题。

（1）明确培养目标

教育技术学专业要培养的是本学科领域既懂教育又懂技术的创造型人才。主要是四种人：教学人员——各级各类学校信息技术课程的教师；技术人员——教育软、硬件开发人员；科研人员——新理论、新技术、新产品研究、设计人员；管理人员——电教机构、网络教育系统等管理人员。

根据南先生提出的教育技术学专业人才培养目标，结合宁夏回族地区的具体需求，我们认为宁夏大学现代教育技术专业的人才培养目标，首先就是为西部回族地区提供适合本地区需要的信息技术教育的人力资源，在这个框架之下尽可能多地为学生创设更多的就业渠道。因此，宁夏大学教育技术学专业的办学首先定位在面向宁夏回族自治区的实际需求，培养教育信息技术人力资源。培养的学生应该既具有教育学、心理学等方面的理论知识，又具有熟悉计算机、网络等媒体的专业技能。毕业生适宜到各级教育信息技术机构、各类大中小学从事教育技术的教学与研究、信息技术课程教学、科学综合课程教学、教学媒体设计与开发、电教管理、校园网络管理与开发、教育信息管理、教学软件的设计与开发工作；毕业生可以到教育软件开发公司从事软件的设计与开发工作；毕业生还可以到企事业单位从事职业教育的设计、培训和管理以及人力资源的开发等相关工作，也可以继续攻读教育技术学、信息科学等相关学科的硕士学位。

（2）确定教育技术学本科专业课程体系

根据教育技术学专业的培养目标，结合教育技术学专业办学的指导思想，我们的课程体系是教育类课程占35％，技术类课程占35％，通识类课程占20％，实践类课程占10％。正是遵循了南先生的具体意见和建议，我们的专业课程设置既符合学科的要求，又适应市场的需求。事实证明这样的课程体系设置既保证了学生的理论水平又突出了学生的实践能力，还为学生创新精神的培养奠定了坚实的基础。

（3）确定办学原则和教学策略

关于办学原则。南先生提醒我们，教育技术学科建设应从两个方面出发：本学科自身发展需要和社会需求。据此我们理解教育技术学学科发展的原动力应来自于各学科教学的需求。教育技术（或信息技术）离开了学科教学就失去了生命力。因此我们的学生培养计划还试图达到另一个目标，即毕业生既能承担信息技术课程的教学，还能承担基础教育（九年义务教育）中科学综合课的教学。一个较理想的人力资源培养方案应该既有共性，又有个性，在组织安排上尽量找到两者恰当的平衡点，从而处理好两者的关系。共性是一个学科专业的统一性，培养方案必须符合教育技术学的内涵，突出学科特色。个性指一个高校应根据所在地区经济建设和社会发展的实际需要，发挥自身办学优势，形成具有风格和特色的培养方案、教学内容和课程体系。从这个意义上讲，教育技术学专业人力资源的培养只有“合适”的，没有“最好”的。由于各高校所处的地区发展不平衡，自身的教育资源各有特色，所以在教育技术学的发展与运用中不宜追求一个全国统一的标准模式，各学校应该根据本地区的具体需要确立有自己特色的办学原则。宁夏大学教育技术学科发展始终遵循了这一办学原则，并形成了自身的特色。

关于教学策略。南先生认为最主要的是要引导、帮助学生实现学习上的“五个三”。座谈中南先生虽然没有具体说明“五个三”的详细内容，回到银川后我们仔细查阅南先生的文献，厘清了“五个三”的基本内涵，即南先生提出的成功学习“五个三”，并就此明确了宁夏大学教育技术专业的教学策略。

由于宁夏大学是个多学科的综合性大学，为了有效开发自身教学潜力，学校支持教师跨学科进行教学与研究。因此，教育技术专业课程不完全是由编制在本专业之内的教师担任。我们提出本专业编制内的教师必须在教学工作中，依据教育技术学的方法和原则，设计、组织、实施所担任的课程的教学工作，这样就能保证学生在大学学习阶段一直处于教育技术学科的学习环境和氛围之中；非本专业编制内的教师必须以现代教育技术的方式设计、传递所教的内容，这样既可以优化教学的效率和效果，也能让学生体验到非教育技术专业应用教育技术的实际效果。

5. 教育信息化建设要围绕素质教育进行

座谈的最后，南先生又特别提醒我们，教育信息化建设要高度重视素质教育观的指导，只有注重学生素质教育观的培养，才能保证学科建设成果的科学性、实用性、先进性、精品性。

南先生还专门就什么是素质教育观、素质教育观的基本观点为我们进行了明确的阐释。素质教育的基本特征是促进学生的全面发展、全体发展、个性发展。培养学生的创新精神和实践能力是素质教育的重点。培养创造型人才是素质教育所追求的目标。

四、结束语

宁夏大学的教育技术学科建设正是得到了南先生热情的帮助和指导，在学科建设和发展过程中才避免了走弯路，学科建设和发展更科学、更稳健。宁夏大学的教育技术研究和人才培养为本地区的教学改革发挥了重要作用。

南先生就是这样身体力行，影响着一代又一代的教育工作者，带来了西部民族地区学科建设的健康发展。

参考文献

[1] 南国农.信息技术教育与创新人才培养(上)[J].电化教育研究，2001(8)：3-8.
[2] 南国农.新世纪信息教育工作者的使命[J].电化教育研究，2003(12)：1-4.
[3] 南国农.教育信息化建设的几个理论和实际问题(下)[J].电化教育研究，2002(12)：20-24.
[4] 张玲，乔立恭.西部民族地区教育技术学学科的发展与展望[J].电化教育研究，2004(12)：13-17.
[5] 南国农.中国教育技术学专业建设的发展道路[J].电化教育研究，2005(9)：3-8.

第七节 南国农先生学术思想对地方电教事业未来发展的影响

甘肃电化教育中心 杨晓健

我第一次聆听南先生的讲话是在 2002 年 9 月甘肃省电化教育工作会议上，这也是我成为甘肃省电化教育中心主任以后第一次近距离接触仰慕已久的南国农先生。记得那次会议除了省教育厅领导作了重要讲话外，特别安排了南国农先生作专家报告。我当时的感觉至今记忆犹新，80 多岁高龄的南先生的精彩报告，折射出他渊博的学识、博大的胸怀、敏锐的思维和对甘肃与中国电教深度了解所产生的思想火花。南先生身在大西北的高校，却始终关注着全中国电化教育事业的发展，我庆幸身边有这样的大师，可以近水楼台，享受到大师的教诲和指点。南先生的报告深深吸引了我，他在报告中认真分析了甘肃电教事业发展过程历经曲折的原因，对今后的发展提出了殷切的希望，为我们指出了今后电教工作的方向。这一次的接触使我终身难忘！自那以后，南先生对甘肃地方电教事业发展所付出的关爱从未间断过。

南先生年轻时就是一位爱国有志青年，新中国成立后，他怀抱渴望祖国繁荣富强、中华民族早日复兴之情，冲破重重障碍，克服极大困难，从美国回到了祖国。又响应党的号召，支援大西北教育事业来到了兰州，投身西北师范学院的建设征程。南先生一生相信党，相信人民，为西北师范学院的建设作出了杰出贡献。1978 年我国电化教育重新起步，南先生率先垂范，为走中国特色的电教发展之路呕心沥血，为中国电教事业发展作出了杰出贡献。南先生一生勤奋，为人正直，博才多学，治学严谨，勇于创新。他在年事已高之时，仍对地方电教事业发展倾注心血。他的学术思想和工作精神时时刻刻在影响和激励着我们。

南先生提出的以现代教育媒体研究与应用为核心的电化教育理论体系，对于建立电化教育学科起到了开创和奠基的作用。他在 1985 年出版的《电化教育学》中提出由“七论”构成电化教育体系，对电教理论体系的建构，对教育实践的解释、指导、预测带来了深远的影响。随着现代信息技术的发展，新理念、新技术、新方法层出不穷。南先生与时俱进，于 2004 年再次修订出版《信息化教育概论》，该书坚持以学生发展为本，力求对信息化教育的基本概念、基本理论技术和方法作出全新、系统的阐释，注意反映最新研究成果，对信息化教育理论与技术在硬件环境建设、软件资源开发、新型模式建立以及现代远程教育、信息化教育研究与管理中的应用提出了科学的论述，既为学科发展指明了方向，也为甘肃省出台《甘肃中小学信息化环境建设指导纲要》、《甘肃省中小学校园信息化环境建设评估指标》、《甘肃省基础教育深化发展指导纲要》发挥了重要的指导作用。

早在 2000 年，南先生在《80 年代以来中国电化教育发展》一文中就指出：“没有电教的突破，不会有教改的突破”，“现代教育技术是教育改革与发展的制高点”。他长期关注我国电化教育发展进程中的建设问题，特别是“三件”（硬件、软件、潜件）。他认为：硬件建设的主要任务是电化教育系统工程的建设，即现代教育技术环境的建设。软件建设的主要任务是电教教材的建设，其主要任务是建设各科现代教材体系即书本教材（文字教材、印刷教材）系统和非书教材系统，以使其成套化、系列化、多媒化。潜件建设主要是电教理论和方法的建设，主要任务是建立电教理论体系和现代信息技术环境下的现代教学模式体系。为了实现“三件”建设的同步，甘肃省电化教育中心以信息技术学科教材为突破口，探索加强软件建设的途径。2003 年，省电化教育中心编写了中小学《信息技术》教材共五册，南先生得知后非常高兴，在审阅了教材后，欣然为教材作序。他说：普及信息技术教育，培养创新人才，是新世纪教育工作者肩负的时代使命，而信息技术教材就是信息技术教育的灵魂，编好中小学信息技术教材，对于普及中小学信息技术教育有着至关重要的作用。他同时指出：编写信息技术教材，要适应新时代的要求，以素质教育理念为指导，以培养学生创新精神和实践能力为重点，以提高学生的信息素养(信息意识、信息知识、信息能力，信息道德)为目标，建构以学生自主学习和实践为核心的新的教材结构体系。在编写过程中，要注意基础知识与基本技能的精选与更新，注意先进教育理念、现代信息技术与课程的整合，强调自主学习、合作学习、探究学习、数字化学习，加强求异思维与思维灵活性的培养。教材呈现方式要将教法、学法与教材内容融为一体，既便于教师教，更便于学生学。在南先生的具体指导下，教材得到了师生的一致好评，其配套的教学光盘更是获得了国家新闻出版署颁发的第三届国家电子出版物奖，这项国家大奖为甘肃省在此类奖项中获奖开了先河。2007 年，省电化教育中心又组织专家及一线教师改版了教材，并为教材建立了专题支持网站，使其成为甘肃省唯一具有文字、光盘、支持网站的立体教材。几年来，使用率在全省一直占到 85%以上。南先生在为改版后的教材所作的序中高兴地写道：我们相信它能够在甘肃省的信息技术教育教学中发挥更大的作用。

2004 年，在甘肃省实施“国家农村中小学现代远程教育工程项目”步步推进之际，为解决工程所涉及的信息技术与资源应用问题，充分发挥项目效益，10 月，甘肃省电化教育中心举办了首届“信息技术与课程整合展示活动周”，来自全省 14 个地州市的五千多名教师和教育信息化工作者参加了活动。南先生在开幕式上作了专题报告，对“信息技术与课程整合”作了深刻的论述。南先生指出：教育信息化建设工程的内涵可以概括为以下两点，第一就是要加快教育信息化基础设施、教育信息资源建设和人才培养，这是教育信息化建设工程的基本内容；第二就是要全面提高现代信息技术在教育系统中的运用水平。怎样才能做好这两件事情，这就需要解决“两个问题”，做好“一件事情”。所谓解决“两个问题”，一个就是要解决“观念”的问题，也就是说要改变这些年来在教育信息化建设当中出现的相当普遍的一种观念——重硬轻软，重建轻用。另外需要解决的一个问题就是解决五个不足(资金不足、网上资源不足、专业人员不足、技术支持不足、理论指导不足)。

做好“一件事情”，主要就是指广泛深入地开展信息技术与课程整合实验。南先生说：整合不是“混合”，而是“整合”，是把两者融合在一起，成为不可分割的整体。他比喻说，整合不是上面是菜、下面是饭，吃的人可以光吃菜，也可以光吃饭。整合不是“盖浇饭”，那应该是什么饭呢？整合应该是“扬州炒饭”，或者是我们兰州的“手抓饭”。“扬州炒饭”就是把米饭、鸡蛋、火腿、葱花弄到一起，吃的人要把这些都吃下去，而不能像吃盒饭那样光吃菜、或者光吃饭；“手抓饭”类同“扬州炒饭”。更重要的是，整合不是简单的将信息技术运用到课程教学里面，它必定要伴随着教学思想、教学方式的变革，通过整合，使教者和学者的教学思想、学习思想、教学方式、学习方式发生变化。这是关键点。这就是我们对整合概念的理解。

南先生这些重要的论述为我省的教学资源应用工作起到了积极推动作用。全省各地、各校认真反思“整合”的过程与结果，纠正了“强调技术先进、忽视优化组合，强调能力培养、轻视知识传授，强调研究学习、否定接受学习，强调学生主体、忘了教师引导”等倾向，使教学资源应用及信息技术与课程整合向着健康正确的方向发展。国家于 2004 年、2005 年连续在天水和张掖召开全国农村中小学现代远程教育工程教育教学应用现场会，也是对这项工作的充分肯定。

早在 1980 年，南先生创办了《电化教育研究》杂志，并担任主编，该杂志现已成为国家级学术刊物，全国教育类核心期刊。期刊为全国电教界专家学者进行学术讨论、学术研究、学术交流提供了平台。2009 年，为了在新的时期充分运用现代信息技术推动学术交流，经新闻出版署批准，甘肃省电化教育中心创办了甘肃首家学术类网络杂志《现代教育与技术》，南先生在序中这样写道：在明媚的春天到来之际，欣悉甘肃省电化教育中心主办的《现代教育与技术》网络杂志即将创刊，喜悦之情，难以言表。回眸历史，中国电化教育（教育技术）事业经历了打基础、立框架、多元发展的三个重要阶段。而现代教育思想与现代信息技术的紧密结合，才是新的具有中国特色的电化教育（教育技术）的发展方向。《现代教育与技术》网络杂志在教育部中央电化教育馆和甘肃省教育厅的大力支持下，立足甘肃、面向全国，以现代教育思想为指导，紧紧围绕教育改革与发展中的重大理论与实践，致力于推动和促进教育技术进步，展示教育教学特别是教学信息化方面的研究成果，一定会在为各级各类教育改革与发展服务、为提高教育管理水平和教育教学质量服务、为教育现代化建设服务过程中发挥重要作用。希望甘肃省电化教育中心创刊的《现代教育与技术》能够引领每一位教育技术工作者更加全面地理解教育技术的丰富内涵和历史使命，注重技术开发和实践应用，彰显新时期教育技术发展的应用研究特色，与时俱进，开拓创新，为甘肃电教三十年的发展再续写新的篇章。

2010 年 4 月，南先生亲自参加了“西北师范大学教育传播学院与甘肃省电化教育中心校地战略合作与发展”研讨会，高度评价这样的合作是电教史上的创新，特别强调要以历史的、发展的眼光去理解电化教育，理解教育技术。教育技术的概念已随着社会的发展、技术的进步呈现了全方位、全过程、人性化、标准化和绩效导向的发展趋势。只有与时俱进，才能科学实践，继续发展。他鼓励大家深入思考，抓出特色，超越自我，摆脱依附，走自己的路。自己的路是什么？那就是以科学发展观为指导，实现教育思想理论与现代信息技术的融合，这就是我们应走之路。在教育技术学科建设及教育技术实践过程中，现代教育思想理论与现代信息技术的关系，是“相乘”的关系，而不是“相加”的关系。相加的关系中，这两个方面，只要一个方面做好了，得了 100 分，另一个方面，即使是零分，其结果也可以是 100 分；而相乘的关系中，只有一个方面做好了，得了 100 分，但另一方面做得不好，得了零分，其结果，还会是零分。必须实现二者的融合，同时做好两个方面的工作，给它同时插上两只“翅膀”，才能取得成功。

《国家中长期教育改革和发展规划纲要》中指出：把教育信息化纳入国家信息化发展整体战略，超前部署教育信息网络。到 2020 年，基本建成覆盖城乡各级各类学校的数字化教育服务体系，促进教育内容、教学手段和方法现代化。充分利用优质资源和先进技术，创新运行机制和管理模式，整合现有资源，构建先进、高效、实用的数字化教育基础设施。加快终端设施普及，推进数字化校园建设，实现多种方式接入互联网。重点加强农村学校信息基础建设，缩小城乡数字化差距。这就要求我们在新的时期、站在新的制高点上来思考电化教育事业的发展。经认真思考与研讨，省电教中心提出了“四平台一中心”的战略规划：甘肃省基础教育远程教育平台（甘肃基础教育网、甘肃教育卫星网），甘肃省基础教育资源建设应用平台（《信息技术》教材、《现代教育与技术》网络杂志、资源库），甘肃省教育宣传平台（“甘肃教育信息网”、“教育在线电视栏目），甘肃省教育信息管理平台，甘肃省教育数据中心——以继承的、发展的、创新的思维继续推进甘肃省电化教育事业的发展。

这些年来，我为能在甘肃电教战线工作而自豪，为能随时聆听南先生的教诲而感到幸运。2008年，甘肃省电化教育中心被中央电教馆评为“全国电化教育先进单位”，2009年，甘肃省电化教育中心被国家人力资源社会保障部和教育部评为“全国教育系统先进集体”，在认真总结、反思之时，我更加感受到南先生的学术思想对甘肃电教事业发展所带来的深远影响，更加感谢南先生为甘肃电教事业发展所付出的辛勤汗水。愿以“与时俱进，开拓创新；迎难而上，敢为人先；创造一流，跨越发展”的甘肃电教精神，推动甘肃电化教育事业在新时期走向新发展。